NomosPraxis

Tobias Brönneke | Carsten Föhlisch | Klaus Tonner [Hrsg.]

Das neue Schuldrecht

Digitale Produkte | Kaufrecht
Vertragsrecht

Prof. Dr. Tobias Brönneke, Hochschule Pforzheim | **Prof. Dr. Felix Buchmann**, Hochschule Pforzheim | **Dr. Carsten Föhlisch**, Rechtsanwalt, Trusted Shops GmbH, Köln | **Prof. Dr. Steffen Kroschwald**, Hochschule Pforzheim | **Chiara Panfili**, LL.M., Rechtsanwältin, Stuttgart | **Dr. Sven Polenz**, LL.M., Landeszentrum für Datenschutz Schleswig-Holstein | **Patrik Schmidt**, LL.M., Hochschule Pforzheim | **Prof. Dr. Ralph Schmitt**, Rechtsanwalt beim Bundesgerichtshof; Hochschule Pforzheim | **Prof. Dr. Marina Tamm**, Hochschule Neubrandenburg | **Prof. em. Dr. Klaus Tonner**, Universität Rostock; Richter am Oberlandesgericht Rostock a.D. | **Prof. Dr. Andreas Willburger**, Hochschule Pforzheim

Zitiervorschlag: Brönneke/Föhlisch/Tonner Neues Schuldrecht/*Bearbeiter* § ... Rn. ...

Die Deutsche Nationalbibliothek verzeichnet diese Publikation in der Deutschen Nationalbibliografie; detaillierte bibliografische Daten sind im Internet über http://dnb.d-nb.de abrufbar.

ISBN 978-3-8487-7067-0

1. Auflage 2022
© Nomos Verlagsgesellschaft, Baden-Baden 2022. Gesamtverantwortung für Druck und Herstellung bei der Nomos Verlagsgesellschaft mbH & Co. KG. Alle Rechte, auch die des Nachdrucks von Auszügen, der fotomechanischen Wiedergabe und der Übersetzung, vorbehalten.

Vorwort

Das Schuldrecht des BGB erfährt seine größte Umwälzung seit dem Inkrafttreten der Schuldrechtsmodernisierung am 1.1.2002. Mit der Umsetzung von drei EU-Richtlinien hält die Digitalisierung Einzug ins BGB. Die Umsetzungen der Richtlinie über digitale Inhalte und digitale Dienstleistungen und der Warenkaufrichtlinie treten am 1.1.2022, die Umsetzung der sog. Modernisierungsrichtlinie am 22.5.2022 in Kraft. Bis dahin muss sich die Praxis auf zahlreiche Änderungen einstellen. Der europäische Gesetzgeber konzipierte die genannten Richtlinien als Verbraucherschutzregelungen; der Umsetzungsgesetzgeber erweiterte den Anwendungsbereich nicht auf Verträge zwischen Unternehmen.

Mit der Umsetzung der Richtlinie über digitale Inhalte und digitale Dienstleistungen fügt der Gesetzgeber einen neuen Titel in den Allgemeinen Teil des Schuldrechts ein (§§ 327–327u BGB). Wer digitale Produkte, so der neue Begriff des Gesetzes, bereitstellt, unterliegt einem eigenen Regime für Leistungsstörungen einschließlich der Haftung für Produktmängel. Besonders wichtig ist die neu eingeführte Update-Pflicht. Das Recht der digitalen Produkte weist zahlreiche Schnittstellen zum Datenschutzrecht auf. Das Kaufrecht erhält einen neuen Mangelbegriff, der mit dem Mangelbegriff des Rechts über digitale Produkte abgestimmt ist. Das neue Kaufrecht ist allein anzuwenden, wenn Waren mit digitalen Elementen derart verbunden sind, dass sie ihre Funktionsfähigkeit nur mit diesen Elementen erfüllen können. Dazu gibt es auch hier eine Update-Pflicht.

Doch bei diesen zentralen Neuerungen blieb der Gesetzgeber nicht stehen. Veranlasst durch die Modernisierungsrichtlinie, gibt es Vorschriften über Online-Marktplätze, die sich in § 312l BGB und in den Informationspflichten nach dem UWG und dem EGBGB niederschlagen. Die Modernisierungsrichtlinie ändert auch die Verbraucherrechterichtlinie, was zu Änderungen im Widerrufsrecht führt. Ist ein Vertrag über digitale Produkte als Miet- oder Werkvertrag zu qualifizieren, muss beachtet werden, welche Vorschriften des Miet- bzw. Werkvertragsrechts und welche der neuen §§ 327ff. BGB anzuwenden sind. Die Modernisierungsrichtlinie führt schließlich zu einem Paradigmenwechsel im UWG, der mit einem eigenen Umsetzungsgesetz, dem Gesetz zur Stärkung des Verbraucherschutzes im Wettbewerbs- und Gewerberecht, realisiert wird. Dort gibt es künftig einen Individualanspruch des Verbrauchers auf Schadensersatz.

Ergänzt werden diese europarechtlich initiierten Gesetzesänderungen durch einige Neuregelungen im Gesetz für faire Verbraucherverträge. Das Gesetz erleichtert Kündigungen von Dauerschuldverhältnissen durch die Einführung eines „Kündigungsbuttons" und enthält Änderungen im Klauselverbotskatalog des § 309 BGB.

Dieses Buch führt in die neuen Vorschriften ein und gibt Hilfestellung für die zahlreichen Änderungen, die in Verträgen über digitale Produkte vorgenommen werden müssen. Es richtet sich sowohl an die Rechtsberater der Unternehmen als auch an die Gegenseite, die Verbraucher und ihre Verbände, die von den vorzunehmenden Änderungen betroffen sind.

Vorwort

Die Herausgeber danken den Autorinnen und Autoren, dass sie durch die zügige Fertigstellung ihrer Beiträge nach der Verkündung der Gesetze im Bundesgesetzblatt dazu beitrugen, dass dieses Buch so schnell erscheinen konnte. Dank gilt auch *Daniel Löwer*, *Shirin Mayasilci* und *Emma Schlosser* für ihre Unterstützung der Autoren und Herausgeber und dem Nomos-Verlag für die bewährte Zusammenarbeit.

Karlsruhe, Köln und Rostock, im September 2021   *Prof. Dr. Tobias Brönneke*
Dr. Carsten Föhlisch
Prof. Dr. Klaus Tonner

Inhaltsverzeichnis

Vorwort 5

Bearbeiterverzeichnis 11

§ 1 Transparenzpflichten für Online-Marktplätze *(Schmidt)* 13
A. Einführung 14
B. Bisherige Transparenzpflichten und Neustrukturierung 14
C. Wesentliche Änderungen im Detail: Art. 246d EGBGB nF: Allgemeine Informationspflichten für Betreiber von Online-Marktplätzen 18
D. Weitere Änderungen hinsichtlich bereits bestehender Transparenz- und Informationspflichten 24
E. Art. 246e EGBGB nF: Verbotene Verletzung von Verbraucherinteressen und Bußgeldvorschriften 27

§ 2 Digitale Inhalte und Digitale Dienstleistungen – Umsetzung der Digitale Inhalte Richtlinie in das deutsche Recht *(Tamm/Tonner)* 29
A. Einleitung 31
B. Anwendungsbereich (§§ 327 und 327a BGB nF) 37
C. Bereitstellung digitaler Produkte (§ 327b nF) und Rechte bei fehlender Bereitstellung (§ 327c BGB nF) 51
D. Verpflichtung zur mangelfreien Leistung (§§ 327d–327h BGB nF) 59
E. Rechtsbehelfe des Verbrauchers (§§ 327i–327n BGB nF) 76
F. Modalitäten der Vertragsbeendigung (§§ 327o und 327p BGB nF) 90
G. Änderung digitaler Produkte, Abweichungsmöglichkeiten (§§ 327r–327s BGB nF) 95

§ 3 Widerrufsrechte – Änderungen durch die ModernisierungsRL und die Rechtsprechung zu Verbraucherdarlehensverträgen *(Föhlisch)* 103
A. Einleitung 104
B. Das Widerrufsrecht bei außerhalb von Geschäftsräumen geschlossenen Verträgen und Fernabsatzverträgen 105
C. Verbraucherdarlehensverträge, Finanzierungshilfen und Versicherungsverträge 130

§ 4 Warenkauf – Kaufrechtlicher Mangelbegriff und Digitalisierung im Verbrauchsgüterkaufrecht *(Brönneke/Schmitt/Willburger)* 135
A. Einleitung 138

7

B. Neujustierung der Leistungspflichten des Verkäufers: Der neue kaufrechtliche Mangelbegriff 140
C. Pflichten beim Verbrauchsgüterkauf von Waren mit digitalen Elementen ... 155
D. Rechtsfolgen der Mangelhaftigkeit der Ware 165
E. Verjährung 168
F. Modifikationen im Hinblick auf Garantien 170

§ 5 Unternehmerrückgriff *(Buchmann/Panfili)* 175
A. Vorgaben der europäischen Richtlinien 176
B. Rückgriff des Unternehmens bei digitalen Produkten (§ 327u BGB nF) 176
C. Rückgriff des Verkäufers (§§ 445a ff. BGB nF) 182
D. Fazit 184

§ 6 Digitale Produkte und Datenschutz *(Kroschwald/Polenz)* 185
A. Einleitung 187
B. Datenschutz- und Datenökonomie 188
C. Neue schuldrechtliche Vorgaben zur Bereitstellung personenbezogener Daten 203
D. Vertragsmäßigkeit digitaler Produkte und der Bezug zum Datenschutzrecht 217

§ 7 Neue Klauselverbote in § 309 BGB und „Kündigungsbutton" in § 312k BGB – Abtretungsansprüche, Vertragslaufzeit, Kündigung von Dauerschuldverhältnissen *(Buchmann/Panfili)* 223
A. Klauselverbote 223
B. Kündigungsbutton 230

§ 8 Digitale Produkte im Schenkungs-, Miet- und Werkvertragsrecht *(Kroschwald/Tonner)* 241
A. Einleitung 241
B. Vorrang der Vorschriften über Verbraucherverträge über digitale Produkte 242
C. Verbraucherverträge über die Schenkung digitaler Produkte 244
D. Miete digitaler Produkte 245
E. Verbraucherverträge über die Herstellung digitaler Produkte 247
F. Beendigung von Verträgen über digitale Produkte 248

§ 9 Durchsetzung von Verbraucherschutzvorschriften *(Tonner)*	249
A. Einleitung	250
B. Behördlicher Verbraucherschutz	252
C. Das Gesetz zur Umsetzung der ModernisierungsRL im Einzelnen	255
D. Das Gesetz zur Stärkung des Verbraucherschutzes im Wettbewerbs- und Gewerberecht: Paradigmenwechsel im UWG	260
E. Ausblick	268
Stichwortverzeichnis	269

Bearbeiterverzeichnis

Brönneke, Tobias, Dr. jur., Professor für Wirtschaftsrecht an der Hochschule Pforzheim, Leiter des Zentrums für Verbraucherforschung und nachhaltigen Konsum – vunk

Buchmann, Felix, Dr. jur., Professor für Wirtschaftsprivatrecht an der Hochschule Pforzheim

Föhlisch, Carsten, Dr. jur., Rechtsanwalt, Executive Director Legal und Prokurist der Trusted Shop GmbH

Kroschwald, Steffen, Dr. jur., Professor für Wirtschaftsprivatrecht mit Schwerpunkt europäisches und internationales Wirtschaftsrecht an der Hochschule Pforzheim, Leiter des Zentrums für Verbraucherforschung und nachhaltigen Konsum – vunk

Panfili, Chiara, LL.M., Rechtsanwältin

Polenz, Sven, LL.M., Dr. jur. Referatsleiter am Unabhängigen Landeszentrum für Datenschutz Schleswig-Holstein

Schmidt, Patrik, LL.M., Akademischer Mitarbeiter an der Hochschule Pforzheim, vunk

Schmitt, Ralph, Dr. jur., Professor für Wirtschaftsprivatrecht mit Schwerpunkt Allgemeines Zivil- und Wirtschaftsrecht an der Hochschule Pforzheim, Rechtsanwalt beim Bundesgerichtshof

Tamm, Marina, Dr. jur., Professorin für Zivil-, Arbeits- und Sozialrecht an der Hochschule Neubrandenburg

Tonner, Klaus, Dr. jur., Professor em. für Bürgerliches Recht und Europäisches Recht an der Universität Rostock, Richter am Oberlandesgericht Rostock a.D.

Willburger, Andreas, Dr. jur., Professor für Wirtschaftsprivatrecht mit Schwerpunkt Internationales Wirtschaftsrecht an der Hochschule Pforzheim

§ 1 Transparenzpflichten für Online-Marktplätze

Literaturverzeichnis: *Alexander,* Neuregelungen zum Schutz vor Kostenfallen im Internet, NJW 2012, 1985; *Buchmann,* Das neue Fernabsatzrecht 2014 (Teil 4), K&R 2014, 453; *Fezer/Büscher/Obergfell* (Hrsg.), Lauterkeitsrecht. Kommentar zum Gesetz gegen den unlauteren Wettbewerb (UWG), Band 1, 3. Auflage, München 2016 (zit.: Fezer/Büscher/Obergfell/*Bearbeiter*); *ibi research an der Universität Regensburg GmbH/trinnovative GmbH,* Empirie zu personalisierten Preisen im E-Commerce – Schlussbericht, 2021, abrufbar unter https://www.bmjv.de/SharedDocs/Downloads/DE/Service/Fachpublikationen/Schlussbericht_Empirie.pdf?__blob=publicationFile&v.=1; *Roßnagel* (Hrsg.), Beck'scher Kommentar zum Recht der Telemediendienste, 1. Auflage, München 2013 (zit.: Beck TMD/*Bearbeiter*); *Spindler/Schuster* (Hrsg.), Recht der elektronischen Medien, 4. Auflage, München 2019 (zit.: Spindler/Schuster/*Bearbeiter*).

A. Einführung 1	IV. Folgen von Verstößen gegen die Informationspflichten aus § 312k BGB nF 32
B. Bisherige Transparenzpflichten und Neustrukturierung 3	D. Weitere Änderungen hinsichtlich bereits bestehender Transparenz- und Informationspflichten 33
I. Informationspflichten für Betreiber von Online-Marktplätzen (§ 312k BGB nF) 3	I. Art. 246 EGBGB nF: Allgemeine Informationen bei Verbraucherverträgen 34
II. Leichte Änderungen bei bereits bestehenden Transparenzpflichten – Überblick 7	1. Nr. 5: Information über Mängelgewährleistungsrecht für Waren und digitale Produkte 34
III. Weitere Quellen neuer Informationspflichten: UWG nF 8	2. Nr. 7 und 8: Informationen über Waren mit digitalen Elementen und digitale Produkte 36
C. Wesentliche Änderungen im Detail: Art. 246d EGBGB nF: Allgemeine Informationspflichten für Betreiber von Online-Marktplätzen 14	II. Art. 246a § 1 Abs. 1 S. 1 EGBGB nF: Informationspflichten bei außerhalb von Geschäftsräumen geschlossenen Verträgen und Fernabsatzverträgen (ohne FinDL) 39
I. § 1: Informationspflichten des Betreibers ggü. Verbraucher – Überblick ... 15	1. Nr. 2, 3 und 4: Informationen über Faxnummern und sonstige Online-Kommunikationsmittel ... 40
II. Im Detail: Die Informationspflichten nach § 1 17	2. Nr. 6: Information über Personalisierung von Preisen 41
1. Nr. 1: Rankinginformationen 17	3. Nr. 11: Information über Mängelgewährleistungsrechte für Waren und digitale Produkte 42
2. Nr. 2: Anbieterinformationen auf Vergleichsportalen 20	4. Nr. 17 und 19: Informationen über Waren mit digitalen Elementen und digitale Produkte 43
3. Nr. 3: Informationen über Unternehmensverbundenheit gem. § 15 AktG 22	III. Art. 246a § 3 S. 1 Nr. 4 EGBGB nF: Widerrufsbelehrung beim Abschluss eines Verbrauchervertrags per Fernkommunikationsmittel mit begrenzter Darstellungsmöglichkeit 44
4. Nr. 4: Informationen über Unternehmereigenschaft des Anbieters 23	E. Art. 246e EGBGB nF: Verbotene Verletzung von Verbraucherinteressen und Bußgeldvorschriften 45
5. Nr. 5: Informationen über Anwendbarkeit von Verbraucherschutzvorschriften 25	
6. Nr. 6: Informationen über tatsächlichen Vertragspartner und vertragliche Ansprüche 26	
7. Nr. 7: Preisinformationen auf Ticketbörsen 27	
III. § 2: Formale Anforderungen 28	
1. Abs. 1: Klare und verständliche Angabe von Informationen vor Willenserklärung 28	
2. Abs. 2: Formale Besonderheiten für Informationen nach Nr. 1 und Nr. 2 30	

§ 1 Transparenzpflichten für Online-Marktplätze

A. Einführung[1]

1 Mit der jüngsten Änderung des BGB sowie des EGBGB vom 10.8.2021[2] wird den Anforderungen einer rechtzeitigen Umsetzung der RL (EU) 2019/2161[3] (im Folgenden: ModernisierungsRL) bis zum 28.11.2021 nachgekommen. Da sich die Digitalisierung und die damit einhergehenden Absatzmöglichkeiten von Waren, Dienstleistungen und mittlerweile auch immer öfter digitalen Inhalten stetig weiterentwickeln, wurden diesbezüglich auch neue **Verbraucherschutzvorschriften** aufgenommen. Selbstverständlich existieren weiterhin auch die bereits bekannten Pflichten aus § 312 ff. BGB und Art. 246 ff. EGBGB. Daneben ergingen iRd unionsrechtlichen Gesetzgebung weitere diesbezügliche Regulierungen im ebenfalls novellierten Gesetz gegen den unlauteren Wettbewerb (UWG), auf welche im Folgenden (→ Rn. 8 ff.) der Vollständigkeit halber ebenfalls hingewiesen wird.

2 Neuerdings gelten nach Langem nun die an die Digitalisierung angepassten Regelungen, die sich an die Betreiber von Online-Marktplätzen richten. Hierbei handelt es sich überwiegend um **Informationspflichten**, welche zur Transparenz und Entscheidungsfindung bei Verbrauchern beitragen sollen.

B. Bisherige Transparenzpflichten und Neustrukturierung

I. Informationspflichten für Betreiber von Online-Marktplätzen (§ 312k BGB nF)[4]

3 Wesentliche Änderungen hinsichtlich der Informationspflichten auf Online-Marktplätzen ergeben sich aus dem neugefassten[5] § 312k BGB. Dieser enthält nun neben den Definitionen des „Online-Marktplatzes"[6] an sich (§ 312k Abs. 3 BGB nF) sowie

---

[1] Dem Kapitel liegen Untersuchungen zugrunde, die in das Forschungsprojekt „Infoteilhabe. Information und Teilhabe durch Nutzerbewertungen: Status Quo & Entwicklungspotentiale – Belastbare und wertvolle Verbraucherinformationen durch eine intelligente Stärkung der Rolle der Konsument*innen bei Nutzerbewertungen" einfließen werden. Das Forschungsprojekt wird durch das Bundesministerium für Justiz und für Verbraucherschutz aufgrund eines Beschlusses des Deutschen Bundestages gefördert.

[2] Gesetz zur Änderung des Bürgerlichen Gesetzbuchs und des Einführungsgesetzes zum Bürgerlichen Gesetzbuche in Umsetzung der EU-Richtlinie zur besseren Durchsetzung und Modernisierung der Verbraucherschutzvorschriften der Union und zur Aufhebung der Verordnung zur Übertragung der Zuständigkeit für die Durchführung der Verordnung (EG) Nr. 2006/2004 auf das Bundesministerium der Justiz und für Verbraucherschutz BGBl. 2021 I 3483, veröffentlicht am 17.8.2021. Der Regierungsentwurf wurde als BT-Drs. 19/27655 vom 17.3.2021, die Beschlussempfehlung und der Bericht des Ausschusses für Recht und Verbraucherschutz als BT-Drs. 19/30527 vom 9.6.2021 veröffentlicht.

[3] RL (EU) 2019/2161 des europäischen Parlaments und des Rates vom 27.11.2019 zur Änderung der RL 93/13/EWG des Rates und der RL 98/6/EG, 2005/29/EG und 2011/83/EU des Europäischen Parlaments und des Rates zur besseren Durchsetzung und Modernisierung der Verbraucherschutzvorschriften der Union (ModernisierungsRL).

[4] § 312k BGB nF wird durch Art. 1 Nr. 6 des Gesetzes für faire Verbraucherverträge BGBl. I 2021 3433, zu § 312l BGB werden. Ab dem 1.7.2022 wird § 312k die Kündigung von Verbraucherverträgen im elektronischen Geschäftsverkehr regeln.

[5] Der bisherige § 312k BGB („Abweichende Vereinbarungen und Beweislastumkehr") wurde im Rahmen einer redaktionellen Folgeänderung zu § 312l BGB nF. Mit Inkrafttreten des Art. 1 Nr. 6 des Gesetzes für faire Verbraucherverträge am 1.7.2022, BGBl. 2021 I 3433, wird er zu § 312m BGB nF.

[6] Der Begriff „Online-Marktplatzes" im BGB wurde durch Art. 4 Nr. 1 lit. e ModernisierungsRL als Nr. 17 des Art. 2 Abs. 1 der Richtlinie 2011/83/EG des Europäischen Parlaments und des Rates vom 25.10.2011 über die Rechte der Verbraucher, zur Abänderung der Richtlinie 93/13/EWG des Rates und der Richtlinie 1999/44/EG des Europäischen Parlaments und des Rates sowie zur Aufhebung der Richtlinie 85/577/EWG des Rates und der Richtlinie 97/7/EG des Europäischen Parlaments und des Rates (im Folgenden: VRRL) aufgenommen. Daneben wurde der „Online-Marktplatz" mit gleichlautender Definition ebenfalls durch die ModernisierungsRL (Art. 3 Nr. 1 lit. b) in Art. 2 Abs. 1. lit. n der Richtlinie 2005/29/EG des europäischen Parlaments und des Rates vom 11, Mai 2005 über unlautere Geschäftspraktiken im binnenmarktinternen Geschäftsverkehr zwischen Unternehmen und Verbrauchern und zur Änderung der Richtlinie 84/450/EWG des

dessen „Betreiber"[7] (§ 312k Abs. 4 BGB nF) auch dessen Pflicht zur allgemeinen Information von Verbrauchern nach der Maßgabe des Art. 264d EGBGB nF (§ 312k Abs. 1 BGB nF).

Ein „Online-Marktplatz" ist demnach gem. § 312k Abs. 3 BGB *„ein Dienst, der es Verbrauchern ermöglicht, durch die Verwendung von Software, die vom Unternehmer oder im Namen des Unternehmers betrieben wird, einschließlich einer Webseite, eines Teils einer Webseite oder einer Anwendung, Fernabsatzverträge mit anderen Unternehmern oder Verbrauchern abzuschließen."* Ein solcher ist etwa eBay oder Amazon.[8] Um ein möglichst hohes Verbraucherschutzniveau zu erreichen, sind die Begriffe „Online-Marktplatz" und „Software" weit zu verstehen, so dass ein Online-Marktplatz bereits dann vorliegt, wenn auf der Webseite eines Betreibers auch Produkte anderer Unternehmer angeboten werden. Relevantes Kriterium ist der „**Fernabsatzvertrag**", welcher aufgrund seiner B2C-Eigenschaft (§ 312c Abs. 1 BGB) Plattformen ausschließt, die bspw. bewegliche Sachen aus Zwangsvollstreckungsmaßnahmen oder aufgrund anderer gerichtlicher bzw. hoheitlicher Befugnisse anbieten. Ebenso wenig unter den Begriff des Online-Marktplatzes fallen reine **B2B-Plattformen**, auf welche Verbraucher keinen Zugriff haben. Bei **Vermittlungs- und Vergleichswebseiten** hingegen handelt es sich erst dann um Online-Marktplätze, wenn der Fernabsatzvertrag durch vom Betreiber bereitgestellte Software geschlossen wird, etwa direkt auf der Webseite des Betreibers.[9] Daneben wird bei dem „Betreiber" in § 312k Abs. 4 BGB nF auf denjenigen Unternehmer abgestellt, der einen Online-Marktplatz für Verbraucher zur Verfügung stellt.

Hinsichtlich der Informationspflichten ist die Überschrift des § 312k BGB nF indes nur bedingt zutreffend. Dieser enthält keine Informationspflichten an sich, sondern in Abs. 1 lediglich die **Verpflichtung für Betreiber** von Online-Marktplätzen, solchen nachzukommen. Vielmehr ergeben sich die konkreten Informationspflichten aus dem (ebenfalls neuen) Art. 264d EGBGB nF, auf welchen dort verwiesen wird.

In § 312k Abs. 2 BGB nF wird darüber hinaus klargestellt, dass diese Informationspflichten nicht gelten, soweit auf dem Online-Marktplatz Finanzdienstleistungen iSd § 312 Abs. 5 S. 1 BGB angeboten werden.

Rates, der Richtlinien 97/7/EG, 98/27/EG und 2002/65/EG des Europäischen Parlaments und des Rates sowie der Verordnung (EG) Nr. 2006/2004 des Europäischen Parlaments und des Rates (im Folgenden: UGP-RL) aufgenommen. In nationales Recht fand der „Online-Marktplatz" Einzug in § 2 Abs. 1 Nr. 6 UWG nF, BT-Drs. 19/27873.

[7] Der Begriff des „Betreibers" entstammt in dieser Form nicht dem Wortlaut der europäischen Vorgaben. Vielmehr wurde durch Art. 4 Nr. 1 lit. e ModernisierungsRL die Definition des „Anbieters eines Online-Marktplatzes" in die VRRL aufgenommen, hierbei unter Art. 2 Abs. 1 Nr. 18. Die Transformation zum „Betreiber eines Online-Marktplatzes" ergibt sich aus der deutschen Umsetzung aus § 312k Abs. 4 BGB nF Dies dürfte darauf zurückzuführen sein, dass eine sprachliche Abgrenzung zu den „Anbietern auf Online-Marktplätzen" geschaffen und so Verwechslungen vorgebeugt werden sollte.

[8] Vgl. *BMJV*, Pressemitteilung vom 3.11.2020, https://www.bmjv.de/SharedDocs/Pressemitteilungen/DE/2020/110320_Richtlinie_digitale_Inhalte.html.

[9] BT-Drs. 19/27655, 29.

II. Leichte Änderungen bei bereits bestehenden Transparenzpflichten – Überblick

7 Transparenzpflichten, die sich aus dem BGB und dem EGBGB ergeben, sind nicht neu. So gab es bereits vor der Gesetzesnovellierung diverse Informationspflichten, die ungeachtet der eingeführten Neuerungen bestehen bleiben. Diese **bekannten Informationspflichten** werden im Detail inhaltlich ergänzt und es kommt zudem zu inhaltlich nicht weiter relevanten Folgeänderungen hinsichtlich der Nummerierungen bzw. bei Verweisungen:

- § 312a BGB mit Verweis auf Art. 246 EGBGB (Allgemeine Informationspflichten), wobei es zwei neue Informationspflichten mit Blick auf digitale Produkte gibt (→ Rn. 34 f.).
- § 312d Abs. 1 BGB mit Verweis auf Art. 246a EGBGB (außerhalb von Geschäftsräumen geschlossene Verträge und Fernabsatzverträge mit Ausnahme von Verträgen über Finanzdienstleistungen). Art. 246a § 1 Abs. 1 EGBGB wird komplett neu gefasst; damit sind allerdings nur wenige, unten näher behandelte Änderungen verbunden (→ Rn. 39).
- § 312d Abs. 2 BGB mit Verweis auf Art. 246b EGBGB (außerhalb von Geschäftsräumen geschlossene Verträge und Fernabsatzverträge über Finanzdienstleistungen), bei dem lediglich Verweise entsprechend der neuen Systematik des BGB angepasst werden.
- § 312i Abs. 1 S. 1 Nr. 2 BGB mit Verweis auf Art. 246c EGBGB (Informationspflichtenpflichten bei Verträgen im elektronischen Geschäftsverkehr – allgemein), die soweit unverändert bleiben.
- § 312j Abs. 2 BGB mit Verweis auf Art. 246a § 1 Abs. 1 S. 1 Nr. 1, 4, 5, 11 und 12 EGBGB (Informationspflichten im elektronischen Geschäftsverkehr ggü. Verbrauchern).

III. Weitere Quellen neuer Informationspflichten: UWG nF

8 Ebenfalls mit der ModernisierungsRL eingefügt, gibt es auch Änderungen am Gesetz gegen den unlauteren Wettbewerb (UWG, → § 9 Rn. 36).[10] Diese ähneln den bereits zuvor dargestellten Regelungen über Informationspflichten. Werden gem. den Vorgaben des neugestalteten § 5a Abs. 1 UWG nF **wesentliche Informationen** vorenthalten, so ist dies als unlautere Handlung iSd § 3 Abs. 1, 2 UWG zu qualifizieren. Welche Informationen bei Angeboten, die so ausgestaltet sind, dass ein **durchschnittlicher Verbraucher** ein Geschäft abschließen kann, als wesentlich gelten, ist in § 5b UWG nF geregelt. Da sich diese zT mit den Informationenpflichten aus dem EGBGB überschneiden, wird an den entsprechenden Stellen hierauf hingewiesen.

9 Darüber hinaus wurden mit dem neuen UWG relevante Informationspflichten im **Umgang mit Verbraucherbewertungen** eingeführt. Hiernach gelten Informationen darüber als wesentlich, **ob und wie** der Unternehmer, der die Bewertungen zugänglich macht, sicherstellt, dass diesen auch eine tatsächliche Nutzung bzw. zumindest ein

---

[10] BGBl. 2021 I 3504, veröffentlicht am 10.8.2021. Der Regierungsentwurf wurde als BT-Drs. 19/27873 vom 24.3.2021, die Beschlussempfehlung und der Bericht des Ausschusses für Recht und Verbraucherschutz als BT-Drs. 19/30527 vom 9.6.2021 veröffentlicht.

Erwerb durch Verbraucher zugrunde lag (§ 5b Abs. 3 UWG nF).[11] Als dessen verbotstatbestandliche Ausprägung bzw. Erweiterung ist es nach der ebenfalls neuen Nr. 23b des Anhangs zu § 3 Abs. 3 UWG nF[12] zudem stets unzulässig, zu behaupten, dass Bewertungen eines Produkts von Verbrauchern stammen, die das Produkt tatsächlich verwendet oder erworben haben, ohne dass angemessene und verhältnismäßige Schritte unternommen wurden, um zu prüfen, ob die Bewertungen wirklich von solchen Verbrauchern stammen. Ebenso ist es gem. Nr. 23c des Anhangs zu § 3 Abs. 3 UWG nF stets unzulässig, **gefälschte Bewertungen** oder Empfehlungen von Verbrauchern, bspw. „Likes" in sozialen Medien (ErwGr 49 ModernisierungsRL) abzugeben, bzw. anderen juristischen oder natürlichen Personen den Auftrag hierzu zu erteilen, um Werbung für Ihre Produkte zu machen. Daneben ist gem. Nr. 23c die **falsche Darstellung** (ErwGr 49 ModernisierungsRL spricht hier von „manipulieren") von a) Verbraucherbewertungen oder b) Empfehlungen in sozialen Medien zu Zwecken der Verkaufsförderung unzulässig. Eine solche falsche Darstellung ist bspw. darin zu sehen, dass positive Bewertungen veröffentlicht, negative hingegen gelöscht werden. Ebenso stellt es eine falsche Darstellung dar, wenn eine Extrapolation stattfindet, dh positive Empfehlungen über einen Online-Inhalt auf andere, damit in Zusammenhang stehende Inhalte übertragen oder verknüpft werden und so der Anschein entsteht, der Verfasser der ursprünglichen Empfehlung befürworte auch den im Zusammenhang damit stehenden Inhalt (ErwGr 49 ModernisierungsRL).

Hierbei ist bei Nr. 23c insbesondere darauf zu achten, dass sich der Bezug der „**sozialen Medien**" ausschließlich auf die „falsche Darstellung von Empfehlungen" erstreckt. Zwar spricht die Begründung des RegE hier auch von einer „*[...] falsche[n] Darstellung von Bewertungen oder Empfehlungen von Verbraucherinnen oder Verbrauchern in sozialen Medien[...]*",[13] welche den Bezug der sozialen Medien auf sowohl Bewertungen als auch Empfehlungen erstreckt. Allerdings wird hierbei übersehen, dass der Begriff der „sozialen Medien" in Nr. 23c wohl aufgrund eines Übersetzungsfehlers in die deutsche Fassung der Nr. 23c gelangt ist. Andere Sprachfassungen beziehen sich in Nr. 23c ausdrücklich und ausschließlich auf „social endorsements" (EN), „aprobaciones sociales" (ES) bzw. „recommandations sociales" (FR), nicht jedoch auf soziale Medien, welche zudem auch nicht weiter definiert sind.

Insbesondere unter Betrachtung der genannten anderssprachigen Fassungen des ErwGr 49 hinsichtlich des „effet utile" wird zudem deutlich, dass eine solche Verengung des Bezugs aller „Bewertungen und Empfehlungen" auf soziale Medien auch nicht gemeint sein kann. In diesen wird deutlich, dass sich die **Extrapolation** (als Beispiel für die falsche Darstellung von Empfehlungen) ebenfalls ausdrücklich auf die konkreten „social endorsements", „las aprobaciones sociales" etc bezieht, nicht jedoch auf „social reviews" wie im RegE.[14] Dies ist auch folgerichtig, da ein generelles Verständnis einer „falschen Darstellung" von sowohl „Bewertungen und Empfehlun-

---

[11] Dieser dient der Umsetzung des Art. 7 Abs. 6 UGP-RL, welcher hierin durch Art. 4 Nr. 4 lit. c ModernisierungsRL eingeführt wurde.
[12] Sowohl Nr. 23b als auch Nr. 23c wurden durch Art. 3 Nr. 7 lit. b ModernisierungsRL als entsprechende Nummern in den Anhang I der UGP-RL aufgenommen.
[13] BT-Drs. 19/27873, 45.
[14] BT-Drs. 19/27873, 45.

gen" mit Bezug auf soziale Medien dazu führen würde, dass die falsche Darstellung von Bewertungen (ausschließlich positive anzeigen, negative löschen), die nicht auf sozialen Medien stattfindet, nicht hierunter und somit nicht unter Nr. 23c fallen würde und demnach zulässig wäre, zB auf **Online-Marktplätzen** oder in **Online-Shops** von Unternehmen. Dies wird auch durch den übrigen Regelungscharakter der Nr. 23c deutlich, welche hinsichtlich der Abgabe bzw. der Beauftragung von gefälschten Bewertungen „likes in sozialen Medien" ausschließlich als ein Beispiel hierfür, nicht jedoch als eine Voraussetzung erkennen lässt (vgl. ErwGr 49 ModernisierungsRL).

12 Daneben wurden die nötigen Legaldefinitionen des Online-Marktplatzes (§ 2 Abs. 1 Nr. 6 UWG nF) und des Rankings (§ 2 Abs. 1 Nr. 7 UWG nF) eingeführt.[15]

13 Neben den genannten und den im Weiteren dargestellten Informationspflichten des UWG nF ist zudem § 5b Abs. 4 UWG nF hinsichtlich der im Folgenden behandelten Informationspflichten nach dem BGB/EGBGB zu beachten. Hiernach gelten auch solche Informationen als wesentlich iSd § 5a Abs. 1 UWG nF, die dem Verbraucher **aufgrund unionsrechtlicher Verordnungen oder nach Rechtsvorschriften** zur Umsetzung unionsrechtlicher Richtlinien für kommerzielle Kommunikation einschließlich Werbung und Marketing nicht vorenthalten werden dürfen. Dies betrifft und umfasst die Verletzung aller unionsrechtlichen Informationspflichten[16] wie bspw. diejenigen, die auf der VRRL basieren.[17]

C. Wesentliche Änderungen im Detail: Art. 246d EGBGB nF: Allgemeine Informationspflichten für Betreiber von Online-Marktplätzen

14 Die neu eingeführten, wesentlich durch Art. 6a VRRL[18] vorgegebenen allgemeinen Informationspflichten, denen der Betreiber von Online-Marktplätzen gegenüber Verbrauchern nachkommen muss, sind in Art. 264d EGBGB nF aufgeführt. Dieser enthält einerseits die Informationspflichten an sich; sie sind in § 1 angegeben. Andererseits gibt es formale Anforderungen an die Informationspflichten, welche in § 2 aufgeführt sind.

I. § 1: Informationspflichten des Betreibers ggü. Verbraucher – Überblick

15 In Art. 264d § 1 EGBGB sind sieben neue Transparenzpflichten enthalten. Die wesentlichsten setzen die Vorgaben des in der VRRL neu eingefügten **Art. 6a Abs. 1** um.[19] Es handelt sich dabei um Informationspflichten über das Ranking von Waren, Dienstleistungen und digitale Inhalte[20] (Nr. 1), Angaben über die Unternehmereigenschaft von Anbietern auf Online-Marktplätzen (Nr. 4), die damit ggf. verbundene Nichtanwendbarkeit von Verbraucherschutzvorschriften (Nr. 5), sowie darüber, wer

---

15 Sowohl die Definition des „Rankings" als auch des „Online-Marktplatzes" wurden durch Art. 3 Nr. 1 lit. b ModernisierungsRL als entsprechende lit. m bzw. n in den Art. 2 Abs. 1 UGP-RL aufgenommen.
16 Vgl. *Alexander* NJW 2012, 1985 (1989).
17 Spindler/Schuster/*Micklitz/Namysłowska* UWG § 5a Rn. 43.
18 Eingefügt in die VRRL durch Art. 4 Nr. 5 ModernisierungsRL.
19 Eingefügt durch Art. 4 Nr. 5 ModernisierungsRL.
20 Der Begriff „Digitale Inhalte" entstammt Art. 2 Nr. 1 der RL (EU) 2019/770 des Europäischen Parlaments und des Rates vom 20.5.2019 über bestimmte vertragsrechtliche Aspekte der Bereitstellung digitaler Inhalte und digitaler Dienstleistungen (im Folgenden: DIRL).

der tatsächliche Vertragspartner ist, sollte der Betreiber eines Online-Marktplatzes vertragliche Verpflichtungen eines Anbieters ggü. einem Verbraucher erfüllen (Nr. 6).

Daneben sind weitere Informationspflichten erlassen worden, welche auf der hierfür vorgesehenen **Öffnungsklausel des neuen Art. 6a Abs. 2 VRRL** basieren und folglich nicht aus der Richtlinie, sondern aus der Feder des nationalen Gesetzgebers stammen. Diese beziehen sich auf Informationspflichten über Anbieter von auf Vergleichsportalen aufgezeigten Suchergebnissen (Nr. 2), darauf, ob eine eventuelle Verflechtung zwischen einem Online-Marktplatz-Betreiber und einem darauf tätigen Anbieter vorliegt (Nr. 3), sowie bei Ticketbörsen auf Informationen über einen evtl. festgelegten Ticketpreis durch den Veranstalter (Nr. 7).

II. Im Detail: Die Informationspflichten nach § 1

1. Nr. 1: Rankinginformationen[21]

Wenn einem Verbraucher auf einem Online-Marktplatz als **Ergebnis dessen Suchanfrage** Waren, Dienstleistungen oder digitale Inhalte präsentiert werden, so hat der Betreiber des Online-Marktplatzes den Verbraucher hierbei gem. Art. 246d § 1 Nr. 1 EGBGB nF darüber zu informieren, welches a) die für die Festlegung des angezeigten Rankings der Ergebnisse relevanten Hauptparameter (= wesentliche Kriterien) des Algorithmus sind, welcher für das Ranking verantwortlich ist. Hierbei kann es sich bspw. um die Anzahl der Aufrufe des Angebots, das Einstellungsdatum, die Bewertung des Angebots/des Anbieters oder die Anzahl der verkauften Produkte/der genutzten Dienstleistung („Beliebtheit") handeln.[22]

Details über den **Algorithmus** selbst müssen dabei nicht offengelegt werden. Darüber hinaus muss gleichwohl b) die relative (=prozentuale) Gewichtung dieser für das Ranking relevanten Hauptparameter im Vergleich zu anderen, als weniger für die Gewichtung festgelegten Parametern angegeben werden (≠ Hauptparameter). Dies umfasst auch die relevanten Hauptparameter selbst. Die Angabe dieser Informationen soll dabei allgemein erfolgen und muss nicht für einzelne, konkrete Suchanfragen heruntergebrochen ausgewiesen werden.[23]

Darüber hinaus gelten die Informationen über die Hauptparameter zur Festlegung eines dem Verbraucher auf seine Suchanfrage hin präsentierten Rankings über Waren oder Dienstleistungen (Nr. 1) und deren relative Gewichtung zueinander (Nr. 2) gem. § 5b Abs. 2 UWG nF als wesentlich. Hieran anknüpfend ist es nach der neuen Nr. 11a im Anhang zu § 3 Abs. 3 UWG nF generell unlauter, Suchergebnisse aufgrund der Online-Suchanfrage eines Verbrauchers anzuzeigen, **ohne dass etwaige bezahlte Werbung oder spezielle Zahlungen eindeutig offengelegt werden**, die dazu dienen, ein höheres Ranking der jeweiligen Produkte iRd Suchergebnisse zu erreichen.

---

21 Die Vorgaben des Art. 246d § 1 Nr. 1 EGBGB nF entsprechen dem (ebenfalls durch die Modernisierungs-RL neu eingefügten) Art. 7 Abs. 4a UGP-RL, welche im neuen UWG mit § 5b Abs. 2 eingeführt wurden.
22 BT-Drs. 19/27655, 35.
23 BT-Drs. 19/27655, 35 f.; zu den besonderen formalen Anforderungen an die Informationen nach Nr. 1 sowie Nr. 2 → Rn. 30 f.

2. Nr. 2: Anbieterinformationen auf Vergleichsportalen

20 Die Informationspflicht nach Nr. 2 beinhaltet die Pflicht des Betreibers eines Online-Marktplatzes, dem Verbraucher Informationen über die **darauf tätigen Anbieter** bereitzustellen. Voraussetzung hierfür soll nach der Gesetzesbegründung sein, dass dem Verbraucher das Ergebnis eines Vergleichs von Waren, Dienstleistungen oder digitalen Inhalten präsentiert wird, der über eine reine Auflistung von Angeboten hinausgeht.[24] Angegeben werden müssen sodann der Name bzw. der Handelsname derjenigen Anbieter, deren Angebote bei der Erstellung des konkreten Vergleichs einbezogen wurden („**Positivliste der Anbieter**").[25] Dies gilt auch für den Betreiber des Online-Marktplatzes, wenn er zugleich Anbieter ist. Eine Anschrift der entsprechenden Anbieter hingegen muss nicht angegeben werden.[26]

21 Diese Informationspflichten betreffen konkret jedoch nur die Betreiber derjenigen Online-Marktplätze, auf denen Waren, Dienstleistungen oder digitale Inhalte auch **vergleichend dargestellt** werden. Nicht zur Bereitstellung von Informationen verpflichtet sind daher zum einen solche Online-Marktplätze, die zwar Angebote präsentieren, hierbei jedoch keinen Vergleich vornehmen („reine Auflistung").[27] Zum anderen sind hiervon ebenso wenig („rein informative") Vergleichsportale betroffen, auf deren Webseite bzw. durch deren Software keine Möglichkeit zum Vertragsabschluss besteht (aufgrund dieser fehlenden Eigenschaft sind sie schon keine Online-Marktplatz, → Rn. 4).

3. Nr. 3: Informationen über Unternehmensverbundenheit gem. § 15 AktG

22 Mit Art. 246d § 1 Nr. 3 EGBGB nF soll dem Umstand Rechnung getragen werden, dass der Betreiber eines Online-Marktplatzes und ein darauf agierender Anbieter wirtschaftlich miteinander verbunden sein könnten. Sollte dies der Fall sein, kann es bei einem vom Betreiber vorgenommenen **Ranking** bzw. einem Vergleich dazu kommen, dass diese und folglich die Entscheidungsfindung des Verbrauchers beeinflusst werden.[28] Daher hat ein Betreiber bei einem Ranking bzw. einem Vergleich darüber zu informieren, ob es sich bei ihm und entsprechend den konkreten Anbietern um (rechtsformneutrale)[29] verbundene Unternehmen iSd § 15 AktG handelt.

---

[24] Hier ist die Begründung der BT-Drs. 19/27655 uneinheitlich formuliert: Während der Allgemeine Teil (S. 20) davon spricht, dass weitere Informationen „*bei Vergleichsportalen die Informationen über einen Anbieter [sind], die bei der Erstellung des dem Verbraucher auf eine Suchanfrage präsentierten Vergleichs berücksichtigt wurden*", lässt der besondere Teil der Begründung (S. 36) nicht erkennen, dass eine Suchanfrage Voraussetzung für die Angabe der nach Nr. 2 verpflichtenden Anbieterinformationen sein soll. Vielmehr lässt der Gesetzeswortlaut vermuten, dass in bewusster Abgrenzung zu Nr. 1, welche die Voraussetzung „*als Ergebnis einer Suchanfrage*" explizit enthält, dieses Kriterium hier nicht nötig ist und somit auch Vergleichsergebnisse umfasst sein sollen, die dem Verbraucher auch ohne eine Suchanfrage präsentiert werden („Zufallsfunde"). Dies ist insbesondere unter Beachtung von Sinn und Zweck der Nr. 2 folgerichtig, wonach hiermit wesentliche Informationen für eine informierte geschäftliche Entscheidung sichergestellt werden sollen, BT-Drs. 19/27655, 36. Demnach kann es nicht darauf ankommen, ob man den Vergleich willentlich herbeiführt, oder ihn vorausgewählt präsentiert bekommt.
[25] BT-Drs. 19/27655, 36.
[26] BT-Drs. 19/27655, 36.
[27] BT-Drs. 19/27655, 36.
[28] BT-Drs. 19/27655, 36.
[29] Vgl. BGH Urt. v. 13.10.1977 – II ZR 123/76, NJW 1978, 104; BAG Beschl. v. 13.10.2004 – 7 ABR 56/03, NZA 2005, 647.

C. Allgemeine Informationspflichten für Betreiber von Online-Marktplätzen

4. Nr. 4: Informationen über Unternehmereigenschaft des Anbieters

Des Weiteren muss der Betreiber eines Online-Marktplatzes darüber informieren, ob es sich bei dem Anbieter der Waren, Dienstleistungen oder digitalen Inhalte nach **dessen eigener Erklärung gegenüber dem Betreiber** des Online-Marktplatzes um einen Unternehmer (§ 14 BGB) oder einen Verbraucher (§ 13 BGB) handelt. Damit soll sichergestellt werden, dass Verbraucher erkennen können, welchen Rechtsstatus ihr (potenzieller) Vertragspartner innehat. Eine Pflicht des Betreibers, die vom Anbieter gemachten Angaben zu überprüfen, besteht indes nicht. Die Pflicht zur Angabe des Status gilt auch für den Betreiber des Online-Marktplatzes selbst, wenn er zugleich Anbieter ist.[30] In Nr. 4 ist für den Betreiber insofern ausschließlich die Informationspflicht ggü. dem Verbraucher an sich enthalten; eine Pflicht zur Einholung der Erklärung vom Anbieter ergibt sich daraus nicht unmittelbar *(„[...] nach dessen eigener Erklärung ggü. dem Betreiber[...]")*. Allerdings wird ihm bereits aus Eigeninteresse daran gelegen sein, den Status in Erfahrung zu bringen – allein, um seinen eigenen Informationspflichten vollständig nachkommen zu können.

Daneben gelten die Informationen über die Unternehmereigenschaft nach der eigenen Erklärung des Anbieters von Waren oder Dienstleistungen auf einem Online-Marktplatz[31] ggü. dem Betreiber gem. § 5b Abs. 1 Nr. 6 UWG nF[32] als wesentlich.

5. Nr. 5: Informationen über Anwendbarkeit von Verbraucherschutzvorschriften

Sollte es sich nach der Erklärung eines Anbieters nach Nr. 4 bei ihm nicht um einen Unternehmer gem. § 14 BGB handeln, so hat der Betreiber den Verbraucher zusätzlich darüber zu informieren, dass im Falle eines Vertragsabschlusses **bei dem konkreten Anbieter** die besonderen Vorschriften für Verbraucherverträge nicht gelten. Dies dient dem Schutz der Verbraucher, für welche damit uU Widerrufs- und Gewährleistungsrechte wegfielen oder beschränkt würden. Der Betreiber ist jedoch nicht dazu verpflichtet, die konkret entfallenden Verbraucherrechte aufzulisten (ErwGr 27 ModernisierungsRL). Diese, wenngleich allgemein gehaltene Information,[33] ist dennoch auf den konkreten Anbieter bezogen in klarer und verständlicher Weise anzugeben (→ Rn. 28). Eine entsprechende Information lediglich in den Allgemeinen Geschäftsbedingungen oder ähnlichen Vertragsdokumenten genügt nicht (ErwGr 27 ModernisierungsRL).

6. Nr. 6: Informationen über tatsächlichen Vertragspartner und vertragliche Ansprüche

Wer die einzelnen Verpflichtungen aus einem auf einem Online-Marktplatz geschlossenen Vertrag zwischen einem Anbieter und einem Verbraucher tatsächlich erfüllt, ist in der Praxis für Verbraucher nicht immer ersichtlich.[34] Daher wird mit Nr. 6 für Be-

---

30 BT-Drs. 19/27655, 36.
31 Wie oben erwähnt, wurde die Definition des „Online-Marktplatzes" durch Art. 3 Nr. 1 lit. b ModernisierungsRL in Art. 2 Abs. 1 lit. n UGP-RL aufgenommen, welcher in § 2 Abs. 1 Nr. 6 UWG nF aufgenommen wurde.
32 Dieser dient der Umsetzung des Art. 7 Abs. 4 lit. f UGP-RL, welcher hierin durch Art. 4 Nr. 4 lit. a ii) ModernisierungsRL eingeführt wurde.
33 BT-Drs. 19/27655, 37.
34 BT-Drs. 19/27655, 37.

treiber eines Online-Marktplatzes die Pflicht eingeführt, Informationen für den Verbraucher in den Fällen bereitzustellen, in denen er **vertragliche Verpflichtungen** erfüllt, die **eigentlich der Anbieter** aus seinem Vertrag mit dem Verbraucher erfüllen müsste. Eine vertragliche Verpflichtung zwischen dem Betreiber und dem Verbraucher hierüber besteht nicht. Um dem Verbraucher Klarheit über seine vertraglichen Ansprüche zu verschaffen,[35] müssen Betreiber daher – falls sie solche fremden Pflichten erfüllen – künftig darüber informieren: a) in welchem Umfang sie dies tun (zB bei Übernahme des Versands)[36] und dass b) dem Verbraucher dadurch keine eigenen vertraglichen Ansprüche ihm gegenüber entstehen. Insofern ist Nr. 6 als eine Erweiterung zu den sich aus Nr. 2 ergebenden Informationen über den Anbieter zu verstehen.

7. Nr. 7: Preisinformationen auf Ticketbörsen

27 Mit Nr. 7 werden Informationspflichten geschaffen, die für eine Verbesserung der Transparenz auf dem **Sekundärmarkt für Eintrittsberechtigungen** („Veranstaltungstickets") sorgen.[37] Diese kommen zum Tragen, wenn ein Anbieter Eintrittsberechtigungen für Veranstaltungen auf einem Online-Marktplatz weiterverkaufen will. Ist dies der Fall, hat dessen **Betreiber** den Verbraucher darüber zu informieren, ob und ggf. **in welcher Höhe** der Veranstalter einen Preis für den Erwerb **dieser konkreten**[38] Eintrittsberechtigungen festgelegt hat. Hierfür muss er den Preis jedoch nicht selbst ermitteln, sondern hat diesen **nach den Angaben des Anbieters** auszuweisen. Hat die konkrete Eintrittsberechtigung keinen originär individuell festgelegten Preis (Freikarte/Karte aus einem Abonnement), so ist auch dies anzugeben. Hierbei ist der Betreiber des Online-Marktplatzes nicht verpflichtet, die vom Anbieter gemachten Preisangaben auf Richtigkeit hin zu überprüfen.[39] Ebenso wie durch Nr. 4 (→ Rn. 23) ist der Betreiber nach dem Wortlaut des Nr. 7 zudem nicht unmittelbar verpflichtet, den ursprünglich vom Veranstalter festgelegten Preis beim Anbieter zu erfragen *(„[...] nach Angaben des Anbieters [...]")*. Zur Erfüllung der eigenen Informationspflichten ist dies jedoch faktisch unabdingbar. Hierfür steht dem Betreiber die Möglichkeit offen, das Einstellen des Angebots technisch so zu gestalten, dass es nicht ohne eine entsprechende Angabe hochgeladen werden kann.[40]

III. § 2: Formale Anforderungen

1. Abs. 1: Klare und verständliche Angabe von Informationen vor Willenserklärung

28 In formeller Hinsicht muss der Betreiber eines Online-Marktplatzes dem Verbraucher alle zuvor in Art. 246d § 1 Nr. 1–7 EGBGB nF genannten Informationspflichten **vor Abgabe** von dessen Willenserklärung in **klarer und verständlicher Weise** zur Verfü-

---

35 BT-Drs. 19/27655, 37.
36 BT-Drs. 19/27655, 37.
37 Vgl. BT-Drs. 19/27655, 37; zu den lauterkeitsrechtlichen Besonderheiten des gewerblichen Tickethandels s. auch die neue Nr. 23a des Anhangs zu § 3 Abs. 3 UWG nF, welche den automatisierten Erwerb von Tickets zum Weiterverkauf untersagt. Dieser wurde durch Art. 3 Nr. 7 lit. b ModernisierungsRL in die UGP-RL eingefügt (→ § 9 Rn. 43).
38 BT-Drs. 19/27655, 37.
39 BT-Drs. 19/27655, 37.
40 BT-Drs. 19/27655, 37.

C. Allgemeine Informationspflichten für Betreiber von Online-Marktplätzen

gung stellen („Transparenzgebot").[41] Zudem muss dies in einer dem benutzten Fernkommunikationsmittel angepassten Weise geschehen („Gebot der mediengerechten Kommunikation"). Dies entspricht insofern den bereits bekannten Anforderungen ua aus Art. 246a § 4 EGBGB.[42] Die Informationen in die allgemeinen Geschäftsbedingungen oder ähnlichen allgemeinen Vertragsdokumente einzubauen, genügt dabei nicht (ErwGr 27 ModernisierungsRL).

Die Informationen müssen gut auffindbar sein und grafisch so gestaltet werden, dass sie für den **durchschnittlichen Nutzer** ohne Problem lesbar sind,[43] unabhängig davon, welche Hard- und Software verwendet wird („klar").[44] Textlich sind sie so zu formulieren, dass ein rechtsunkundiger Durchschnittsverbraucher sie verstehen kann, ohne zuerst rechtskundige Personen zu Rate ziehen zu müssen („verständlich").[45]

29

2. Abs. 2: Formale Besonderheiten für Informationen nach Nr. 1 und Nr. 2

Über die allgemeinen Anforderungen des Abs. 1 hinaus gibt es mit Abs. 2 für die Informationen aus Art. 246d § 1 Nr. 1 EGBGB nF („Ranginginformationen" → Rn. 17 ff.) und Nr. 2 („Anbieterinformationen" → Rn. 20 f.) zusätzliche formale Besonderheiten. Demnach müssen diese Informationen dem Verbraucher in einem **bestimmten Bereich der Online-Benutzeroberfläche** zur Verfügung gestellt werden, der von der Webseite, auf der die Angebote angezeigt werden, **unmittelbar und leicht zugänglich** ist.

30

Hierbei kann auf die in der Praxis erprobten Lösungen zur rechtskonformen Umsetzung der Impressumspflicht zurückgegriffen werden, wonach diese Angaben einerseits von jeder Seite eines mehrseitigen Angebotes aus über eine leicht auffindbare Verlinkung aufrufbar sein müssen,[46] es andererseits aber genügt, dass die Informationen **maximal zwei Klicks** von der Webseite entfernt sind, auf der die Angebote angezeigt werden.[47]

31

IV. Folgen von Verstößen gegen die Informationspflichten aus § 312k BGB nF

Verstößt der Betreiber eines Online-Marktplatzes gegen die Informationspflichten aus § 312k Abs. 1 BGB nF iVm Art. 246d EGBGB nF, so kann dies gem. den Maßgaben des Art. 246e § 1 Abs. 2 Nr. 10 EGBGB nF eine verbotene Verletzung von Verbraucherinteressen im Zusammenhang mit Verbraucherverträgen darstellen. Diese kann gem. Art. 246e § 2 Abs. 2 EGBGB nF mit einem **Bußgeld** bis zu 50.000 EUR bzw. 4 % des Vorjahresumsatzes belegt werden.[48]

32

---

[41] Dazu allgemein Fezer/Büscher/Obergfell/*Brönneke/Tavakoli* UWG Sonderteil 19 Rn. 111 ff.
[42] BT-Drs. 19/27655, 37.
[43] Im Detail Fezer/Büscher/Obergfell/*Brönneke/Tavakoli* UWG Sonderteil 19 Rn. 118–121 mwN.
[44] Buchmann K&R 2014, 453 (455).
[45] Im Detail Fezer/Büscher/Obergfell/*Brönneke/Tavakoli* UWG Sonderteil 19 Rn. 122 f. mwN sowie zum Fremdsprachenproblem und dem Verbot der Sprachvermischung Fezer/Büscher/Obergfell/*Brönneke/Tavakoli* UWG Sonderteil 19 Rn. 124–127.
[46] Beck TMD/*Roßnagel* § 5 TMG Rn. 79 f.
[47] Beck TMD/*Roßnagel* § 5 TMG Rn. 81; BGH Urt. v. 20.7.2006 – I ZR 228/03, NJW 2006, 3633 (3635).
[48] Näher hierzu → Rn. 45 ff.

D. Weitere Änderungen hinsichtlich bereits bestehender Transparenz- und Informationspflichten

33 Neben diesen konkret auf Online-Marktplätze zugeschnittenen und ausschließlich für diese geltenden Vorschriften des § 312k BGB nF hat es auch Änderungen an bereits existierenden Informationspflichten gegeben, welche mitunter schon bisher von Betreibern von Online-Marktplätzen beachtet werden mussten und **auch weiterhin beachtet werden müssen**. Hierbei handelt es sich um die eingangs dargestellten Art. 246 EGBGB nF (allgemeine Informationen bei Verbraucherverträgen), Art. 246a EGBGB nF (Informationspflichten bei außerhalb von Geschäftsräumen geschlossenen Verträgen und Fernabsatzverträgen mit Ausnahme von Finanzdienstleistungen) sowie Art. 246e EGBGB nF (Verbotene Verletzung von Verbraucherinteressen und Bußgeldvorschriften).

I. Art. 246 EGBGB nF: Allgemeine Informationen bei Verbraucherverträgen

1. Nr. 5: Information über Mängelgewährleistungsrecht für Waren und digitale Produkte

34 Als Konkretisierung des § 312a Abs. 2 S. 1 BGB enthält Art. 246 Abs. 1 EGBGB allgemeine Informationspflichten bei Verbraucherverträgen. Durch die Novellierung des BGB/EGBGB[49] erfährt er eine Erweiterung in Nr. 5 sowie eine Neufassung der Nr. 7 und 8.

35 Durch die Änderung der Nr. 5 werden die bisher hiernach anzugebenden Informationen über das „Bestehen eines gesetzlichen Mängelhaftungsrechts für die Waren und gegebenenfalls das Bestehen und die Bedingungen von Kundendienstleistungen und Garantien" auf nunmehr „**Waren oder digitale Produkte**"[50] erweitert.

2. Nr. 7 und 8: Informationen über Waren mit digitalen Elementen und digitale Produkte

36 Daneben wurden die Informationspflichten in Nr. 7 und 8 angepasst. Dies führte zu einer Neufassung der Nr. 7, nach welcher bisher Informationen über „gegebenenfalls die Funktionsweise digitaler Inhalte, einschließlich anwendbarer technischer Schutz-

---

[49] Gesetz zur Umsetzung der Richtlinie über bestimmte vertragsrechtliche Aspekte der Bereitstellung digitaler Inhalte und digitaler Dienstleistungen BGBl. 2021 I 2123, veröffentlicht am 30.6.2021. Der Regierungsentwurf wurde als BT-Drs. 19/27653 vom 17.3.2021, die Beschlussempfehlung und der Bericht des Ausschusses für Recht und Verbraucherschutz als BT-Drs. 19/30951 vom 22.6.2021 bzw. als BT-Drs. 19/31116 vom 23.6.2021 veröffentlicht. Das Gesetz basiert auf der DIRL.

[50] Die Definition der „digitalen Produkte" ergibt sich aus dem neugefassten Art. 5 Abs. 1 lit. e VRRL, welcher hierin durch Art. 4 Nr. 3 lit. a ModernisierungsRL eingefügt wurde. Anzumerken ist, dass Art. 5 Abs. 1 lit. e VRRL hier von „Waren, digitale Inhalte und digitale Dienstleistungen" spricht; eine Zusammenfassung der „digitalen Inhalte und digitalen Dienstleistungen" zu „digitalen Produkten" erfolgte erst durch die nationale Umsetzung. Dies ist insbesondere vor dem Hintergrund bemerkenswert, dass bei der Umsetzung des UWG nF, das auf die UGP-RL zurückgeht, die ebenfalls durch die ModernisierungsRL geändert wurde, ua durch Art. 3 Nr. 7 lit. a und b in den Nr. 11a, 23b und 23c des Anhangs I genau entgegengesetzt verfahren wurde. Hierbei sprechen die ursprünglich in die UGP-RL eingefügten Nr. 11a, 23b und 23c von „Produkten", die durch eine neugefasste Definition des Art. 2 Abs. 1 lit. c (eingeführt durch Art. 3 Nr. 1 lit. a ModernisierungsRL) als „Waren oder Dienstleistungen" konkretisiert werden. In der nationalen Umsetzung der Nr. 11a, 23b und 23c ins UWG nF wird diese konkretisierte Definition der Art. 2 Abs. 1 lit. c in den Gesetzestexten übernommen; diese sprechen unmittelbar von „Waren oder Dienstleistungen", was zur Verdeutlichung des Gemeinten beiträgt, ohne die entsprechende Definition der ModernisierungsRL heranziehen zu müssen.

D. Weitere Änderungen bereits bestehender Transparenz- und Informationspflichten

maßnahmen für solche Inhalte" anzugeben waren. Nunmehr beinhaltet Nr. 7 Informationspflichten über „gegebenenfalls die **Funktionalität** der Waren[51] mit digitalen Elementen oder der digitalen Produkte, einschließlich anwendbarer technischer Schutzmaßnahmen".

Auch Nr. 8 wurde hierdurch angepasst. Die bisherigen Informationspflichten über „gegebenenfalls, soweit wesentlich, Beschränkungen der Interoperabilität und der Kompatibilität digitaler Inhalte mit Hard- und Software, soweit diese Beschränkungen dem Unternehmer bekannt sind oder bekannt sein müssen" wurden erweitert und umfassen nun anzugebende Informationen über „gegebenenfalls, soweit wesentlich, die **Kompatibilität** und die **Interoperabilität** der Waren mit digitalen Elementen oder der digitalen Produkte, soweit diese Informationen dem Unternehmer bekannt sind oder bekannt sein müssen."

Die in Nr. 7 und 8 verwendeten Begriffe der „Funktionalität", „Kompatibilität" und „Interoperabilität" stammen ebenfalls aus der DIRL und wurden in § 327e Abs. 2 S. 2–4 BGB nF legaldefiniert (→ Rn. 43, → § 6 Rn. 82).

II. Art. 246a § 1 Abs. 1 S. 1 EGBGB nF: Informationspflichten bei außerhalb von Geschäftsräumen geschlossenen Verträgen und Fernabsatzverträgen (ohne FinDL)

Daneben ergeben sich Änderungen an Art. 246a EGBGB, welcher die Informationspflichten aus § 312d Abs. 1 BGB konkretisiert. Diese betreffen **außerhalb von Geschäftsräumen** geschlossene Verträge und **Fernabsatzverträge** (mit Ausnahme von Finanzdienstleistungen). Änderungen wurden vorgenommen an Nr. 2, 3, 4, 6, sowie 17 und 18.[52]

1. Nr. 2, 3 und 4: Informationen über Faxnummern und sonstige Online-Kommunikationsmittel

Die bisherigen Informationspflichten über die Identität des Unternehmers und dessen **Erreichbarkeit** umfassten ua die Angabe von „Telefonnummer, ggf. [seiner] Telefaxnummer und E-Mail-Adresse sowie ggf. dessen Anschrift". Aufgrund der technologischen Entwicklung und der damit verbundenen, rückläufigen Praxisrelevanz von **Faxgeräten** wurde die Pflicht zur Angabe dieser Nummern gestrichen. Gleichzeitig wurde die Pflicht zur Angabe von „sonstigen Online-Kommunikationsmitteln" eingeführt, welche die Einhaltung der Textformerfordernisse des § 126b S. 2 BGB gewährleisten, bspw. **Messengerdienste**.[53] Der Übersicht halber wurden die Informationen in Nr. 2 („Identität") und Nr. 3 („Kommunikationsmittel") aufgeteilt. Ergänzend dazu ist nach Nr. 4 die Geschäftsadresse sowie ggf. die Anschrift einer Beschwerdestelle anzugeben.

---

51 BT-Drs. 19/30527, 5.
52 Daneben wurde der bisherige Art. 246a § 1 Abs. 1 Nr. 4 EGBGB einer besseren Übersicht halber auf nun Nr. 5 und 7 aufgeteilt. Inhaltlich bleiben sie jedoch unverändert.
53 BT-Drs. 19/27655, 33.

2. Nr. 6: Information über Personalisierung von Preisen

41 Mit der neuen Nr. 6 soll dem Umstand Rechnung getragen werden, dass personenbezogene Daten über bspw. das Surfverhalten, das verwendete Endgerät oder bisherige online getätigte Einkäufe automatisiert zu einem Benutzerprofil zusammengetragen werden („**Profiling**") und diese grds. zur Erstellung von individuellen, personalisierten Preisen verwendet werden können.[54] Auch wenn in der Praxis bisher noch kein aktiver Einsatz personalisierter Preise stattfindet,[55] so wird mit Nr. 6 eine präventive Maßnahme zum Ausgleich dieser **Informationsasymmetrie** geschaffen. Demnach hat ein Unternehmer den Verbraucher, wenn er den Preis des konkreten Angebots auf der Grundlage einer automatisierten Entscheidungsfindung personalisiert, hierüber zu informieren. Hierüber muss er den Verbraucher gegenüber vor Vertragsschluss ausdrücklich im individuellen Fall informieren, ein Hinweis in den Allgemeinen Geschäftsbedingungen genügt hierfür nicht.[56]

3. Nr. 11: Information über Mängelgewährleistungsrechte für Waren und digitale Produkte

42 Mit Nr. 11 (bisher Nr. 8) wurde die Informationspflicht über Mangelgewährleistungsrechte beim Erwerb von **Waren und** (neuerdings) **digitaler Produkte** ausgeweitet. Diese erfolgt in Art. 246a EGBGB nF klarstellend für außerhalb von Geschäftsräumen geschlossenen und Fernabsatzverträge (ohne Finanzdienstleistungsverträge), parallel zu dem bereits dargestellten Art. 246 Abs. 1 Nr. 5 EGBGB nF (allgemeine Informationen bei Verbraucherverträgen) (→ Rn. 34 ff.).

4. Nr. 17 und 18: Informationen über Waren mit digitalen Elementen und digitale Produkte

43 Mit den Nr. 17 und 18 wurde eine Neufassung der bisherigen Nr. 14 und 15 vorgenommen. Hierbei wurde eine **Anpassung** gem. der DIRL vorgenommen, weshalb Nr. 17 und 18 ein Pendant zu den zuvor behandelten Nr. 7 und 8 des Art. 246 Abs. 1 EGBGB nF (→ Rn. 36 ff.) für außerhalb von Geschäftsräumen geschlossene Verträge und Fernabsatzverträge (ohne Finanzdienstleistungsverträge) darstellt. Dies gilt auch für die Legaldefinitionen der „Funktionalität", „Kompatibilität" und „Interoperabilität" des § 327e Abs. 2 S. 2–4 BGB nF.

III. Art. 246a § 3 S. 1 Nr. 4 EGBGB nF: Widerrufsbelehrung beim Abschluss eines Verbrauchervertrags über Fernkommunikationsmittel mit begrenzter Darstellungsmöglichkeit

44 In Art. 246a § 3 EGBGB nF sind **erleichterte Informationspflichten** geregelt, sollte ein Fernabsatzvertrag mittels eines Fernkommunikationsmittels geschlossen werden, welches räumlich oder zeitlich nur begrenzte Möglichkeit der Informationserteilung für den Verbraucher bietet. Ua musste bisher nach Nr. 4 lediglich über ggf. das Bestehen

---

54 Ausf. zu Informationspflichten bei personalisierten Preisen → § 9 Rn. 18–28.
55 *Ibi research/trinnovative*, Empirie zu personalisierten Preisen im E-Commerce, 2021, 5.3 Fazit und Ausblick, S. 71 f.
56 BT-Drs. 19/27655, 33 f.

eines Widerrufsrechts informiert werden. Nach jüngerer EuGH-Rechtsprechung[57] ist dies hinsichtlich der Vorgaben der VRRL, welche Nr. 4 umsetzt, jedoch nicht ausreichend. Entsprechend muss auch bei **begrenzten Darstellungsmöglichkeiten** über ggf. die Bedingungen, Fristen und Verfahren für die Ausübung des Widerrufrechts nach § 355 Abs. 1 BGB informiert werden. Dies hat über dasselbe Fernkommunikationsmittel zu geschehen, durch das der Vertrag geschlossen wurde.[58]

E. Art. 246e EGBGB nF: Verbotene Verletzung von Verbraucherinteressen und Bußgeldvorschriften

Der neue Art. 246e EGBGB enthält Regelungen über verbotene Verletzungen von Verbraucherinteressen und damit einhergehende Bußgelder. Hierfür enthält Art. 246e EGBGB nF in § 1 konkrete **Handlungsverbote** und in § 2 die dazugehörige Sanktionsnorm. So sind nach § 1 Abs. 1 Verletzungen von Verbraucherinteressen im Zusammenhang mit Verbraucherverträgen verboten, wenn es sich dabei um einen weitverbreiteten Verstoß gem. Art. 3 Nr. 3 bzw. einen weitverbreiteten Verstoß mit Unions-Dimension gem. Art. 3 Nr. 4 VO (EU) 2017/2394[59] (im Folgenden: CPC-VO; näher → § 9 Rn. 10; 50) handelt. 45

In § 1 Abs. 2 ist aufgeführt, wann eine solche Verletzung vorliegt. Dies ist etwa dann der Fall, wenn Transparenz- bzw. Informationspflichten nicht oder nicht sachgerecht nachgekommen wird. Bspw. sind hierunter Fälle zu verstehen, in denen eine **Identität oder der geschäftliche Zweck** eines Anrufs nicht nach § 312a Abs. 1 BGB offengelegt wird (Nr. 3) oder Informationen nach § 312a Abs. 2 S. 1 BGB (→ Rn. 34 ff.) oder § 312d Abs. 1 BGB (→ Rn. 39 ff.) ausbleiben (Nr. 4). Ebenfalls hierunter fällt das Ausbleiben von Informationen nach § 312k BGB nF durch den Betreiber eines Online-Marktplatzes (Nr. 10; → Rn. 32). 46

Gem. Art. 246e § 2 Abs. 1 EGBGB nF handelt es sich bei solchen Verletzungen, wenn sie vorsätzlich oder fahrlässig entgegen § 1 Abs. 1 iVm Abs. 2 oder 3 begangen werden, um **Ordnungswidrigkeiten**. Diese können gem. § 2 Abs. 2 mit Geldbußen von bis zu 50.000 EUR, bzw. bei Unternehmen mit einem Vorjahresumsatz > 1,25 Mio. EUR bis zu 4 % dieses Umsatzes betragen. 47

---

[57] EuGH Urt. v. 23.1.2019 – C-430/17, ECLI:EU:C 2019/47 – Walbusch.
[58] Näher zum Widerrufsrecht und den Besonderheiten bei begrenzter Darstellungsmöglichkeit → § 3 Rn. 89 f.
[59] VO (EU) 2017/2394 des Europäischen Parlaments und des Rates vom 12.12.2017 über die Zusammenarbeit zwischen den für die Durchsetzung der Verbraucherschutzgesetze zuständigen nationalen Behörden und zur Aufhebung der Verordnung (EG) Nr. 2006/2004, zuletzt geändert durch die RL (EU) 2019/771.

§ 2 Digitale Inhalte und Digitale Dienstleistungen – Umsetzung der Digitale Inhalte Richtlinie in das deutsche Recht

Literaturverzeichnis: *Bach*, Neue Richtlinien zum Verbrauchsgüterkauf und zu Verbraucherverträgen über digitale Inhalte, NJW 2019, 1705; *Faber*, Bereitstellung und Mangelbegriff, in Stabentheiner/Wendehorst/Zöchling-Jud (Hrsg.), Das neue europäische Gewährleistungsrecht, 2019, S. 63 (zit.: Stabentheiner/Wendehorst/Zöchling-Jud/*Faber*); *Faust*, Digitale Wirtschaft – Analoges Recht: Braucht das BGB ein Update? Gutachten A zum 71. Deutschen Juristentag, 2016; *Gebauer/Wiedmann*, Europäisches Zivilrecht, 3. Aufl. 2021; *Gsell*, Der europäische Richtlinienvorschlag zu bestimmten vertragsrechtlichen Aspekten der Bereitstellung digitaler Inhalte, ZUM 2018, 75; *Gsell*, Abhilfen bei Vertragswidrigkeit nach dem europäischen DigitalRL-Vorschlag vor dem Hintergrund des deutschen Rechts, in: Kindl/Vendrell/Gsell (Hrsg.), Verträge über digitale Inhalte und digitale Dienstleistungen, 2018, S. 85 (zit.: Kindl/Vendrell/Gsell/*Gsell*); *Grünberger*, Verträge über digitale Güter, AcP 218 (2018), 213; *Grünberger*, Abhilfen bei Vertragswidrigkeit nach dem europäischen Digital-RL-Vorschlag vor dem Hintergrund des deutschen Rechts, ZUM 2018, 73; *Hoffmann-Becking/Gebele* (Hrsg.), Beck'sches Formularbuch Bürgerliches, Handels- und Wirtschaftsrecht, 13. Auf. 2019 (zit.: BeckFormB/*Bearbeiter*); *Kindl*, Verträge über digitale Inhalte – Vertragsnatur und geschuldete Leistung, in: Kindl/Verdrell/Gsell (Hrsg.), Verträge über digitale Inhalte und digitale Leistungen, 2018, 63 (zit.: Kindl/Vendrell/Gsell/*Kindl*); *Kipker*, Stärkung des digitalen Verbraucherschutzes durch zwei neue EU-Richtlinien, MMR 2020, 71; *Koch*, Das System der Rechtsbehelfe, in Stabentheiner/Wendehorst/Zöchling-Jud (Hrsg.), Das neue europäische Gewährleistungsrecht, 2019, S. 157 (zit.: Stabentheiner/Wendehorst/Zöchling-Jud/*Koch*); *Kodek*, Änderung digitaler Inhalte und digitaler Dienstleistungen (Art. 19 DIRL), in Stabentheiner/Wendehorst/Zöchling-Jud, Das neue europäische Gewährleistungsrecht, 2019, S. 141 (zit.: Stabentheiner/Wendehorst/Zöchling-Jud/*Kodek*); *Kühner/Piltz*, Die Updatepflicht für Unternehmen in Umsetzung der Digitale-Inhalte-Richtlinie, CR 2021, 1; *Metzger*, Verträge über digitale Inhalte und digitale Dienstleistungen – Neuer BGB-Vertragstypus oder punktuelle Reform?, JZ 2019, 577; *Micklitz*, Brauchen Konsumenten und Unternehmen eine neue Architektur des Verbraucherrechts? – Gutachten A zum 69. Deutschen Juristentag, 2012; *Möllnitz*, Änderungsbefugnis des Unternehmers bei digitalen Produkten, MMR 2021, 116; *Reich*, European Consumer Law, 2. Aufl. 2014; *Säcker/Rixecker/Oetker/Limperg* (Hrsg.), Münchener Kommentar zum Bürgerlichen Gesetzbuch, 8. Aufl. 2019 (zit. MüKoBGB/*Bearbeiter*); *Schippel*, Die Pflicht zur Bereitstellung von Aktualisierungen für digitale Produkte, K & R 2021, 151; *Schmidt-Kessel/Erler/Grimm/Kramme*, Die Richtlinienvorschläge der Kommission zu digitalen Inhalten und Online-Handel, Teil 1, GPR 2016, 2; Teil 2, GPR 2016, 54; *Schmidt-Kessel/Grimm*, Unentgeltlich oder entgeltlich? – Der vertragliche Austausch von digitalen Inhalten gegen personenbezogene Daten, ZfPW 2017, 84 (102); *Schulze*, Die Digitale-Inhalte-Richtlinie – Innovation und Kontinuität im europäischen Vertragsrecht, ZEuP 2019, 695; *Schulze/Staudenmayer*, EU Digital Law – Article-by-Article Commentary, 2020 (zit.: Schulze/Staudenmayer/*Bearbeiter*); *Sein/Spindler*, The new Directive on Contracts for the Supply of Digital Content and Digital Services, Part 1, ERCL 15 (2019), 257, Part 2, ERCL 115 (2019), 365; *Specht*, Daten als Gegenleistung – Verlangt die Digitalisierung nach einem neuen Vertragstypus?, JZ 2017, 763; *Spindler*, Verträge über digitale Inhalte – Anwendungsbereich und Ansätze – Vorschlag der EU-Kommission zu einer Richtlinie über Verträge zur Bereitstellung digitaler Inhalte, MMR 2016, 147; *Spindler*, Digitale Wirtschaft – Analoges Recht: Braucht das BGB ein Update?, JZ 2016, 805; *Staudenmayer*, Die Richtlinien zu den digitalen Verträgen, ZEuP 2019, 663; *Tamm*, Verbraucherschutzrecht – Europäisierung und Materialisierung des deutschen Zivilrechts und die Herausbildung eines Verbraucherschutzprinzips, 2011; *Tamm/Tonner*, Vom Scheitern des Gemeinsamen Europäischen Kaufrechts zum Kaufrecht im Rahmen des digitalen Binnenmarktes, EWS 2015, 241; *Tamm/Tonner/Brönneke*, Verbraucherrecht – Beratungshandbuch, 3. Aufl. 2019; *Tonner*, Die EU-Warenkauf-Richtlinie: auf dem Wege zur Regulierung langlebiger Waren mit digitalen Elementen, VuR 2019, 363; *Wendehorst*, Die Digitalisierung und das

§ 2 Digitale Inhalte und Digitale Dienstleistungen

BGB, NJW 2016, 2609; *Wendehorst*, Aktualisierungen und andere digitale Dauerleistungen, in Stabentheiner/Wendehorst/Zöchling-Jud, Das neue europäische Gewährleistungsrecht, 2019, S. 111 (zit.: Stabentheiner/Wendehorst/Zöchling-Jud/*Wendehorst*); *Wendland*, Sonderprivatrecht für Digitale Güter, ZVglRWiss 118 (2019), 191; *Graf von Westphalen*, Verzweifelte Suche nach der verlorenen Vertragsfreiheit, ZIP 2020, 437; *Wilke*, (Verbrauchsgüter-)Kaufrecht 2022 – die Warenkauf-Richtlinie der EU und ihre Auswirkungen, BB 2019, 2434; *Zöchling-Jud*, Beweislast und Verjährung im neuen europäischen Gewährleistungsrecht, in Stabentheiner/Wendehorst/Zöchling-Jud, Das neue europäische Gewährleistungsrecht, 2019, S. 197 (zit.: Stabentheiner/Wendehorst/Zöchling-Jud/*Zöchling-Jud*).

A. Einleitung 1
   I. Verabschiedung des deutschen Umsetzungsgesetzes 1
   II. Hintergrund: Digitale-Inhalte-RL 3
   III. Systematische Stellung der Neuregelungen 14
B. Anwendungsbereich (§§ 327 und 327a BGB nF) 19
   I. Persönlicher Anwendungsbereich: Verbraucherverträge (§ 327 Abs. 1 BGB nF) 19
   II. Sachlicher Anwendungsbereich: Verträge über digitale Produkte (§ 327 Abs. 2 BGB nF) 20
     1. Erstellen und Bereitstellen digitaler Inhalte 22
     2. Keine vertragstypologische Festlegung 25
     3. Erbringen digitaler Dienstleistungen 29
   III. Vertragsschluss(mechanismus) – keine unionsrechtliche Vorgabe 32
   IV. Bereitstellung personenbezogener Daten (§ 327 Abs. 3 BGB nF) 33
   V. Anfertigung nach Spezifikation des Verbrauchers (§ 327 Abs. 4 BGB nF) 45
   VI. Körperliche Datenträger (§ 327 Abs. 5 BGB nF) 46
   VII. Bereichsausnahmen (§ 327 Abs. 6 BGB nF) 49
   VIII. Paketverträge und Verträge über Sachen mit digitalen Elementen (§ 327a BGB nF) 58
     1. Paketvertrag, § 327a Abs. 1 BGB nF 59
     2. Verträge über Sachen mit digitalen Produkten und Waren mit digitalen Elementen (§ 327a Abs. 2 und 3 BGB nF) ... 61
C. Bereitstellung digitaler Produkte (§ 327b nF) und Rechte bei fehlender Bereitstellung (§ 327c BGB nF) 69
   I. Bereitstellung digitaler Produkte (§ 327b BGB nF) 69
     1. Leistungspflicht zur Bereitstellung digitaler Produkte (§ 327b Abs. 1 BGB nF) 69
     2. Zeitpunkt der Bereitstellung (§ 327b Abs. 2 BGB nF) 70
     3. Bereitstellung von digitalen Inhalten/Leistungen (§ 327b Abs. 3 und Abs. 4 BGB nF) 72
       a) Allgemeines 72
       b) Bereitstellung digitaler Inhalte (§ 327b Abs. 3 BGB nF) 73
       c) Bereitstellung einer digitalen Dienstleistung (§ 327b Abs. 4 BGB nF) 79
     4. Reihe von Bereitstellungen (§ 327b Abs. 5 BGB nF) 80
     5. Beweislast bzgl. der Erfüllung der Bereitstellungsverpflichtung (§ 327b Abs. 6 BGB nF) 81
   II. Rechte des Verbrauchers bei fehlender Bereitstellung (§ 327c BGB nF) .. 82
     1. Übersicht 82
     2. Vertragsbeendigungsrecht des Verbrauchers (§ 327c Abs. 1 BGB nF) 85
     3. Schadensersatzansprüche (§ 327c Abs. 2 BGB nF) 91
     4. Entbehrlichkeit der Nacherfüllungsaufforderung (§ 327c Abs. 3 BGB nF) 93
     5. Rechtsfolgen der Vertragsbeendigung (§ 327c Abs. 4 BGB nF) 94
     6. Unwirksamkeit der Vertragsbeendigung (§ 327c Abs. 5 BGB nF) .. 95
     7. Vertragslösungsrecht für übrige Bestandteile des Paketvertrages und bei verbundenen Verträgen (§ 327c Abs. 6, Abs. 7 BGB nF) .. 96
D. Verpflichtung zur mangelfreien Leistung (§§ 327d–327h BGB nF) 98
   I. Vertragsmäßigkeit digitaler Produkte (§ 327d BGB nF) 98
   II. Produktmangel (§ 327e BGB nF) 100
     1. Grundzüge der Vorschrift 100
     2. Allgemeine Anforderungen an die Vertragsmäßigkeit (§ 327e Abs. 1 BGB nF) 102
     3. Subjektive Anforderungen (§ 327e Abs. 2 BGB nF) 105
     4. Objektive Anforderungen (§ 327e Abs. 3 BGB nF) 111
     5. Einbeziehung öffentlicher Äußerungen (§ 327e Abs. 3 S. 2 und 3 BGB nF) 121
     6. Anforderungen an die Integration (§ 327e Abs. 4 BGB nF) 122

III. Aktualisierungsverpflichtung (§ 327f BGB nF)	123
1. Bedeutung der Vorschrift	123
2. Begriff der Aktualisierung	126
3. Adressat des Anspruchs auf Aktualisierung	130
4. Zeitraum der Aktualisierungsverpflichtung	132
5. Informationspflicht	136
6. Haftungsausschluss bei fehlender Aktualisierung durch den Verbraucher (§ 327f Abs. 2 BGB nF)	138
IV. Rechtsmangel (§ 327g BGB nF)	141
V. Abweichende Vereinbarungen über Produktmerkmale (§ 327h BGB nF)	144
E. Rechtsbehelfe des Verbrauchers (§§ 327i–327n BGB nF)	148
I. Rechte des Verbrauchers bei Mängeln (§ 327i BGB nF)	148
II. Verjährung (§ 327j BGB nF)	150
III. Beweislastumkehr (§ 327k BGB nF)	159
IV. Nacherfüllung (§ 327l BGB nF)	165
1. Durchführung der Nacherfüllung	165
2. Ausschluss des Nacherfüllungsanspruchs	171
V. Vertragsbeendigung und Schadensersatz (§ 327m BGB nF)	175
1. Voraussetzungen für die Vertragsbeendigung (§ 327m Abs. 1 BGB nF)	175
2. Ausschlussgründe für die Vertragsbeendigung (§ 327m Abs. 2 BGB nF)	181
3. Fehlende Regelung für Teilleistungen	182
4. Schadensersatz und Ersatz vergeblicher Aufwendungen bei Vertragsbeendigung (§ 327m Abs. 3 BGB nF)	183
5. Reichweite des Vertragsbeendigungsrechts bei Paketverträgen	186
6. Reichweite des Vertragslösungsrechts bei verbundenen Verträgen	188
VI. Minderung (§ 327n BGB nF)	189
1. Voraussetzungen (§ 327n Abs. 1 BGB nF)	190
2. Minderungsumfang (§ 327n Abs. 2 und 3 BGB nF)	192
3. Erstattungsanspruch bei Überzahlung (§ 327n Abs. 4 BGB nF)	194
F. Modalitäten der Vertragsbeendigung (§§ 327o und 327p BGB nF)	197
I. Erklärung und Rechtsfolgen der Vertragsbeendigung (§ 327o Abs. 1 BGB nF)	198
II. Rückerstattung der Leistungen seitens des Unternehmers (§ 327o Abs. 2–5 BGB nF)	200
III. Weitere Nutzung nach Vertragsbeendigung (§ 327p BGB nF)	205
1. Nutzungsuntersagung/Sperrung (§ 327p Abs. 1 BGB nF)	206
2. Nutzungsuntersagung für den Unternehmer (§ 327p Abs. 2 BGB nF)	208
3. Bereitstellungspflicht (§ 327p Abs. 3 BGB nF)	214
G. Änderung digitaler Produkte, Abweichungsmöglichkeiten (§§ 327r–327s BGB nF)	216
I. Änderungen an digitalen Produkten (§ 327r BGB nF)	216
1. Änderungsvoraussetzungen (§ 327r Abs. 1 BGB nF)	217
2. Zusätzliche Anforderungen bei benachteiligender Änderung (§ 327r Abs. 2 BGB nF)	224
3. Vertragsbeendigungsrecht des Verbrauchers und Ausnahmen (§ 327r Abs. 3, 4 BGB nF)	226
4. Ausschluss des Vertragsbeendigungsrechts	228
5. Rechtsfolgen der Vertragsbeendigung (§ 327r Abs. 5 BGB nF)	230
6. Keine Erstreckung auf bestimmte Paketverträge (§ 327r Abs. 6 BGB nF)	231
II. Abweichende Vereinbarungen (§ 327s BGB nF)	232

A. Einleitung

I. Verabschiedung des deutschen Umsetzungsgesetzes

Am **30.6.2021** wurde das **Gesetz zur Umsetzung** der Richtlinie über bestimmte vertragsrechtliche Aspekte der Bereitstellung digitaler Inhalte und digitaler Dienstleistungen **verkündet**.[1] Es **tritt** nach seinem Art. 5 am **1.1.2022 in Kraft** (zum Inkrafttreten im Einzelnen Art. 229 § 57 EGBGB) und fügt als §§ 327 bis 327u BGB nF einen geschlossenen Block neuer Vorschriften in den Allgemeinen Teil des Schuldrechts ein.

---

[1] BGBl. 2021 I 2123. Gesetzesmaterialien: RegE: BT-Drs. 19/27653, Beschlussempfehlung des Rechtsausschusses: BT-Drs. 19/30951, Bericht des Rechtsausschusses: BT-Drs. 19/31116.

Das Gesetz **setzt** die **Richtlinie (EU) 2019/770** des Europäischen Parlaments und des Rates vom 20.5.2019[2] (im Folgenden: **DIRL**) **um**.[3] Dieser Richtlinie zufolge waren die Mitgliedstaaten verpflichtet, die Umsetzungsvorschriften bis zum 1.7.2021 zu erlassen.

2   In diesem Beitrag werden die Kernvorschriften des Umsetzungsgesetzes, nämlich die §§ 327–327s (ohne § 327q BGB nF) behandelt. § 327q BGB nF befasst sich mit **datenschutzrechtlichen Aspekten**, die in einem **eigenen Beitrag** erörtert werden (→ § 6). Auch die Vorschriften über **Rückgriffsrechte des Unternehmers, §§ 327t und 327u BGB nF**, werden in einem **eigenem Beitrag** dargestellt (→ § 5). Das Umsetzungsgesetz fügt zudem einige wenige Vorschriften in die Regelungen einzelner Vertragstypen im Besonderen Teil des Schuldrechts ein. Dies gilt für die Schenkung, die Miete und den Werklieferungsvertrag (dazu → § 6). Besondere Bedeutung hat schließlich die Abgrenzung zum Kaufrecht (→ Rn. 61 ff. sowie → § 4 Rn. 7).

II. Hintergrund: Digitale-Inhalte-RL

3   Die **DIRL** ist **parallel zur WKRL**[4] (→ § 4) **entstanden**, was zur Folge hatte, dass die Vorschläge zu den beiden Richtlinien gemeinsam diskutiert wurden und sich die Abgrenzung zwischen ihnen während des Gesetzgebungsverfahrens auf Unionsebene mehrfach verschoben hat. Im Ergebnis überlappen sich die beiden Richtlinien nicht; vielmehr ist entweder die eine oder die andere anzuwenden. Art. 3 Abs. 3 WKRL schließt ihre Anwendung auf Verträge über digitale Inhalte und digitale Dienstleistungen ausdrücklich aus, und umgekehrt ist die **DIRL** nach ihrem Art. 3 Abs. 4 **nicht auf Waren mit digitalen Elementen anzuwenden**. Entsprechende Vorschriften finden sich im deutschen Umsetzungsrecht (§ 327a Abs. 2 und 3 BGB nF, → Rn. 61 ff.). Allerdings ist die Anwendung der DIRL und folglich der §§ 327 ff. BGB nF auf Sachen mit digitalen Produkten nicht gänzlich ausgeschlossen, sondern nur dann, wenn die **digitalen Produkte für die Funktionsfähigkeit der Sachen unerlässlich** sind. Das Gesetz spricht dann von „digitalen Elementen". Voraussetzung des Ausschlusses der §§ 327 ff. BGB nF ist ferner, dass die digitalen Elemente **Bestandteil des Kaufvertrags** sind.[5]

4   Obwohl sich beide Richtlinien mit den Herausforderungen der digitalen Welt befassen, hat ihre Entstehung doch einen unterschiedlichen Hintergrund. Zwar wurden beide Richtlinien mit der **Digital Market Strategy von 2015** angekündigt,[6] wobei die heutige **WKRL** zunächst auf den Online-Warenkauf beschränkt wurde. Jedoch stellte sich schon bald heraus, dass eine isolierte Regelung des Online-Warenkaufs nicht zuletzt wegen der **Reformbedürftigkeit der VerbrauchsgüterkaufRL** von 1999

---

2   Richtlinie (EU) 2019/770 des Europäischen Parlaments und des Rates vom 20.5.2019 über bestimmte vertragsrechtliche Aspekte der Bereitstellung digitaler Inhalte und digitaler Dienstleistungen, ABl. 2019 L 136,1 v. 22.5.2019; ABl. 2019 L 305, 62 v. 26.11.2019).
3   Zur Richtlinie in der verabschiedeten Fassung vgl. *Bach* NJW 2019, 1705; *Kipker* MMR 2020, 71; *Metzger* JZ 2019, 577; *Schulze* ZEuP 2019, 695; *Staudenmayer* ZEuP 2019, 663. *Schulze* und *Staudenmayer* haben eine umfassende Kommentierung der Richtlinie vorgelegt, *Schulze/Staudenmayer*, EU Digital Law.
4   Richtlinie (EU) 2019/771 über bestimmte vertragsrechtliche Aspekte des Warenkaufes, ABl. 2019 L 136, 28.
5   Zu den Abgrenzungskriterien im Einzelnen Schulze/Staudenmayer/*Staudenmayer*, EU Digital Law, DCD Art. 3 Rn. 77 ff.
6   Mitteilung der Kommission, Strategie für einen digitalen Binnenmarkt für Europa, COM(2015) 192 final.

wenig sinnvoll ist.[7] Die Kommission korrigierte diese Beschränkung und hängte die Ablösung der VerbrauchsgüterkaufRL an den bereits auf den Weg gebrachten sog. **New Deal des Verbraucherrechts** an.[8] Die WKRL hat gewissermaßen eine **doppelte Elternschaft**: Sie bringt einmal im Rahmen des New Deals die Umstellung von der Minimalstandard- auf die **Vollharmonisierung** zu einem Abschluss und sie reagiert auf die digitalen Herausforderungen im Vertragsrecht.

Doch auch die **DIRL** hat einen Hintergrund, der sich nicht aus den digitalen Herausforderungen allein erklären lässt. Es darf nicht vergessen werden, dass die Kommission mit viel Aufwand das Projekt eines GEKR betrieben hat, das unter der Hand fast zu einem Vorschlag für ein Europäisches Vertragsrecht wurde und schließlich am Widerstand der Mitgliedstaaten scheiterte.[9] Die DIRL **entlehnt etliche Elemente aus dem GEKR** und trägt damit zu einer Fortentwicklung des europäischen Vertragsrechts über das Kaufrecht hinaus bei.[10] Die Richtlinie klassifiziert Verträge über digitale Inhalte und digitale Dienstleistungen bewusst nicht vertragstypologisch, sondern nimmt eine gegenstandsbezogene Regelung vor.[11] Dies hat sie mit der KlauselRL und der VRRL zwar gemeinsam; sie geht jedoch wegen der außerordentlichen Herausforderungen der Digitalisierung darüber hinaus. Durch ihre **gegenstandsbezogenen Regelungen** entstehen **Bausteine für ein** organisch wachsendes **allgemeines europäisches Vertragsrecht**. Ob dies dem systematisch geschlossenen Ansatz einer Kodifikation nach Art des GEKR überlegen ist, wird sich zeigen.

Die Richtlinie **gilt nur für b2c-Verträge**, obwohl Verträge über digitale Produkte und digitale Dienstleistungen selbstverständlich auch im b2b-Bereich eine Rolle spielen. Der personelle Anwendungsbereich der Richtlinie hätte eine Erstreckung auf b2b-Verträge durch den Umsetzungsgesetzgeber im Wege der überschießenden Umsetzung nicht ausgeschlossen. Denn eine vollharmonisierende Richtlinie ist mit einer überschießenden Umsetzung vereinbar.[12] Davon hat der Umsetzungsgesetzgeber jedoch keinen Gebrauch gemacht, so dass Verträge über digitale Produkte und digitale Dienstleistungen im b2b-Bereich nach den bislang geltenden Vorschriften zu beurteilen sind. Das in den ErwGr in den Vordergrund gestellte Ziel der Rechtsharmonisierung wird durch diese Beschränkung im Anwendungsbereich nur teilweise erreicht. Denn durch die Trennung im b2c- und b2b-Bereich entsteht eine neue Rechtszersplitterung, die die im b2b-Bereich ohnehin vorhandene Gemengelage nicht beseitigt. Immerhin: Die Richtlinie ist **reines Verbraucherrecht** und muss daher den Ansprüchen des Art. 114 Abs. 3 AEUV genügen, wonach ein **hohes Schutzniveau** anzustreben ist, was in den ErwGr ausdrücklich unterstrichen wird.[13]

---

7 Daran entzündete sich vor allem die Kritik am ursprünglichen Vorschlag, *Schmidt-Kessel/Erler/Grimm/Kramme* GPR 2016, 54; *Wendehorst* NJW 2016, 2609.
8 Geänderter Vorschlag für eine Richtlinie des Europäischen Parlaments und des Rates über bestimmte vertragsrechtliche Aspekte des Warenhandels, COM(2017) 637; zum geänderten Vorschlag *Grünberger* AcP 218 (2018) 213; *Gsell* ZUM 2018, 75; *Jung/Janal* VuR 2017, 332.
9 Zum Scheitern des GEKR *Tamm/Tonner* EWS 2015, 241.
10 Der Bogen vom GEKR zur DIRL wird etwa von *Gsell* ZUM 2018, 75 ff. und von *Schulze* ZEuP 2019, 695 (698 ff.) geschlagen. *Schulze* spricht vom GEKR als „Inspirationsquelle".
11 Zu den Gründen *Staudenmayer* ZEuP 2019, 663 (668).
12 *Gebauer/Wiedmann/Gebauer*, EuZivR, Kap. 3 Rn. 41.
13 Zum Befund *Kipker* MMR 2020, 71 ff.

7   Wegen der **fehlenden vertragstypologischen Klassifizierung** gilt (wie ausgeführt) die DIRL für alle Vertragstypen. Der mitgliedstaatliche Gesetzgeber war und ist frei darin, Verträge über digitale Inhalte und digitale Dienstleistungen nach eigenem Ermessen den Vertragstypen des nationalen Rechts zuzuordnen. So wird im deutschen Recht der Erwerb von Standard-Software üblicherweise als (Rechts-)Kauf klassifiziert.[14] Dabei kann es bleiben, und zwar nicht nur im durch die Richtlinie ohnehin nicht betroffenen b2b-Bereich, sondern auch im b2c-Bereich, ohne dass die WKRL eingreift. Denn deren Anwendungsbereich beschränkt sich auf Waren. Die praktische Folge einer derartigen Zuordnung ist eher gering. Denn das **Kaufrecht ist** außerhalb des Anwendungsbereichs der WKRL **auf Software nicht zugeschnitten.** Deshalb mussten bislang die einschlägigen Vereinbarungen durch **AGB iRv Verträgen sui generis** getroffen werden.

8   Durch die Richtlinie werden **Lücken geschlossen** und **neue Verbraucherschutzrechte geschaffen** – soweit es um digitale Inhalte bzw. Dienstleistungen geht. Das Regelungsbedürfnis dazu war groß. Denn die vertragsrechtlichen Aspekte über den Erwerb oder die Bereitstellung von Software, Apps, Computerspielen oder das Streaming von Filmen, von Musik und Videos, daneben aber auch solche der Nutzung von Websites, Suchmaschinen, von Social Media-Accounts und -kanälen waren bislang in den mitgliedstaatlichen Rechtsordnungen wenn überhaupt nur punktuell geregelt gewesen.[15] Die Richtlinie und ihre Umsetzung setzen hier erstmals Standards, die **Maßstäbe** auch für die **AGB-Kontrolle der Lizenzverträge** statuieren.

9   Der „Erwerb" von Software, die der Nutzer auf seinem PC installiert und dann nach Belieben nutzt, steht heute gleichwohl nicht mehr so sehr im Vordergrund. Vielmehr geht es um den **Zugriff auf Datenbestände des Anbieters,** der durch Lizenzverträge im Einzelnen geregelt wird. Eine große Rolle spielen dabei die sog. **EULAs** (End User Licence Agreements). Diese lassen sich vertragstypologisch nicht ins BGB integrieren.[16] Das führt dazu, dass die EULAs nunmehr **ihrerseits an die Umsetzungen der DIRL angepasst** werden müssen. Dies dürfte einen nicht unerheblichen Aufwand für die beteiligten Wirtschaftskreise bedeuten, auf den sie sich aber spätestens mit der Verabschiedung der DIRL einstellen konnten (→ § 6 Rn. 13).

10 Die DIRL sieht für die **verschiedenen Untertypen** der Bereitstellung von digitalen Inhalten und Diensten einheitliche Regelungen vor. Sie gelten unabhängig davon, ob die digitalen Inhalte und Dienstleistungen **einmalig (und endgültig) überlassen** werden oder ob sie nur **zeitweilig zur Nutzung bereitgestellt** werden. Der Rechtsakt basiert auf dem Konzept der Vollharmonisierung und lässt den Mitgliedstaaten nur äußerst geringe Spielräume bei der Umsetzung.[17]

---

14 MüKoBGB/*Westermann* § 453 Rn. 5.
15 Zur Regelung in Art. 7:5 Abs. 5 Burgerlijk Wetboek in den Niederlanden und in Chapter 3: Digital Content des Consumer Rights Act 2012 in England vgl. *Wendland* ZVglRWiss 118 (2018), 191 (216 f.).
16 MüKoBGB/*Westermann* vor § 433 Rn. 24 spricht von gemischten Verträgen.
17 Krit. zum Konzept der Vollharmonisierung allg. vgl. *Tamm*, Verbraucherschutzrecht, S. 240 ff.; Reich/*Reich/Micklitz*, European Consumer Law, S. 41.

Andererseits werden von der Richtlinie nur (einige) „Aspekte des vertragsrechtlichen Regelungsregimes für die Bereitstellung digitaler Inhalte" geregelt.[18] Zu diesen gehören die geschuldete **Leistungshandlung** (iSe Bereitstellung, vgl. Art. 5 Abs. 2 DIRL), der Begriff der vertragsmäßigen **Leistung** (Art. 6–9 DIRL), der für die Vertragsmäßigkeit relevante **Zeitpunkt** (Art. 11 Abs. 2 S. 1, Abs. 3 S. 1 DIRL), das **Recht auf Abhilfe** bei Vertragswidrigkeit, (Art. 13–16 DIRL), die **Haftungs- und Verjährungsfristen** (Art. 11 Abs. 2 S. 2–3, Abs. 3 S. 2 DIRL), die **Beweislastverteilung** (Art. 12, 14 Abs. 6 S. 2 DIRL), die **Rückabwicklung beendeter Verträge** (Art. 16–17 DIRL), die **Änderung digitaler Inhalte** und die **Migration sowie Datenportabilität als Nutzungsanforderung** (Art. 16 Abs. 4 DIRL).

Ausgeklammert aus dem Gewährleistungsregime der Richtlinie bleibt zB das **Schadensersatzrecht**, das noch in Art. 14 des Kommissionsvorschlags[19] mitbedacht worden war.[20] Das bedeutet, dass es im Bereich des Schadensersatzes bei unterschiedlichen nationalen Regelungen bleibt, was dem Vereinheitlichungsanliegen der Richtlinie eigentlich zuwiderläuft.[21] Jenseits der Zurückhaltung des europäischen Verbrauchervertragsrechts im Punkt Schadensersatz ist aber doch erkennbar, dass Lücken im Bereich des allgemeinen, vertragsübergreifenden Gewährleistungsrechts für digitale Inhalte geschlossen wurden und damit die **Verdichtung des europäischen Vertragsrechts**, die bereits seit Jahren beständig zunimmt,[22] weiter **voranschreitet**.

Dass die Entwicklungen im Kontext von Verträgen mit digitalen Inhalten nicht ohne Anpassungsdruck für das deutsche Schuldrecht bleiben würde, lag schon etwas länger auf der Hand. Gerade weil im BGB (wie auch in vielen anderen Privatrechtsordnungen) Verträge über digitale Inhalte nur punktuell geregelt waren, bestand in der deutschen Zivilrechtswissenschaft ein breiter Konsens dahingehend, dass das **deutsche Zivilrecht** im Bereich der digitalen Produkte ein „**Update**" braucht.[23] Welchen Umfang es haben sollte, war freilich streitig: So hielt das **Gutachten für den 71. Deutschen Juristentag** das BGB im Wesentlichen für die digitale Herausforderung gerüstet; nur wenige Änderungen wurden für notwendig befunden.[24] Der Referent, der auf der Zivilrechtslehrertagung 2017 digitale Güter behandelte, sah in den **Kommissionsvorschlägen** allerdings bereits einen „**Weckruf**".[25] Häufig wollten und wollen etwaige Kritiker lediglich Angriffe auf die Systematik des BGB abwehren.

---

18 *Bach* NJW 2019, 1705; *Metzger* JZ 2019, 577 (578 ff.); Tamm/Tonner/Brönneke/*Tonner*, Verbraucherrecht, § 3 Rn. 51 ff.
19 Art. 14 Abs. 1 des Kommissionsvorschlags lautete: „Der Anbieter haftet dem Verbraucher für jede wirtschaftliche Schädigung der digitalen Umgebung des Verbrauchers, die durch die Nichteinhaltung des Vertrags oder die nicht erfolgte Bereitstellung der digitalen Inhalte verursacht wurde. Der Schadensersatz hat den Verbraucher soweit wie möglich in die Lage zu versetzen, in der er sich befunden hätte, wenn die digitalen Inhalte ordnungs- und vertragsgemäß bereitgestellt worden wären."
20 ErwGr 10, 73 S. 4 DIRL.
21 Zum Befund *Wendland* ZVglRWiss 118 (2019), 191 (198); *Metzger* JZ 2019, 577 (583).
22 *Wendland* ZVglRWiss 118 (2019), 191 (195).
23 Das Thema der Abteilung Zivilrecht des 71. Deutschen Juristentags 2016 lautete: Digitale Wirtschaft – analoges Recht: Braucht das BGB ein Update? Auch die Tagung der Zivilrechtslehrervereinigung 2017 befasste sich mit der „Digitalisierung des Privatrechts." Die Vorträge sind abgedruckt in AcP 218 (2018) 151 ff.
24 *Faust*, Gutachten A zum 71. Deutschen Juristentag, S. A 88. Krit. zu diesem als zu eng angesehenen Ansatz *Spindler* JZ 2016, 805.
25 *Grünberger* AcP 218 (2018), 213 (218 ff.). Vgl. auch *Gsell* ZUM 2018, 75 ff.; Kindl/Verdrell/Gsell/*Kindl*, Verträge über digitale Inhalte und digitale Leistungen, 2018, S. 63 ff.; *Schmidt-Kessel/Erler/Grimm/Kramme* GPR 2016, 54 ff.; *Wendehorst* NJW 2016, 2609 (2611).

III. Systematische Stellung der Neuregelungen

14 Der Umsetzungsgesetzgeber entschied sich dafür, die **DIRL en bloc in den Allgemeinen Teil des Schuldrechts** zu integrieren. Im Anschluss an die Diskussionen auf dem 71. Deutschen Juristentag und Stimmen in der Literatur lehnte er sowohl die Einführung eines neuen Vertragstyps wie auch die schlichte Ergänzung der vorhandenen Vertragstypen um einzelne Vorschriften ab.

15 Der Umsetzungsgesetzgeber entschied sich ferner dafür, auf dem mit der **Schuldrechtsreform von 2001** eingeschlagenen Weg zu bleiben, Richtlinien mit verbrauchervertragsrechtlichem Inhalt **in das Schuldrecht des BGB** zu transformieren. Seinerzeit ging es noch um die Umsetzung von Minimalstandard-Richtlinien, vornehmlich der VerbrauchsgüterkaufRL, die es dem Gesetzgeber relativ leicht machte, Richtlinien ins BGB zu übernehmen, bspw. indem er über den Minimalstandard hinausging. Mit dem Übergang zur Vollharmonisierung wurde dies jedoch schwieriger. Insbesondere die Umsetzung der VRRL führte zu äußerst komplizierten Vorschriften im Allgemeinen Teil des Schuldrechts. Hatte der Gesetzgeber anfangs noch im Interesse einer einheitlichen Regelung eines Vertragstyps auch Vorschriften an die Vorgaben von Richtlinien angepasst, die gar nicht in den Anwendungsbereich der jeweiligen Richtlinie fielen, so insbesondere den Mangelbegriff und die Rechtsbehelfe im Kaufrecht, beschränkte er später die Umsetzung auf Verbraucherverträge.

16 Auch die Umsetzung der DIRL verfolgt den Weg einer Einpassung der Vorschriften in das BGB. Anders als andere Richtlinien, etwa die WKRL (→ § 4 Rn. 8), **gewährte die DIRL dem Umsetzungsgesetzgeber aber keine nennenswerten Spielräume**. Auch vor diesem Hintergrund war die Integration der Richtlinie ins BGB eine Herausforderung. Der Umsetzungsgesetzgeber musste insoweit selbst einräumen, dass die Richtlinie völlig „quer" zur Systematik des BGB verläuft.[26]

17 Angesichts dieses Befundes hätte es nahe gelegen, dass der Umsetzungsgesetzgeber von der Integration der verbrauchervertragsrechtlichen Richtlinien ins BGB vielleicht doch Abstand genommen hätte und eine eigenständige Kodifikation des Verbraucherrechts für diesen Bereich schafft. Dafür hätte gesprochen, dass sich ohnehin ein eigenständiges Verbraucherrecht im Mantel des BGB entwickelt hat und die viel beschworene **„Einheit des Vertragsrechts" längst verloren** gegangen ist.

18 Der Gesetzgeber lehnte aber dennoch eine Verortung der Regelungen außerhalb des BGB ab.[27] Er sprach sich bei der Integration der Regelungen ins BGB darüber hinaus sowohl gegen die Schaffung eines eigenständigen Vertragstyps wie auch die schlichte Ergänzung der bestehenden Vertragstypen durch einzelne Vorschriften aus.[28] Für die gefundene en **bloc Lösung**, die einen **Mittelweg einschlägt**, spricht, dass die Gründe für die Integration des Verbrauchervertragsrechts ins BGB durch die Schuldrechts-

---

26 RegE, BT-Drs. 19/27653, 26.
27 So die Beschlüsse der Abteilung Zivilrecht des 69. Deutschen Juristentags 2012; anders aber das Gutachten, *Micklitz*, Gutachten A zum 69. Deutschen Juristentag, S. A 25 f. Vgl. dagegen Tamm/Tonner/Brönneke/ *Tamm*, Verbraucherrecht, § 1 Rn. 13 ff., die aus Kohärenzgründen die bestehende Regelung des Verbraucherschutzrechts im BGB präferiert.
28 RegE, BT-Drs. 19/27653, 26 f.

modernisierung von 2001 immer noch bestehen[29] und die en bloc-Integration die höchst mögliche Anwendungsbreite und Systematik sicherstellt. Innovativ ist allein, dass der Umsetzungsgesetzgeber die Begriffe „digitale Inhalte" und „digitale Dienstleistungen" der Richtlinie[30] unter dem gemeinsamen Ausdruck „**digitale Produkte**" zusammenfasste.[31]

B. Anwendungsbereich (§§ 327 und 327a BGB nF)

I. Persönlicher Anwendungsbereich: Verbraucherverträge (§ 327 Abs. 1 BGB nF)

§ 327 Abs. 1S. 1 BGB stellt ausdrücklich klar, dass die Vorschriften des Untertitels 1 im neuen Titel 2a nur für **Verbraucherverträge** gelten. Diese sind in **§ 310 Abs. 3 BGB** legaldefiniert, und zwar als Verträge zwischen einem Unternehmer und einem Verbraucher. Die Begriffe „**Unternehmer**" und „**Verbraucher**"[32] musste der Gesetzgeber nicht mehr eigenständig ausfüllen. Die bereits bestehenden Definitionen in den §§ **13, 14 BGB** sind insofern ausreichend. Sie decken sich mit den Festlegungen der Definitionen in Art. 2 Nr. 5 und 6 der DIRL.[33]

19

II. Sachlicher Anwendungsbereich: Verträge über digitale Produkte (§ 327 Abs. 2 BGB nF)

Der **sachliche Anwendungsbereich** der Regelungen bezieht sich auf **digitale Inhalte** und **digitale Dienstleistungen**. Der Begriff „digitale Inhalte" ist im Unionsrecht kein Novum. Er wurde bereits in der VRRL und im GEKR verwendet.[34] Der Vorschlag der Richtlinie war noch allein auf ihn ausgerichtet. Die „digitalen Dienstleistungen" wurden erst in der Endfassung hinzugefügt. Allerdings bündeln die nach § 327 Abs. 1 S. 1 BGB nF behandelten Verträge das von der Richtlinie vorgegebene Begriffspaar unter dem einheitlichen Oberbegriff „**digitale Produkte**", was lediglich sprachliche Ursachen hat. Im Endeffekt führt dies eine Straffung des Gesetzestextes herbei.

20

In § 327 BGB nF macht der Gesetzgeber deutlich, dass die DIRL und damit auch die deutschen Umsetzungsregelungen einen **breiten Anwendungsbereich** abdecken. In der Begründung greift er auf ErwGr 19 der Richtlinie zurück, der Bsp. für Verträge über die Bereitstellung digitaler Inhalte und digitaler Dienstleistungen aufführt, wie zB **Apps, Software, digitale Spiele, E-Books, Video- und Audioinhalte**.[35]

21

1. Erstellen und Bereitstellen digitaler Inhalte

Der Inhalt der vertraglich geschuldeten Hauptleistungspflicht des Anbieters ergibt sich bezogen auf digitale Inhalte aus Art. 5 Abs. 2 DIRL. In Anlehnung daran hat der

22

---

29 RegE, BT-Drs. 19/27653, 27.
30 Die Zweiteilung in digitale Inhalte und digitale Dienstleistungen in der Richtlinie ist insofern folgerichtig, als digitale Inhalte neben den Dienstleistungen die dualistische Systematik von „Waren und Dienstleistungen" aufrechterhalten, vgl. dazu *Wendland* ZVglRWiss 118(2019), 191 (201); krit. schon bzgl. des Kommissionsvorschlags *Schmidt-Kessel/Erler/Grimm/Kramme* GPR 2016, 54 (55).
31 Zur Begründung RegE, BT-Drs. 19/27653, 37.
32 Zu diesem Begriffspaar siehe Tamm/Tonner/Brönneke/*Tamm*, Verbraucherrecht, § 2 Rn. 5 ff.
33 RegE, BT-Drs. 19/27653, 38.
34 Vgl. Schulze/Staudenmayer/*Staudenmayer*, EU Digital Law, DCD Art. 3 Rn. 42.
35 RegE, BT-Drs. 19/27653, 39. Vgl. zu den Bsp. in ErwGr 19 auch Schulze/Staudenmayer/*Staudenmayer*, EU Digital Law, DCD Art. 3 Rn. 42.

deutsche Gesetzgeber in § 327 Abs. 2 S. 1 BGB nF herausgestellt, dass digitale Inhalte als Vertragsgegenstand zunächst digital zu „**erstellen**" und dem Verbraucher vom Unternehmer auch digital „**bereitgestellt**" werden müssen. Nur dann ist der sachliche Anwendungsbereich dieses Unterabschnitts eröffnet.

23 Der Gesetzgeber spricht von „**Erstellen**", weil er einerseits nach einem weiten Begriff für die Leistungshandlung suchte und andererseits allein dieser Begriff eine genügende Abgrenzung zum Ausdruck „Herstellen" bot. Die Abgrenzung war nötig, da ein Herstellen auf ein haptisches Produkt hindeutet und der Ausdruck somit für digitale Inhalte nicht passt. Mit dem Verb „**bereitstellen**" spricht der Gesetzgeber explizit das Nutzbarmachen der digitalen Inhalte an, das sich dem Erstellen anschließen muss und zudem ebenfalls digital zu erfolgen hat. Sowohl das Erstellen als auch das Bereitstellen stehen für die **gewollte Technologieoffenheit**. Dem Gesetzgeber war es wichtig, dass mit der gewählten Formulierung auch noch nicht absehbare, künftige Technologien, und damit ggf. auch solche, die auch ohne menschliche Intervention/Steuerung auskommen, gleichermaßen einbezogen sind.[36]

24 Ob „digitale Inhalte" zum Vertragsgegenstand gehören, soll nach dem Willen des Gesetzgebers allein davon abhängen, ob **Daten in digitaler Form** vorliegen. Maßgeblich ist damit allein die **Art und Weise der Erstellung und Präsentation**.[37] Werden Daten reproduzierbar bzw. wiedergabefähig in elektronischer Form festgehalten, liegen digitale Inhalte vor.[38] Es bedarf aber einer **doppelten Digitalität**: Notwendig ist zur Eröffnung des Anwendungsbereiches der §§ 327 ff. BGB nF, dass der Inhalt nicht nur digital erstellt, sondern eben auch in digitaler Form bereitgestellt wird (→ Rn. 23).

2. Keine vertragstypologische Festlegung

25 § 327 BGB nF nimmt keine vertragstypologische Einordnung vor. Denkbar ist sowohl eine einmalige Bereitstellung, eine Reihe von Bereitstellungsakten als auch eine Bereitstellung, die sich über einen Bereitstellungszeitraum dauerhaft erstreckt (→ § 8 Rn. 3).

26 Dabei betrifft die **dauerhafte Bereitstellung** digitaler Inhalte eine **kaufähnliche Konstellation**, die auf eine zeitlich nicht begrenzte und insofern endgültige Überlassung digitaler Inhalte und der an diesen bestehenden Nutzungsrechten zielt. Allerdings gibt es keinen Automatismus, dass ein Vertrag über eine dauerhafte Bereitstellung nach deutschem Recht stets als Kaufvertrag zu qualifizieren ist. Dem steht nicht nur die vertragstypologische Offenheit der Richtlinie und der Umsetzungsgesetzgebung im Wege. Vielmehr können auch Verträge über die Bereitstellung zum Herunterladen von Inhalten zwecks dauerhafter Nutzung als **gemischte Verträge** zu qualifizieren sein, vor allem, weil sie häufig ein **urheberrechtliches Nutzungsrecht** enthalten werden (→ Rn. 141 ff.). Sie schließt regelmäßig auch eine Weiterverfügungsbefugnis (→ Rn. 142) ein.[39] Gem. Art. 11 Abs. 2 S. 1 DIRL ist es auch unerheblich, ob der Vertrag

---

[36] Zur Technologieoffenheit der Richtlinie vgl. Schulze/Staudenmayer/*Staudenmayer*, EU Digital Law, DCD Art. 3 Rn. 41; vgl. *Wendland* ZVglRWiss 118 (2019), 191 (195).
[37] Zum Begriff „digitale Inhalte" vgl. auch *Wendland* ZVglRWiss 118 (2019), 191, 204; *Grünberger* AcP 218 (2018), 213 (223 ff.).
[38] RegE, BT-Drs. 19/27653, S. 38.
[39] *Metzger* JZ 2019, 577 (578); *Wendland* ZVglRWiss 118 (2019), 191 (211).

eine einmalige Bereitstellung oder eine Reihe von einzelnen Bereitstellungen vorsieht. Die digitalen Inhalte müssen dem Verbraucher gem. Art. 5 Abs. 2 lit. a DIRL lediglich **zur Verfügung gestellt** werden. Für die Abgrenzung zu mietähnlichen Konstellationen ist lediglich ausschlaggebend, dass der Verbraucher unbefristeten Zugang zu den digitalen Inhalten und unbefristete Nutzungsrechte für diese hat (ErwGr 56 S. 3 der Richtlinie).

Eine zweite Fallgruppe der Bereitstellung digitaler Inhalte betrifft **miet- oder pachtähnliche Konstellationen**, bei denen die Nutzung der digitalen Produkte nur während eines Bereitstellungszeitraums möglich ist, der durch Ablauf des vereinbarten Zeitraums oder durch Kündigung endet. Ob derartige Verträge als Miet- oder Pachtverträge zu qualifizieren sind, kommt jedoch auf den Einzelfall an. In jedem Fall werden in dieser Variante aber nur **zeitlich befristete Nutzungsrechte** übertragen. Die Fallgruppe der Nutzung digitaler Inhalte auf Zeit ist im Richtlinientext durch den Passus der „**Zugänglichmachung**" gem. Art. 5 Abs. 2 erfasst.[40] Durch das Vordringen von **Cloud Computing** dürfte die bloße Nutzungsmöglichkeit jedenfalls die größere Bedeutung von den beiden Varianten der Leistungshandlung haben. 27

Der Gesetzgeber selbst gibt zahlreiche Hinweise auf **Anwendungsbeispiele** für Anwendungsfelder. So ist bspw. ein zwar mithilfe eines elektronischen Mediums erstelltes Buch kein digitaler Inhalt, wenn es nach der elektronischen Erstellung lediglich in gedruckter, dh analoger Form vertrieben wird, weil es an der notwendigen digitalen Bereitstellung fehlt.[41] Selbst die Digitalisierung ursprünglich analog zur Verfügung gestellter Inhalte (zB die nachträgliche Digitalisierung einer analogen Fotografie)[42] genügt den Anforderungen des sachlichen Anwendungsbereiches der §§ 327 ff. BGB nF nicht, weil das Ergebnis nach der Digitalisierung erstmals in Form von elektronischen Daten vorliegt. Digitales Erstellen und digitales Bereitstellen müssen, wie eingangs erwähnt, kumulativ vorliegen (zu positiven Bsp. → Rn. 31). 28

3. Erbringen digitaler Dienstleistungen

Vertragsgegenstand bei den nach §§ 327 ff. BGB nF zu behandelnden Verträgen kann neben einem **digitalen Inhalt** auch eine **digitale Dienstleistung** sein. Den Begriff „digitale Dienstleistungen"[43] legt der Gesetzgeber in Umsetzung an die DIRL (vgl. Art. 2 Nr. 2 lit. a und lit. b) in § 327 Abs. 2 S. 2 BGB nF fest, indem er sie beschreibt als Dienstleistungen, die dem Verbraucher entweder die Erstellung, die Verarbeitung oder die Speicherung von Daten in digitaler Form oder den Zugang zu solchen Daten ermöglicht (Nr. 1) bzw. als solche, die die gemeinsame Nutzung der vom Verbraucher oder von anderen Nutzern der entsprechenden Dienstleistungen in digitaler Form hochgeladenen oder erstellten Daten oder sonstige Interaktionen mit diesen Daten er- 29

---

40 Zur Unterscheidung zwischen „zur Verfügung gestellt" und „zugänglich gemacht" Schulze/Staudenmayer/*Schulze*, EU Digital Law, DCD Art. 5 Rn. 27.
41 RegE, BT-Drs. 19/27653, 38.
42 Bsp. nach RegE, BT-Drs. 19/27653, 38.
43 Dazu, dass der Begriff der digitalen Dienstleistung eher auf eine Leistungshandlung und weniger als auf einen Leistungsgegenstand schließen lässt und sich daher das Binom digitale Inhalte und digitale Leistungen nicht vollkommen auflösen lässt, vgl. *Grünberger* AcP 218(2018), 213 (236 f.); *Wendland* ZVglRWiss 118 (2019), 191 (200). Der urspr. Kommissionsentwurf (COM (2015), 634) hatte noch den Begriff der „digitalen Inhalte" gewählt.

laubt (Nr. 2). Hinzuweisen ist hier darauf, dass es bei dem Bereitstellen digitaler Dienstleistungen um Konstellationen geht, die im deutschen Vertragsrecht vornehmlich **miet-, dienst- oder werkvertragsrechtlich** eingeordnet werden (zu den entsprechenden Ergänzungen in den einzelnen Vertragstypen durch das Umsetzungsgesetz → § 8 Rn. 4).[44] Vielfach handelt es sich jedoch um **Lizenzverträge**, die einen **typengemischten Charakter** aufweisen (→ Rn. 7).

30   Die Leistungshandlung besteht bei digitalen Inhalten in dem „**Erbringen**" derselben (§ 327 Abs. 2 S. 2 BGB nF). Der Gesetzgeber differenziert dabei: Die digitale Dienstleistung ist als erbracht anzusehen, wenn der Unternehmer dem Verbraucher die Erstellung, die Verarbeitung oder die Speicherung von Daten in digitaler Form oder den Zugang zu solchen Daten ermöglicht (§ 327 Abs. 2 S. 2 Nr. 1 BGB nF) oder wenn es der Unternehmer möglich macht, dass der Verbraucher allein (oder gemeinsam mit anderen) Daten in digitaler Form durch Hochladen oder in sonstiger Weise, insbesondere durch Interaktion nutzt (§ 327 Abs. 2 Nr. 2 BGB nF). Die Vorschrift geht auf die Begriffsdefinition in **Art. 2 Abs. 2 der Richtlinie** zurück.[45] Auch hier gilt ein weites Verständnis. Nach ErwGr 19 S. 2 der Richtlinie ist die Art des für die Datenübermittlung oder die Gewährung des Zugangs verwendeten Datenträgers unerheblich.

31   Die **Erbringungshandlungen** sind damit **variantenreich**. Zu bejahen ist ein Erbringen digitaler Dienstleistungen etwa, wenn ein Zugang zur Verfügung gestellt wird und damit die Nutzungen digitaler Dienste auf digitalem Weg möglich wird, wie es etwa bei **Cloudhosting-Diensten** (Bsp.: **Dropbox**) der Fall ist, aber auch bei **sozialen Medien** (**Facebook**,[46] **WhatsApp, Instagram, Linkedin, Spotify**) vorkommt. Überdies fällt die Nutzung von **Videostreaming-Angeboten** (Bsp.: **Netflix**) darunter, ebenso wie das Erbringen von sog. „**Software as a Service Anwendungen**" (Gmail, Google Docs).[47]

III. Vertragsschluss(mechanismus) – keine unionsrechtliche Vorgabe

32   Die **DIRL** verzichtet bewusst auf eine **Regelung des Vertragsschlusses**. Sie befindet sich damit in der Tradition anderer europäischer Rechtsakte, etwa der VRRL. Die Regelung des Vertragsschlusses ist ein Herzstück des Vertragsrechts, das sich die Mitgliedstaaten derzeit noch nicht nehmen lassen wollen, wie das Scheitern des GEKR gezeigt hat.[48] Deswegen stellt auch der Umsetzungsgesetzgeber darauf ab, dass für die Eröffnung des Anwendungsbereiches der §§ 327 ff. BGB nF die **allgemeinen Grundsätze zum Vertragsschluss**, die sich für das deutsche Recht in **§§ 145 ff. BGB** kodifiziert finden, **gelten**.[49]

---

[44] Vgl. dazu *Grünberger* AcP 218 (2018), 213 (236); *Wendland* ZVglRWiss 118 (2019), 191 (215).
[45] Vgl. dazu Schulze/Staudenmayer/*Sénéchal*, EU Digital Law, DCD Art. 2 Rn. 9 ff.
[46] Das OLG München Beschl. v. 17.9.2018 – 18 W 1383/18, NJW 2018, 3119 Rn. 17 stufte einen Vertrag mit Facebook als „Vertrag sui generis mit miet-, werk- und dienstvertraglichen Elementen" ein.
[47] *Wendland* ZVglRWiss 118 (2019), 191 (203).
[48] *Tamm/Tonner* EWS 2015, 241.
[49] Vgl. RegE, BT-Drs. 19/27653, 40.

IV. Bereitstellung personenbezogener Daten (§ 327 Abs. 3 BGB nF)

Der Anwendungsbereich der §§ 327 ff. BGB nF ist nach § 327 Abs. 1 BGB eröffnet, wenn der Verbraucher einen Preis entrichtet. „Preis" kann nach § 327 Abs. 1 S. 2 BGB nF auch eine **digitale Darstellung eines Wertes** sein. Der Gesetzgeber greift damit Art. 2 Nr. 7 DIRL auf, die als Bsp. **elektronische Gutscheine** oder „**E-Coupons**" anführt (ErwGr 23). Der Begriff „Preis" erfasst auch **private Währungen** wie **Bitcoin**.[50] Wird ein Preis gezahlt, kommt es so gut wie unweigerlich zu einer **synallagmatischen Verbindung** von Leistung und Gegenleistung iSd §§ 320 ff. BGB, obwohl weder die Richtlinie noch die Umsetzung diese Rechtsfolge ausspricht. Die schuldrechtliche Einordnung steht damit aber außer Frage.

33

Nach § 327 Abs. 3 BGB nF ist der Anwendungsbereich der §§ 327 ff. BGB nF auch eröffnet, wenn der Verbraucher dem Unternehmer **personenbezogene Daten** als **quasi-Bezahlung** bereitstellt.[51] § 327 Abs. 3 BGB nF setzt Art. 3 Abs. 1 UAbs. 2 DIRL um. Personenbezogene Daten spielen vor allem im Datenschutzrecht eine Rolle. Die betroffene Person muss ihr **Einverständnis** (→ § 6 Rn. 15) erklären. Sie verdeutlicht durch ihre Erklärung, dass sie zur Verarbeitung der sie betreffenden personenbezogenen Daten ihre Zustimmung erteilt (Art. 4 Nr. 11 DS-GVO).[52] Die DS-GVO ist vor dem Hintergrund der **Grundrechte** zu sehen, die sie schützt. Einschlägig ist vor allem **Art. 8 GR-Charta**, der das Recht auf Schutz personenbezogener Daten festlegt und eine Verarbeitung von der Einwilligung der betroffenen Person abhängig macht. Der EU-Sekundärgesetzgeber kann über dieses datenschutzrechtlich gebotene Einwilligungserfordernis nicht für den Privatrechtsverkehr disponieren.

34

Nunmehr **instrumentalisiert** der **Unionsgesetzgeber** – und in seinem Gefolge der Umsetzungsgesetzgeber – die **Hingabe personenbezogener Daten** auch **in zivilrechtlichen Zusammenhängen**, indem er sie als **eine Bezahlungsvariante** ansieht (vgl. Art. 3 Abs. 1a VRRL in der geänderten Fassung). Der Umsetzungsgesetzgeber transferierte diese Vorgabe in § 312 Abs. 1a BGB nF (ausführlich zu Zielkonflikten beim Persönlichkeitsschutz und freiem Warenverkehr → § 6 Rn. 7 ff.).

35

In Deutschland war bislang offen, ob die **Bereitstellung personenbezogener Daten** eine „entgeltliche Leistung" gem. § 312 Abs. 1 BGB aF darstellt, mit der Folge, dass der Anwendungsbereich der §§ 312 ff. BGB aF eröffnet sein soll. Die Literatur neigte dazu, die Frage zu bejahen.[53] Die Rspr. hatte noch keine Gelegenheit, sich dazu zu äußern. Um dem Wortlaut der Richtlinie zu entsprechen, strich der Umsetzungsgesetzgeber den Begriff der „entgeltlichen Leistung" und ersetzte ihn durch „Preis" (§ 312 Abs. 1 BGB nF) und „Bereitstellung personenbezogener Daten" (§ 312 Abs. 1a BGB nF; vgl. im Einzelnen → § 6 Rn. 16).[54] § 327 BGB nF ist genauso aufgebaut: Der Verbraucher muss entweder einen Preis zahlen (§ 327 Abs. 1 BGB) oder persönli-

36

---

50 Schulze/Staudenmayer/*Sénéchal*, DCD Art. 2 Rn. 28.
51 Ausführlich zur Bezahlung bereitgestellter digitaler Inhalte mit personenbezogener Daten auf der Basis des Kommissionsentwurfs *Schmidt-Kessel/Grimm* ZfPW 2017, 84 (102 ff.); *Specht* JZ 2017, 763; zur verabschiedeten RL Schulze/Staudenmayer/*Staudenmayer*, EU Digital Law, DCD Art. 3 Rn. 49 ff.; *Metzger* JZ 2019, 577 (579).
52 Vgl. dazu Tamm/Tonner/Brönneke/*Polenz*, Verbraucherrecht, § 4a Rn. 26 ff.
53 Statt aller MüKoBGB/*Wendehorst* § 312 Rn. 38.
54 Zur Begründung BT-Drs. 19/27653, 35.

che Daten bereitstellen (§ 327 Abs. 3 BGB), wenn er in den Anwendungsbereich der neuen Vorschriften gelangen will.

37 Nach § 327q BGB nF bleiben die Ausübung **datenschutzrechtlicher Rechte unberührt**. Diese sehr wichtige Vorschrift wird an anderer Stelle ausführlich dargestellt (→ § 6 Rn. 68). Sie geht auf Art. 3 Abs. 8 DIRL zurück, der ausdrücklich die DS-GVO und die RL 2002/58/EG[55] erwähnt und erklärt, dass bei Widersprüchen zu diesen beiden Rechtsakten die datenschutzrechtlichen Bestimmungen vorgehen. Dies hat vor allem bei der Einwilligung zur Verarbeitung personenbezogener Daten und deren Widerruf nach Art. 21 DS-GVO Bedeutung (→ § 6 Rn. 68 f.).

38 Im Grunde erklärt der Unionsgesetzgeber durch die Akzeptanz der Bereitstellung personenbezogener **Daten** als Gegenleistung diese zu einem **handelbaren Wirtschaftsgut**. Zwar sind sie keine Waren ieS, weil sie nicht verkörpert sind, aber sie werden **wie Werte** im Sinne eines Preises, dh einer **Gegenleistung behandelt**.[56] Wegen ihrer Grundrechtsrelevanz (Art. 8 GR-Charta) bedürfen sie indes eines besonderen Schutzes, den das Datenschutzrecht leisten soll. Die DIRL und ihre Umsetzung unterstützen diese Funktion, indem sie Standards zugunsten des Verbrauchers für die Gegenleistung setzen, die den **Verbraucher bei der Hingabe seiner Daten schützen** (zu den datenschutzrechtlichen Fragen → § 6 Rn. 25 ff.).

39 Der Unionsgesetzgeber (ErwGr 24) und ihm folgend der Umsetzungsgesetzgeber ließen dennoch bewusst offen, ob die Hingabe personenbezogener Daten als echte (im Synallagma stehende) Gegenleistung zu qualifizieren sei.[57] Der Kommissionsvorschlag hatte dies in seinem Art. 3 Abs. 1 zwar noch bejaht.[58] Die Diskussionen im Rat und eine Stellungnahme des Europäischen Datenschutzbeauftragten[59] führten dann jedoch dazu, dass die verabschiedete Richtlinie die Frage dem mitgliedstaatlichen Recht überantwortete, das in den meisten Fällen nicht umhin kann, gemäß den nationalen Regelungen von einem **Vertragsschluss mit Leistung und Gegenleistung** auszugehen.[60] Dies wirft nicht nur die Frage auf, wie ein derartiger Vertrag zu qualifizieren ist (dazu bereits oben → Rn. 25 ff.), sondern auch und vor allem, wie sich die nach der DS-GVO erforderliche Einwilligung und deren möglicher Widerruf zu der vereinbarten Bezahlung mit personenbezogenen Daten verhält. Die Einwilligung in die Verarbeitung ist neben der Bereitstellung der personenbezogenen Daten Bestandteil der Gegenleistung. Entfällt sie durch einen Widerruf, weist die Leistung des Verbrauchers einen Rechtsmangel auf, der je nach der Art der Bereitstellung der digitalen Produkte kaufrechtlich, miet- oder pachtrechtlich zu behandeln ist. Denn der Ver-

---

55 Richtlinie 2002/58/EG des Europäischen Parlaments und des Rates vom 12.7.2002 über die Verarbeitung personenbezogener Daten und den Schutz der Privatsphäre in der elektronischen Kommunikation, ABl. 2002 L 201, 37 v. 31.7.2002.
56 *Graf von Westphalen* ZIP 2020, 437 (438) spricht von einem „Lippenbekenntnis", wenn der Unionsgesetzgeber personenbezogene Daten in ErwGr 24 der Richtlinie ausdrücklich nicht als Ware bezeichnet.
57 Zu den Diskussionen auf Unionsebene *Staudenmayer* ZEuP 2019, 663 (669).
58 COM(2015) 634 final.
59 Stellungnahme des Europäischen Datenschutzbeauftragten zu dem Vorschlag für die Richtlinie über bestimmte vertragsrechtliche Aspekte zur Bereitstellung digitaler Inhalte, 14.3.2017, ABl. 2017 C 200, 10 (13).
60 So auch *Staudenmayer* ZEuP 2019, 663 (669), der seitens der Kommission maßgeblich an der Ausarbeitung der Richtlinie mitgewirkt hat; ebenso *Metzger* JZ 2019, 577 (579).

braucher tritt als Verkäufer bzw. Vermieter/Verpächter seiner Daten auf. Infolgedessen kann der Unternehmer ggf. zurücktreten bzw. den Vertrag kündigen.[61]

Da eine Einordnung der personenbezogenen Daten sowohl in der Richtlinie als auch in der Umsetzungsvorschrift unterblieben ist, hat der Gesetzgeber zugleich die Beantwortung der Frage offen gelassen, ob nur „**aktiv**" **vom Verbraucher zur Verfügung gestellte Daten** zu einem Vertragsschluss oder einem ihm gleichgestellten, vertragsähnlichen Verhältnis zwischen Verbraucher und Unternehmer führen, oder ob die Regelungen zu digitalen Produkten auch dann Anwendung finden sollen, wenn der Verbraucher bei der Nutzung von Dienstleistungen des Unternehmers seine Daten nur „**passiv**" **zur Verfügung stellt**, so dass sie der **Anbieter** lediglich „**einsammeln**" kann (vgl. auch → § 6 Rn. 50).[62] 40

Die ursprünglich im Richtlinienvorschlag gebrauchte Formulierung von der notwendigen „aktiven" Übermittlung von Daten wurde in Art. 3 UAbs. 2 DIRL gestrichen.[63] **ErwGr 24** avisiert zwar in erster Linie aktiv bereitgestellte Daten. Er nennt aber zugleich Daten, die durch den Verbraucher möglicherweise iRd Nutzung der digitalen Inhalte oder digitalen Dienstleistung schlicht „**passiv**" erzeugt werden. Auch **ErwGr 25** der DIRL deutet die **Öffnung hin zu passiven Erzeugung/Übermittlung** an. Denn daraus ergibt sich, dass auch die Erhebung von „**Metadaten**" wie Informationen zum Gerät des Verbrauchers oder zum Browserverlauf vom Anwendungsbereich der Richtlinie miterfasst sind. Die Einbeziehung der passiv bereitgestellten personenbezogenen Daten ist zu begrüßen, weil sie den Schutz des Verbrauchers erweitert, der sich auf die Standards nach den §§ 327 ff. BGB nF auch in diesem Fall berufen kann. Andernfalls blieben sie ungeregelt. Ein Verbot ihrer Nutzung durch den Unternehmer ließe sich kaum durchsetzen, zumal die Motivation von Verbrauchern, gegen derartige Rechtsverletzungen vorzugehen, gering sein dürfte. Das **letzte Wort** in dieser Frage soll allerdings **der mitgliedstaatliche Gesetzgeber** haben (vgl. ErwGr 24 der DIRL). Die Frage der zivilrechtlichen Zulässigkeit der Sammlung passiv erzeugter Nutzerdaten wird insofern nicht von der Vollharmonisierung des Rechtsaktes umfasst.[64] 41

In der **Gesamtschau** spricht aber schon aus den bereits genannten Schutzaspekten einiges dafür, dass es auch bei passiv erzeugten personenbezogenen Daten nach deutschem Recht zur Anwendung der Regelungen der Richtlinie kommen soll, weil der Verbraucher damit den Schutz der §§ 327 ff. BGB nF genießt.[65] Ob die schlicht passiv erzeugten personenbezogenen Daten durch den Unternehmer damit auch unter **datenschutzrechtlicher Ägide** genutzt werden dürfen, steht allerdings auf einem ganz anderen Blatt, das auch die Richtlinie nicht regeln musste. Denn das beurteilt sich allein nach der DS-GVO (→ § 6 Rn. 25 ff.). Die Zulässigkeit der Nutzung nach datenschutzrechtlichen Gesichtspunkten dürfte bei rein passiv erzeugten Daten, in deren Nutzung der Verbraucher nicht explizit gem. Art. 6 DS-GVO eingewilligt hat, und 42

---

[61] Umfassender *Specht* JZ 2017, 763 (767); *Metzger* JZ 2019, 577 (582 f.).
[62] *Metzger* JZ 2019, 577 (579).
[63] Sie gründete sich auf eine Forderung des Europäischen Parlaments, s. Bericht des Ausschusses für Binnenmarkt und Verbraucherschutz v. 27.11.2017, A8 – 0375/2017. Ebenso lautete die Forderung von *Spindler* MMR 2016, 147 (150).
[64] *Graf von Westphalen* ZIP 2020, 437 (445).
[65] *Metzger* JZ 2019, 577 (579).

deren Nutzung auch nicht zu einer Vertragsanbahnung/-abwicklung essentiell notwendig ist, schwierig zu entscheiden sein.[66] Der Unternehmer ist insofern gehalten, dem Verbraucher eine wirksame Einwilligungserklärung abzuringen (auf eine aktive Zugangsverschaffung abstellend *Koschwald/Polenz*, → § 6 Rn. 50). Ansonsten läuft er unweigerlich Gefahr, gegen die DS-GVO zu verstoßen und die sich daraus ergebenden Konsequenzen – hohe Bußgelder/Betroffenenrechte – tragen zu müssen.

43 Insgesamt lässt sich konstatieren, dass sich der deutsche **Gesetzgeber** bei der Umsetzung der DIRL zwar bemüht hat, in der Gesetzesbegründung zahlreiche Aspekte aufzuzeigen, wann ein Vertragsschluss anzunehmen ist.[67] Doch es fragt sich, warum er eine Antwort auf die Einordnung der personenbezogenen Daten und eine explizite **Klärung** zu den diesbzgl. extrem virulent werdenden **Vertragsschlussfragen unterlassen** hat und diese der Rspr. zur Klärung zuschob.[68] Die Rspr. ist dafür nicht zuständig. Das Wesentliche hat der Gesetzgeber selbst zu regeln!

44 Nach der Richtlinie ist die „Bereitstellung" der personenbezogenen Daten erfolgt, wenn der Verbraucher seine personenbezogenen Daten übermittelt hat oder in der Form für den Zugriff des Unternehmers offenhält, dass dieser nur noch zugreifen muss (vgl. ErwGr 24 der DIRL). Ein praktisches Bsp. für die „Bezahlung" mit personenbezogenen Daten ist die **Registrierung** eines Verbrauchers **bei einem sozialen Netzwerk** nebst Angabe von Namen und E-Mail-Adresse, sofern die Daten nicht ausschließlich zur Bereitstellung des digitalen Produkts oder zur Erfüllung rechtlicher Anforderungen verwendet werden. Denn um einen Austausch (Dienste gegen Daten) handelt es sich gem. Art. 3 Abs. 1 S. 2 DIRL dann nicht mehr, wenn der Verbraucher die Daten sowieso und ausschließlich für die Vertragserfüllung oder für die Einhaltung sonstiger rechtlicher Verpflichtungen hergibt, für die sie der Unternehmer sowieso fordern kann/muss.[69] In den hier zuletzt genannten Fällen bedarf es gem. Art. 6 Abs. 1 lit. b und lit. c DS-GVO auch keiner gesonderten Einwilligung des Verbrauchers in die Datenverarbeitung, so dass eine Heranziehung seiner Zustimmung zur Datennutzung und Hingabe seiner personenbezogenen Daten als vertragliche Gegenleistung ausscheidet.

V. Anfertigung nach Spezifikation des Verbrauchers (§ 327 Abs. 4 BGB nF)

45 Verträge, bei denen die **digitalen Inhalte und digitalen Dienstleistungen nach den Spezifikationen des Verbrauchers** vom Unternehmer **entwickelt und bereitgestellt** werden sind nach § 327 Abs. 4 BGB nF in den Anwendungsbereich der §§ 327 ff. BGB nF einbezogen. Die Vorschrift setzt Art. 3 Abs. 2 DIRL um, der seinerseits dem Modell von Art. 1 Abs. 4 VerbrauchsgüterkaufRL folgt.[70] Art. 3 Abs. 2 WKRL schließt jetzt Waren in den Anwendungsbereich der WKRL ein, die noch hergestellt oder erzeugt werden müssen. Die gesetzliche Regelung soll verhindern, dass das Verbraucher-

---

66 *Graf von Westphalen* ZIP 2020, 437 (445).
67 RegE, BT-Drs. 19/27653, 40.
68 *Metzger* JZ 2019, 577 (586) (584).
69 Dazu *Metzger* JZ 2019, 577 (579).
70 Dazu *Metzger* JZ 2019, 577 (578).

schutzniveau durch entsprechende Produktgestaltung unterwandert wird.[71] Angesprochen sind laut ErwGr 26 der DIRL zB **maßgeschneiderte Software**, aber auch die **Bereitstellung elektronischer Dateien im Rahmen des 3D-Drucks** von Waren nach der Vorstellung des Verbrauchers. Rechte und Verpflichtungen betreffend die mittels dieser digitalen Produkte dann hergestellten Sachen sollen laut ErwGr 26 der DIRL nicht vom Anwendungsbereich der Richtlinie erfasst sein.

VI. Körperliche Datenträger (§ 327 Abs. 5 BGB nF)

Im Übrigen gelten die Vorschriften der §§ 327 ff. BGB nF (mit Ausnahme der §§ 327b und 327c BGB nF) auch für Verbraucherverträge, welche die **Bereitstellung von körperlichen Datenträgern** (zum Begriff vgl. § 312f Abs. 3 BGB nF) beinhalten, wenn und soweit **diese ausschließlich als Träger digitaler Daten dienen**. Mit dieser Regelung wird Art. 3 Abs. 3 DIRL umgesetzt. Die diesbzgl. Vorgabe ist deshalb sachgerecht, weil der digitale Inhalt bei den von § 327 Abs. 5 BGB nF erfassten Verträgen in der Regel der zentrale Aspekt für den Verbraucher ist.[72] Insofern verläuft hier auch eine wichtige Trennlinie zur WKRL und ihrer Umsetzung. Bei Waren mit (additiven digitalen Elementen) richtet sich der Vertrag einschließlich der digitalen Elemente allein nach der WKRL (→ § 4 Rn. 44 ff.). 46

Der Anwendungsbereich der §§ 327 ff. BGB nF ist aber nur eröffnet, wenn die **Datenträger**, die **nur** als „Gefäß" für die digitalen Inhalte dienen sollen, tatsächlich als **Träger** digitaler Inhalte **fungieren**. Es genügt nicht, dass sie es nur sein könnten. So sind etwa Leermedien wie CD-Rohlinge nicht von § 327 Abs. 5 BGB nF erfasst. Sie würden den kaufrechtlichen Regelungen unterfallen. Im Übrigen muss der körperliche Datenträger selbst Träger der Inhalte sein. Eröffnet der Gegenstand lediglich den Zugang zu oder die Bedienung an anderen Speicherorten befindlicher digitaler Inhalte, kann eine Anwendung des § 327 Abs. 5 BGB nF ebenfalls nicht in Betracht kommen. 47

Die DIRL listet in ErwGr 20 als Bsp. für solche körperlichen Datenträger, die von ihr erfasst sein sollen, **DVDs, CDs, USB-Sticks** und **Speicherkarten** auf; wobei die Aufzählung nicht abschließend ist. Hingegen sind Schallplatten oder Audiokassetten mangels Speicherung digitaler Inhalte nicht als derartige körperliche Datenträger zu betrachten.[73] Wie sich aus § 327 Abs. 5 BGB nF (und aus ErwGr 20 der DIRL) ergibt, sollen mit Blick auf die Bereitstellung des körperlichen Datenträgers nicht die Regelungen zu § 327b BGB nF und § 327c BGB nF zur Anwendung gelangen, wohl aber die übrigen Vorschriften der §§ 327 ff. BGB nF. 48

VII. Bereichsausnahmen (§ 327 Abs. 6 BGB nF)

Die in **§ 327 Abs. 6 BGB nF** aufgezählten Vertragskonstellationen werden allerdings von den Regelungen der §§ 327 ff. BGB nF gänzlich ausgenommen. Die **lange Liste** dieser **Ausnahmen** fußt auf gleichlautenden Regelungen in Art. 3 Abs. 5 DIRL. Hin- 49

---

71 RegE, BT-Drs. 19/27653, 41.
72 RegE, BT-Drs. 19/27653, 42.
73 RegE, BT-Drs. 19/27653, 42.

tergrund für die Ausnahmen – jedenfalls in den in den Nummern 2, 3, 5 und 8 – sind bereits **vorhandene unionsrechtliche Spezialbestimmungen** und diesbzgl. nationale Umsetzungsakte mit Sonderregelungscharakter.

50 §§ 327 ff. BGB nF sind gem. **§ 327 Abs. 6 Nr. 1 BGB nF** auf Verträge über andere als digitale Dienstleistungen nicht anzuwenden, unabhängig davon, ob der Unternehmer digitale Formen und Mittel einsetzt, um das Ergebnis der Dienstleistung zu generieren oder es dem Verbraucher zu liefern oder zu übermitteln. Die Nummer dient der Umsetzung des Art. 3 Abs. 5 lit. a DIRL. Daraus folgt, dass zB die Erbringung von **freiberuflichen Dienstleistungen** wie Übersetzungsdienstleistungen, Dienstleistungen von Architekten, juristische Dienstleistungen oder sonstige Fachberatungsdienstleistungen **vom Anwendungsbereich** der §§ 327 ff. BGB nF **ausgenommen** werden. Das gilt auch dann, wenn eine Übermittlung eines entsprechenden Gutachtens eines Freiberuflers, der nach dem Vertragszweck eine analoge Bereitstellung des Gutachtens schuldet, digital, zB per E-Mail erfolgt.[74]

51 Daneben sind **Verträge über elektronische Kommunikationsdienste** iSd § 3 Nr. 61 TKG vom sachlichen Anwendungsbereich der Regelungen zu digitalen Produkten **ausgenommen**, vgl. **§ 327 Abs. 6 Nr. 2 BGB nF**. Zurückzuführen ist diese Bereichsausnahme auf Art. 3 Abs. 5 lit. b DIRL. Insoweit es eine **Ausnahme von der Ausnahme für nummernunabhängige interpersonelle Kommunikationsdienste** gibt, bleiben jedenfalls **webbasierte E-Mail-Dienste** und **Online-Mitteilungsdienste** (wie zB Instant Messenger Services) vom Anwendungsbereich der §§ 327 ff. BGB nF gleichwohl umfasst.[75]

52 Eine ausdrückliche Bereichsausnahme hat der Gesetzgeber zudem für **ärztliche Behandlungsverträge** gem. § 630a ff. BGB[76] in **§ 327 Abs. 6 Nr. 3 BGB nF** statuiert. Sie dient der Umsetzung von Art. 3 Abs. 5 lit. c DIRL.[77] Rückschlüsse über die Reichweite der Bereichsausnahme können über ErwGr 29 der DIRL gezogen werden. Danach sollen die Vorgaben der DIRL Anwendung finden, wenn ein Verbraucher ein digitales Produkt erwirbt, das ein Medizinprodukt darstellt – nach deutscher Lesart unabhängig davon, ob es von einem Angehörigen eines Gesundheitsberufes verschrieben/bereitgestellt wird oder nicht.[78] Angesprochen sind damit bspw. mobile Applikationen zur Selbstvermessung oder (digitale) Patiententagebücher. Nur die ärztliche Behandlung an sich ist somit vom Anwendungsbereich der §§ 327 ff. BGB nF ausgeschlossen.

53 Nicht dem Anwendungsbereich der neuen Regelung zu digitalen Produkten unterfallen ferner **Verträge über Glücksspielleistungen**, die einen geldwerten Einsatz erfordern und unter Zuhilfenahme elektronischer oder anderer Kommunikationstechnologien auf individuellen Abruf eines Empfängers erbracht werden. Das ergibt sich aus **§ 327 Abs. 6 Nr. 4 BGB nF**. Der Hintergrund für diese Ausnahmebestimmung ist, dass das Online-Glücksspielrecht bislang überhaupt noch keine unionsrechtliche Re-

---

[74] Vgl. ErwGr 27 S. 1 DIRL.
[75] Vgl. dazu ErwGr 28 DIRL.
[76] Zum ärztlichen Behandlungsvertrag umfassend: Tamm/Tonner/Brönneke/*Cebulla*, Verbraucherrecht, § 19a.
[77] S. dazu auch BT-Drs. 17/12637, 47 zur Umsetzung der gleichlautenden Ausnahme in der VRRL.
[78] RegE, BT-Drs. 19/27653, 43.

gulierung erfahren hat, weshalb sich die DIRL gem. Art. 3 Abs. 5 lit. d in diesem Bereich ebenfalls ausdrücklich zurückhalten wollte.

Keiner besonderen Regelung zugeführt werden mussten aus Sicht des Gesetzgebers auch die **Verträge über Finanzdienstleistungen**.[79] Dies regelt **§ 327 Abs. 6 Nr. 5 BGB nF**, der die Vorgabe des Art. 3 Abs. 5 lit. e DIRL umsetzt. Die Herausnahme der Verträge über Finanzdienstleistungen wird in ErwGr 30 der DIRL mit den in diesem Bereich bestehenden Sonderbestimmungen im Unionsrecht begründet. Dabei ist der Begriff der Finanzdienstleistungen in § 312 Abs. 6 S. 1 BGB definiert,[80] der seinerseits eine Umsetzungsvorschrift zu Art. 2 Nr. 12 VRRL darstellt. Letztere Bestimmung ist wiederum deckungsgleich mit der Vorgabe aus Art. 2 lit. b Richtlinie 2002/65/EG,[81] die zum Fernabsatz von Finanzdienstleistungen ergangen ist. Dabei ist laut ErwGr 30 der DIRL der Begriff „Finanzdienstleistung" grundsätzlich weit zu verstehen. Er soll auch Produkte umfassen, die mit Finanzdienstleistungen in Verbindung stehen oder mit denen Zugang zu Finanzdienstleistungen gewährt wird.

54

Eine Ausnahme vom Anwendungsbereich der §§ 327 ff. BGB nF besteht überdies für **Verträge über die Bereitstellung von Software, für die der Verbraucher keinen Preis zahlt** und die der Unternehmer im Rahmen einer **freien und quelloffenen Lizenz** anbietet. Angesprochen ist damit sog. „Open Source-Software". Das Gesetz differenziert damit ausdrücklich: Die kostenpflichtige oder datenintensive Überlassung derartiger Software fällt unter die Regelung, die kostenlose Überlassung dagegen nicht. Die im letzten Sinne geregelte Bereichsausnahme greift allerdings nur, wenn die vom Verbraucher ggf. bereitgestellten personenbezogenen Daten durch den Unternehmer bei kostenloser Open-Source-Software **ausschließlich zur Verbesserung der Sicherheit, der Kompatibilität oder der Interoperabilität genutzt** werden (**§ 327 Abs. 6 Nr. 6 BGB nF**). Nutzt der Unternehmer die personenbezogenen Daten des Verbrauchers zu kommerziellen Zwecken, wie zB für Werbung, findet die DIRL mithin uneingeschränkt Anwendung. Mit der Regelung setzt der deutsche Gesetzgeber Art. 3 Abs. 5 lit. f DIRL um, der darauf abzielt, die Zurverfügungstellung von typischer, lizenzfreier, unentgeltlicher Software nicht zu erschweren, da sie einen wichtigen Beitrag zur Forschung und Innovation darstellt.[82]

55

Ausgenommen vom Anwendungsbereich der neuen §§ 327 ff. BGB nF sind ferner Verträge über die Bereitstellung digitaler Inhalte, wenn diese **digitalen Inhalte der Öffentlichkeit auf eine andere Weise als durch Signalübermittlung als Teil der Darbietung oder Veranstaltung zugänglich gemacht** werden (**§ 327 Abs. 6 Nr. 7 BGB nF**). Der deutsche Gesetzgeber trägt damit Art. 3 Abs. 5 lit. g und dem ErwGr 31 der DIRL Rechnung. Ein Bsp. für die Bereitstellung digitaler Inhalte jenseits einer Signalübermittlung ist etwa die Projektion von Videoinhalten, zB bei einer **Kinovorführung**. Wie sich aus den Bsp. „Darbietung und Veranstaltung" ergibt, soll die adressierte

56

---

79 Zum Verbraucherschutz bei Finanzdienstleistungen siehe Tamm/Tonner/Brönneke, Verbraucherrecht, § 16.
80 Vgl. BT-Drs. 17/12637, 48 f.
81 Richtlinie 2002/65/EG des Europäischen Parlaments und des Rates vom 23.9.2002 über den Fernabsatz von Finanzdienstleistungen an Verbraucher und zu Änderungen der Richtlinie 90/619/EWG des Rates und der Richtlinien 97/7/EG und 98/27/EG, ABl. 2002 L 271, 16 v. 9.10.2002.
82 RegE, BT-Drs. 19/27653, 44; zur zugrunde liegenden Vorschrift der Richtlinie Schulze/Staudenmayer/*Staudenmayer*, EU Digital Law, DCD Art. 3 Rn. 106 ff.

"Öffentlichkeit" aus Personen bestehen, welche die digitalen Inhalte gleichzeitig und am selben Ort wahrnehmen können. Die Wahrnehmbarkeit digitaler Fernsehinhalte ist laut ErwGr 31 der DIRL (deshalb auch) nicht von der Ausnahme erfasst.[83]

57 Schließlich hat der Gesetzgeber in **§ 327 Abs. 6 Nr. 8 BGB nF** klargestellt, dass auch Verträge über die Bereitstellung von Informationen iSd Gesetzes über die Weiterverwendung von Informationen öffentlicher Stellen (**Informationsweiterverwendungsgesetzes, IWG**)[84] nicht in den sachlichen Anwendungsbereich der §§ 327 ff. BGB nF fallen. Es geht hier um digitale Inhalte, welche dem IWG zugeordnet sind. Mit dieser Ausnahme wird die Vorgabe aus Art. 3 Abs. 5 lit. h DIRL umgesetzt.[85]

VIII. Paketverträge und Verträge über Sachen mit digitalen Elementen (§ 327a BGB nF)

58 § 327a BGB nF enthält weitere Konkretisierungen des Anwendungsbereiches. Die §§ 327 ff. BGB nF sind nicht nur auf Verträge, die ausschließlich die Bereitstellung digitaler Produkte zum Gegenstand haben, anzuwenden, sondern vielmehr auch dann, wenn digitale Produkte als Teil eines sog. **Paketvertrages** gemeinsam mit anderen Produkten (§ 327a Abs. 1 BGB nF) oder als Teil einer Sache (§ 327a Abs. 2 und 3 BGB nF) bereitgestellt werden. Der Umsetzungsgesetzgeber weist darauf hin, dass gem. ErwGr 34 der DIRL die iÜ geltenden nationalen Rechtsvorschriften über verbundene bzw. akzessorische Verträge, die der Verbraucher mit demselben oder einem anderen Unternehmer abgeschlossen hat, unberührt bleiben.[86]

1. Paketvertrag, § 327a Abs. 1 BGB nF

59 Der zunächst recht schillernd erscheinende Begriff des „**Pakets**" gem. § 327 Abs. 1 S. 1 BGB nF setzt keine inhaltliche Verbundenheit oder wirtschaftliche Abhängigkeit des Leistungsverpflichteten voraus, wie dies zB bei (echten) verbundenen Verträgen iSd § 358 BGB oder bei zusammenhängenden Verträgen gem. § 360 BGB der Fall ist. Der Begriff „Paket" ist aus Art. 3 Abs. 6 DIRL übernommen. Es muss sich um einen **Vertrag** zwischen einem Unternehmer und einem Verbraucher handeln, **der neben den digitalen Produkten auch die Bereitstellung anderer Sachen oder Dienstleistungen** zum Gegenstand hat. Entscheidend ist die Verbindung in einem einzigen Vertrag.[87] Ein Bsp. für einen Paketvertrag ist gem. ErwGr 33 der DIRL die vertragliche Vereinbarung über die Bereitstellung eines **Videostreamingdienstes**, der gemeinsam mit dem **Kaufvertrag über ein Elektronikprodukt (Fernseher, Handy, Laptop** etc) abgeschlossen wird, wobei das verkaufte Produkt (Fernseher, Handy, Laptop etc) zur Wiedergabe der digitalen Inhalte/Dienste geeignet ist. Die nach § 327a Abs. 1 S. 1 BGB nF vor-

---

83 RegE, BT-Drs. 19/27653, 44.
84 G v. 13.12.2006, BGBl. I 2913, geändert durch G v. 8.7.2015, BGBl. 2015 I 1162.
85 Die Richtlinie selbst verweist auf die dem Informationsweiterverwertungsgesetz zugrunde liegende Richtlinie 2003/98/EG des Europäischen Parlaments und des Rates vom 17.11.2003 über die Weiterverwendung von Informationen des öffentlichen Sektors, ABl. 2003 L 345, 90 v. 31.12.2003. Diese wurde zwischenzeitlich als Richtlinie (EU) 2019/1024 des Europäischen Parlaments und des Rates vom 20.6.2019 über offene Daten und die Weiterverwendung von Informationen des öffentlichen Sektors neu gefasst, ABl. 2019 L 172, 56 v. 26.6.2019.
86 RegE, BT-Drs. 19/27653, 45.
87 RegE, BT-Drs. 19/27653, 45.

ausgesetzte Personenidentität soll auch dann noch gegeben sein, wenn der Unternehmer zur Erfüllung seiner vertraglichen Verpflichtung gegenüber dem Verbraucher einen Dritten einschaltet, was zB bei einer Endnutzer-Lizenzvereinbarung (EULA) typischerweise der Fall ist.[88]

Als Rechtsfolge werden nur auf die Vertragsbestandteile, welche die digitalen Produkte betreffen, die §§ 327 ff. BGB nF angewendet, während für die übrigen Teile die für die betreffenden Sachen oder Dienstleistungen geltenden Vorschriften anzuwenden sind. Dies können sowohl Umsetzungsvorschriften von Richtlinien als auch anderes nationales Recht sein. Diese Lösung führt zu einem „**Split Approach**", bei dem der Vertrag so behandelt wird, als wären es zwei Verträge.[89] Kann der Verbraucher den Vertrag wegen eines mangelhaften Produkts beenden, erstreckt sich das Vertragsbeendigungsrecht gem. § 327m Abs. 4 BGB nF auf den gesamten Paketvertrag (→ Rn. 186). 60

2. Verträge über Sachen mit digitalen Produkten und Waren mit digitalen Elementen (§ 327a Abs. 2 und 3 BGB nF)

Die **DIRL** und die **WKRL sollen sich** nach dem Willen des EU-Gesetzgebers **ergänzen**.[90] Jeder Vertrag, der die Bereitstellung digitaler Inhalte oder digitaler Dienstleistungen zum Gegenstand hat, unabhängig davon, ob es sich insoweit um selbstständige vertragliche Pflichten handelt oder um vertragliche Pflichten in einem Bündel mit anderen vertraglichen Pflichten, fällt danach in den Anwendungsbereich einer der beiden Richtlinien (DIRL bzw. WKRL).[91] 61

Nicht jeder Kauf einer Sache, die ein digitales Produkt enthält oder mit ihm verbunden ist, fällt jedoch ausschließlich in den Anwendungsbereich der WKRL, sondern nur dann, wenn das digitale Produkt zur Funktionsfähigkeit der Ware erforderlich ist (§ **479b BGB nF**, → § 4 Rn. 47). Ist dies **nicht der Fall**, entsteht ein **Paket iSd § 327a BGB nF** mit der Folge, dass für das in der Sache enthaltene oder mit ihr verbundene digitale Produkt die §§ 327 ff. BGB nF gelten. § 327a Abs. 2 BGB nF stellt dies klar.[92] 62

Laut § 327a Abs. 3 S. 1 BGB nF finden die Vorschriften des Untertitels 1 allerdings keine Anwendung auf Produkte, die gem. einem Kaufvertrag über Waren mit digitalen Elementen zusammen mit diesen Sachen bereitgestellt werden. Für derartige Verträge gelten vielmehr nur die in Umsetzung der WKRL neu eingefügten Regelungen im Kaufrecht. § 327a Abs. 3 BGB nF will damit der Vorgabe aus **Art. 3 Abs. 4 DIRL** Rechnung tragen. Das kaufrechtliche Gegenstück zu § 327 Abs. 3 BGB nF findet sich in § **475a BGB nF**. Diese Vorschrift listet die nicht anzuwendenden kaufrechtlichen Vorschriften auf und ordnet statt dessen die Anwendung der §§ 327 ff. BGB nF an, und zwar in § 475a Abs. 1 BGB für **körperliche Datenträger** und in § 475a Abs. 2 BGB nF für den Kauf einer **Ware, die mit einem digitalen Produkt ver-** 63

---

88 RegE, BT-Drs. 19/27653, 45.
89 So Schulze/Staudenmayer/*Staudenmayer*, EU Digital Law, DCD Art. 3 Rn. 118.
90 Vgl. dazu ErwGr 20 DIRL und ErwGr 13 WKRL.
91 Zur Abgrenzung aus Sicht der Richtlinie Schulze/Staudenmayer/*Staudenmayer*; EU Digital Law, DCD Art. 3 Rn. 75 ff.; *Sein/Spindler* ERCL 15 (2019) 257 (269 ff.); *Tonner* VuR 2019, 363 (368 f.); *Wilke* BB 2019, 2434 f.
92 RegE, BT-Drs. 19/653, 46; s. dazu auch *Kipker* MMR 2020, 71 ff.

bunden ist, ohne dass das digitale Produkt für die Funktion der Ware erforderlich ist (im Einzelnen → § 4 Rn. 47). Es kommt also auf die Abgrenzung zu Waren mit digitalen Elementen an. Die §§ 327 ff. BGB nF kommen auch dann zur Anwendung, wenn dem Verbraucher lediglich ein digitales Produkt einmalig bereitgestellt wird, selbst wenn der entsprechende Vertrag als **Rechtskauf** (§ 453 BGB) zu qualifizieren ist. § 475a BGB nF sieht dies zwar nicht ausdrücklich vor, doch kann wegen des Vorrangs der §§ 327 ff. BGB nF, den der Gesetzgeber ansonsten durchgehend respektiert, nichts anderes gelten.

64 Was unter einer „**Ware mit digitalen Elementen**" gem. § 327a Abs. 3 S. 1 BGB nF zu verstehen ist, leitet sich aus Art. 2 Nr. 3 DIRL ab. Angesprochen sind damit Waren, die in einer Weise digitale Inhalte oder digitale Dienstleistungen verkörpern bzw. beinhalten, dass die **Ware ihre Funktion ohne diese digitalen Inhalte oder Dienstleistungen nicht erfüllen könnte**. In diesem Fall **gilt ausschließlich Kaufrecht**, in welches der Gesetzgeber in den §§ **475b–475e BGB nF** nunmehr neue, ergänzende Regelungen für derartige Verbraucherverträge eingestellt hat (→ § 4 Rn. 5).[93] § **327a Abs. 3 BGB nF** stellt damit eine bedeutsame **Schnittstelle zum Verbrauchsgüterkaufrecht** dar, zu deren Auslegung es sicherlich noch viele Fragen geben wird.

65 Entscheidend ist letztlich, dass die von der Regelung angesprochene „Ware mit digitalen Elementen" sowohl ein funktionales als auch vertragliches Kriterium erfüllt. In funktionaler Hinsicht kommt es darauf an, ob die Ware ohne das digitale Element überhaupt ihre Funktion erfüllen kann.[94] Die vertragliche Komponente betrifft die Frage, ob die Bereitstellung des digitalen Elements gem. dem (Kauf-)Vertrag geschuldet ist (vgl. ErwGr 21 DIRL und ErwGr 15 WKRL). Insoweit muss der **Vertrag ggf. ausgelegt** werden. In diesem Zusammenhang ist § **327a Abs. 3 S. 2 BGB nF** zu beachten. Nach der Bestimmung ist das Vorliegen des vertraglichen Elements im Zweifel zu bejahen.

66 Letztlich werden damit **hohe Anforderungen an die Gestaltung des Vertragsinhalts** inklusive der Abschlusssituation gestellt, falls der Unternehmer in der Position des Veräußerers die vertragliche Verpflichtung zur Bereitstellung des digitalen Produkts nicht übernehmen will. Klar ist jedenfalls, dass dann, wenn die Sache ihre Funktion auch ohne digitale Elemente erfüllen kann, der Vertragsbestandteil „digitales Produkt" (das mitgeliefert wird) als eigenständig anzusehen ist und damit ohne Weiteres den Bestimmungen der §§ 327 ff. BGB nF unterfällt.[95] Gleiches gilt natürlich, wenn der Verbraucher einen Vertrag über die Bereitstellung eines digitalen Produkts abschließt und dieses nicht Bestandteil eines Vertrages über den Kauf der Sache ist (vgl. ErwGr 22).

67 Der Verbraucher kann also die sich aus den §§ 327 ff. BGB nF ergebenden Ansprüche auch dann geltend machen, wenn er eine Sache kauft oder mietet, die ein für die

---

[93] Auch der RegE zur Umsetzung der WKRL verwendete ursprünglich den Begriff „Sachen mit digitalen Elementen," BT-Drs. 19/27424, 30. Erst im Rechtsausschuss wurden daraus in Anlehnung an den Wortlaut der WKRL „Waren mit digitalen Elementen," Beschlussempfehlung, BT-Drs. 19/30851, Begründung im Bericht, BT-Drs. 19/31116.
[94] BT-Drs. 19/27653, 46.
[95] RegE, BT-Drs. 19/27653, 46.

Funktionsfähigkeit nicht erforderliches Produkt enthält oder mit ihm verbunden ist. In diesen Fällen findet nicht allein Kauf- oder Mietrecht Anwendung. Dies gilt zB für ein **in ein Kraftfahrzeug eingebautes Navigationsgerät**, denn das Fahrzeug ist auch ohne dieses Gerät fahrtüchtig. Für die Funktionsfähigkeit eines PC ist dagegen die **Betriebssoftware** erforderlich, so dass allein Kaufrecht gilt, nicht jedoch im Falle einer zusätzlich erworbenen Anwendungssoftware.[96]

In der praktischen Anwendung relativiert sich die Bedeutung der Unterscheidung zwischen Sachen, die digitale Produkte enthalten (§ 327a Abs. 2 BGB nF) und Waren mit digitalen Elementen (§ 327a Abs. 3 BGB nF) jedoch, da die Voraussetzungen und die Rechtsfolgen eines Anspruchs des Verbrauchers wegen eines Mangels weitgehend angeglichen geregelt sind. So **entspricht** dem **Mangelbegriff des** § 327e BGB nF im Kaufrecht der **Mangelbegriff nach** §§ **434, 479b BGB nF**. Die **Ansprüche** (Nacherfüllung, Minderung, Vertragsbeendigung, Schadensersatz) sind die gleichen (§ 327i BGB nF bzw. § 437 BGB nF). Die **Verjährung** beträgt in beiden Fällen zwei Jahre (§ 327j BGB nF bzw. § 438 BGB nF). Dennoch verbleiben auch gewisse **Unterschiede**: So sehen die Regelungen über digitale Produkte ein **Recht auf Vertragsbeendigung** vor (§ 327m BGB nF, → Rn. 175 ff.), das Kaufrecht statuiert demgegenüber ein Rücktrittsrecht; und: nur bei digitalen Produkten gibt es eine **Updateverpflichtung** (§ 327f BGB nF, → Rn. 123 ff.) 68

C. Bereitstellung digitaler Produkte (§ 327b nF) und Rechte bei fehlender Bereitstellung (§ 327c BGB nF)

I. Bereitstellung digitaler Produkte (§ 327b BGB nF)

1. Leistungspflicht zur Bereitstellung digitaler Produkte (§ 327b Abs. 1 BGB nF)

Da **digitale Produkte nicht gegenständlicher Natur** sind, können sie nicht wie eine normale Sache „geliefert" oder „übergeben" werden. Diese Begriffe gehören der analogen Welt an; auf die digitale Welt lassen sie sich nicht übertragen. Für digitale Inhalte und Dienstleistungen hat der Unionsgesetzgeber folglich den davon abweichenden Begriff der „**Bereitstellung**" gewählt, um die Leistungshandlung des Unternehmers zu charakterisieren. Die Bereitstellung beschreibt die **Hauptleistungspflicht des Unternehmers** und fungiert als **zentraler Begriff** der Richtlinie (vgl. ErwGr 41: „wichtigste Vertragspflicht des Unternehmers"). Sie ist in Art. 5 DIRL geregelt.[97] § **327b Abs. 1 BGB nF** greift diesen Begriff auf, um den Leistungszeitpunkt sowie die Art und Weise der geschuldeten Leistungshandlung festzulegen. Die Vorschrift hat insofern klarstellenden Charakter, die den Grundsatz in Gegenüberstellung zu den nachfolgenden Absätzen wiedergeben. Die Regelung des § 327b BGB nF begründet keine vertragliche Leistungspflicht, sondern setzt diese voraussetzt.[98] Stellt sich also die Frage nach der Existenz der Leistungspflicht, ist zunächst zu eruieren, ob es überhaupt einen wirksamen Vertrag mit entsprechendem Inhalt gibt, was unter Hinzuziehung der §§ 133, 157 BGB vor dem Hintergrund des allgemeinen Vertragsschlussme- 69

---

[96] Bsp. nach RegE, BT-Drs. 19/27653, 46.
[97] Ausf. zu dieser Vorschrift Stabentheiner/Wendehorst/Zöchling-Jud/*Faber*, Das neue europäische Gewährleistungsrecht, S. 63, 65 ff.
[98] RegE, BT-Drs. 19/27653, 47.

chanismus des BGB (vgl. §§ 145 ff. BGB) durch Auslegung der Willenserklärung nach objektiven Gesichtspunkten zu ermitteln ist.

2. Zeitpunkt der Bereitstellung (§ 327b Abs. 2 BGB nF)

70 Zu welchem **Zeitpunkt** die Bereitstellung zu erfolgen hat, beschreibt § 327b Abs. 2 BGB nF. Die Regelung dient der Umsetzung von Art. 5 Abs. 1 DIRL.[99] Klargestellt wird, dass die Festlegung des Leistungszeitpunktes der **Abrede der Parteien** unterfällt. In erster Linie entscheiden also die Vertragspartner, wann das digitale Produkt, das Inhalt des Vertrages ist, vertragsgemäß bereitgestellt werden soll.

71 Haben die Parteien jedoch keine derartige Festlegung getroffen, kann der Verbraucher gem. § 327b Abs. 2 BGB nF die Bereitstellung **unverzüglich nach dem Vertragsschluss** verlangen. Das entspricht der Regelung in § 271 BGB.[100] Die Vorgabe ist vor diesem Hintergrund mit dem Leistungszeitpunkt, wie ihn der BGB-Gesetzgeber ohnehin für Verträge festgelegt hat, kompatibel. Die Vorschrift hat vor allem klarstellenden Charakter, macht sie doch dem Unternehmer deutlich, dass er seiner Verpflichtung ohne Zeitverzug nachzukommen hat und der Verbraucher die Leistung aufgrund der Fälligkeit, sofort nach Vertragsschluss fordern darf. Die verbraucherfreundliche Vorgabe entspringt für digitale Produkte direkt der DIRL (vgl. dazu Art. 5 Abs. 1). „Unverzüglich" ist freilich nicht nach deutscher Ägide, sondern **richtlinienkonform auszulegen**. „*Unverzüglich*" bedeutet insofern nicht schlicht wie nach dem BGB „ohne schuldhaftes Zögern" (§ 121 Abs. 1 BGB), sondern zielt nach ErwGr 61 der Richtlinie auf eine *tatsächliche Bereitstellung ohne Zeitverzug* ab, weil die Bereitstellung digitaler Produkte typischerweise keinen zusätzlichen Zeitaufwand erfordert.

3. Bereitstellung von digitalen Inhalten/Leistungen (§ 327b Abs. 3 und Abs. 4 BGB nF)
a) Allgemeines

72 Der **Begriff der Bereitstellung** wird in den § 327b Abs. 3 und 4 BGB nF näher erläutert. Beide Absätze des § 327b BGB nF dienen der Umsetzung von Art. 5 Abs. 2 DIRL. Schon der EU-Gesetzgeber **differenziert** bei der zu erbringenden Leistungshandlung des Unternehmers danach, ob ein **digitaler Inhalt** (vgl. Art. 5 Abs. 2 lit. a DIRL) oder eine **digitale Dienstleistung** (vgl. Art. 5 Abs. 2 lit. b DIRL) **Gegenstand der zu erfüllenden Verpflichtung** ist. Der Umsetzungsgesetzgeber konnte deswegen in § 327b Abs. 3 und 4 BGB nF nicht den Begriff „digitale Produkte" verwenden, sondern musste ebenfalls zwischen „digitalen Inhalten" (Abs. 3) und „digitalen Dienstleistungen" (Abs. 4) differenzieren. Der Unterschied zwischen den beiden Absätzen besteht darin, dass ein digitaler Inhalt entweder zur Verfügung gestellt oder zugänglich gemacht werden kann, während für eine digitale Dienstleistung nur eine Zugänglichmachung in Betracht kommt. Die vom Anbieter geforderte Hauptleistungspflicht wird allerdings in beiden Varianten als **aktive Leistungshandlung**[101] charakterisiert.

---

99 Zu dieser Vorschrift Schulze/Staudenmayer/*Schulze*, EU Digital Law, DCD Art. 5 Rn. 20.
100 *Metzger* JZ 2019, 577 (580).
101 *Wendland* ZVglRWiss 118 (2019), 191 (207).

b) Bereitstellung digitaler Inhalte (§ 327b Abs. 3 BGB nF)

§ 327b Abs. 3 BGB nF greift den Fall der **Bereitstellung digitaler Inhalte** auf. Die Vorschrift setzt Art. 5 Abs. 2 lit. a DIRL um, wonach auf die **Zugangsverschaffung** oder die **Zurverfügungstellung** abzustellen ist. Der Anbieter hat seine Verpflichtung zur Bereitstellung danach dann erfüllt, wenn er *digitale Inhalte* (oder jedes Mittel, das für den Zugang zu den digitalen Inhalten oder deren Herunterladen geeignet ist), **dem Verbraucher** oder einer von ihm zu diesem Zweck bestimmten körperlichen oder virtuellen **Einrichtung zur Verfügung** stellt bzw. **zugänglich macht** (zum Begriff Einrichtung → Rn. 78).[102]

Die Variante der **Zurverfügungstellung** der digitalen Inhalte ist erfüllt, wenn dem Verbraucher eine **eigene Zugriffsmöglichkeit** auf den digitalen Inhalt eröffnet wird. Sie zielt dabei auf Fälle, in denen die **digitalen Inhalte** dem Verbraucher typischerweise einmalig im Rahmen eines **kaufähnlichen Austauschvertrages**[103] auf einem *Datenträger* (zB DVD, USB-Stick) oder durch Bereitstellung eines Downloadlinks dauerhaft überlassen werden. Hier geht es regelmäßig um das Einräumen umfassender Verfügungsmacht und die Gewährung von Ausschließlichkeitsrechten.[104]

Die Variante der **Zugangsverschaffung** zu digitalen Inhalten betrifft dagegen eher die Fälle, in denen dem Verbraucher die Möglichkeit verschafft wird, den **digitalen Inhalt** (ggf. über Dritte) **in Anspruch zu nehmen**.[105] In der Regel betrifft diese Variante **die zeitlich begrenzte**, jedoch fortlaufende Gebrauchsüberlassung im Rahmen eines **Dauerschuldverhältnisses**. Damit sind vor allem **mietähnliche Situationen**[106] vom Gesetzgeber ins Auge gefasst worden, wie etwa **Abonnementmodelle** für Anwendungssoftware sowie **Streaming-Angebote**.[107]

Bei einer Verpflichtung zur Zugangsverschaffung genügt der Unternehmer seiner Bereitstellungsverpflichtung, wenn er dem Verbraucher ein **für den Zugang** zu den digitalen Inhalten oder deren Herunterladen **geeignetes „Mittel" zur Verfügung stellt oder** es ihm **zugänglich macht**. Der Begriff ist weit zu verstehen, um dem Anliegen der Technikneutralität Rechnung zu tragen.[108] Ob der Verbraucher den Inhalt darüber tatsächlich abruft, ist mithin nicht relevant.[109] Insofern soll der Verbraucher über das Ob und den Zeitpunkt der Nutzung selbst entscheiden (vgl. dazu ErwGr 41 DIRL).[110] Ferner soll die Regelung den **Anbieter** auch **von Risiken freistellen**, die sich daraus ergeben, dass der Verbraucher eine **ungeeignete Plattform** für den Empfang von digitalen Inhalten **gewählt** hat.[111]

---

102 *Sein/Spindler* ERCL 15 (2019), 257 (277).
103 So auch Schulze/Staudenmayer/*Schulze*, EU Digital Law, DCD Art. 5 Rn. 27.
104 Hierzu *Wendland* ZVglRWiss 118 (2019), 191 (208).
105 RegE, BT-Drs. 119/27653, 48.
106 Schulze/Staudenmayer/*Schulze*, EU Digital Law, DCD Art. 5 Rn. 27, der auf ein Nutzungsrecht abstellt; *Metzger* JZ 2019, 577 (580).
107 *Grünberger* AcP 218 (2018), 213 (237); *Wendland* ZVglRWiss 118 (2019), 191 (208).
108 Schulze/Staudenmayer/*Schulze*, EU Digital Law, DCD Art. 5 Rn. 24, im Anschluss an *Grünberger* AcP 218 (2018) 213 (236 f.) und *Wendland* ZVerglRWiss 118 (2019) 191 (206).
109 RegE, BT-Drs. 19/27653, 48.
110 *Schmidt-Kessel/Erler/Grimm/Kramme* GPR 2016, 54 (56); *Wendland* ZVglRWiss 118 (2019), 191 (209).
111 *Metzger* JZ 2019, 577 (580) Fn. 37.

77 Nach den Vorgaben des Gesetzgebers hat der Anbieter seine Bereitstellungsverpflichtung erfüllt, sobald der Unternehmer die digitalen Inhalte (erste Alternative) oder die Zugangs- und Downloadvorrichtung (zweite Alternative) dem „Verbraucher" oder „einer ihm zu diesem Zweck bestimmten körperlichen oder virtuellen Einrichtung" zur Verfügung gestellt oder zugänglich gemacht hat. Der Gesetzgeber wollte mit dieser Wendung zum Ausdruck bringen, dass sich der **Verbraucher** neben dem Herunterladen in die eigene Umgebung mithin **auch der Dienste bzw. der Umgebung Dritter bedienen kann** (vgl. dazu ErwGr 41 DIRL). Dieser verweist als Bsp. auf **Cloud-Anwender**. Sofern also ein Verbraucher ein **E-Book** unmittelbar in einer Cloud **speichern** möchte, wäre diese als eine „Einrichtung" iSd Vorschrift aufzufassen.[112] Dass die Einrichtung körperlicher oder virtueller Natur sein kann, deutet auf die bewusst technikneutrale Ausgestaltung der Regelung hin.[113]

78 Die Richtlinie spricht in Art. 5 von „Dritten", welche die **Einrichtung bereitstellen**.[114] Dieser Dritte könne je nach Gestaltung als **Hilfsperson des Verbrauchers** qualifiziert werden, so dass nach – zutreffender – Ansicht des Umsetzungsgesetzgebers Erfüllung gem. § 362 Abs. 1 BGB eintritt. Alternativ kann es sich hierbei aber auch um eine befreiende Leistung nach § 362 Abs. 2 BGB handeln.[115] Stellt also der Verbraucher eine **E-Mail-Adresse** zur Verfügung, an die entsprechende digitale Inhalte versendet werden sollen, so genügt die Verschaffung des Inhalts oder des Zugangs zum Inhalt über diese Adresse. Dies soll laut ErwGr 41 der DIRL nur dann nicht gelten, wenn die Einrichtung vom Inhalte-Anbieter kontrolliert wird, sie mit diesem vertraglich verbunden ist oder vom Anbieter als einzig mögliche Wahl bestimmt wird.[116] In diesen Fällen ist die Einrichtung nämlich ausnahmsweise nicht vom Verbraucher bestimmt worden.

c) Bereitstellung einer digitalen Dienstleistung (§ 327b Abs. 4 BGB nF)

79 In ähnlicher Weise wie in § 327b Abs. 3 BGB nF verfährt der Gesetzgeber in § 327b Abs. 4 BGB nF. Parallel zur Festlegung der „Zurverfügungstellung digitaler Inhalte" musste eine Festlegung dazu erfolgen, wann die digitale „Dienstleistung bereitgestellt" worden ist. In Umsetzung von Art. 5 Abs. 2 lit. b DIRL sieht der deutsche Gesetzgeber diesbzgl. vor, dass die Dienstleistung dem **Verbraucher** oder der **von ihm bestimmten Empfangseinrichtung zugänglich gemacht** werden muss. Dies entspricht dem spezifischen Charakter von Dienstleistungsverträgen, die anders als kaufähnliche Rechtsgeschäfte nicht auf die Übertragung von Ausschließlichkeitsrechten hin angelegt sind, so dass eine klassische Zurverfügungstellung naturgemäß ausscheidet (→ Rn. 74).

---

112 RegE, BT-Drs. 19/27653, 48.
113 RegE, BT-Drs. 19/27653, 48; zur entsprechenden Vorschrift der Richtlinie Schulze/Staudenmayer/*Schulze*, EU Digital Law, DCD Art. 5 Rn. 25.
114 Dazu Stabentheiner/Wendehorts/Zöchling-Jud/*Faber*, Das neue europäische Gewährleistungsrecht, S. 63, 69 ff.; *Sein/Spindler* ERCL 15 (2019), 257 (277 f.).
115 RegE, BT-Drs. 19/27653, 48.
116 Vgl. dazu schon ErwGr 41 S. 6 DIRL; *Metzger* JZ 2019, 577 (580) Fn. 37.

4. Reihe von Bereitstellungen (§ 327b Abs. 5 BGB nF)

Mit § 327b Abs. 5 BGB nF stellt der Gesetzgeber klar, dass die vorhergehenden Absätze auch für eine **Reihe einzelner Bereitstellungen** gelten. Der Begriff „Reihe einzelner Bereitstellungen" wird unter anderem in Art. 8 Abs. 2 lit. b und Art. 11 Abs. 2 UAbs. 1 DIRL verwendet. Ein Bsp. für einen derartigen **mehraktigen Bereitstellungsakt** enthält ErwGr 56 der DIRL. Hier wird darauf verwiesen, dass eine sich **wöchentlich wiederholende Möglichkeit zum Herunterladen eines jeweils neuen E-Books** eine Anwendungsvariante darstellt. Kennzeichnend für diese Kategorie soll sein, dass der Zugang und die Nutzungsrechte zu den entsprechenden digitalen Produkten typischerweise unbefristet sind; Ausnahmen bleiben aber denkbar.[117]

80

5. Beweislast bzgl. der Erfüllung der Bereitstellungsverpflichtung (§ 327b Abs. 6 BGB nF)

Die Frage, ob und wann eine Bereitstellung erfolgt ist, kann unter den Vertragsparteien streitig sein, insbesondere, wenn eine Nacherfüllung gefordert wird. Von Bedeutung ist dann, wer die **Beweislast** für den Umstand der fehlenden Bereitstellung des digitalen Produkts trägt. Der Gesetzgeber hat in **§ 327b Abs. 6 BGB nF** eine Regelung dazu getroffen. Diese ist sehr **verbraucherfreundlich ausgestaltet**. Sie entspricht der Vorgabe aus Art. 12 Abs. 1 DIRL. Abweichend von der Regelung des § 363 BGB trifft die **Beweislast für die Erfüllung der Bereitstellungspflicht** danach den **Unternehmer**.[118]

81

II. Rechte des Verbrauchers bei fehlender Bereitstellung (§ 327c BGB nF)

1. Übersicht

§ 327c BGB nF enthält die **Grundzüge des Leistungsstörungsrechts** für den Fall einer **unterbliebenen Bereitstellung** eines digitalen Produkts. Laut Art. 11 DIRL haftet der Unternehmer für jede nicht in Übereinstimmung mit Art. 5 der Richtlinie erfolgte Bereitstellung. Was damit gemeint ist, legt Art. 13 DIRL fest. Dem **Verbraucher** stehen danach die in dieser Vorschrift genannten Rechte (sog. „**Abhilfen**") zu,[119] die der Umsetzungsgesetzgeber in **§ 327c BGB nF** eingestellt hat.

82

Die Abhilfen nach Art. 13 der Richtlinie **sind zu unterscheiden** von den *Abhilfen nach Art. 14* der Richtlinie, die bei einer „sonstigen Vertragswidrigkeit" (dh bei Mängeln) eingreifen. Mit diesen beiden Vorschriften, die zum einen an die **nicht erfolgte Bereitstellung** iSd Ausbleibens der Leistung und zum anderen an die sonstige Vertragswidrigkeit bei Mängeln anknüpfen, kommt der Unionsgesetzgeber der **Mehrspurigkeit des BGB bei Leistungsstörungen** nahe. Das BGB enthält nun durch die §§ 327 ff. BGB nF ein seinem System angenähertes Leistungsstörungsrecht, das seinen Kategorien (**Trennung von Nichtleistung und Mängeln**) entspricht.[120] Schon in der Richtlinie war diese Unterscheidung mit Blick auf die unterschiedlichen Rechtsfolgen

83

---

117 RegE, BT-Drs. 19/27653, 49, wo die Argumentation des ErwGr 56 übernommen wird.
118 RegE, BT-Drs. 19/27653, 49; *Metzger* JZ 2019, 577 (580).
119 Dazu instruktiv bereits Kindl/Vendrell/Gsell/*Gsell*, Verträge über digitale Inhalte und digitale Dienstleistungen, 2018, S. 85 ff.
120 *Metzger* JZ 2019, 577 (582) spricht von dem deutschen Recht ähnlich.

als sinnvoll erachtet und daher angeordnet worden. So gesehen statuieren die §§ 327 ff. BGB nF zwar ein an die Trennung der Leistungsstörungskategorien des BGB angelehntes, aber in den daran anknüpfenden Rechtsfolgen sehr differenziertes, **eigenständiges System an Abhilfen**.

84 Kommt der Unternehmer seiner fälligen Verpflichtung zur Bereitstellung des digitalen Produkts gem. § 327b BGB nF nicht unverzüglich nach, **kann der Verbraucher** zum einen den **Vertrag** gem. § 327c Abs. 1 S. 1 BGB nF „**beenden**". Zum anderen kann er gem. § 327c Abs. 2 S. 1 BGB nF nach Maßgabe der §§ 280, 281 BGB **Schadensersatz** oder unter den Voraussetzungen des § 284 BGB Ersatz der vergeblichen Aufwendungen verlangen.

2. Vertragsbeendigungsrecht des Verbrauchers (§ 327c Abs. 1 BGB nF)

85 Bei dem **Vertragsbeendigungsrecht** nach § 327c Abs. 1 S. 1 BGB nF handelt es sich um ein **besonderes Gestaltungsrecht** des Verbrauchers.[121] Zur Ausübung dieses Rechts ist es in Umsetzung von Art. 13 DIRL erforderlich, dass zunächst eine **nochmalige Aufforderung des Verbrauchers** an den Unternehmer ergeht, seiner Bereitstellungspflicht unverzüglich nachzukommen, vgl. dazu auch § 327 Abs. 1 S. 2 BGB. Damit besteht **vorrangig ein Nacherfüllungsanspruch**, der geltend gemacht werden muss, bevor der Verbraucher weitergehende Rechte ausüben kann.[122]

86 Die **Aufforderung** durch den Verbraucher löst, so der Umsetzungsgesetzgeber, eine **weitere, neue Verpflichtung des Unternehmers**[123] zur unverzüglichen Bereitstellung des digitalen Produkts **iSe einer Nacherfüllung** aus. Erbringt der Unternehmer nach der Aufforderung des Verbrauchers seine Bereitstellungshandlung nicht unverzüglich, kann der Verbraucher den Vertrag beenden. Der Umsetzungsgesetzgeber musste den **Begriff der „Vertragsbeendigung"** aus der Richtlinie übernehmen, weil das Recht des Verbrauchers nach Art. 13 DIRL gleichermaßen sowohl auf Verträge mit **einmaligem Leistungsaustausch** als auch auf **Dauerschuldverhältnisse** Anwendung findet und damit die Einordnung der Vertragsbeendigung als Rücktritt oder Kündigung ausscheidet.[124]

87 Die Richtlinie enthält **keine Ausnahme für Fälle der Unmöglichkeit der Leistung**. Nach ihrem Wortlaut müsste der Verbraucher den Unternehmer mithin auch dann zur Bereitstellung der digitalen Inhalte/Dienstleistungen auffordern, wenn der unternehmerischen Leistung ein dauerhaftes Leistungshindernis entgegensteht. ErwGr 14 **erlaubt** allerdings den **Mitgliedstaaten**, die **Folgen einer nicht erfolgten Bereitstellung zu regeln**, wenn diese auf ein Hindernis zurückzuführen ist, auf das der **Unternehmer keinen Einfluss** hat.[125] Der Umsetzungsgesetzgeber spricht deswegen in § 327c Abs. 1 BGB nF von **fälliger Verpflichtung**. Das ist wohl so zu verstehen, dass der Gesetzgeber den Anspruch auf Nacherfüllung als nicht entstanden ansieht, wenn die Leistung (durch höhere Gewalt) unmöglich geworden ist.[126] Die vom Umsetzungsgesetzgeber

---

121 Zum Befund *Metzger* JZ 2019, 577 (582).
122 *Metzger* JZ 2019, 577 (582); Schulze/Staudenmayer/*Fervers*, EU Digital Law, DCD Art. 13 Rn. 19 ff.
123 RegE, BT-Drs. 19/27653, 50.
124 RegE, BT-Drs. 19/27653, 50.
125 Vgl. dazu Schulze/Staudenmayer/*Staudenmayer*, EU Digital Law, DCD Art. 3 Rn. 154.
126 RegE, BT-Drs. 19/27653, 50.

gefundene Formulierung „fällige Verpflichtung" schließt allerdings nicht nur Fälle höherer Gewalt vom Erfordernis der zusätzlichen Aufforderung aus, denn **höhere Gewalt** ist nur **eine Ursache**, die zu einer dauerhaften Nichtleistung führen kann. Der Umsetzungsgesetzgeber dürfte insoweit überschießend umgesetzt haben. Darauf deutet auch § 327l Abs. 2 S. 1 BGB. Die Regelung schließt den Nacherfüllungsanspruch insgesamt aus, wenn die Nacherfüllung unmöglich ist oder unvorhergesehene Kosten verursacht (→ Rn. 171).

Wie die Aufforderung zur unverzüglichen Bereitstellung der Leistung durch den Verbraucher zu erfolgen hat, hat der Gesetzgeber nicht näher festgelegt. Daher ist auch eine **mündliche** (und sogar eine konkludente) **Leistungsaufforderung** denkbar.[127] Weil die Mahnung aber eine empfangsbedürftige geschäftsähnliche Handlung ist (vgl. § 130 Abs. 1 BGB), sollte in jedem Fall eine Form gewählt werden, bei der der Empfang dokumentiert wird. 88

Das Recht auf Vertragsbeendigung nach § 327c Abs. 1 S. 1 BGB nF betrifft ausschließlich Fälle **vollständig unterbliebener** bzw. verzögerter Bereitstellungen. Sofern der Schuldner lediglich **Teilleistungen** bewirkt, führt dies zu einer **mangelhaften Leistung**. Ihre Rechtsfolgen ergeben sich aus den §§ 327i ff. BGB nF (→ Rn. 148 ff.). Unberührt davon bleibt allerdings das Recht des Verbrauchers, **Teilleistungen** gem. § 266 BGB **zurückzuweisen**.[128] 89

Gem. § 327c Abs. 1 S. 2 BGB nF **können** die **Parteien** im Nachfeld einer Mahnung seitens des Verbrauchers **vereinbaren**, dass die **Bereitstellung nicht sofort**, sondern zu einem anderen, **zukünftigen Zeitpunkt** erfolgen soll und damit hinausgeschoben wird. Der Gesetzgeber wollte die Vertragsfreiheit insofern nicht einengen, hat aber zum Schutz der Interessen des Verbrauchers festgeschrieben, dass ein solches Hinausschieben der Leistung (nach erfolgter Mahnung) **nur durch ausdrückliche Vereinbarung möglich** ist. Einseitige Festlegungen des Unternehmers sind damit ebenso wie eine AGB-Regelung ausgeschlossen. 90

3. Schadensersatzansprüche (§ 327c Abs. 2 BGB nF)

Die **DIRL** enthält keine Schadenersatzansprüche, erlaubt den Mitgliedstaaten aber, derartige Ansprüche auch im Bereich von Verträgen über digitale Inhalte und digitale Dienstleistungen beizubehalten oder einzuführen (Art. 3 Abs. 10). Der Umsetzungsgesetzgeber machte von dieser Option mit § 327b Abs. 2 BGB nF Gebrauch. Liegen die Voraussetzungen für eine Beendigung des Vertrages nach § 327c Abs. 1 S. 1 BGB nF wegen Verletzung der unverzüglichen Bereitstellungspflicht vor, kann der Verbraucher neben dem Recht auf Vertragsbeendigung nach **§§ 280, 281 Abs. 1 S. 1 BGB Schadensersatz** fordern oder gem. **§ 284 BGB Ersatz für seine vergeblichen Aufwendungen** verlangen. Insofern verweist § 327c Abs. 2 BGB nF im Wesentlichen auf die allgemeinen Regelungen zu Pflichtverletzungen aus einem Schuldverhältnis in den §§ 280 ff. BGB. Die Regelung modifiziert diese aber: 91

---

127 *Metzger* JZ 2019, 577 (583).
128 RegE, BT-Drs. 19/27653, 50.

92 Neben dem Verweis auf § 280 Abs. 1 BGB (einschließl. § 280 Abs. 2 BGB mit Blick auf den Verzögerungsschaden nach § 286 BGB) wird durch § 327c Abs. 2 BGB nF auch auf § 281 Abs. 1 S. 1 BGB Bezug genommen, welcher allerdings durch § 327c Abs. 2 S. 2 BGB nF abgeändert wird. Die grundsätzlich für alle Schadensersatzansprüche bestehende **Voraussetzung** der „**Aufforderung**" zur Bereitstellung nach § 327c Abs. 1 BGB nF **tritt an die Stelle der Bestimmung einer angemessenen Frist** nach § 281 BGB. Der Verbraucher kann daher sofort, wenn seine Aufforderung vergeblich war, nicht nur den „**kleinen**" **Schadensersatzanspruch** neben der Leistung, sondern auch den „**großen**" **Schadensersatzanspruch statt der Leistung** geltend machen. Diesbzgl. soll ein Gleichlauf mit dem Vertragsbeendigungsrecht bewirkt werden, wobei **Schadens-/und Aufwendungsersatzansprüche** allerdings **Verschulden voraussetzen**.[129]

4. Entbehrlichkeit der Nacherfüllungsaufforderung (§ 327c Abs. 3 BGB nF)

93 Keiner **Nacherfüllungsaufforderung** des Unternehmers durch den Verbraucher bedarf es in Umsetzung von Art. 13 Abs. 2 DIRL in wenigen Fällen. Der Gesetzgeber hat die europäische Vorgabe (die allerdings nur zwei Entbehrlichkeitsvarianten enthält) in § 327c Abs. 3 BGB nF umgesetzt und eine weitere Variante hinzugefügt. Die Nacherfüllungsaufforderung ist danach zunächst, so wie es Art. 13 Abs. 2 DIRL vorsieht, entbehrlich, wenn die **Nacherfüllung vom Unternehmer verweigert wird**, vgl. § 327c Abs. 3 S. 1 Nr. 1 BGB. Sie ist es aber auch dann, wenn nach den **Umständen eindeutig zu erkennen ist, dass der Unternehmer das digitale Produkt nicht bereitstellen wird**, so § 327c Abs. 3 S. 1 Nr. 2 BGB nF. Gem. § 327c Abs. 3 Nr. 3 BGB nF ist die Nacherfüllungsaufforderung darüber hinaus dann nicht mehr nötig, wenn die Bereitstellung zu einem **bestimmten** („**fixen**") **Termin vereinbart** war und dem Unternehmer erkennbar war, dass die termin- bzw. fristgerechte Bereitstellung für den **Verbraucher wesentlich** ist, und er der Verpflichtung **dennoch nicht** nachkommt, § 327c Abs. 3 Nr. 3 BGB nF. Der deutsche Umsetzungsgesetzgeber hat hiermit die Variante der absoluten Fixschuld geregelt und eine der Formulierung und Wertung aus § 323 Abs. 2 Nr. 2 BGB ähnliche Anordnung getroffen. § 327c Abs. 3 Nr. 3 BGB nF muss als Konkretisierung von § 323c Abs. 3 Nr. 2 BGB nF begriffen und ausgelegt werden. Sonst wäre die Vorschrift nicht richtlinienkonform.

5. Rechtsfolgen der Vertragsbeendigung (§ 327c Abs. 4 BGB nF)

94 Beendet der Verbraucher den Vertrag mit dem Unternehmer gem. § 327c Abs. 1 S. 1 BGB nF, richten sich die **Rechtsfolgen** nach § **327c Abs. 4 S. 1 BGB nF**, der auf die §§ **327o und 327p BGB nF** verweist. Dies gilt auch gem. § 327c Abs. 4 S. 2 BGB nF, selbst wenn der Verbraucher Schadensersatz statt der ganzen Leistung verlangt (im Einzelnen → Rn. 197 ff.).

6. Unwirksamkeit der Vertragsbeendigung (§ 327c Abs. 5 BGB nF)

95 § **327c Abs. 5 BGB nF** bestimmt iÜ, dass dem Verbraucher das **Gestaltungsrecht** zur Vertragsbeendigung **nicht mehr zur Verfügung** steht, wenn auch ein **Rücktritt** gem.

---

129 RegE, BT-Drs. 19/27653, 51.

D. Verpflichtung zur mangelfreien Leistung (§§ 327d–327h BGB nF)

§ 218 BGB ausgeschlossen wäre. Das ist immer dann der Fall, wenn der Anspruch auf Leistung oder der Nacherfüllungsanspruch **verjährt** ist, und der Schuldner sich auf diese Verjährung beruft.

7. Vertragslösungsrecht für übrige Bestandteile des Paketvertrages und bei verbundenen Verträgen (§ 327c Abs. 6, Abs. 7 BGB nF)

§ 327c Abs. 6 BGB nF enthält ein besonderes „Vertragslösungsrecht". Sofern dem Verbraucher wegen nicht rechtzeitiger Bereitstellung des digitalen Produkts den Vertrag mit dem Unternehmer beenden kann, erstreckt sich sein Vertragslösungsrecht gem. § 327c Abs. 6 BGB nF auch auf andere (dh **alle weiteren**) **Bestandteile eines Paketvertrages** (zum Paketvertrag → Rn. 58), wenn das digitale Produkt darin eingebunden war. Notwendig für die Erstreckung des Vertragsbeendigungsrechts auf die übrigen Bestandteile des Paketvertrages ist lediglich, **dass** die **Verwendbarkeit** der weiteren Bestandteile des Paketvertrages derart **beeinträchtigt** ist, dass der Verbraucher an diesen **weiteren Leistungen kein Interesse mehr hat**. Der Umsetzungsgesetzgeber weist in diesem Zusammenhang darauf hin, dass für die Auslegung des Begriffes „Interesse" auf die Rspr. zum gleichlaufenden Tatbestandsmerkmal in § 323 Abs. 5 S. 1 BGB zurückgegriffen werden kann.[130]

96

Eine **Rückausnahme** gilt allerdings gem. § **327c Abs. 6 S. 2 BGB** für den Fall, dass der andere Teil ein **Telekommunikationsdienst** iSd § 3 Nr. 61 TKG ist, weil das TKG in Umsetzung der Richtlinie über den elektronischen Kodex für die elektronische Kommunikation[131] vergleichbare kundenschützende Regelungen enthält. Die Rückausnahme ist aufgrund von Art. 3 Abs. 6 UAbs. 3 DIRL auch unionsrechtlich zulässig und geboten.[132] Ein Vertragslösungsrecht steht dem Verbraucher nach § 327c Abs. 7 BGB nF selbst dann zu, wenn sich aufgrund des nicht bereitgestellten digitalen Produkts die Sache **nicht zur gewöhnlichen Verwendung eignet**. Vor diesem Hintergrund kann sich dem Umsetzungsgesetzgeber zufolge der Verbraucher auch von den anderen Bestandteilen eines Vertrages mit digitalen Elementen, der kein Kaufvertrag ist (vgl. dazu § 327a Abs. 3 BGB nF) lösen, wenn die Sache selbst wegen der unterbliebenen Bereitstellung des digitalen Produkts die Anforderungen der gewöhnlichen Verwendung nicht erfüllt.[133]

97

D. Verpflichtung zur mangelfreien Leistung (§§ 327d–327h BGB nF)

I. Vertragsmäßigkeit digitaler Produkte (§ 327d BGB nF)

Die §§ **327d–327h BGB nF** sind – neben dem Begriff der Bereitstellung in § 327b BGB nF – ein **Herzstück der neuen Regelungen**, weil sie einen vollkommen **neuen Mangelbegriff** enthalten. Sie setzen die Art. 6–9 DIRL um. Der Unionsgesetzgeber, der von „**Vertragsmäßigkeit**" und nicht von Mangelfreiheit spricht, musste einen neuen Begriff entwickeln, weil die **Eigenheiten digitaler Inhalte und Dienstleistungen** mit dem traditionellen Begriff, wie er etwa noch in der VerbrauchsgüterkaufRL verwen-

98

---

130 RegE, BT-Drs. 19/27653, 52.
131 RL (EU) 2018/1972.
132 Ausf. zu dieser Vorschrift Schulze/Staudenmayer/*Staudenmayer*, EU Digital Law, DCD Art. 3 Rn. 124 ff.
133 RegE, BT-Drs. 19/27653, 52.

99 det wurde, nicht zu erfassen sind. **Entsprechend** wurde auch der Begriff in der WKRL geändert und vom Umsetzungsgesetzgeber in §§ **434, 479b BGB nF** übernommen (→ § 4 Rn. 8).

99 § **327d BGB nF** setzt Art. 6 DIRL um. Die Vorschrift hat eher einleitenden Charakter für die §§ 327d–327h BGB. In der amtlichen Überschrift ist von „Vertragsmäßigkeit" die Rede, im eigentlichen Gesetzestext dagegen von der **Freiheit von Produkt- und Rechtsmängeln.** Dies ist die einzige Stelle, an der der Umsetzungsgesetzgeber den Begriff „Vertragsmäßigkeit" gebraucht.[134] Der deutsche Umsetzungsgesetzgeber hielt allerdings noch bei der Umsetzung der VerbrauchsgüterkaufRL an dem traditionellen Mangelbegriff fest und stellt jetzt klar, dass mit der Freiheit von Produkt- und Rechtsmängeln „**Vertragsmäßigkeit**" iSd Richtlinie gemeint ist. Er führt an dieser Stelle den Begriff „Produktmängel" ein, weil ein Sachmangel mangels einer Verkörperung digitaler Produkte nicht in Betracht kommt. Damit wird ein **für alle Verträge über digitale Produkte einheitlicher Mangelbegriff** eingeführt. Es ist für digitale Produkte mithin nicht auf die Mangelbegriffe des jeweiligen Vertragstyps, etwa des Miet- oder Werkvertragsrechts, abzustellen. Vielmehr ist der hier niedergelegte umfassende Mangelbegriff zu Grunde zu legen, selbst wenn ansonsten der Vertrag werk- oder mietvertragsrechtlich ausgerichtet ist (→ § 8 Rn. 3).

II. Produktmangel (§ 327e BGB nF)

1. Grundzüge der Vorschrift

100 § **327e BGB nF** fasst die in Art. 7, 8 und 9 DIRL festgeschriebenen **Anforderungen an die Vertragsmäßigkeit** digitaler Produkte in einer Vorschrift zusammen.[135] Die besonders **wichtigen**, in Art. 8 DIRL enthaltenen Update-Verpflichtungen sind allerdings in einer **eigenen Vorschrift** umgesetzt worden (§ **327f BGB nF**, → Rn. 123 ff.). Das digitale Produkt ist gem. § 327e Abs. 1 S. 1 BGB nF **frei von Produktmängeln,** wenn es zur maßgeblichen Zeit nach den Vorschriften der §§ 327 ff. BGB nF sowohl den **subjektiven** als auch den **objektiven Anforderungen** sowie den **Anforderungen an die Integration** entspricht. Die subjektiven und objektiven Anforderungen müssen (ebenso wie die Anforderungen an die Integration) also **kumulativ** erfüllt sein.[136] Im Gegensatz zu den bisher geltenden Regelungen der VerbrauchsgüterkaufRL liegt der DIRL und ihr nachfolgend der deutschen Umsetzungsvorschrift das Konzept der **Gleichrangigkeit von subjektiven und objektiven Anforderungen** zugrunde.[137] Die Gleichrangigkeit war im Gesetzgebungsverfahren auf Unionsebene noch umstritten. Der Kommissionsvorschlag hatte ursprünglich gemäß dem traditionellen Modell noch die subjektiven Kriterien an die Spitze gesetzt.[138]

---

134 Zur Historie der „Vertragsmäßigkeit", die über das GEKR und die VerbrauchsgüterkaufRL bis zum UN-Kaufrecht zurückreicht, *Schulze* ZEuP 2019, 695 (709); ausf. Schulze/Staudenmayer/*Staudenmayer*, EU Digital Law, DCD Art. 6 Rn. 4 ff.
135 Zu den Vorschriften der Richtlinie *Bach* NJW 2019, 1705 (1707 f.); ausführlich Stabentheiner/Wendehorst/Zöchling-Jud/*Faber*, Das neue europäische Gewährleistungsrecht, S. 63, 73 ff.
136 Dazu vgl. Tamm/Tonner/Brönneke/*Tonner*, Verbraucherrecht, § 3 Rn. Rn. 52; *Metzger* JZ 2019, 577 (581).
137 RegE, BT-Drs. 19/27653, 53.
138 COM(2015) 634. Vgl. dazu *Sein/Spindler* ERCL 15 (2019), 365 (367) mwN über die Kritik am Vorschlag; Schulze/Staudenmayer/*Staudenmayer*, EU Digital Law, DCD Art. 6 Rn. 22 ff.

Der Unionsgesetzgeber gibt zur **Begründung für** die in der Richtlinie angeordnete 101
Gleichrangigkeit der subjektiven und objektiven Anforderungen in **ErwGr 45** an,
dass die **objektiven Standards** durch eine entsprechende Gestaltung der individuellen
(dh subjektiven) Vereinbarungen abgesenkt werden können. So erklärt sich auch die
Festlegung in Art. 8 Abs. 5 DIRL, wonach eine **vertragliche Abweichung nur** unter
der Voraussetzung **zulässig** ist, dass der Verbraucher diese **ausdrücklich und gesondert akzeptiert.** Die objektiven Kriterien sind zwingendes Recht, während die subjektiven Kriterien nur einschlägig sind, wenn die Parteien entsprechende Vereinbarungen
getroffen haben.[139] Abweichungen von den objektiven Kriterien sind andererseits
zum Schutz des Verbrauchers nur in den **engen Grenzen des § 327h BGB nF**, der
Art. 8 Abs. 5 DIRL umsetzt, zulässig. Damit hat sich die Frage, wie mit widersprüchlichen subjektiven und objektiven Kriterien umzugehen ist, weitgehend erledigt. Verbleibende Detailfragen zu diesem Themenkreis hat der Umsetzungsgesetzgeber der
Rspr. überantwortet.[140]

2. Allgemeine Anforderungen an die Vertragsmäßigkeit (§ 327e Abs. 1 BGB nF)

§ 327e Abs. 1 S. 1 BGB nF konkretisiert die in § 327d BGB nF festgeschriebene **Leis-** 102
tungspflicht des Unternehmers **im Hinblick auf die Vertragsmäßigkeit** des digitalen
Produkts, soweit es um mögliche Produktmängel geht. Die Regelung unterscheidet
zwischen den subjektiven und den objektiven Anforderungen sowie den Anforderungen an die Integration des digitalen Produkts, welche in den folgenden Absätzen der
Vorschrift jeweils differenziert geregelt werden. Die hier getätigte **Aufzählung von**
Konformitätsmerkmalen entspricht Art. 6 DIRL, welche selbst wiederum auf Art. 7–9
DIRL verweist.

Die **DIRL regelt nicht, zu welchem Zeitpunkt** das **digitale Produkt vertragsgemäß zu** 103
sein hat. Der **Umsetzungsgesetzgeber** nimmt daher in § 327e Abs. 1 S. 2 und 3 BGB
nF eine Konkretisierung vor. Nach § 327e Abs. 1 S. 2 BGB nF ist der **maßgebliche**
Zeitpunkt für das Vorliegen der geschuldeten Mangelfreiheit der Zeitpunkt der nach
§ 327b BGB nF zu bestimmenden **Bereitstellung**.

§ 327e Abs. 1 S. 3 BGB nF regelt schließlich, dass sich der maßgebliche Zeitraum auf 104
den gesamten Bereitstellungszeitraum erstreckt. Die Vorschrift enthält eine Legaldefinition des Begriffs der „dauerhaften Bereitstellung", nämlich die „Verpflichtung zur
fortlaufenden Bereitstellung über einen Zeitraum". Darunter versteht der Gesetzgeber, im Gegensatz zur mehraktigen Bereitstellung, die **durchgehende Vorhaltung des**
digitalen Produkts (zum Abruf).[141] Was damit genau gemeint sein sollte, wird aus
ErwGr 57 der DIRL deutlich. Bsp. für eine derartige dauerhafte Bereitstellung sind
danach etwa **Mehrjahresverträge für einen Cloud-Speicher** oder eine **unbefristete**
Mitgliedschaft in einem sozialen Netzwerk. Denn auch hier erschöpft sich die Bereitstellungspflicht nicht in einem einmaligen Akt oder sich wiederholenden mehreren

---

139 Schulze/Staudenmayer/*Staudenmayer*, EU Digital Law, DCD Art. 6 Rn. 30.
140 RegE, BT-Drs. 19/27653, 53.
141 RegE, BT-Drs. 19/27653, 49. Der RegE wollte die Regelung in § 327b BGB-E unterbringen. Sie wurde vom Rechtsausschuss jedoch nach § 327e Abs. 1 BGB nF verschoben, BT-Drs. 19/3116, 9.

Akten, vielmehr erfordert sie eine „Dauerleistung", dh dass der Verbraucher selbst bestimmen kann, wann und wie oft er die Leistung in Anspruch nimmt.[142]

3. Subjektive Anforderungen (§ 327e Abs. 2 BGB nF)

105 Der anschließende Absatz – § 327e Abs. 2 BGB nF – konkretisiert die subjektiven **Anforderungen** an digitale Produkte. Dabei enthält § 327e Abs. 2 S. 1 BGB nF zunächst eine Aufzählung der subjektiven Anforderungen an die Vertragsgemäßheit des digitalen Produkts. Die Regelung dient der Umsetzung der in Art. 7 lit. a und b DIRL enthaltenen Kriterien. Das **digitale Produkt entspricht den subjektiven Anforderungen, wenn es:**

- die **vereinbarte Beschaffenheit hat**, einschließlich der Anforderungen an seine Menge, seine Funktionalität, seine Kompatibilität und seine Interoperabilität (§ 327e Abs. 2 S. 1 Nr. 1a BGB nF),
- sich für die **nach dem Vertrag vorausgesetzte Verwendung eignet** (§ 327e Abs. 2 S. 1 Nr. 1b BGB nF),
- **es wie im Vertrag vereinbart, mit Zubehör, Anleitungen und Kundendienst bereitgestellt** wird (§ 327e Abs. 2 S. 1 Nr. 2 BGB nF) und
- **die im Vertrag vereinbarten Aktualisierungen bereitgestellt** werden (§ 327e Abs. 2 S. 1 Nr. 3 BGB nF).

106 Mit dem Begriff der „**vereinbarten Beschaffenheit**", auf den in § 327e Abs. 2 S 1 Nr. 1a BGB nF abstellt wird, will sich der Gesetzgeber der **kaufrechtlichen Vorschrift des § 434 BGB** annähern.[143] Die „Beschaffenheit" ist dabei ähnlich wie im Kaufrecht weit zu verstehen;[144] die einzelnen Kriterien sind nicht abschließend.[145] In § 327e Abs. 2 S. 2 BGB nF definiert er darüber hinaus, was er unter „Funktionalität", „Kompatibilität" und „Interoperabilität" gem. § 327e Abs. 1 S. 1 Nr. 1a BGB nF versteht. Die drei Definitionen wurden aus Art. 2 Nr. 10–12 DIRL übernommen.[146] Unter **Funktionalität** ist (so die Beschreibung in § 327e Abs. 2 S. 2 BGB nF) die Fähigkeit eines digitalen Produkts zu verstehen, seine Funktionen seinem Zweck entsprechend zu erfüllen. **Kompatibilität** kennzeichnet gem. § 327e Abs. 2 S. 3 BGB nF hingegen die Fähigkeit eines digitalen Produkts, mit Hardware und Software zu funktionieren, mit der digitale Produkte derselben Art in der Regel genutzt werden, ohne dass sie konvertiert werden müssen. **Interoperabilität** betrifft schlussendlich die Fähigkeit eines digitalen Produkts, mit anderer Hardware oder Software als derjenigen, mit der digitale Produkte derselben Art idR genutzt werden, zu funktionieren.

107 Wie sich aus dem Vergleich von § 327e Abs. 2 Nr. 1a BGB nF und § 327 Abs. 3 Nr. 2 BGB nF ergibt, wird – anders als bei der Funktionalität und Kompatibilität – die **Interoperabilität** nur iRd subjektiven Anforderungen relevant. Der Gesetzgeber trägt damit der Tatsache Rechnung, dass der Unternehmer Probleme bzgl. der Interopera-

---

142 RegE, BT-Drs. 19/27653, 49.
143 RegE, BT-Drs. 19/27653, 54.
144 RegE, BT-Drs. 19/27653, 54.
145 Schulze/Staudenmayer/*Staudenmayer*, EU Digital Law, DCD Art. 7 Rn. 24.
146 Zu den Begriffen Schulze/Staudenmayer/*Sénéchal*, EU Digital Law, DCD Art. 2 Rn. 34 ff.

bilität digitaler Produkte wegen der unüberschaubaren Vielzahl möglicher digitaler Umgebungen nicht vorhersehen kann.¹⁴⁷

§ 327e Abs. 2 S. 1 Nr. 1b BGB nF bezieht sich auf die **Eignung des digitalen Produkts für die nach dem Vertrag vorausgesetzte Verwendung.** Die Regelung dient der Umsetzung von Art. 7 lit. b der Richtlinie, welcher fast wortlautgetreu die Wendung aus Art. 2 Abs. 2 lit. b der bisherigen VerbrauchsgüterkaufRL übernimmt, die ihrerseits in § 434 Abs. 1 S. 2 Nr. 1 BGB eingestellt wurde. 108

§ 327e Abs. 2 S. 1 Nr. 2 BGB nF spricht die **subjektiven Anforderungen hinsichtlich des Zubehörs, der Anleitung und des Kundendienstes** an. Der Umsetzungsgesetzgeber hebt in diesem Zusammenhang zutreffend hervor, dass der in Art. 7 lit. c DIRL enthaltene Begriff des „Zubehörs" für digitale Produkte **nicht auf physische Güter beschränkt** ist.¹⁴⁸ Unter Zubehör sind deshalb **auch** zB notwendige **Treiber** oder ähnliche Ergänzungen für die Ausführung/Nutzung digitaler Produkte zu verstehen. Der Begriff der „Anleitung" betrifft ebenfalls **nicht nur solche in haptischer Ausführung.** Vielmehr zählen dazu auch **Anleitungen, die in digitaler Art und Weise bereitgestellt** werden. Als typisches Bsp. nennt der Umsetzungsgesetzgeber Erläuterungen digitaler Art während eines Integrationsprozesses.¹⁴⁹ 109

§ 327e Abs. 2 S. 1 Nr. 3 BGB nF zählt zu den subjektiven Anforderungen auch die **vertraglich vereinbarten Aktualisierungen.** Dabei sind die Vertragsparteien vor dem Hintergrund der Parteiautonomie grundsätzlich frei darin, Art, Dauer und Umfang der Aktualisierungspflicht¹⁵⁰ des Unternehmers durch Vereinbarung festzulegen. Aktualisierungen werden im Einzelnen durch § 327f BGB nF geregelt (→ Rn. 123 ff.). Diese Vorschrift enthält zudem objektive Anforderungen, die durch eine Vereinbarung nur im Rahmen des § 327h BGB nF unterschritten werden dürfen. 110

4. Objektive Anforderungen (§ 327e Abs. 3 BGB nF)

§ 327e Abs. 3 BGB nF statuiert in S. 1 eine **Aufzählung der objektiven Anforderungen,** welche in § 327e Abs. 3 S. 2 und 3 BGB nF durch die Regelungen zur Bedeutung öffentlicher Äußerungen für die Beurteilung der berechtigten Erwartungen des Verbrauchers ergänzt wird. Damit setzt § 327e Abs. 3 S. 1 BGB nF Art. 8 DIRL um. Das **digitale Produkt entspricht** den objektiven Anforderungen, wenn: 111

- es sich für die **gewöhnliche Verwendung eignet,** § 327e Abs. 3 S. 1 Nr. 1 BGB nF,
- es eine **Beschaffenheit** (einschl. der Menge, der Funktionalität, der Kompatibilität, der Zugänglichkeit, der Kontinuität und der Sicherheit) **aufweist,** die bei **digitalen Produkten derselben Art üblich** ist und die der **Verbraucher** unter Berücksichtigung der Art des digitalen Produkts **erwarten darf,** § 327e Abs. 3 S. 1 Nr. 2 BGB nF,

---

147 RegE, BT-Drs. 19/27653, 55; vgl. zur Interoperabilität auch *Sein/Spindler* ERCL 15 (2029), 365 (367); Schulze/Staudenmayer/*Sénéchal*, EU Digital Law, DCD Art. 2 Rn. 50.
148 RegE, BT-Drs. 19/27653, 55.
149 RegE, BT-Drs. 19/27653, 55.
150 Grds. zur Aktualisierungspflicht *Schippel* K & R 2021, 151 ff.

- es der **Beschaffenheit einer Testversion oder Voranzeige entspricht**, die der Unternehmer dem Verbraucher vor Vertragsschluss zur Verfügung gestellt hat, § 327e Abs. 3 S. 1 Nr. 3 BGB nF,
- es mit dem **Zubehör und den Anleitungen bereitgestellt** wird, deren **Erhalt der Verbraucher erwarten** kann, § 327e Abs. 3 S. 1 Nr. 4 BGB nF,
- dem Verbraucher gem. § 327f BGB nF **Aktualisierungen bereitgestellt** werden und der **Verbraucher über diese Aktualisierungen informiert** wird, § 327e Abs. 3 S. 1 Nr. 5 BGB nF, und
- (sofern die Parteien nichts anderes vereinbart haben) das **digitale Produkt** in der zum Zeitpunkt des Vertragsschlusses **neuesten verfügbaren Version** bereitgestellt wird, § 327e Abs. 3 S. 1 Nr. 6 BGB nF.

112 Die erste, in § 327e Abs. 3 S. 1 Nr. 1 BGB nF enthaltene objektive Anforderung betrifft die **Eignung** der digitalen Produkte **für die gewöhnliche Verwendung**. Die Regelung dient der Umsetzung von Art. 8 Abs. 1 lit. a DIRL. Dabei **orientiert sich der Wortlaut** der Vorschrift an der bislang in **§ 434 Abs. 1 S. 2 Nr. 2 Hs. 1 BGB** verwendeten Formulierung. Maßstab hierfür sind die Zwecke, für die die digitalen Produkte derselben Art in der Regel genutzt werden. Das ergibt sich bereits aus Art. 8 Abs. 1 lit. a DIRL.[151] Zu berücksichtigen sind ferner weitere in der Richtlinie genannte Gesichtspunkte, die der Umsetzungsgesetzgeber nur aus redaktionellen Gründen nicht ausdrücklich übernommen hat, um das Gesetz nicht zu weit aufzublähen.[152] Die Richtlinie nennt technische Normen oder, falls derartige Normen nicht vorhanden sind, sektorspezifische Verhaltenskodizes. Dies muss bei der Anwendung der Umsetzungsvorschrift berücksichtigt werden.

113 Neben der objektiven Anforderung der gewöhnlichen Verwendung tritt die in § 327e Abs. 3 S. 1 Nr. 2 BGB nF genannte „übliche Beschaffenheit" hinzu. Diese Vorschrift dient der Umsetzung von Art. 8 Abs. 1 lit. b DIRL, die sich wiederum an dem Vorbild aus Art. 2 Abs. 2 lit. b VerbrauchsgüterkaufRL ausrichtet. Daraus erklärt sich, weshalb der Wortlaut der Regelung **§ 434 Abs. 1 S. 2 Nr. 2 Hs. 2 BGB** entspricht. Der Umsetzungsgesetzgeber weist diesbzgl. darauf hin, dass ebenso wie im Kaufrecht der **Begriff** der „**Beschaffenheit**" weit zu verstehen ist.[153] Aus der EU-Vorgabe in der DIRL wird die „**Funktionalität**" und „**Kompatibilität**" herausgegriffen und in den deutschen Gesetzeswortlaut übernommen. Als weitere Leistungsmerkmale sind die „**Zugänglichkeit**", „**Kontinuität**" und „**Sicherheit**" angeführt. Während die „**Zugänglichkeit**" die Pflicht des Unternehmers adressiert, die Zugriffsmöglichkeit auf das digitale Produkt (insbesondere bei digitalen Dienstleistungen) sicherzustellen, bezieht sich die „**Kontinuität**" auf die Pflicht des Unternehmers, dafür Sorge zu tragen, dass die Funktionen des digitalen Produkts dauerhaft und ohne Unterbrechungen zur Verfügung stehen.[154] Außerdem wird auf das Kriterium der „**Menge**" aus Klarstellungsgründen[155] in diesem Kontext erneut Bezug genommen.

---

[151] Zu dieser Vorschrift ausf. Schulze/Staudenmayer/*Staudenmayer*, EU Digital Law, DCD Art. 8 Rn. 16 ff.
[152] RegE, BT-Drs. 19/27653, 56.
[153] RegE, BT-Drs. 19/27653, 56.
[154] RegE, BT-Drs. 19/27653, 56.
[155] RegE, BT-Drs. 19/27653, 56.

Schon ErwGr 48 der DIRL stellt klar, dass die **Nichteinhaltung** der Anforderungen der **DS-GVO** je nach den Umständen des Falles als **Verstoß gegen die subjektiven oder die objektiven Anforderungen** an die Vertragsmäßigkeit des digitalen Produkts gem. Art. 7 oder Art. 8 der Richtlinie zu werten ist. **§ 327e Abs. 3 S. 1 Nr. 2 BGB nF** nimmt vor diesem Hintergrund auf **Sicherheitsanforderungen** Bezug, die zu gewährleisten sind. Denn die Vorgaben der DS-GVO mit ihren allgemeinen **Grundsätzen zur Datensicherheit** – vgl. Art. 32 DS-GVO – (inkl. des Grundsatzes der Datenminimierung, vgl. Art. 5 Abs. 1 lit. c DS-GVO, sowie des Grundsatzes der Speicherbegrenzung, vgl. Art. 5 Abs. 1 lit. e DS-GVO) und die weiteren Anforderungen zu den Grundsätzen zu „**Privacy bei Design**" (Art. 25 Abs. 1 DS-GVO) und „**Privacy bei Default**" (Art. 25 Abs. 2 DS-GVO) sollen schließlich auf Augenhöhe neben den verbraucherschützenden Vorgaben der DIRL stehen (vgl. dazu ErwGr 37 DIRL; → § 6 Rn. 6).[156]

114

Neben den erörterten objektiven Kriterien stellt § 327e Abs. 3 S. 1 Nr. 2 BGB nF auf die „**Beschaffenheit von digitalen Produkten derselben Art**" und die näher umschriebene „**Verbrauchererwartung**" ab. Nach ErwGr 46 der DIRL erfolgt die Bestimmung dessen, was der Verbraucher erwarten darf, nach **objektiven Kriterien**.

115

§ 327e Abs. 3 S. 1 Nr. 3 BGB nF bezieht den **Inhalt von Testversionen und Voranzeigen** in die objektiven Anforderungen mit ein. Der Gesetzgeber transformiert damit die Vorgabe des Art. 8 Abs. 1 lit. d DIRL in das deutsche Recht. Testversionen sind typischerweise noch nicht für den Markt freigegeben, aber künftig dafür vorgesehen. Der Umsetzungsgesetzgeber weist in diesem Zusammenhang darauf hin, dass Testversionen im Funktionsumfang beschränkte Versionen sein können.[157] Voranzeigen sind ua Abbildungen oder Videoinhalte, welche zB die Funktionen der digitalen Produkte wiedergeben.[158]

116

Die durch § 327e Abs. 3 S. 1 Nr. 3 BGB nF verlangte **Entsprechung in der Beschaffenheit** bezieht sich freilich nur auf solche Elemente des bereitgestellten digitalen Produkts, die tatsächlich **Gegenstand der Testversion** oder der **Voranzeige** waren. Andere Anforderungen, die in der Testversion etc nicht enthalten waren, sind hiervon unabhängig zu ermitteln.[159]

117

§ 327e Abs. 3 S. 1 Nr. 4 BGB nF betrifft letztendlich die **objektiven Anforderungen an Zubehör und Anleitungen** für das digitale Produkt. Mit dieser Nummer wird Art. 8 Abs. 1 lit. c DIRL umgesetzt. Während das in § 327e Abs. 2 Nr. 2 BGB nF ebenfalls enthaltene Zubehör und die Anleitungen an dieser Stelle auch iRd objektiven Anforderungen ausdrücklich Erwähnung findet, **gilt dies nicht für den Kundendienst**, worauf der Umsetzungsgesetzgeber in seiner Begründung ausdrücklich hinweist.[160] Es handelt sich also nicht um ein redaktionelles Versehen. § 327e Abs. 3 S. 1 Nr. 4 BGB nF stellt wie auch § 327e Abs. 3 S. 1 Nr. 2 BGB nF ausdrücklich darauf ab, **was der**

118

---

156 Tamm/Tonner/Brönneke/*Polenz*, Verbraucherrecht, § 4a.
157 RegE, BT-Drs. 19/27653, 56.
158 RegE, BT-Drs. 19/27653, 56; weitere Bsp. bei Schulze/Staudenmayer/*Staudenmayer*, EU Digital Law, DCD Art. 8 Rn. 85.
159 RegE, BT-Drs. 19/27653, 56.
160 RegE, BT-Drs. 19/27653, 57.

Verbraucher erwarten darf. Dies ergibt sich wiederum aus **ErwGr 46** der DIRL und den dort enthaltenen **objektiven Kriterien** bzw. **Maßstäben**. Anders als in § 327e Abs. 3 S. 1 Nr. 2 BGB nF werden in Nr. 4 der Vorschrift die möglichen **Bezugspunkte**, auf die der Verbraucher seine Erwartung gründen darf, aber bewusst **nicht eingeschränkt**.[161]

119 Nach § 372e Abs. 3 S. 1 Nr. 5 BGB nF gehört zu den objektiven Anforderungen des digitalen Produkts, dass der **Unternehmer dem Verbraucher iSv** § **327f BGB nF**[162] **Aktualisierungen bereitstellt** und er den **Verbraucher über diese Aktualisierungen informiert**. Die Information des Verbrauchers durch den Unternehmer über die Bereitstellung gehört allerdings **auch zu den objektiven Konformitätsanforderungen**, weil nur so der Verbraucher in die Lage versetzt wird, **Kenntnis von Updates** zu erlangen und abzuwägen, ob er sie einsetzen möchte oder nicht. Es liegt auf der Hand, dass Updates Auswirkungen auf die Funktionsweise eines digitalen Produkts haben können, die ggf. nützlich sind. Angesichts der Bedeutung der Updatepflicht hat sich der Gesetzgeber allerdings dazu entschlossen, die Einzelheiten dazu in einem besonderen Paragrafen festzulegen (vgl. § 327f BGB nF, → Rn. 123 ff.).

120 Schlussendlich gehört es zu den **objektiven Anforderungen** des **digitalen Produkts**, dass, sofern die Parteien nichts anderes vereinbart haben, es der Unternehmer dem Verbraucher in der **zum Zeitpunkt des Vertragsschlusses neuesten verfügbaren Version** zur Verfügung stellen muss, so die Anordnung in § 327e Abs. 3 S. 1 Nr. 6 BGB nF, die Art. 8 Abs. 6 DIRL umsetzt.[163] Eine hiervon **abweichende Vereinbarung** ist allerdings (anders als bei den anderen Nummern in § 327e Abs. 3 S. 1 BGB nF) ohne Beachtung der in § 327h BGB nF vorgesehenen Anforderungen möglich. Die Beweislast bzgl. des Zustandekommens einer anderweitigen Abrede trifft jedoch nicht den Verbraucher, sondern, weil es sich um eine für diesen günstige Tatsache handelt, den Unternehmer.[164]

5. Einbeziehung öffentlicher Äußerungen (§ 327e Abs. 3 S. 2 und 3 BGB nF)

121 § 327e Abs. 3 S. 2 und 3 BGB nF legen die Voraussetzungen fest, nach denen die öffentlichen Äußerungen des Unternehmers, des Herstellers oder anderer in den Vertrieb der digitalen Produkte einbezogener Personen Einfluss auf die berechtigten Verbrauchererwartungen haben können. Geregelt werden zugleich Ausnahmen hiervon. Zu der seitens des Verbrauchers erwartbaren und vom Unternehmer zu gewährenden üblichen Beschaffenheit iSd § 327e Abs. 3 S. 1 Nr. 2 BGB nF gehören gem. § 327e Abs. 3 S. 2 BGB nF auch Anforderungen, die in der **Werbung** oder auf dem **Etikett** abgegeben wurden. Der Unternehmer muss nur dann für diese Äußerungen nicht einstehen, wenn die **Äußerungen** im Zeitpunkt des Vertragsschlusses in derselben oder in gleichwertiger Weise **berichtigt worden** waren oder wenn die Äußerung die **Entscheidung**, das digitale Produkt zu erwerben, **seitens des Verbrauchers nicht beeinträchtigen konnte**, vgl. § 327e Abs. 3 S. 3 BGB nF. Die Regelung dient ergänzend zu

---

161 RegE, BT-Drs. 19/27653, 57.
162 Dazu *Kühner/Piltz* CR 2021, 1 ff.; *Schippel* K & R 2021, 151 ff.
163 Zur neuesten Version Schulze/Staudenmayer/*Staudenmayer*, EU Digital Content, DCD Art. 8 Rn. 104 ff.
164 RegE, BT-Drs. 19/27653, 57.

§ 327e Abs. 3 S. 1 Nr. 2 BGB nF der Umsetzung von Art. 8 Abs. 1 lit. b DIRL. Die Wertungen und Formulierungen decken sich teilweise mit denen aus § 434 Abs. 1 S. 3 BGB nF.

6. Anforderungen an die Integration (§ 327e Abs. 4 BGB nF)

§ 327e Abs. 4 BGB nF legt die **Anforderungen an die Integration** des digitalen Produkts fest, die gem. Art. 9 DIRL ebenfalls zur Vertragsmäßigkeit des digitalen Produkts zählen. Die Vorschrift kommt nicht zur Anwendung, soweit eine Integration weder vom Unternehmer geschuldet noch vom Verbraucher selbst durchzuführen ist.[165] Die Bestimmung liefert in Abs. 4 S. 2 und 3 zugleich **Legaldefinitionen** für die Begriffe „Integration" und „digitale Umgebung", die aus Art. 2 Nr. 4 und 9 DIRL übernommen sind. Gem. § 327e Abs. 4 S. 1 BGB nF entspricht das digitale Produkt den Anforderungen an die Integration, wenn die Integration sachgemäß durchgeführt worden ist (§ 327e Abs. 4 S. 1 Nr. 1 BGB nF) oder zwar unsachgemäß durchgeführt worden ist, dies jedoch weder auf einer unsachgemäßen Integration durch den Unternehmer noch auf einen Mangel in der vom Unternehmer bereitgestellten Anleitung beruht (§ 327e Abs. 4 S. 2 BGB nF). § 327e Abs. 4 S. 1 BGB nF dient mit dieser Unterscheidung der Umsetzung von Art. 9 DIRL.

III. Aktualisierungsverpflichtung (§ 327f BGB nF)

1. Bedeutung der Vorschrift

§ 327f BGB nF setzt Art. 8 Abs. 2 DIRL um, wonach der **Unternehmer** den **Verbraucher über Aktualisierungen zu informieren** und **ihm diese auch bereitzustellen** hat.[166] Damit wird absolutes **Neuland** betreten, denn eine Aktualisierungspflicht gab es bislang im deutschen Schuldrecht nicht. Die Anbieter waren frei, ob sie Aktualisierungen angeboten hatten und wie sie dieses Angebot ausgestalten wollten. Ohne gesonderte (und lukrative!) Softwarepflegevereinbarungen bestand bislang keine generelle Pflicht, die Vertragsgemäßheit über den Zeitpunkt des Gefahrübergangs hinaus zu gewährleisten. Nach neuem Recht dagegen kann die **Leistungsverpflichtung** sogar **über den Gewährleistungszeitraum hinaus** gelten (→ Rn. 154). Die Anbieter müssen insoweit nach Inkrafttreten der Neuregelungen überprüfen, ob ihre Aktualisierungspolitik den neuen gesetzlichen Vorschriften standhält. Infolgedessen fand bereits die Richtlinienvorschrift **große Aufmerksamkeit** und wurde als „ground breaking" bezeichnet.[167]

Die **generelle Aktualisierungspflicht** bedeutet, dass die Leistungsverpflichtung des Unternehmers auch dann nicht auf ein reines Austauschverhältnis beschränkt ist, wenn lediglich die einmalige Bereitstellung oder eine Reihe von Bereitstellungen eines digitalen Produkts vereinbart ist. Da auch **im Kaufrecht bei Waren mit digitalen Elementen** eine Aktualisierungspflicht besteht (**§ 479b Abs. 4 Nr. 2 BGB nF**, → § 4 Rn. 29,

---

[165] Diese Einschränkung wurde erst vom Rechtsausschuss des Bundestags vorgenommen, vgl. die Begründung im Bericht, BT-Drs. 19/31116, 9.
[166] Umfassend dazu *Schippel* K & R 2021, 151 ff.; *Kühner/Piltz* CR 2021, 1 ff.
[167] Schulze/Staudenmayer/*Staudenmayer*, EU Digital Law, DCD Art. 8 Rn. 110; *Metzger* JZ 2019, 577 (581); *Schulze* ZEuP 2019, 695 (713); Stabentheiner/Wendehorst/Jud-Zöchling/*Wendehorst*, Das neue europäische Gewährleistungsrecht, S. 111, 138 („Paradigmenwechsel").

53 ff.), nimmt die Bedeutung des Austauschschuldverhältnisses, auf das die Regeln des BGB als typisches vertragliches Schuldverhältnisses zugeschnitten sind, wesentlich ab. Bemerkenswerterweise geht der Unionsgesetzgeber mit der Regelung über das dem europäischen Verbrauchervertragsrecht üblicherweise unterliegende Informationsmodell hinaus. Denn die **Vorschrift zwingt den Anbieter**, über **Aktualisierungen** nicht nur zu informieren, sondern sie auch **bereitzustellen**, und zwar während eines gesetzlich geregelten Zeitraums. Damit liegt der Verbraucherschutzstandard im Vertragsrecht digitaler Produkte deutlich über dem aus anderen vertragsrechtlichen Bereichen.[168] Der Kommissionsvorschlag enthielt dieses **wesentliche Herzstück des neuen Rechts** über digitale Produkte noch nicht.[169] Es kam erst durch Parlament und Rat hinzu.

125 Allerdings weist die Regelung auch **Schwächen** auf. Die **Beschränkung auf einen Zeitraum, den der Verbraucher** bei einer einmaligen oder einer Reihe von Bereitstellungen **vernünftigerweise erwarten** kann, wenn nicht ein bestimmter Bereitstellungszeitraum vereinbart ist, bedeutet **alles andere als Rechtssicherheit**. Ob Art. 8 Abs. 5 der Richtlinie, umgesetzt in § 327h BGB nF, eine **Hintertür für den Unternehmer bereit hält**, der Aktualisierungspflicht zu entkommen, **muss sich erst noch zeigen** (vgl. auch → Rn. 147).[170] Der Umsetzungsgesetzgeber erkennt die große Bedeutung der Aktualisierungspflicht immerhin dadurch an, dass er sie in einer eigenen Vorschrift untergebracht und nicht in der Vorschrift über Produktmängel (§ 327e BGB nF) als begleitenden Aspekt lediglich mitgeregelt hat.[171]

2. Begriff der Aktualisierung

126 Digitale Produkte können nicht verschleißen oder durch einen bereits bei Gefahrübergang vorhandenen technischen Mangel vorzeitig funktionsunfähig werden. Ihre **Funktionsfähigkeit kann** aber durch **Probleme, die aus ihrer digitalen Umgebung** herrühren und erst **nach der Bereitstellung** auftauchen, **vorzeitig beeinträchtigt** werden. Diesen Problemen soll mit der Aktualisierungspflicht entgegengewirkt werden. Das digitale Produkt, das ursprünglich vertragsgemäß war, soll durch die Aktualisierungen für eine gewisse Zeit trotz Veränderungen in seiner digitalen Umgebung vertragsgemäß bleiben.[172] Damit unterscheidet sich die Vorschrift grundlegend von herkömmlichen Mängelgewährleistungsrechten, die auf den Zeitpunkt der Übergabe oder der Lieferung abstellen, während die **Aktualisierungspflicht ein Ereignis berücksichtigt, das nach der Bereitstellung eingetreten ist**.

127 Daraus folgt, dass der **Unternehmer** zu einem **Update** verpflichtet ist, also die **Funktionsfähigkeit** gem. der ursprünglich geschuldeten Vertragsgemäßheit **aufrechterhalten** wird. **Nicht verpflichtet** ist er jedoch zu einem **Upgrade** (also einer darüber hinausge-

---

[168] *Kipker* MMR 2020, 71 ff.; *Metzger* JZ 2019, 577 (581).
[169] COM(2015) 634.
[170] Gegensätzlicher Auffassung dazu Schulze/Staudenmayer/*Staudenmayer*, EU Digital Law, DCD Art. 8 Rn. 124, und Stabentheiner/Wendehorst/Zöchling-Jud/*Wendehorst*, Neues europäisches Gewährleistungsrecht, S. 111, 134.
[171] RegE, BT-Drs. 19/27653, 58.
[172] Schulze/Staudenmayer/*Staudenmayer*, EU Digital Law, DCD Art. 8 Rn. 113.

D. Verpflichtung zur mangelfreien Leistung (§§ 327d–327h BGB nF)

henden Verbesserung).[173] Die englischen Begriffe machen dies deutlicher als der von der Richtlinie verwendete Begriff „Aktualisierungen", der nur dann als Oberbegriff von „Update" und „Upgrade" verstanden werden darf, wenn gleichzeitig klargestellt wird, dass mit Art. 8 Abs. 2 DIRL bzw. **§ 327f BGB nF nur Updates erfasst** werden. Dass auch der Umsetzungsgesetzgeber „Aktualisierung" *nur als* „Update" versteht, wird an den die Regelung des Art. 19 der Richtlinie umsetzenden **§ 327r BGB nF** deutlich, der sich mit Änderungen befasst. Es sind, wie sich aus dem Wortlaut der Bestimmung ableiten lässt, nur solche Aktualisierungen vom Unternehmer bereitzustellen, die „zum Erhalt der Vertragsmäßigkeit erforderlich" sind, also eben keine darüber hinausgehenden Upgrades.[174] Die **Frage**, inwiefern der Unternehmer **ein kostenloses Update**, zu dem er verpflichtet ist, mit einem **Upgrade verbinden** darf, wird noch später, im Zusammenhang mit § 327r BGB nF erörtert (→ Rn. 216).

Der Unionsgesetzgeber dachte bei der Aktualisierungspflicht vornehmlich an **Updates aus Gründen der Sicherheit**. Der Verbraucher soll von Angriffen aus der Welt der Cyberkriminalität geschützt werden. Der Unternehmer ist daher gehalten, die Cybersicherheit zu beobachten und mit einer dem Verbraucher anzubietenden Aktualisierung einzuschreiten, wenn er sieht, dass der fortgesetzte und **sichere Gebrauch des digitalen Produkts durch** die **Cyberattacken bedroht ist**.[175] Die Bedeutung der Vorschrift ist aber nicht auf Cybersicherheit beschränkt. Auch sonstige Veränderungen im digitalen Umfeld, die sich auf die **Funktionalität oder Kompatibilität des digitalen Produkts auswirken**, können eine Rolle spielen und **Anlass von Updates** sein.[176] 128

Nach **ErwGr 47** der Richtlinie sollen die im sonstigen Unionsrecht oder im nationalen Recht festgelegten Verpflichtungen zur Bereitstellung von Sicherheitsaktualisierungen unberührt bleiben. Der Umsetzungsgesetzgeber greift dies in der Begründung zu § 327f Abs. 1 BGB nF auf.[177] Ferner müssen die **Aktualisierungen so gestaltet** sein, dass der **Verbraucher sie selbst installieren kann**.[178] 129

3. Adressat des Anspruchs auf Aktualisierung

Die **Update-Regelung** wirft ein weiteres **Problem** auf, nämlich das der **Drei-Personen-Beziehung** zwischen **Verbraucher, Unternehmer und dem Developer** der zu aktualisierenden digitalen Produkte.[179] Es zeigt sich, dass der traditionelle Zwei-Personen-Ansatz des Vertragsrechts an seine Grenzen gelangt und Rechtsbeziehungen in einer arbeitsteiligen Wirtschaft nur unzureichend abbilden kann. Der **direkte Vertragspartner** des Verbrauchers ist nämlich regelmäßig nicht in der Lage, die verlangten Aktualisierungen zu erstellen und bereitzustellen. Vielmehr ist er dazu **auf den Developer ange-** 130

---

173 Schulze/Staudenmayer/*Staudenmayer*, EU Digital Law, DCD Art. 8 Rn. 114; Stabentheiner/Wendehorst/Jud-Zöchling/*Wendehorst*, Das neue europäische Gewährleistungsrecht, S. 111, 123.
174 Der RegE, BT-Drs. 19/27653, 58 verwendet „Aktualisierung" in diesem Sinne als Oberbegriff.
175 Schulze/Staudenmayer/*Staudenmayer*, EU Digital Law, DCD Art. 8 Rn. 116.
176 Schulze/Staudenmayer/*Staudenmayer*, EU Digital Law, DCD Art. 8 Rn. 117; Stabentheiner/Wendehorst/Jud-Zöchling/*Wendehorst*, Das neue europäische Gewährleistungsrecht, S. 111, 122.
177 RegE, BT-Drs. 19/27653, 60.
178 Schulze/Staudenmayer/*Staudenmayer*, EU Digital Law, DCD Art. 8 Rn. 118 („underlying condition for the obligation").
179 Zur Drei-Personen-Beziehung Stabentheiner/Wendehorst/Jud-Zöchling/*Wendehorst*, Das neue europäische Gewährleistungsrecht, S. 111, 118 ff.; ihr folgend Schulze/Staudenmayer/*Staudenmayer*, EU Digital Law, DCD Art. 8 Rn. 121 f.

wiesen. Mit diesem ist der Verbraucher aber abgesehen von dem End-User Licence Agreement (→ Rn. 9) nicht vertraglich verbunden. Es gibt für den Bereich der digitalen Produkte auch keine Analogie zur kaufrechtlichen Herstellergarantie.

131 Der Unionsgesetzgeber löste das Problem auf traditionelle Weise. Die Ansprüche des Verbrauchers sind ausschließlich gegen den Unternehmer gerichtet, mit dem er vertraglich verbunden ist. Der **Dritte ist** damit **Erfüllungsgehilfe des Unternehmers hinsichtlich der Updatepflicht**.[180] Dem Unternehmer steht bei nicht (rechtzeitig/vertragsgemäß) **erfolgtem Update ein Rückgriffsanspruch gegen den Dritten zu**, sofern die nicht erfolgte oder nicht vertragsgemäße Bereitstellung auf dessen Handeln oder Unterlassen zurückzuführen ist und der **Dritte zu den vorhergehenden Gliedern der Vertragskette** gehört (→ § 5). Damit **folgt der Unionsgesetzgeber dem Modell der VerbrauchsgüterkaufRL**. Das Risiko, dass der Dritte leistungsfähig und -bereit ist, verbleibt trotz dieser Aufteilung der Pflichten nach unmittelbaren Vertragspartnern dennoch zu einem gewissen Teil beim Verbraucher. Denn gegenüber dem Unternehmer wird der Verbraucher regelmäßig nur Sekundäransprüche durchsetzen können, falls der Dritte die Aktualisierung nicht leistet.

4. Zeitraum der Aktualisierungsverpflichtung

132 Das **Gesetz unterscheidet zwischen einer dauerhaften Bereitstellung** (§ 327f Abs. 1 Nr. 1 BGB nF, der Art. 8 Nr. 2 lit. a der Richtlinie umsetzt) und der **einmaligen oder wiederholten Bereitstellung** (§ 327f Abs. 1 Nr. 2 BGB nF, der Art. 8 lit. b der Richtlinie transformiert) und knüpft damit an die bereits in § 327e Abs. 1 BGB nF enthaltene Differenzierung an (→ Rn. 103). Die **Aktualisierungsverpflichtung für die dauerhafte Bereitstellung** ist vergleichsweise unkompliziert geregelt. Sie gilt für den gesamten Zeitraum der Bereitstellung. Ist kein bestimmter Bereitstellungszeitraum vereinbart, läuft die Aktualisierungsverpflichtung bis zur durch eine der Vertragsparteien ausgelösten Vertragsbeendigung. Vertragslaufzeit und der Zeitraum der Aktualisierungsverpflichtung sind also deckungsgleich. Da digitale Dienstleistungen regelmäßig nur als dauerhafte Bereitstellung erfolgen können[181] und im Verhältnis zu digitalen Inhalten immer mehr an Bedeutung zunehmen (Stichworte **Cloud Computing, Streaming-Dienste**), dürfte dieser Teil der Vorschrift langfristig die **größere Relevanz** haben.

133 Große **Probleme** wirft dagegen die **Regelung** für die **einmalige oder wiederholte Bereitstellung auf**. Denn hier stellt der Unionsgesetzgeber für die Updatepflicht des Unternehmers auf den **Zeitraum ab**, „den der Verbraucher erwarten kann". Zu Recht wird sie als eine **entscheidende Schwachstelle** der Richtline kritisiert, weil sie den **Erfordernissen der Rechtssicherheit nicht entspricht**.[182] Die Erwägungsgründe sind in diesem Zusammenhang nicht hilfreich. Nach ErwGr 46 soll der **Standard der Erwartungshaltung objektiv zu bestimmen** sein. Dies ergibt sich auch aus der Stellung der

---

180 RegE, BT-Drs. 19/27653, 59 unter Bezug auf BGH Urt. v. 21.4.1954 – VI ZR 55/53, BGHZ 13, 111.
181 Schulze/Staudenmayer/*Staudenmayer*, EU Digital Law, DCD Art. 8 Rn. 136.
182 Schulze/Staudenmayer/*Staudenmayer*, EU Digital Law, DCD Art. 8 Rn. 139; *Bach* NJW 2019, 1705 (1707); *Kühner/Piltz* CR 2021, 1 (6); *Schulze* ZEuP 2019, 695 (714); Stabentheiner/Wendehorst/Jud-Zöchling/*Wendehorst*, Das neue europäische Gewährleistungsrecht, S. 111, 138.

D. Verpflichtung zur mangelfreien Leistung (§§ 327d–327h BGB nF)

Aktualisierungsvorschrift als Bestandteil der Vorschrift über die objektive Vertragsmäßigkeit (Art. 8 der Richtlinie). Nach ErwGr 47 **könnte der Zeitraum der Aktualisierungsverpflichtung** dem Gewährleistungszeitraum entsprechen oder länger sein. Letzteres könnte vor allem der Fall bei Sicherheitsaktualisierungen sein. Aus diesen **vagen Anhaltspunkten** kann aber kein allgemeiner Schluss gezogen werden, dass der Regelzeitraum zwei Jahre (Verjährungsfrist nach § 327j BGB nF) beträgt und bei Sicherheitsaktualisierungen und in Ausnahmefällen länger sein kann. Der maßgebliche **Zeitraum** sollte vielmehr mit der **zu erwartenden Nutzungsdauer übereinstimmen**, die bei auf eine lange Nutzungsdauer hin ausgerichteten digitalen Produkten auch zu **Update-Fristen von zehn Jahren** oder mehr führen kann.[183] Eine weitere Konkretisierung der objektiven Erwartungshaltung des Verbrauchers wird damit dringende Aufgabe der Rspr. sein.[184]

Dem **Umsetzungsgesetzgeber** war die Problematik des unbestimmten Rechtsbegriffs („Verbrauchererwartung") bewusst. Er bemühte sich deswegen, in der Begründung der Rechtsanwendung einige **Konkretisierungen** an die Hand zu geben. Als **Bsp.** führt er den Unterschied zwischen einem **Betriebssystem** und einer **einfachen Anwendungssoftware** an. Ein Betriebssystem für ein mit dem Internet verbundenes Gerät wird wegen seiner zentralen Bedeutung länger mit Aktualisierungen zu versorgen sein als eine schlichte Anwendungssoftware, für deren Verwendung keine Verbindung mit dem Internet erforderlich ist.[185] Auch **die Umstände** und **die Art des Vertrages** sollen für die **Bemessung der Frist Anhaltspunkte** bieten. Die Tatsache zB, dass ein Unternehmen in bestimmten Zeitabständen regelmäßig neue Versionen eines digitalen Produkts herausbringt, hat als solche zwar keinen Einfluss auf die berechtigte Verbrauchererwartung. Anders soll das jedoch sein, wenn dies wie zB bei einer **Steuerberatungssoftware** wegen bestimmter externer Faktoren nach objektiven Maßstäben notwendig erscheint, weil sich hier die externen Faktoren schnell ändern.[186] **Andere abwägungserhebliche Elemente**, welche bei der Bestimmung der berechtigten Verbrauchererwartung darüber hinaus zu berücksichtigen sind, sind etwa, inwieweit das **digitale Produkt weiterhin vertrieben** wird oder auch der Umfang des **ohne die Aktualisierung drohenden Risikos** für den Verbraucher.[187] 134

Falls das digitale Produkt mit einer Sache verbunden oder in dieser enthalten ist (§ 327a Abs. 2 BGB nF, → Rn. 58), soll jedenfalls die **Nutzungs- und Verwendungsdauer der Sache** einen ganz **wesentlichen Ausschlag** für die Bemessung des Zeitraums geben.[188] Ausgehend von diesem Bemessungsfaktor darf der Verbraucher zB bei **komplexen Steuerungsanlagen** für **Smart-Home-Anwendungen**, die immer beliebter werden, erwarten, dass Aktualisierungen für vertraglich vereinbarte Zusatzfunktionen 135

---

183 So Stabentheiner/Wendehorst/Jud-Zöchling/*Wendehorst*, Das neue europäische Gewährleistungsrecht, S. 111, 130.
184 Schulze/Staudenmayer/*Staudenmayer*, EU Digital Law, DCD Art. 8 Rn. 141 erwartet eine case-by-case interpretation.
185 RegE, BT-Drs. 19/27653, 59.
186 RegE, BT-Drs. 19/27653, 59.
187 RegE, BT-Drs. 19/27653, 59.
188 RegE, BT-Drs. 19/27653, 59.

(zB die Steuerung der Heizung über eine mobile Anwendung)[189] während der objektiv üblichen Nutzungsdauer der Heizungsanlage bereitgestellt werden.[190] Dasselbe dürfte bei einem **in einem Kraftfahrzeug integriertem Gerät** (wie einem **Navigationssystem** oder **Unterhaltungselektronik**) gelten.[191]

5. Informationspflicht

136 Nach **§ 327f Abs. 1 Alt. 2 BGB nF**, der Art. 8 Abs. 2 Alt. 1 der Richtlinie umsetzt, hat der Unternehmer den Verbraucher über das Vorliegen von Aktualisierungen zu informieren. Die Informationspflicht ist eine **selbstständige Pflicht**, die neben der Bereitstellung der Aktualisierung besteht. Im Kommissionsvorschlag war sie die einzige Pflicht (→ Rn. 124); Aktualisierungspflichten hatte der Gesetzgeber ursprünglich noch gar nicht im Blick.[192] **Wann bzw. wie schnell** der Unternehmer den Verbraucher über eine neu erscheinende bzw. herausgebrachte Aktualisierung **zu informieren hat**, soll nach der Vorstellung des Umsetzungsgesetzgebers von den **Umständen des Einzelfalls** abhängen.[193] Damit die praktische Wirksamkeit der Aktualisierungspflicht aber nicht unterlaufen wird, muss der Unternehmer die Aktualisierung nicht nur in einem angemessenen Zeitrahmen nach Auftreten der Vertragswidrigkeit bereitstellen. Er muss in einem angemessenen Zeitrahmen auch den Verbraucher von der Updatenotwendigkeit und -bereitstellung in Kenntnis setzen, so dass er sich rechtzeitig darauf einstellen kann.[194]

137 Etwas konkreter äußert sich die **Literatur** in diesem Punkt zu der Richtlinie.[195] Danach muss die **Information erst erfolgen, wenn die Aktualisierung erhältlich** ist. Sie muss auch **nicht notwendigerweise durch den Unternehmer** initiiert werden. Es reicht, wenn die Pflicht **durch einen Dritten**, etwa den Developer (als Erfüllungsgehilfe des Unternehmers) erfüllt wird. Denn nach der Richtlinie muss der Unternehmer lediglich sicherstellen, dass der Verbraucher informiert wird. Wie er das macht, ist seine Sache.

6. Haftungsausschluss bei fehlender Aktualisierung durch den Verbraucher (§ 327f Abs. 2 BGB nF)

138 Die **Auswirkungen** einer vom Verbraucher nicht rechtzeitig installierten **Aktualisierung** werden durch **§ 327f Abs. 2 BGB nF** geregelt. Unterlässt der Verbraucher eine Aktualisierung, die ihm gem. **§ 327f Abs. 1 BGB nF** vom Unternehmer bereitgestellt worden ist, wird ein **Haftungsausschluss für den Unternehmer** statuiert. In diesem Fall haftet der Unternehmer nicht für einen Produktmangel, der auf das Fehlen der Aktualisierung zurückzuführen ist, weil dieser auf einer **Obliegenheitsverletzung des Verbrauchers** beruht.[196] Der Haftungsausschluss zugunsten des Unternehmers greift

---

189 Das Bsp. geht auf Stabentheiner/Wendehorst/Jud-Zöchling/*Wendehorst*, Das neue europäische Gewährleistungsrecht, S. 111, 130, zurück.
190 RegE, BT-Drs. 19/27653, 59.
191 RegE, BT-Drs. 19/27653, 59.
192 Schulze/Staudenmayer/*Staudenmayer*, EU Digital Law, DCD Art. 8 Rn. 111.
193 RegE, BT-Drs. 19/27653, 60.
194 RegE, BT-Drs. 19/27653, 60. AA *Schulze* ZEuP 2019, 713 zur Richtlinie, nach dessen Ansicht die Information und die Bereitstellung zeitlich zusammenfallen können.
195 Schulze/Staudenmayer/*Staudenmayer*, EU Digital Law, DCD Art. 8 Rn. 126.
196 *Kühner/Piltz* CR 2021, 1 (4); *Schippel* K & R 2021, 151 (153).

allerdings nur, sofern er den Verbraucher über die Verfügbarkeit der Aktualisierung und die Folgen einer unterlassenen Installation **rechtzeitig und instruktiv im Vorfeld informiert hat** (§ 327f Abs. 2 Nr. 1 BGB nF) und die Tatsache, dass der Verbraucher die Aktualisierung nicht oder unsachgemäß installiert hat, **nicht** auf eine dem Verbraucher durch den Unternehmer bereitgestellte **mangelhafte Installationsanleitung** zurückzuführen ist (§ 327f Abs. 2 Nr. 2 BGB nF).

§ 327f Abs. 2 Nr. 1 BGB nF konkretisiert den **Inhalt der Informationspflicht** des Unternehmers und setzt damit Art. 8 Abs. 3 lit. a DIRL um. Daraus ist ersichtlich, dass es nicht genügt, wenn der Verbraucher lediglich über das Erscheinen einer neuen Aktualisierung in generelle Kenntnis gesetzt wird. Vielmehr muss der Unternehmer seinem Vertragspartner auch für **jede notwendige Aktualisierung im Einzelnen gesonderte Hinweise geben**, die dem Verbraucher auch die **Konsequenzen vor Augen führen**, wenn er die **zeitnahe Installation des Updates** unterlässt. Insofern weitet sich die Informationspflicht zu einer **Belehrungspflicht** aus. Die hierfür nötigen Anstrengungen des Unternehmers sind in erster Linie an den Folgen der unterbliebenen Installation auszurichten. Je gravierender diese ausfallen können, desto eindringlicher ist der Verbraucher zu warnen.[197] 139

Ein anderes Szenario fasst **§ 327f Abs. 2 Nr. 2 BGB nF** ins Auge. Hier hat der Gesetzgeber die **Auswirkungen der nicht bzw. mangelhaft durchgeführten Installation** auf die Haftung des Unternehmers geregelt. Mit der Vorschrift wird Art. 8 Abs. 3 lit. b DIRL in das deutsche Recht transformiert. Es obliegt weiterhin der freien Entscheidung des Verbrauchers, ob er ein Update, das ihm der Unternehmer rechtzeitig anbietet, installieren möchte.[198] Installiert der Verbraucher jedoch das Update nicht oder mangelhaft, weil die vom Unternehmer bereitgestellte **Installationsanleitung mangelhaft** war, **haftet der Unternehmer weiter** für das mangelhafte Produkt und steht damit voll in der Gewährleistungspflicht. Der Gesetzgeber geht in diesem Fall davon aus, dass der Fehler der Installationsanleitung für das Fehlen des sachgemäßen Updates verantwortlich ist und somit der Unternehmer die wesentliche Ursache dafür gesetzt hat.[199] 140

IV. Rechtsmangel (§ 327g BGB nF)

Der Gesetzgeber regelt wie im sonstigen vertraglichen Gewährleistungsrecht nicht nur die Folgen von Sachmängeln. In **§ 327g BGB nF** stellt er eine Vorschrift für die Behandlung von **Rechtsmängeln** ein. Auch diese, so die Wertung, sollen bei Vorliegen der von § 327e Abs. 2 BGB nF beschriebenen Voraussetzungen als „**Produktmängel**" behandelt werden. Der **Unternehmer hat damit das Produkt so bereitzustellen, dass es nicht nur frei von Sachmängeln, sondern auch frei von Rechtsmängeln ist.** Er erfüllt diese Verpflichtung, wenn der Verbraucher das digitale Produkt gem. den subjektiven und objektiven Anforderungen nach § 327e Abs. 2 und Abs. 3 BGB nF nutzen kann, **ohne die Rechte Dritter zu verletzen.** Die Vorschrift fußt auf Art. 10 141

---

[197] RegE, BT-Drs. 19/27653, 60.
[198] Die Frage von Zwangsaktualisierungen erörtert Stabentheiner/Wendehorst/Jud-Zöchling/*Wendehorst*, Das neue europäische Gewährleistungsrecht, S. 111, 124 f.
[199] *Kühner/Piltz* CR 2021, 1 (5); *Schippel* K & R 2021, 151 (154).

DIRL. Insofern werden in der DIRL in Art. 10 „die Rechte des geistigen Eigentums" ausdrücklich als **Bsp. für die Rechte Dritter** hervorgehoben. Der deutsche Umsetzungsgesetzgeber griff dies in seiner Begründung zu der Vorschrift auf und stellte klar, dass **neben dem Urheberrecht auch sonstige mit dem Urheberrecht verwandte Schutzrechte** derartige „Rechte Dritter" darstellen können.[200]

142 Dass der Gesetzgeber sich zu Rechtsmängeln äußert, hat nicht nur eine klarstellende Funktion. Denn Rechtsmängel spielen im Zusammenhang mit dem Vertrieb von digitalen Produkten eine nicht zu unterschätzende Rolle. Das liegt daran, dass ein **Großteil** der digitalen Inhalte und Dienstleistungen **durch Immaterialgüterrechte geschützt** ist.[201] Insofern war es wichtig hervorzuheben, dass der Unternehmer für alle Nutzungsbeschränkungen einzustehen hat, die aus Rechten Dritter hervorgehen – dies gerade deshalb, weil der Anwendungsbereich der §§ 327 ff. BGB nF nicht auf das erstmalige Inverkehrbringen eines bestimmten digitalen Produktes beschränkt ist. Vielmehr wird auch der **gewerbliche Zweitmarkt** für digitale Produkte durch die Richtlinie erfasst, sofern es sich um Verbraucherverträge handelt.[202]

143 Eine **Beschränkung in der Nutzung**, die für den Verbraucher nachteilig ist, kann sich zB in der **fehlenden Rechtsmacht des Unternehmers** äußern, dem **Verbraucher** die für die vertragsgemäße Nutzung **benötigten Rechte einzuräumen**.[203] Die Ursache dafür kann darin liegen, dass der Unternehmer sich die benötigten **Rechte gar nicht vom Rechteinhaber hat einräumen lassen**.[204] Sie kann ihren Grund aber auch darin haben, dass der Unternehmer trotz Einräumung der Rechte **nicht zu deren Weitergabe an den Verbraucher befugt** ist. Der Umsetzungsgesetzgeber weist darüber hinaus auf Konstellationen hin, in denen der Verbraucher unmittelbar mit dem Rechteinhaber in Verbindung tritt, etwa durch **Endnutzer-Lizenz-Vereinbarungen** (sog. „End User License Agreements" – EULA).[205] Insofern müssen Verbraucher einer entsprechenden Vereinbarung häufig erst ihre Zustimmung erteilen, um digitale Produkte nutzen zu können. Wenn der Verbraucher in einem solchen Fall **Nutzungsbeschränkungen akzeptieren muss**, können diese ebenfalls als **Rechtsmangel angesehen** werden, sofern dies ursprünglich mit dem Unternehmer anders vereinbart war.[206]

V. Abweichende Vereinbarungen über Produktmerkmale (§ 327h BGB nF)

144 **§ 327h BGB nF** statuiert die **Möglichkeit für die Vertragsparteien**, im Einzelnen von den in der Vorschrift genannten **objektiven Anforderungen** an ein digitales Produkt, das Vertragsgegenstand ist, **abzuweichen**. Die Bestimmung beruht auf Art. 8 Abs. 5 DIRL. Bedeutsam sind insofern vor allem die „Hürden", die der Gesetzgeber zum Schutz des Verbrauchers für abweichende Vereinbarungen vorgesehen hat. Die Bestimmung „durchbricht" – so die Formulierung des Umsetzungsgesetzgebers – die

---

200 RegE, BT-Drs. 19/27653, 61.
201 S. als Bsp. das Vertragsformular „Allgemeine Vertragsbedingungen für den Verkauf von Standardsoftware", BeckFormB/*Bartsch* S. 994.
202 RegE, BT-Drs. 19/27653, 61; *Metzger* JZ 2019, 577 (585).
203 RegE, BT-Drs. 19/27653, 61.
204 RegE, BT-Drs. 19/27653, 61; *Metzger* JZ 2019, 577 (585).
205 *Metzger* JZ 2019, 577 (584).
206 RegE, BT-Drs. 19/27653, 61.

D. Verpflichtung zur mangelfreien Leistung (§§ 327d–327h BGB nF)

von der Richtlinie angestrebte Gleichrangigkeit von objektiven und subjektiven Anforderungen.[207] Die Vorschrift **regelt nur eine Abweichung von den objektiven Anforderungen**.[208] Der Unionsgesetzgeber ließ sich davon leiten, dass insbesondere Beschränkungen durch immaterielle Rechte Dritter die Vorschrift des Art. 8 Abs. 5 DIRL erfordern (ErwGr 49). Dies soll hinter den Worten „ausreichende Flexibilität" in **ErwGr 49** stehen.[209]

Der Unionsgesetzgeber setzt vor diesem Hintergrund auf eine **Warn- und Hinweisfunktion einer gesonderten Vereinbarung**. Der Verbraucher muss nach § 327h BGB nF zum einen „**vor**" Abgabe seiner Vertragserklärung über die Abweichung in Kenntnis gesetzt werden. ErwGr 49 der DIRL stellt klar, dass damit die **ausdrückliche Information des Verbrauchers** gemeint ist. Dem Verbraucher ist damit hinreichend deutlich zu machen, inwieweit etwa die tatsächlich geschuldete Beschaffenheit des digitalen Produkts von der objektiv zu erwartenden Beschaffenheit abweicht. Nur dann kann der Verbraucher nämlich die Tragweite seiner Vertragserklärung angemessen beurteilen.[210] Die dem Verbraucher zu gebende Information muss zudem ein **bestimmtes Merkmal** des digitalen Produkts, von dem abgewichen werden soll, **konkret benennen. Pauschale Aussagen** zu möglichen Einschränkungen der Vertragsmäßigkeit genügen damit nicht den **Anforderungen** des § 327h BGB nF. 145

Vor allem aber kann dem Verbraucher eine **abweichende Vereinbarung nicht in den AGB an versteckter Stelle „untergeschoben"** werden. Die von den Normalanforderungen abweichende Produkt- bzw. Leistungsbeschreibung muss vielmehr so gestaltet sein, dass sie seine gesonderte Aufmerksamkeit auf sich zieht. Der Gesetzgeber stellt dies sicher, indem er festlegt, dass sich die abweichende Vereinbarung in **ausdrücklicher und gesonderter Form**, dh in einer **expliziten und eigenständigen Erklärung** wiederfinden muss. Wie der Unternehmer dies sicherstellt, steht ihm aber frei. Insofern kann er ein **anklickbares Kästchen** bereithalten, eine **Schaltfläche zur Bestätigung** vorsehen oder eine **andere Funktion zur aktiven Abgabe der Zustimmungserklärung** nutzen, vgl. **ErwGr 49** der DIRL. Ein **vorangekreuztes Kästchen** reicht wie auch sonst allerdings **nicht aus**. Die Beweislast für die Erfüllung all dieser Anforderungen liegt im Übrigen beim Unternehmer. 146

Es fragt sich, ob Art. 8 Abs. 5 nebst der Umsetzung in § 327h BGB nF nicht gleichwohl ein **Einfallstor** ist, um den **zwingenden Charakter der neuen Regelungen** (§ 327s BGB nF, → Rn. 232 ff.) **zu unterlaufen** und sich von unliebsamen Verpflichtungen, etwa der Aktualisierung, zu befreien. Diese Gefahr wird in der Literatur durchaus gesehen. *Wendehorst* befürchtet, dass sich routinemäßig ein „**zweiter Klick**" durchsetzen könnte,[211] während nach *Staudenmayer* das **doppelte Erfordernis** von genauer **vorheriger Information** (ErwGr 49) und **Zustimmung** hinreichende Rücksicht auf die Interessen des Verbrauchers nimmt.[212] In der Tat ist die Versuchung für den Unternehmer 147

---

207 BT-Drs. 19/27653, 61.
208 Schulze/Staudenmayer/*Staudenmayer*, EU Digital Law, DCD Art. 8 Rn. 159.
209 Schulze/Staudenmayer/*Staudenmayer*, EU Digital Law, DCD Art. 8 Rn. 156.
210 BT-Drs. 19/27653, 61 f.
211 Stabentheiner/Wendehorst/Zöchling-Jud/*Wendehorst*, Das neue europäische Gewährleistungsrecht, S. 111, 134.
212 Schulze/Staudenmayer/*Staudenmayer*, EU Digital Law, DCD Art. 8 Rn. 154 f.

groß, von § 327h BGB nF Gebrauch zu machen, wenn er etwa die geschuldete Aktualisierungspflicht bei Vertragsschluss vorhersehbar nicht oder nicht vollständig erfüllen kann, weil ein Dritter, bspw. ein außerhalb der EU ansässiger Developer, auf den der Unternehmer angewiesen ist, nicht mitspielt und ggf. noch nicht einmal ein realisierbarer Rückgriffsschuldner ist. Der Umsetzungsgesetzgeber hatte allerdings wegen der Vollharmonisierung der Richtlinie keine Chancen, die Vorschrift anders zu formulieren. So wird die **Aufgabe auf die Rspr.** zukommen, den **Missbrauch der Vorschrift** als Gewährleistungsausschluss oder -einschränkung zu verhindern, indem sie etwaige **abweichende Vereinbarungen restriktiv handhabt.** Darüber hinaus müssen bei Verwendung von AGB die sonstigen Kontrollvorschriften (§§ 305 ff. BGB) herangezogen werden, denn auch gesondert vereinbarte Klauseln können missbräuchlich sein.[213]

E. Rechtsbehelfe des Verbrauchers (§§ 327i–327n BGB nF)
I. Rechte des Verbrauchers bei Mängeln (§ 327i BGB nF)

148 § 327i BGB nF enthält eine **§ 437 BGB nachgebildete Übersicht der Rechtsbehelfe** des Verbrauchers **im Fall des Mangels** des digitalen Produkts. Diese Rechtsbehelfe entspringen Art. 14 DIRL, wobei sich Art. 14 DIRL bezüglich der dort benannten Abhilfen an den Rechtsbehelfen der VerbrauchsgüterkaufRL orientiert.[214] Da Art. 14 der Richtlinie die aus der VerbrauchsgüterkaufRL bekannte **Zweistufigkeit** übernimmt, konnte auch der Umsetzungsgesetzgeber dieses Konzept beibehalten, was ihm aus Gründen der einheitlichen Systematik bei der Gestaltung der Rechtsbehelfe (§§ 437, 634, 651i BGB) wichtig war. **Zunächst** muss der Verbraucher damit **Nacherfüllung verlangen**, bevor er weitergehende Rechte iSv Minderung und Vertragsbeendigung geltend machen kann. Wie in § 437 BGB hat der Gesetzgeber in § 327i BGB nF aber zusätzlich noch einen **Verweis auf die Regelungen zum Schadens- und Aufwendungsersatz** aufgenommen, der nicht auf die DIRL zurückgeht. Der Kommissionsvorschlag hatte noch einen Schadensersatzanspruch vorgesehen, die Richtlinie enthielt ihn aber nicht mehr. Der Unionsgesetzgeber hat allerdings bzgl. dieses Abhilfeinstruments eine Öffnungsklausel vorgesehen. Der mitgliedstaatliche Gesetzgeber durfte damit national einen Schadensersatzanspruch regeln, was der deutsche Gesetzgeber im Zuge der Implementierung des § 327i BGB nF getan hat.[215]

149 § 327i BGB nF zählt die **einzelnen Rechtsbehelfe lediglich auf** und verweist für die Details auf die nachfolgenden Vorschriften, nämlich in § 327i Nr. 1 BGB nF für den Nacherfüllungsanspruch auf § 327k BGB nF, in § 327i Nr. 2 BGB nF für die Rechte auf Vertragsbeendigung bzw. Minderung auf § 327m (ohne dessen Abs. 3) bzw. § 327n BGB nF, und schließlich in § 327i Nr. 3 BGB nF auf die Schadensersatzan-

---

213 Schulze/Staudenmayer/*Staudenmayer*, EU Digital Law, DCD Art. 8 Art. 8 Rn. 175 f. zur Anwendung der KlauselRL.
214 *Schulze* ZEuP 2019, 695 (709).
215 Überblick über die Rechtsbehelfe auf der Basis der verabschiedeten Richtlinie *Bach* NJW 2019, 1705 (1708 ff.); *Metzger* JZ 2019, 577 (582 f.); *Schulze* ZEuP 2019, 695 (716 ff.); *Sein/Spindler* ERCL 15 (2019) 365 (374 ff.); auf der Basis des Kommissionsvorschlags Kindl/Vendrell/Gsell/*Gsell*, Verträge über digitale Inhalte und digitale Dienstleistungen, S. 85 ff.

sprüche nach § 280 BGB und § 323m Abs. 3 BGB nF sowie den Aufwendungsersatzanspruch gem. § 284 BGB.

II. Verjährung (§ 327j BGB nF)

Die **Verjährungsvorschrift** des **§ 327j BGB nF** hat einen **komplexen unionsrechtlichen Hintergrund**, weil das EU-Recht zwischen einer **Haftungsfrist** und einer **Gewährleistungsfrist** unterscheidet.[216] Diese Unterscheidung kommt in Art. 11 Abs. 2 DIRL zum Ausdruck. Eine Haftungsfrist darf demnach zwei Jahre nicht unterschreiten; es handelt sich um eine Mindestfrist. Dagegen ist der nationale Gesetzgeber bei Gewährleistungsfristen nicht an Vorgaben gebunden, sofern er mit der Gewährleistungsfrist nicht indirekt die Haftungsfrist verkürzt. Im Ergebnis darf damit auch eine Gewährleistungsfrist nicht kürzer als zwei Jahre, wohl aber länger sein. 150

Die **Haftungsfrist** beginnt nach Art. 11 Abs. 2 DIRL für einmalige Bereitstellungen und eine Reihe von Bereitstellungen mit jeder Vertragswidrigkeit, die zum Zeitpunkt der Bereitstellung besteht. Bei einer fortlaufenden Bereitstellung haftet der Unternehmer nach Art. 11 Abs. 3 der Richtlinie für jede Vertragswidrigkeit, die während des Bereitstellungszeitraums eintritt oder offenbar wird. Nach ErwGr 56 „sollte der Unternehmer nur für eine Vertragswidrigkeit [nach Art. 11 Abs. 2 DIRL] haftbar sein, die zu dem Zeitpunkt besteht, zu dem die einmalige Bereitstellung oder jede einzelne Bereitstellung erfolgt." Dies bedeutet, dass bei einer Reihe von Bereitstellungen für den Haftungsbeginn nicht auf die erste Bereitstellung, sondern auf die jeweils von der Vertragswidrigkeit betroffene Bereitstellung abzustellen ist. 151

Der **Umsetzungsgesetzgeber** verzichtete auf die Regelung einer speziellen **Haftungsfrist**. Der Unternehmer haftet also für jeden Mangel, der während der Gewährleistungsfrist zu Tage tritt. Die **Gewährleistungsfrist** legte er auf den **Mindeststandard der Richtlinie für die Haftungsfrist**, also **auf zwei Jahre**, fest. Die Gewährleistungsfrist befindet sich damit in Übereinstimmung mit den Regeln im Kauf-, Werkvertrags- und Pauschalreiserecht (§§ 438 Abs. 1 Nr. 3 BGB, 634a Abs. 1 Nr. 1 BGB, 651j S. 1 BGB). Der Umsetzungsgesetzgeber betonte in diesem Zusammenhang, dass die **Besonderheiten von digitalen Produkten** eine über den Zwei-Jahres-Zeitraum hinausgehende **Ausdehnung der Gewährleistung** (die für das Kaufrecht durchaus diskutiert wurde, → § 4 Rn. 65 ff.) im Regelfall **nicht erforderlich** erscheinen lassen.[217] Er meinte ferner, dass aufgrund der typischen Beweisschwierigkeiten des Verbrauchers die Dauer, für die die Beweislastumkehr eingreift (§ 327k BGB, → Rn. 159 ff.), für die Geltendmachung der Gewährleistungsansprüche von größerer Bedeutung sein dürfte als eine weitergehende Ausdehnung der Verjährungsfrist.[218] 152

§ 327j BGB nF enthält in seinem Abs. 1 als **Grundregel** eine Anknüpfung an die **Bereitstellung**. Danach **beginnt die Verjährung mit der Bereitstellung**, und zwar sowohl für die einmalige Bereitstellung und eine Reihe von Bereitstellungen als auch für die 153

---

[216] Ausf. dazu Stabentheiner/Wendehorst/Zöchling-Jud/*Zöchling-Jud*, Das neue europäische Gewährleistungsrecht, S. 197, 207 ff.
[217] RegE, BT-Drs. 19/27653, 62.
[218] RegE, BT-Drs. 19/27653, 62.

dauerhafte Bereitstellung. Für eine einmalige Bereitstellung besteht damit eine eindeutige und insoweit abschließende Lösung. Das Gesetz enthält allerdings keine speziellen Regelungen über eine Reihe von Bereitstellungen; auch die Begründung äußert sich nicht. In Übereinstimmung mit **ErwGr 56** der Richtlinie ist an die Bereitstellung anzuknüpfen, deren Vertragswidrigkeit geltend gemacht wird. Ein Anknüpfen an die erste Bereitstellung kommt nicht in Betracht, weil sonst bei einem langfristigen Vertrag – der RegE spricht von „**sukzessiver Vertragserfüllung**"[219] – Ansprüche wegen mangelhafter Bereitstellungen zu einem Zeitpunkt von mehr als zwei Jahren nach der ersten Bereitstellung bereits verjährt wären. Das Gesetz sieht für diesen Fall keine **Ablaufhemmung** vor. Der Verbraucher kann also nicht im Rahmen eines laufenden Vertrags den Mangel einer Bereitstellung geltend machen, die bereits mehr als zwei Jahre zurückliegt.

154 Dagegen sieht § **327j Abs. 2 BGB nF** eine **Ablaufhemmung für das Ende der Verjährung bei** einer **dauerhaften Bereitstellung** vor.[220] Danach endet die Verjährung nicht vor Ablauf von zwölf Monaten nach dem Ende des Bereitstellungszeitraums. Die **Zwölf-Monatsfrist** schränkt die zweijährige Verjährungsfrist nicht ein. Die zweijährige Verjährungsfrist kommt auch dann zur Anwendung, wenn die Ablaufhemmung bereits abgelaufen wäre, also bei kürzeren Bereitstellungszeiträumen. Dies geht aus den Worten „**nicht vor Ablauf**" hervor. Die Ablaufhemmung entfaltet ihre Bedeutung dagegen bei längeren Bereitstellungszeiträumen.[221]

155 § 327j Abs. 2 BGB nF bedeutet zwar, dass dem Verbraucher sowohl der gesamte Bereitstellungszeitraum sowie eine zusätzliche Frist von zwölf Monaten nach dem Ende der Leistungspflicht des Unternehmers zur Geltendmachung von Ansprüchen zur Verfügung steht. Die **Schwierigkeiten**, die **Dauer des Bereitstellungszeitraums** wegen des Rechtsbegriffs der „**Erwartungen des Verbrauchers**" zu bestimmen (§ 327f Abs. 1 S. 3 Nr. 2 BGB nF, → Rn. 133), **wirken** sich jedoch damit auch und vor allem **bei der Verjährung** aus.

156 § 327j Abs. 3 BGB nF passt die **Frist für Ansprüche wegen einer Verletzung der Aktualisierungspflicht** nach § 327f Abs. 1 S. 3 Nr. 2 BGB nF an § 327j Abs. 2 BGB nF an. Auch hier endet die **Verjährungsfrist zwölf Monate** nach dem Ende des für die Aktualisierungspflicht maßgeblichen Zeitraums. Da nach § 327f Abs. 1 S. 2 Nr. 1 BGB Aktualisierungen für den Zeitraum einer dauerhaften Bereitstellung geschuldet werden, fällt das Ende der Frist nach § 327j Abs. 2 BGB nF und § 327j Abs. 3 BGB nF zeitlich zusammen. Im Fall einer einmaligen und einer Reihe von Bereitstellungen endet die Verjährung zwölf Monate nach der letzten geschuldeten Bereitstellung, deren Zeitpunkt gem. § 327f Abs. 1 S. 2 Nr. 2 BGB nF zu bestimmen ist (→ Rn. 123). Hierdurch wird hinsichtlich unterlassener oder fehlerhafter Aktualisierungen gewähr-

---

219 RegE, BT-Drs. 19/27653, 63.
220 Die Ablaufhemmung geht auf eine Änderung des RegE durch den Rechtsausschuss zurück, Beschlussempfehlung, BT-Drs. 19/30951, Bericht, BT-Drs. 19/31116, 10.
221 Rechtsausschuss, Bericht, BT-Drs. 19/31116, 10.

leistet, dass auch noch nach Ablauf des Verpflichtungszeitraums erkannte Mängel geltend gemacht werden können.²²²

§ 327j Abs. 4 BGB nF enthält eine weitere Ablaufhemmung. Hat sich ein Mangel innerhalb der Verjährungsfrist gezeigt, so tritt die Verjährung **nicht vor dem Ablauf von vier Monaten** nach dem Zeitpunkt ein, in dem sich der Mangel erstmals offenbart hat. Mit dieser Regelung setzt der Gesetzgeber die Anforderung des Art. 11 Abs. 2 UAbs. 3 DIRL um. Die EU hat mit ihrer Vorgabe den Mitgliedstaaten aufgegeben, sicherzustellen, dass es die Regelung zur Verjährungsfrist dem Verbraucher gestatten muss, die Gewährleistungsrechte bei einer Vertragswidrigkeit, die während der Verjährungsfrist hervortritt, tatsächlich in Anspruch zu nehmen. Eine **Frist für eine Ablaufhemmung ist in der Richtlinie nicht vorgesehen**. So sah der **RegE** lediglich **zwei Monate** vor. Diese **Frist wurde im Rechtsausschuss verdoppelt**. Probleme ergeben sich besonders, wenn ein Mangel erst kurz vor Ablauf der Verjährungsfrist in Erscheinung tritt. Insofern ergab sich für den Gesetzgeber der Bedarf für eine **richtlinienkonforme Ausgestaltung**.²²³

157

Bei der **Vertragsbeendigung** und **Minderung** handelt es sich – anders als bei der Nacherfüllung sowie dem Anspruch auf Schadens- und Aufwendungsersatz – rechtstechnisch gesehen nicht um echte „Ansprüche" (iSd Legaldefinition des § 194 Abs. 1 BGB), sondern um **Gestaltungsrechte** des Verbrauchers. Vor diesem Hintergrund sind die Regelungen zu den Verjährungsfristen in § 327j Abs. 1–4 BGB nF auf sie nicht unmittelbar anwendbar. Es bedurfte einer **Sonderregelung**, die der Gesetzgeber in **§ 327j Abs. 5 BGB nF** untergebracht hat. Festgelegt ist darin, dass für die in § 327i Nr. 2 BGB nF bezeichneten Abhilfen des Verbrauchers (Recht zur Vertragsbeendigung und Minderung) der **§ 218 BGB** entsprechend anzuwenden ist. Dadurch ist sichergestellt, dass die gewährleistungsrechtlichen Verjährungsregelungen auch bei Gestaltungsrechten greifen. **Vorbild** für die Regelung in § 327j Abs. 4 BGB nF **war § 438 Abs. 4 S. 1 BGB**.²²⁴

158

III. Beweislastumkehr (§ 327k BGB nF)

Nach herkömmlichem Kaufrecht muss die Sache (nur) zum Zeitpunkt des Gefahrübergangs mangelfrei sein. Für den Verbraucher entsteht ein Problem, wenn der Mangel erst später offenbar wird und er nach üblichen Regeln eigentlich nachweisen müsste, dass der Mangel schon zum Zeitpunkt des Gefahrübergangs bestand. Dem halfen bereits die VerbrauchsgüterkaufRL von 1999 und ihre Umsetzung durch eine Beweislastumkehr von sechs Monaten nach Gefahrübergang ab,²²⁵ die der EuGH großzügig auslegt(e).²²⁶ Danach muss der Verbraucher lediglich die Mangelhaftigkeit zum Zeitpunkt der Geltendmachung seiner Rechte beweisen. **Im Vorfeld** der Verabschiedung der DIRL und der WKRL wurde darüber **gestritten, ob und für welchen**

159

---

222 RegE, BT-Drs. 19/27653, 63; zur zugrunde liegenden Richtlinienvorschrift und zu anderen Gestaltungsmöglichkeiten als der vom deutschen Gesetzgeber gewählten Schulze/Staudenmayer/*Zoll*, EU Digital Law, DCD Art. 11 Rn. 37.
223 RegE, BT-Drs. 19/27653, 63.
224 RegE, BT-Drs. 19/27653, 64.
225 Vgl. *Tonner* VuR 2019, 363 (370).
226 EuGH Urt. v. 4.6.2015 – C-497/13, NJW 2015, 2237 – Faber.

Zeitraum die Beweislastumkehr auszudehnen sei.[227] Es setzte sich schließlich ein **Zeitraum von einem Jahr** in beiden Richtlinien durch (zum Warenkauf → § 4 Rn. 40), der freilich in der DIRL für dauerhafte Bereitstellungen modifiziert werden musste (Art. 12 DIRL). Anders als bei der WKRL (→ § 4 Rn. 41) **können die Mitgliedstaaten den Ein-Jahres-Zeitraum nicht auf zwei Jahre ausdehnen** (so ausdrücklich ErwGr 11).[228]

160 Die Umsetzung von Art. 12 DIRL findet sich in **§ 327k BGB nF**. Die darin enthaltenen **Beweislastregelungen differenzieren** (ähnlich wie die Verjährungsregeln nach § 327j BGB nF, → Rn. 150) danach, ob es sich bei der vertragsgegenständlichen Bereitstellung um eine **einmalige oder eine Reihe von Bereitstellungen (§ 327k Abs. 1 BGB nF) oder** um eine **dauerhafte Bereitstellung** des digitalen Produkts handelt (§ 327k Abs. 2 BGB nF). Der Umsetzungsgesetzgeber trägt damit Art. 12 Abs. 2 und 3 DIRL Rechnung. In § 327k Abs. 3 und 4 BGB nF finden sich schließlich eine Reihe von Ausnahmen und Beschränkungen der Beweislastumkehr, die auf Art. 12 Abs. 4 und 5 DIRL zurückgehen.

161 In **§ 327k Abs. 1 BGB nF** sind die Fälle einer **einmaligen Bereitstellung** bzw. einer **Reihe einzelner Bereitstellungen** geregelt. Wenn sich ein **Mangel** des digitalen Produkts nach § 327e oder § 327g BGB nF **innerhalb eines Jahres** seit seiner (erstmaligen) Bereitstellung zeigt, **wird vermutet**, dass das **digitale Produkt** bereits „bei" Bereitstellung mangelhaft war. Damit besteht ein Gleichlauf mit der WKRL (→ § 4 Rn. 40 ff.). **Zeigt** sich bei einem **dauerhaft bereitgestellten digitalen Produkt** während der **Dauer der Bereitstellung** ein von den Anforderungen nach § 327e BGB nF oder § 327g BGB nF abweichender Zustand, wird gem. § 327k Abs. 2 BGB nF ebenfalls **vermutet, dass das digitale Produkt während der bisherigen Dauer der Bereitstellung mangelhaft war**. Der Zeitraum, in dem die Beweislastumkehr gilt, kann daher wie bei der Verjährung wesentlich länger als ein Jahr sein.

162 **§ 327k Abs. 3 BGB nF statuiert** allerdings **Ausnahmen** von den Regelungen zur Beweislastumkehr nach § 327k Abs. 1 und 2 BGB nF, er setzt Art. 12 Abs. 4 DIRL um. Wenn der Unternehmer, wie in § 327k Abs. 3 Nr. 1 BGB nF vorgesehen, beweist, dass die **digitale Umgebung des Verbrauchers** den entsprechenden technischen Anforderungen des streitgegenständlichen digitalen Produkts nicht genügt (dh „inkompatibel" ist), trägt der Verbraucher in Anwendung der allgemeinen Grundsätze die Beweislast dafür, dass die digitalen Produkte zum maßgeblichen Zeitpunkt mangelfrei waren. Gegenstand der Beweisführung des Unternehmers ist damit die zum maßgeblichen Zeitpunkt (der Bereitstellung) vorhandene digitale Umgebung des Verbrauchers. Eine **Legaldefinition** des Begriffes der „digitalen Umgebung" (des Verbrauchers) findet sich in **§ 327 Abs. 4 S. 3 BGB nF**. Zur digitalen Umgebung zählt damit neben **Hard- und Software** auch die Netzverbindung.

163 Gem. der Vorgabe aus § 327k Abs. 3 Nr. 2 BGB nF entfällt die Beweislastumkehr auch dann, **wenn** der **Verbraucher** ihm mögliche **Mitwirkungshandlungen bei der Fehlersuche** des Unternehmers **unterlässt**. Insofern statuiert die Vorschrift mittelbar

---

227 Zur Kompromissfindung im europäischen Gesetzgebungsverfahren *Staudenmayer* ZEuP 2019, 663 (693).
228 Bedauernd *Bach* NJW 2019, 1705 (1708).

eine **Mitwirkungsobliegenheit des Verbrauchers**.[229] Das **technische Mittel** muss außerdem den für den Verbraucher **geringsten Eingriff** bedeuten, sonst ist ihm die Mitwirkung nicht zumutbar.[230] Kommt der Verbraucher der seinerseits bestehenden Obliegenheit nicht nach, trägt er wiederum die Beweislast für die Mangelhaftigkeit des digitalen Produkts (vgl. Art. 12 Abs. 5 S. 3 DIRL).[231] Allerdings nötigt § 327k Abs. 3 Nr. 2 BGB nF dem Verbraucher nur solche Mitwirkungshandlungen ab, die die Feststellung der Kompatibilität der digitalen Umgebung zum digitalen Produkt betreffen. Die Ermittlung der darüber hinausgehenden genauen Ursache des nicht (fehlerfrei) funktionierenden digitalen Produkts ist darin nicht eingeschlossen.[232]

Der Ausschluss der Mangelvermutung greift allerdings nur, wenn der **Unternehmer** im Fall des § 327k Abs. 3 Nr. 1 BGB nF den **Verbraucher vor Vertragsschluss klar und verständlich** über die technischen Anforderungen des digitalen Produkts an die digitale Umgebung (vgl. § 327k Abs. 4 Nr. 1 BGB nF) und die **prinzipiell bestehende Mitwirkungsobliegenheit** des Verbrauchers in den von § 327k Abs. 3 Nr. 2 BGB nF beschriebenen Fällen (§ 327k Abs. 4 Nr. 2 BGB nF) **informiert hat**. 164

IV. Nacherfüllung (§ 327l BGB nF)

1. Durchführung der Nacherfüllung

§§ 327l–327n BGB nF setzen Art. 14 DIRL um, der die **Abhilfen bei Vertragswidrigkeit** regelt. Art. 14 folgt dem bekannten zweistufigen System der VerbrauchsgüterkaufRL, das auch die WKRL beibehält (→ § 4 Rn. 72 ff.), auf der ersten Stufe einen Nacherfüllungsanspruch zu gewähren, und auf der zweiten Stufe Ansprüche auf Vertragsbeendigung und Minderung einzuräumen. Jedoch enthält Art. 14 der Richtlinie eine Reihe von Anpassungen an den Umstand, dass digitale Produkte keine körperlichen Sachen sind. 165

Dies beginnt bereits mit § 327l BGB nF, der **Vorschrift über die Nacherfüllung**. Art. 14 der Richtlinie spricht nicht von „Nacherfüllung", sondern von „Herstellung des vertragsgemäßen Zustands". Der deutsche Gesetzgeber hat den Begriff der Nacherfüllung gleichwohl verwendet, damit kein sprachlicher und systematischer Bruch mit dem übrigen Gewährleistungsrecht des Kauf- und Werkvertragsrechts entsteht.[233] Im Gegensatz zur WKRL und zur bisherigen VerbrauchsgüterkaufRL findet sich in Art. 14 Abs. 2 DIRL keine Differenzierung zwischen Nachbesserung und erneuter Bereitstellung. Es liegt damit **im Ermessen des Unternehmers, zu entscheiden, wie** er die **Vertragsmäßigkeit** des digitalen Produkts (wieder) **herstellt**. Dem **Verbraucher** steht anders als im Kaufrecht **kein Wahlrecht** bzgl. einer bestimmten Form der Nacherfüllung zu.[234] Das fehlende Wahlrecht des Verbrauchers ist auf die **Eigenart digitaler Produkte** zurückzuführen. Regelmäßig wird der Unternehmer dem Nachbesserungs- 166

---

229 RegE, BT-Drs. 19/27653, 65.
230 Zur zugrunde liegenden Richtlinienvorschrift Schulze/Staudenmayer/*Zoll*, EU Digital Law, DCD Art. 12 Rn. 129.
231 Zu dieser Richtlinienvorschrift Stabentheiner/Wendehorst/Zöchling-Jud/*Zöchling-Jud*, Das neue europäische Gewährleistungsrecht, S. 197, 201.
232 RegE, BT-Drs. 19/27653, 65.
233 BT-Drs. 19/27653, 66.
234 BT-Drs. 19/27653, 66.

verlangen durch die Bereitstellung einer mangelfreien Kopie des digitalen Produkts schnell und angemessen nachkommen. Die Grenzen zwischen Nachbesserung und erneuter Bereitstellung verschwimmen bei digitalen Produkten ohnehin.[235]

167 Trägt der Verbraucher sein **Nacherfüllungsverlangen** dem Unternehmer vor, was er nach dem Gesetz **formlos** (dh also auch mündlich) tun kann, muss er das Wort „Nacherfüllung" nicht verwenden. Es genügt vielmehr, dass der Verbraucher dem Unternehmer die Tatsachen mitteilt, aus denen sich die Vertragswidrigkeit des digitalen Produkts ergibt (und um Abhilfe bittet), sofern der Unternehmer aus den Informationen die erforderlichen Schlüsse ziehen kann.[236] In **ErwGr 63** der DIRL werden **regelbeispielhaft Varianten der Nacherfüllung** aufgeführt.[237] Der Unternehmer kann insofern etwa nacherfüllen, indem er eine **aktualisierte Version** des digitalen Produkts **bereitstellt** oder **eine fehlerfreie neue Kopie übermittelt**. Aber auch, wenn der Unternehmer dem Verbraucher **andere, zumutbar einsetzbare Mittel zur eigenständigen Behebung des Mangels zur Verfügung stellt**, hat er nacherfüllt.

168 Wie aus Art. 14 Abs. 3 DIRL und der Umsetzungsvorschrift in **§ 327l Abs. 1 S. 1 BGB nF** hervorgeht, darf die Nacherfüllung den **Verbraucher nicht mit Kosten belasten**. Vielmehr hat der **Unternehmer** diesbzgl. entstehende **Aufwendungen selbst zu tragen**. Wenn der Unternehmer zur Erfüllung seiner Verpflichtungen **andere Personen** einbindet, muss selbst deren Tätigkeit für den Verbraucher **unentgeltlich** erfolgen. Auch eine mittelbare Kostenabwälzung auf den Verbraucher ist damit untersagt. Aus dem Wortlaut des **ErwGr 64** („keine Kosten in Zusammenhang mit der Entwicklung einer aktualisierten Version") wird gelegentlich gefolgert, dass dem Verbraucher andere Kosten, insbesondere **Netzübertragungskosten beim Download** einer bereitgestellten mangelfreien Version, in Rechnung gestellt werden dürfen.[238] Dem wird zu Recht mit dem Argument widersprochen, dass der Zweck der Regelung darin besteht, den Verbraucher von allen entstehenden Kosten der Nacherfüllung freizuhalten, weil ihn diese von der Durchsetzung seines Rechts abhalten könnten,[239] zumal er auf die vom Unternehmer gewählte Form der Nacherfüllung keinen Einfluss hat.

169 § 327l Abs. 1 S. 2 BGB nF konkretisiert die Pflicht des Unternehmers weiter dahin gehend, dass er die **Nacherfüllung innerhalb einer angemessenen Frist** ab dem Zeitpunkt, zu dem der Verbraucher ihn über den Mangel informiert hat, durchführen muss. Dass der Gesetzgeber **keine feste Frist** vorgegeben hat, sondern lediglich darauf abstellt, dass diese „angemessen" sein soll, stellt nach **ErwGr 64** die notwendige Flexibilität sicher, um den **Anforderungen an die Vielfalt digitaler Produkte** gerecht zu werden.[240] Die **Parteien können** gem. ErwGr 64 der DIRL im Einzelfall auch eine **Frist für die Herstellung** des vertragsgemäßen Zustandes **vereinbaren**. Auch die vereinbarte Frist muss ihrerseits aber „angemessen" sein.[241] Eine unangemessen kurze

---

235 Vgl. Schulze/Staudenmayer/*Gsell*, EU Digital Law, DCD Art. 14 Rn. 20.
236 BT-Drs. 19/27653, 66. Zur Formfreiheit nach der Richtlinie etwa Stabentheiner/Wendehorst/Zöchling-Jud/*Koch*, Das neue europäische Gewährleistungsrecht, S. 157, 164.
237 Zahlreiche Bsp. finden sich auch bei Stabentheiner/Wendehorst/Zöchling-Jud/*Koch*, Das neue europäische Gewährleistungsrecht, S. 157, 166.
238 Stabentheiner/Wendehorst/Zöchling-Jud/*Koch*, Das neue europäische Gewährleistungsrecht, S. 157, 166 f.
239 Schulze/Staudenmayer/*Gsell*, EU Digital Law, DCD Art. 14 Rn. 26.
240 Vgl. dazu Schulze/Staudenmayer/*Gsell*, EU Digital Law, DCD Art. 14 Rn. 22.
241 Schulze/Staudenmayer/*Gsell*, EU Digital Law, DCD Art. 14 Rn. 24 unter Verweis auf die KlauselRL.

Frist, die der Verbraucher postuliert hat, setzt wie auch sonst, eine angemessen lange Frist in Gang.

Die Nacherfüllung muss ferner „ohne erhebliche Unannehmlichkeiten für den Verbraucher" abgewickelt werden. Der Umsetzungsgesetzgeber weist in diesem Zusammenhang darauf hin, dass sich eine mögliche **erhebliche Unannehmlichkeit** für den Verbraucher daraus ergeben kann, dass dieser zur Ermöglichung der Nacherfüllung erhebliche Änderungen an anderer Software- oder Hardware vornehmen muss.[242] *Gsell* zieht diesbzgl. das **Weber/Putz-Urteil des EuGH** heran,[243] wo der EuGH ausführte, dass die VerbrauchsgüterkaufRL „einen gerechten Ausgleich zwischen den Interessen des Verbrauchers und denen des Verkäufers herstellen soll, indem er dem Verbraucher als schwächerer Vertragspartei einen umfassenden und wirksamen Schutz dagegen gewährt, dass der Verkäufer seine Verpflichtungen schlecht erfüllt, und zugleich erlaubt, vom Verkäufer angeführte wirtschaftliche Überlegungen zu berücksichtigen."[244] Dem ist zuzustimmen. 170

2. Ausschluss des Nacherfüllungsanspruchs

Der **Anspruch auf Nacherfüllung** ist gem. § 327l Abs. 2 S. 1 BGB nF dann ausgeschlossen, wenn die **Nacherfüllung** für den Unternehmer gem. § 275 Abs. 1 BGB **unmöglich** oder für den Unternehmer **nur unter Einsatz unverhältnismäßiger Kosten durchführbar** ist. Den Anspruchsausschluss bei Unmöglichkeit der Nacherfüllung sieht die DIRL schon in Art. 14 Abs. 2 vor. Dabei umfasst die Unmöglichkeit, was sich aus ErwGr 65 der DIRL ableiten lässt, sowohl die **tatsächliche** als auch die **rechtliche Unmöglichkeit**. Insofern sind die **Wertungen des § 275 Abs. 1 BGB anwendbar**, nicht jedoch die aus § 275 Abs. 2 und 3 BGB, da sie keinen Rückhalt in der DIRL finden.[245] § 327 Abs. 2 S. 2 BGB nF regelt dies ausdrücklich.[246] Erfasst sind sowohl die anfängliche als auch die nachträgliche Unmöglichkeit, aber nur die objektive, nicht auch die subjektive Unmöglichkeit.[247] Es ist eine **enge Auslegung geboten**, da der Unternehmer auf den Einwand der unverhältnismäßigen Kosten ausweichen kann. 171

Die **Unmöglichkeit der Nacherfüllung rechtfertigt** dabei die **Vertragsbeendigung** aus sich heraus. Im Gegensatz zur kaufrechtlichen Gewährleistung ist es zur dortigen Herbeiführung des Rücktritts nicht nötig, dass der Unternehmer die Nacherfüllung wegen Unmöglichkeit (oder unverhältnismäßiger Kosten) verweigert hat.[248] Gleichwohl wird die Feststellung des Eintritts der Unmöglichkeit bzgl. der Nacherfüllung für den Käufer ohne eine derartige Reaktion des Unternehmers in der Praxis kaum möglich sein, so dass er **faktisch aus Beweisgründen auf** eine **Weigerungserklärung des Unternehmers angewiesen** bleibt. 172

---

242 RegE, BT-Drs. 19/27653, 66; weitere Bsp. bei Stabentheiner/Wendehorst/Zöchling-Jud/*Koch*, Das neue europäische Gewährleistungsrecht, S. 157, 168.
243 Schulze/Staudenmayer/*Gsell*, EU Digital Law, DCD Art. 14 Rn. 29.
244 EuGH Urt. v. 16.6.2011 – C-65/09 und C-87/09, NJW 2011, 2269 – Weber/Putz.
245 RegE, BT-Drs. 19/27653, 67.
246 § 327l Abs. 2 S. 2 BGB nF wurde erst im Rechtsausschuss eingefügt, vgl. die Begründung im Bericht, BT-Drs. 19/31116, 11.
247 Schulze/Staudenmayer/*Gsell*, EU Digital Law, DCD Art. 14 Rn. 31 ff.
248 RegE, BT-Drs. 19/27653, 67 f.

173 Die **Nacherfüllung** ist nach § 327l Abs. 2 BGB nF auch dann **ausgeschlossen**, wenn sie für den Unternehmer „**unverhältnismäßige Kosten**" mit sich bringt. Der Umsetzungsgesetzgeber hebt in diesem Zusammenhang hervor, dass die Frage nach der Unverhältnismäßigkeit mit Blick auf alle in Betracht kommenden Möglichkeiten des Unternehmers zu beantworten ist, gerade weil dem Verbraucher kein Wahlrecht bzgl. einzelner denkbarer Nacherfüllungsvarianten zusteht.[249] Zur **Ermittlung der (Un-)Verhältnismäßigkeit** der Kosten ist im Weiteren insbesondere der **Wert des digitalen Produkts in mangelfreiem Zustand** sowie die **Bedeutung des Mangels** zu berücksichtigen, vgl. § 327l Abs. 2 S. 2 BGB nF. Dass dies die abwägungserheblichen Faktoren sind, ist auf Art. 14 Abs. 2 lit. a und b DIRL zurückzuführen.[250]

174 Zur **weiteren Konkretisierung** kann wegen des engen Zusammenhangs der dahinterliegenden Wertungen teilweise auf die zu **§ 439 Abs. 4 S. 2 BGB ergangene Judikatur** zurückgegriffen werden.[251] Gerade weil digitale Produkte nicht gegenständlich sind, ist hier aber auch zu berücksichtigen, ob und in welchem Umfang dem Unternehmer ggf. **Synergieeffekte zu Gute** kommen,[252] zB wenn der Unternehmer die Behebung eines Funktionsproblems durch Beseitigung eines Programmierfehlers oder Zurverfügungstellung eines Updates in einer Vielzahl von Vertragsverhältnissen zur Nacherfüllung einsetzen kann.

V. Vertragsbeendigung und Schadensersatz (§ 327m BGB nF)
1. Voraussetzungen für die Vertragsbeendigung (§ 327m Abs. 1 BGB nF)

175 Ist das **digitale Produkt mangelhaft**, kann der **Verbraucher** den **Vertrag** nach Maßgabe des **§ 327o BGB nF beenden** und **Schadensersatz** fordern. Insofern gehören auch diese (Gestaltungs-)Rechte zum Abhilfeprogramm des Verbrauchers.[253] **§ 327m Abs. 1 BGB nF** zeigt diejenigen **Konstellationen** auf, in denen für den Verbraucher das **Recht zur Vertragsbeendigung** besteht. Bedeutsam ist § 327m Abs. 1 BGB nF ferner für den **Schadensersatz- und** den **Aufwendungsersatzanspruch** nach **§ 327m Abs. 3 BGB nF** sowie für die **Möglichkeit zur Minderung** nach § 327n BGB nF. Die Vorschrift ist ohne Rücksicht darauf anwendbar, ob der Verbraucher einen Preis beglichen oder mit seinen persönlichen Daten gezahlt hat.

176 **§ 327m Abs. 1 BGB nF** enthält in den **Nummern 1–6** eine abschließende Aufzählung **von sechs Anlässen**, die den Verbraucher zur Ausübung des Gestaltungsrechts auf **Vertragsbeendigung** berechtigen. Gem. **§ 327m Abs. 1 Nr. 1 BGB nF** ist die Vertragsbeendigung seitens des Verbrauchers zunächst möglich, wenn der **Nacherfüllungsanspruch** nach § 327l Abs. 2 BGB nF (iVm § 275 Abs. 1 BGB) **wegen Unmöglichkeit ausgeschlossen** ist (→ Rn. 171 f.). Dieser Vertragsbeendigungsanlass fußt auf Art. 14 Abs. 4 lit. a DIRL.

---

249 RegE, BT-Drs. 19/27653, 67.
250 Schulze/Staudenmayer/*Gsell*, EU Digital Law, DCD Art. 14 Rn. 36.
251 RegE, BT-Drs. 19/27653, 67.
252 RegE, BT-Drs. 19/27653, 67; ausführlicher zu diesem Aspekt Schulze/Staudenmayer/*Gsell*, EU Digital Law, DCD Art. 14 Rn. 41.
253 Vgl. auch den Überblick bei *Bach* NJW 2019, 1705 (1709 f.).

E. Rechtsbehelfe des Verbrauchers (§§ 327i–327n BGB nF)

Eine Vertragsbeendigung durch Erklärung des Verbrauchers gegenüber dem Unternehmer ist bei einem mangelhaften digitalen Produkt ferner möglich, wenn der **vorrangige Nacherfüllungsanspruch** des Verbrauchers durch den Unternehmer **nicht gem. § 327l Abs. 1 BGB nF innerhalb der angemessenen Frist erfüllt** wurde, vgl. **§ 327m Abs. 1 Nr. 2 BGB nF.** Die Regelung dient der Umsetzung von Art. 14 Abs. 4 lit. b DIRL.[254] Aber auch dann, wenn sich **trotz** der vom Unternehmer versuchten **Nacherfüllung weiterhin ein Mangel beim digitalen Produkt zeigt** und die **Nacherfüllung** damit als „**fehlgeschlagen**" anzusehen ist, kommt eine **Vertragsbeendigung** in Betracht, vgl. **§ 327m Abs. 1 Nr. 3 BGB nF.** Damit wird Art. 14 Abs. 4 lit. c DIRL transformiert. Interessanterweise soll der Verbraucher nach der Vorstellung des Gesetzgebers nicht auf die nochmalige, dh zweite Möglichkeit der Nacherfüllung verwiesen werden. Hier weicht das Gewährleistungsrecht für digitale Produkte von dem des Kaufrechts (vgl. § 440 S. 2 BGB, der Minderung bzw. Rücktritt erst nach dem erfolglosen zweiten Versuch zulässt) ab. Diese Vorschrift wurde durch die Umsetzung der WKRL nicht geändert (→ § 4 Rn. 72). **Für den Fehlschlag** der Nacherfüllung ist es dabei **unerheblich, ob sich** nach der Nacherfüllung des Unternehmers **der gleiche oder ein anderer (ggf. zuvor versteckter) Mangel zeigt.**[255]

177

Für den Fall, dass der **Mangel besonders schwerwiegend** ist, eröffnet sich für den Verbraucher nach **§ 327m Abs. 1 Nr. 4 BGB nF** sogar ein sofortiges Vertragsbeendigungsrecht. Insofern schlagen in dieser Vertragsbeendigungsvariante die Wertungen, die eine Vertragsbeendigung durch Rücktritt (vgl. § 323 Abs. 2 Nr. 2 BGB nF: „besondere Umstände") oder Kündigung (siehe § 314 BGB: „wichtiger Grund") rechtfertigen würden, durch. Ebenso wie im Zusammenhang mit der Kündigung und dem Rücktritt kommt es für die Beurteilung der Frage, ob der Mangel derart schwerwiegend ist, dass die sofortige Vertragsbeendigung gerechtfertigt erscheint, auf die **Abwägung der widerstreitenden Interessen** der Vertragsparteien an. Als ein **Bsp. für einen schwerwiegenden Mangel** führt ErwGr 68 der DIRL etwa den Sachverhalt an, dass der Verbraucher ein **Antivirenprogramm erworben hat, welches selbst mit Viren infiziert ist.**[256]

178

Ein weiterer Anlass für den Verbraucher, den Vertrag mit dem Unternehmer sofort zu beenden, ist gegeben, wenn der **Unternehmer** die ihm gem. § 327l Abs. 1 S. 2 BGB nF obliegende **Nacherfüllung** nach einem entsprechenden Verlangen **verweigert**, vgl. dazu **§ 327m Abs. 1 Nr. 5 BGB nF.** Die Regelung dient der Umsetzung von Art. 14 Abs. 4 lit. e DIRL. Im deutschen Recht findet sich bereits eine **Wertungsparallele in § 323 Abs. 2 Nr. 1 BGB.** Für die Anwendung des § 327m Abs. 1 Nr. 5 BGB nF spielt dabei keine Rolle, ob der Unternehmer die Nacherfüllung berechtigt oder unberechtigt verweigert. Sollte eine unberechtigte Verweigerung vorliegen, eröffnet sich für den Verbraucher nur die zusätzliche Option, auf Nacherfüllung zu beharren und den entsprechenden Anspruch zwangsweise durchzusetzen.[257]

179

---

[254] RegE, BT-Drs. 19/27653, 68; dazu Schulze/Staudenmayer/*Gsell*, EU Digital Law, DCD Art. 14 Rn. 51 f.
[255] RegE, BT-Drs. 19/27653, 68; zur zugrunde liegenden Richtlinienvorschrift Stabentheiner/Wendehorst/Zöchling-Jud/*Koch*, Das neue europäische Gewährleistungsrecht, S. 157, 173 f.
[256] Weitere Bsp. bei Stabentheiner/Wendehorst/Zöchling-Jud/*Koch*, Das neue europäische Gewährleistungsrecht, S. 157, 171.
[257] RegE, BT-Drs. 19/27653, 69.

§ 2 Digitale Inhalte und Digitale Dienstleistungen

180 § 327m Abs. 1 Nr. 6 BGB nF regelt schließlich einen letzten Fall: Auch dann, wenn es nach den **Umständen offensichtlich** ist, dass der **Unternehmer nicht** gem. § 327l Abs. 1 S. 2 BGB nF **ordnungsgemäß nacherfüllen wird**, kann der Verbraucher den **Vertrag beenden, ohne zuvor die Nacherfüllung zu fordern**. Damit wird Art. 14 Abs. 4 lit. e DIRL ins deutsche Recht transformiert. Im deutschen Recht befindet sich in § 323 Abs. 4 BGB bereits eine **vergleichbare Wertung**.

2. Ausschlussgründe für die Vertragsbeendigung (§ 327m Abs. 2 BGB nF)

181 Dem Verbraucher steht hingegen **kein Recht zur Vertragsbeendigung** nach § 327m Abs. 1 BGB nF zu, **wenn der Mangel „unerheblich" ist**, so § 327m Abs. 2 S. 1 BGB nF. Die Regelung geht auf Art. 14 Abs. 6 S. 1 DIRL zurück.[258] Sie **stimmt mit** § 323 Abs. 5 S. 2 BGB überein, wonach auch das Rücktrittsrecht nicht eröffnet ist, wenn der Mangel unerheblich ist. Eine **Ausnahme von der Ausnahme** gilt für **Verbraucherverträge iSd** § 327 Abs. 3 BGB nF (vgl. § 327m Abs. 2 S. 2 BGB nF). Danach greift die Schwelle der Unerheblichkeit nicht bei solchen Verträgen, bei denen der **Verbraucher ausschließlich iSd** § 327 Abs. 3 BGB nF mit „seinen Daten bezahlt" (zur Zahlung mit persönlichen Daten → Rn. 33 ff.; → § 6 Rn. 11 ff.).[259]

3. Fehlende Regelung für Teilleistungen

182 Bzgl. des **Vertragsbeendigungsrechts** enthält die **DIRL keine Vorgabe zur Teilleistung**.[260] Der Umsetzungsgesetzgeber hat hierzu aber in seiner Begründung klargestellt, dass diesbzgl. (wie auch sonst) **maßgeblich ist, inwieweit der Mangel (weiterhin) erheblich"** ist.[261] Eine Teilleistung ist regelmäßig ein Quantitätsmangel, so dass eine Vertragsbeendigung nur bei entspr. Umfänglichkeit und Gewichtung in Bezug auf die Gesamtleistung möglich ist.

4. Schadensersatz und Ersatz vergeblicher Aufwendungen bei Vertragsbeendigung (§ 327m Abs. 3 BGB nF)

183 Wenn der Verbraucher in den Fällen des § 327m Abs. 1 BGB nF **zur Vertragsbeendigung berechtigt** ist, kann er gem. § 327m Abs. 3 BGB nF auch **Schadensersatz statt der Leistung** verlangen. Die im RegE vorgeschlagene Vorschrift wurde im Rechtsausschuss des Bundestags vollkommen umgestaltet.[262] Durch zahlreiche Verweise auf die §§ 280, 281 BGB versucht der Gesetzgeber, den Schadenersatzanspruch so nahe wie möglich am geltenden Leistungsstörungsrecht zu orientieren, muss aber doch mit Rücksicht auf die DIRL zahlreiche Ausnahmen einbauen. Dadurch wird die **Regelung sehr unübersichtlich**. Jedenfalls ist allein § 327m Abs. 3 BGB nF die Anspruchsgrundlage; die Teile der §§ 280 und 281 BGB, auf die verwiesen wird, sind Voraussetzungen dieses Anspruchs.

---

258 Zur Unerheblichkeit in der Richtlinienvorschrift Schulze/Staudenmayer/*Gsell*, EU Digital Law, DCD Art. 14 Rn. 67 ff., insbes. Rn. 69.
259 RegE, BT-Drs. 19/27653, 69.
260 Schulze/Staudenmayer/*Gsell*, EU Digital Law, DCD Art. 14 Rn. 46.
261 RegE, BT-Drs. 19/27653, 69.
262 Vgl. Bericht des Rechtsausschusses, BT-Drs. 19/31116, 11.

Für den Anspruch aus § 327m Abs. 3 BGB nF müssen die **Voraussetzungen des § 280 Abs. 1 BGB** vorliegen, also vor allem **Verschulden**. Es handelt sich mithin um einen teilweisen **Rechtsgrundverweis**. Nach der Begründung des Rechtsausschusses soll sich dieser Verweis ferner an dem Verweis in § 281 Abs. 1 S. 1 BGB orientieren.[263] Die **Vorschrift stellt dabei auf die in § 327m Abs. 1 Nr. 1–6 BGB aufgezählten Vertragsbeendigungsgründe** ab und nicht, wie § 281 BGB, auf die fällige oder nicht wie geschuldet erbrachte Leistung. Insbesondere umfasst der Verweis nicht § 281 Abs. 1 S. 1 BGB, also das Erfordernis einer angemessenen Frist. 184

Schadensersatz statt der ganzen Leistung (dh den „großen Schadensersatz") kann der Verbraucher **nur verlangen**, wenn die **Pflichtverletzung nicht unerheblich ist**. Dies ergibt sich aus dem Verweis in § 327m Abs. 3 S. 2 BGB nF auf § 281 Abs. 3 S. 3 BGB. Teilleistungen führen jedoch zu einem Mangel und nicht zu § 281 Abs. 1 S. 2 BGB, dessen Anwendbarkeit der Gesetzgeber bewusst ausschließt.[264] Außerdem kann der Verbraucher keine Leistung mehr verlangen, wenn er Schadensersatz statt der Leistung verlangt. Denn der Verweis in § 327m Abs. 3 S. 2 BGB nF umfasst auch § 281 Abs. 4 BGB. Damit will der Gesetzgeber einen **Nacherfüllungsanspruch neben dem Schadensersatzanspruch ausschließen**.[265] Schließlich verweist § 327m Abs. 3 S. 3 BGB nF zur **Rückforderung des Geleisteten** auf §§ 327o und 327p BGB nF und erklärt in S. 5 den § 325 BGB für entsprechend anwendbar. Die Geltendmachung der **Ansprüche auf Vertragsbeendigung und auf Schadensersatz ist** daher **nebeneinander** möglich. 185

5. Reichweite des Vertragsbeendigungsrechts bei Paketverträgen

§ 327m Abs. 4 S. 1 BGB nF trifft eine Festlegung zur **Reichweite des Vertragsbeendigungsrechts**. Der Gesetzgeber stellt hierin klar, dass sich das **Vertragslösungsrecht** nach § 327m Abs. 1 BGB nF **auch auf die übrigen Bestandteile eines sog. Paketvertrages erstreckt** (zum Paketvertrag → Rn. 59 f.), wenn und soweit andere Teile des Paketvertrages für den Verbraucher ohne das mangelhafte digitale Produkt nicht mehr von Interesse sind, so § 327m Abs. 4 S. 1 BGB nF. Insoweit findet sich hier eine **Entsprechung zu § 327c Abs. 6 BGB nF**. Für die Auslegung des Begriffes „Interesse" kann nach der Begründung des Umsetzungsgesetzgebers auf die **Judikatur zum entsprechenden Tatbestandsmerkmal in § 323 Abs. 5 S. 1 BGB nF zurückgegriffen** werden.[266] 186

§ 327m Abs. 4 S. 2 BGB nF nimmt allerdings **elektronische Kommunikationsdienste**[267] iSd § 3 Nr. 61 TKG von der Anordnung in § 327m Abs. 4 S. 1 BGB nF aus. § 3 Nr. 61 TKG ist eine Umsetzung der Richtlinie über den europäischen Kodex für die elektronische Kommunikation. Die DIRL sieht in Art. 3 Abs. 6 UAbs. 3 eine **Ausnahme** vor, weil der Kodex eine ähnliche Regelung enthält. 187

---

263 Vgl. Bericht des Rechtsausschusses, BT-Drs. 19/31116, 11.
264 Vgl. Bericht des Rechtsausschusses, BT-Drs. 19/31116, 11.
265 Vgl. Bericht des Rechtsausschusses, BT-Drs. 19/31116, 11.
266 RegE, BT-Drs. 19/27653, 69.
267 Das sind Kommunikationsdienste iSd Art. 2 Nr. 4 RL (EU) 2018/1972.

6. Reichweite des Vertragslösungsrechts bei verbundenen Verträgen

188 § 327m Abs. 5 BGB nF räumt dem Verbraucher ein weiteres besonderes Vertragslösungsrecht ein, welches dem Vorbild von § 327c Abs. 7 BGB nF entsprechend (→ Rn. 82 ff.) das **Vorliegen der Voraussetzungen für eine Vertragsbeendigung nach** § 327m Abs. 1 BGB nF erfordert. In diesem Fall wird angeordnet, dass sich der Verbraucher **auch von den anderen Bestandteilen** eines Vertrages über eine Sache mit digitalen Elementen, der kein Kaufvertrag ist (§ 327a Abs. 3 BGB nF), **lösen kann,** wenn die Sache selbst wegen der Mangelhaftigkeit des digitalen Produkts sich nicht zur gewöhnlichen Verwendung eignet.

VI. Minderung (§ 327n BGB nF)

189 Anstatt den Vertrag nach § 327m Abs. 1 BGB nF zu beenden, kann der Verbraucher gem. § 327n BGB nF den **Preis** nach Erklärung gegenüber dem Unternehmer **mindern.** Dadurch wird, wie auch sonst bei einer Minderung, die Äquivalenz von Leistung und Gegenleistung wieder ins Gleichgewicht gebracht. § 327n BGB nF konkretisiert die **Voraussetzungen** und die **Modalitäten** für die Ausübung des Minderungsrechts. Die Vorschrift setzt Art. 14 Abs. 4 und 5 DIRL um.[268]

1. Voraussetzungen (§ 327n Abs. 1 BGB nF)

190 § 327n Abs. 1 S. 1 BGB nF stellt klar, dass sich **Minderung und Vertragsbeendigung ausschließen,** aber die **übrigen Voraussetzungen** für die Ausübung des Vertragsbeendigungsrecht nach § 327m Abs. 1 BGB nF, mithin das Vorliegen eines mangelhaften digitalen Produkts und das Ausbleiben bzw. der Fehlschlag bei der Nacherfüllung, **gegeben sein müssen.** Im Gegensatz zur Vertragsbeendigung kann die **Minderung auch bei einem „unerheblichen" Mangel** geltend gemacht werden. Bei unerheblichen Mängeln ist sie sogar das einzige (verschuldensunabhängige) Abhilferecht, wenn die Nacherfüllung scheitert.

191 Die Ausübung des Minderungsrechts kommt bei Produkten über digitale Inhalte und/oder Dienstleistungen allerdings nur dann in Betracht, wenn der Verbraucher als **Gegenleistung einen Preis zu zahlen hat.** Werden **personenbezogene Daten als Preisäquivalent** hingegeben, ist eine Minderung auf der Hand liegend **nicht durchführbar;** wenn nicht mit Geld bezahlt wurde, kann kein Geld zurückgefordert werden.[269] Es sind Fallgestaltungen denkbar, in denen der Verbraucher, der nur mit seinen persönlichen Daten gezahlt hat, keine Rechte außer der Vertragsbeendigung hat.[270] Sofern der Verbraucher jedoch sowohl einen Preis bezahlt als auch zusätzlich personenbezogene Daten bereitstellt, die nicht schon für die Vertragsdurchführung erforderlich sind, kann er von seinem Recht zur Minderung zumindest anteilig Gebrauch machen, dh den Preis im Hinblick darauf, welchen Anteil er an der Gesamtgegenleistung hat, herabsetzen (ErwGr 67 DIRL). Die **Minderung** ist auch bei Verträgen über digitale Produkte ein **Gestaltungsrecht,** das der Verbraucher durch **empfangsbedürftige Erklärung,** vgl. § 130 Abs. 1 BGB, gegenüber dem Unternehmer ausübt. Hinsichtlich der

---

[268] Stabentheiner/Wendehorst/Zöchling-Jud/*Koch*, Das neue europäische Gewährleistungsrecht, S. 157, 175 f.
[269] RegE, BT-Drs. 19/27653, 70.
[270] Dies wird von Schulze/Staudenmayer/*Gsell*, EU Digital Law, DCD Art. 14 Rn. 60 problematisiert.

Details der erforderlichen **Minderungserklärung** wird in § 327n Abs. 1 S. 3 BGB nF auf die entsprechend anzuwendende **Vorschrift zur Geltendmachung der Vertragsbeendigung** nach § 327o Abs. 1 BGB nF verwiesen (→ Rn. 198 f.).

2. Minderungsumfang (§ 327n Abs. 2 und 3 BGB nF)

Bei der Minderung ist gem. § 327n Abs. 2 S. 1 BGB nF der **Preis in dem Verhältnis herabzusetzen**, in welchem zum **Zeitpunkt der Bereitstellung** der Wert des digitalen Produkts in mangelfreiem Zustand zu dem wirklichen Wert gestanden haben würde. Bei Verträgen über die dauerhafte Bereitstellung eines digitalen Produkts ist der Preis unter entsprechender Anwendung des § 327n Abs. 2 S. 1 BGB nF nur anteilig für die Dauer der Mangelhaftigkeit herabzusetzen. Bezugspunkt für den heranzuziehenden **Wert** ist – abweichend von der bisherigen Regelung im Kauf- und Werkvertragsrecht, bei denen die Zeit des Vertragsschlusses maßgeblich ist – der **Zeitpunkt der Bereitstellung**. Der Gesetzgeber hat damit auf die Anforderung des Art. 14 Abs. 5 DIRL reagiert.[271] 192

§ **327n Abs. 3 BGB nF** sieht (ähnlich wie § 441 Abs. 3 S. 2 BGB und § 638 Abs. 3 S. 2 BGB) die **Möglichkeit zur Schätzung der Minderungshöhe** vor. 193

3. Erstattungsanspruch bei Überzahlung (§ 327n Abs. 4 BGB nF)

Hat der Verbraucher, dem ein Minderungsrecht zusteht, **mehr als den geminderten Preis** an den Unternehmer **bezahlt**, so hat er nach § 327n Abs. 4 S. 1 BGB nF gegen den Unternehmer einen **eigenständigen Anspruch auf Erstattung** (des über den durch Minderung ermittelten Kaufpreis hinaus geleisteten Betrages). Dies sieht Art. 18 Abs. 1 DIRL vor. Der **überschießende Betrag** ist dem Verbraucher **unverzüglich, auf jeden Fall aber innerhalb von 14 Tagen** durch den Unternehmer **zu** erstatten, vgl. § 327n Abs. 4 S. 2 BGB nF. Die Regelung ist § 651h Abs. 5 BGB nachempfunden worden, der ebenfalls auf eine EU-Richtlinie zurückgeht (Art. 12 Abs. 4 Pauschalreiserichtlinie).[272] Eine entsprechende **zusätzliche Aufforderung** des Verbrauchers hierzu ist **nicht erforderlich**. Die **Frist** für die Realisierung der Rückerstattung **beginnt** gem. § 327n Abs. 4 S. 3 BGB nF mit dem **Zugang der Minderungserklärung** beim Unternehmer. Diese Regelung ist in **Anlehnung an § 355 Abs. 3 S. 2 BGB** formuliert worden.[273] 194

Angeordnet wurde zudem, dass der Unternehmer für die Rückerstattung das **gleiche Zahlungsmittel** verwenden muss, das der Verbraucher bei der Zahlung genutzt hat, es sei denn, es wurde ausdrücklich etwas anderes vereinbart und dem Verbraucher entstehen durch die Verwendung des anderen Zahlungsmittels keine Kosten, § 327n Abs. 4 S. 3 BGB nF. Die Vorschrift setzt Art. 18 Abs. 2 DIRL um. IÜ kann der Unternehmer vom Verbraucher **keinen Ersatz für die ggf. zusätzlich entstehenden Kosten** verlangen, die ihm selbst für die Rückerstattung des überzahlten Betrages entstehen. 195

---

271 Zum Bezug auf den Zeitpunkt der Bereitstellung Stabentheiner/Wendehorst/Zöchling-Jud/*Koch*, Das neue europäische Gewährleistungsrecht, S. 157, 176.
272 RegE, BT-Drs. 19/27653, 71.
273 RegE, BT-Drs. 19/27653, 71.

Die Rückerstattungskosten hat der Unternehmer somit gem. § 327n Abs. 4 S. 4 BGB nF selbst zu tragen.

196 Die **DIRL schließt einen Nutzungsersatz kategorisch aus.** Für den Verbraucher besteht also auch keine Zahlungspflicht auf Umwegen in Form eines Nutzungsersatzes für die evtl. noch mögliche (Teil-)Nutzung des digitalen Produkts für den Zeitraum, in dem das digitale Produkt vertragswidrig mit einem Mangel behaftet war. Vor diesem Hintergrund war dem **Umsetzungsgesetzgeber** ein schlichter **Verweis** für die Rückabwicklung der Leistungen **auf die normalen Rücktrittsfolgen**, der auch § 346 Abs. 1 und § 347 Abs. 1 BGB umschlossen hätte, (anders als bei § 441 Abs. 4 BGB) **verwehrt.**[274]

F. Modalitäten der Vertragsbeendigung (§§ 327o und 327p BGB nF)

197 Regelungen zu den **Modalitäten der Vertragsbeendigung** hat der Umsetzungsgesetzgeber in den **§§ 327o und 327p BGB nF** untergebracht. Hier finden sich Vorgaben zu den abzugebenden **Erklärungen** und zu den **Rechtsfolgen** der Vertragsbeendigung.

I. Erklärung und Rechtsfolgen der Vertragsbeendigung (§ 327o Abs. 1 BGB nF)

198 Nach **§ 327o Abs. 1 S. 1 BGB nF** erfolgt die **Beendigung des Vertrages durch Erklärung** gegenüber dem Unternehmer. Die Vorschrift dient der Umsetzung von Art. 15 DIRL.[275] Der Verbraucher hat an den Unternehmer eine (empfangsbedürftige, vgl. § 130 Abs. 1 BGB) Erklärung abzugeben, aus der hervorgeht, dass er den **Vertrag mit ihm nicht mehr fortsetzen möchte**, § 327o Abs. 1 S. 2 BGB nF.

199 Der Verbraucher muss dabei **nicht zwingend** den juristischen **Begriff „Vertragsbeendigung"** verwenden. Er braucht seinen **Entschluss auch nicht zu begründen.** Ferner enthält die DIRL auch **keine Vorgabe zur Form** der Erklärung.[276] Daher sind selbst eine **mündlich und eine konkludente Erklärung** denkbar,[277] aus Beweisgründen allerdings nicht ratsam. Aus Gründen der Empfangsbedürftigkeit der Erklärung (§ 130 BGB) scheidet allerdings ein bloßer **De-Installationsakt** des Verbrauchers bzgl. des digitalen Produkts aus,[278] wenn der Unternehmer nichts davon und von seiner Auswirkung auf den Vertrag, die der Verbraucher damit herbeiführen möchte, erfährt. Bei **mehreren Ausübungsberechtigten** kann das **Recht zur Vertragsbeendigung** ferner **nur von allen gemeinsam** ausgeübt werden, da § 327o Abs. 1 S. 3 BGB nF insoweit den § 351 BGB für anwendbar erklärt.

II. Rückerstattung der Leistungen seitens des Unternehmers (§ 327o Abs. 2–5 BGB nF)

200 **§ 327o Abs. 2–5 BGB nF** trifft besondere **Anordnungen zu den Rechtsfolgen der Vertragsbeendigung** durch den Verbraucher. Im Gegensatz zur WKRL trifft die DIRL hierzu keine Aussagen. Für den deutschen Umsetzungsgesetzgeber war ein un-

---

274 RegE, BT-Drs. 19/27653, 71.
275 Zur Richtlinie Metzger JZ 2019, 577 (583).
276 Zur Formfreiheit der Richtlinie Schulze/Staudenmayer/*Twigg-Flesner*, EU Digital Law, DCD Art. 15 Rn. 8.
277 RegE, BT-Drs. 19/27653, 71.
278 RegE, BT-Drs. 19/27653, 71.

eingeschränkter Verweis auf die §§ 346 ff. BGB schon deshalb nicht möglich, weil die DIRL in ihrem Art. 17 Abs. 3 den Wertersatzanspruch explizit ausschließt.[279] Deshalb passt das Schema der normalen Rücktrittsfolgen gem. §§ 346 ff. BGB nicht,[280] was verständlich macht, warum der Gesetzgeber mit § 327o Abs. 2–5 BGB eine Sonderregelung eingeführt hat.

§ 327o Abs. 2 S. 1 BGB nF bestimmt, dass im Fall der Vertragsbeendigung der Unternehmer dem Verbraucher die von ihm geleisteten Zahlungen zu erstatten hat. Die Regelung statuiert die grundsätzliche und auf alle vom Anwendungsbereich der §§ 327 ff. BGB nF erfassten Verträge anzuwendende Verpflichtung des Unternehmers zur Rückzahlung der vom Verbraucher erhaltenen Leistungen im Falle der Vertragsbeendigung.[281] Sie setzt insofern Art. 16 Abs. 1 UAbs. 1 DIRL um. Nach § 327o Abs. 2 S. 2 BGB nF erlischt gleichzeitig der Anspruch des Unternehmers auf weitere Zahlungen, die noch ausstehen, was auch weitere Zahlungen im Fall von dauerhaften Bereitstellungen betrifft. Der Umsetzungsgesetzgeber trägt damit Art. 16 Abs. 1 UAbs. 2 DIRL Rechnung. Für die weiteren Modalitäten zur Erstattung verweist § 327o Abs. 4 BGB nF auf § 327n Abs. 4 S. 2–5 BGB nF, die entsprechend anwendbar sind (→ Rn. 194 ff.). 201

§ 327o Abs. 3 BGB nF statuiert zusätzlich besondere Bestimmungen zum Schicksal der geschuldeten bzw. bereits geleisteten Zahlungen bei einer dauerhaften Bereitstellung des digitalen Produkts. So lässt § 327o Abs. 3 S. 1 BGB nF den Anspruch des Unternehmers für den Zeitraum der Mangelhaftigkeit des digitalen Produkts entfallen. Daneben tritt gem. § 327o Abs. 3 S. 2 BGB nF die aus Art. 16 Abs. 1 UAbs. 2 DIRL entspringende Verpflichtung des Unternehmers, nur den Anteil des gezahlten Preises zurückzuerstatten, der dem Zeitraum entspricht, in welchem das digitale Produkt nicht vertragsgemäß war.[282] Im Gegensatz zur Minderung entfällt damit der Vergütungsanspruch des Unternehmers für den relevanten Zeitraum nach § 327o Abs. 3 BGB nF vollständig, selbst wenn die Nutzung des digitalen Produkts nur zeitweilig beeinträchtigt gewesen sein sollte. 202

In § 327o Abs. 4 BGB nF hat der Umsetzungsgesetzgeber für weitere Details zur Erstattung der Zahlungen bei Vertragsbeendigung einen umfangreichen Verweis auf § 327n Abs. 4 S. 2–5 BGB (dh auf die Erstattungsregelung zur Minderung) aufgenommen. Demnach ist der zu erstattende Betrag unverzüglich, in jedem Fall innerhalb von 14 Tagen ab Zugang der Vertragsbeendigungserklärung dem Verbraucher zurückzuzahlen, vgl. § 327n Abs. 4 S. 2–3 BGB nF. Ferner ist vom Unternehmer dasselbe Zahlungsmittel zu verwenden (§ 327n Abs. 5 S. 4 BGB nF) und dem Verbraucher dürfen aus der Rückerstattung keine zusätzlichen Kosten entstehen (§ 327n Abs. 4 S. 5 BGB nF). 203

Geringe Bedeutung ist wohl § 327o Abs. 5 BGB nF beizumessen, der den Verbraucher nach erfolgter Ausübung seines Vertragsbeendigungsrechts gem. § 327o Abs. 5 S. 1 BGB nF verpflichtet, die vom Unternehmer bereitgestellten *körperlichen Daten-* 204

---

[279] Zu dieser Vorschrift Schulze/Staudenmayer/*Twigg-Flesner*, EU Digital Law, DCD Art. 17 Rn. 31 ff.
[280] RegE, BT-Drs. 19/27653, 71.
[281] RegE, BT-Drs. 19/27653, 71.
[282] Zur Richtlinienvorschrift Schulze/Staudenmayer/*Twigg-Flesner*, EU Digital Law, DCD Art. 16 Rn. 19 ff.

träger unverzüglich zurückzugeben, wenn der *Unternehmer dies spätestens 14 Tage nach Vertragsbeendigung verlangt.* Die Regelung fußt auf Art. 17 Abs. 2 DIRL, welche wiederum in Teilen die Vorgaben aus Art. 14 Abs. 1 S. 1 VRRL übernimmt.[283] Ihr Anwendungsnutzen dürfte deshalb gering sein, weil digitale Inhalte heute kaum noch durch die Übersendung einer **DVD** oder einer **CD-ROM** auf körperlichen Datenträgern bereitgestellt werden; idR wird dem Verbraucher eine Download-Möglichkeit eingeräumt. Selbst wenn der Unternehmer aber einen haptischen Datenträger zur Verfügung stellt und tatsächlich Rückübersendung desselben fordert, ist der Verbraucher jedenfalls von den **Kosten der Rücksendung freigestellt.** Die Kosten der Rücksendung hat gem. § 327o Abs. 5 S. 2 BGB nF der Unternehmer zu tragen.

III. Weitere Nutzung nach Vertragsbeendigung (§ 327p BGB nF)

205 § 327p BGB nF trifft für den **Zeitraum nach Vertragsbeendigung** eine Vorgabe zur weiteren Nutzung des digitalen Produkts sowie zum Umfang der Nutzungsmöglichkeiten der durch den Verbraucher hergestellten/erzeugten Inhalte. § 327p BGB nF bezieht sich für den letzteren Fall jedoch nur auf **nicht-personenbezogene Daten,**[284] deren **Weiterverwendung** durch den Unternehmer in Frage steht.

1. Nutzungsuntersagung/Sperrung (§ 327p Abs. 1 BGB nF)

206 Im Fall der Vertragsbeendigung ist eine Rückgabe bzw. Rückübermittlung des digitalen Produkts aus wirtschaftlicher Sicht nach Ansicht des Umsetzungsgesetzgebers nur im Fall des § 327o Abs. 5 BGB nF sinnvoll.[285] Insofern ist es verständlich, dass es dem **Verbraucher** nach § 327p Abs. 1 S. 1 BGB nF schlicht untersagt wird, das **digitale Produkt weiter zu nutzen,** was auch die **Untersagung der Weitergabe an einen Dritten** einschließt. Die Regelung setzt Art. 17 Abs. 1 DIRL um.[286] Wie sich aus ErwGr 72 der DIRL ableiten lässt, ist die **Verpflichtung des Verbrauchers nicht allein auf ein schlichtes Unterlassen beschränkt.** Der Verbraucher ist vielmehr verpflichtet, aktiv dafür zu sorgen, dass auch naheliegende Nutzungsmöglichkeiten für Dritte unterbunden werden und/oder durch Löschen digitaler Inhalte bzw. Kopien eine Weiternutzung durch sie nicht mehr stattfindet.

207 Falls der Verbraucher der Nutzungsuntersagung nicht bereits von sich aus nachkommt, ist der **Unternehmer berechtigt,** die **weitere Nutzung** des digitalen Produkts durch den Verbraucher („durch dafür geeignete Maßnahmen") **seinerseits zu unterbinden,** vgl. § 327p Abs. 1 S. 2 BGB nF. Damit ist insbesondere die Möglichkeit angesprochen, den **Zugang des Verbrauchers zum digitalen Produkt** oder dessen **Nutzerkonto zu sperren.**[287] Dabei ist allerdings gem. § 327p Abs. 1 S. 3 BGB nF zu beachten, dass der Anspruch des Verbrauchers nach § 327p Abs. 3 BGB nF (auf Übermittlung der vom Verbraucher bereitgestellten/erzeugten Inhalte) nicht tangiert werden darf.

---

283 Schulze/Staudenmayer/*Twigg-Flesner*, EU Digital Law, DCD Art. 17 Rn. 14 ff.
284 RegE, BT-Drs. 19/27653, 72.
285 RegE, BT-Drs. 19/27653, 72.
286 Schulze/Staudenmayer/*Twigg-Flesner*, EU Digital Law, DCD Art. 17 Rn. 9 ff.
287 BT-Drs. 19/27653, 73.

2. Nutzungsuntersagung für den Unternehmer (§ 327p Abs. 2 BGB nF)

Spiegelbildlich zu § 327p Abs. 1 BGB nF regelt § 327p Abs. 2 BGB nF den Umfang und die Ausnahmen der Verpflichtung des Unternehmers, die weitere Verwendung der iRd Nutzung des digitalen Produkts bereitgestellten oder erstellten Inhalte des Verbrauchers, welche keine personenbezogenen Daten sind, zu unterlassen. Das Nutzungsverbot gilt nach Vertragsbeendigung damit grundsätzlich beiderseits. § 327p Abs. 2 S. 1 BGB nF fußt auf Art. 16 Abs. 3 DIRL. Im Hinblick auf die personenbezogenen Daten des Verbrauchers kann sich eine Verpflichtung des Unternehmers zur Löschung der personenbezogenen Daten bereits aus der DS-GVO ableiten. § 327p Abs. 2 S. 1 BGB nF enthält insofern eine ergänzende Regelung für sonstige (nicht personenbezogene) Daten im vertragsrechtlichen Bereich. 208

Was der EU-Gesetzgeber unter „Inhalten" versteht, die vom Verbraucher erzeugt worden sind, ergibt sich nur mittelbar aus Art. 16 Abs. 3 und 4 der Richtlinie.[288] Als Bsp. für Inhalte iSd Norm nennt **ErwGr 69** der DIRL etwa **digitale Bilder, Video- und Audiodateien** oder **auf mobilen Geräten erstellte sonstige digitale Inhalte**. 209

Eine **Ausnahme** von der den Unternehmer treffenden **Nutzungsuntersagung** an den durch den Verbraucher bereitgestellten/erstellten Inhalten sieht der Gesetzgeber **unter engen Grenzen** vor, die in **§ 327p Abs. 2 S. 2 BGB nF** beschrieben sind. So gilt die Nutzungsuntersagung für den Unternehmer nicht, wenn die Inhalte außerhalb des Kontextes des vom Unternehmer bereitgestellten Produkts keinerlei Nutzen haben (§ 327p Abs. 2 S. 2 Nr. 1 BGB nF). Die Regelung zielt auf Fallgestaltungen ab, in denen die Inhalte, die vom Verbraucher erzeugt werden, **in keiner anderen Art und Weise sinnvoll genutzt** werden können als in dem vom Unternehmer bereitgestelltem Umfeld. Die Vorgabe dient der Transformation von Art. 16 Abs. 3 lit. a DIRL.[289] Der Umsetzungsgesetzgeber führt als **Bsp.** ein vom Unternehmer vorgegebenes und vom Verbraucher lediglich ausgewähltes **Profilbild für den Charakter eines Computerspiels** an.[290] Die Regelung ist hingegen nicht einschlägig, wenn eine Konvertierung der betreffenden Inhalte und zumindest auf diesem Wege eine Weiterverwendung in anderen digitalen Produkten/Umgebungen möglich ist.[291] 210

Die grundsätzliche **Nutzungsuntersagung** für den Unternehmer ist in Umsetzung von Art. 16 Abs. 3 lit. b DIRL **auch dann aufgehoben, wenn** sich die **Nutzung** der vom Verbraucher bereitgestellten bzw. erstellten Inhalte seitens des **Unternehmers ausschließlich auf die Nutzung des vom Unternehmer bereitgestellten digitalen Produkts beschränkt,** weil sie damit zusammenhängt (§ 327p Abs. 2 S. 2 Nr. 2 BGB nF). Als ein Bsp. hierfür wird vom Umsetzungsgesetzgeber der Fall angeführt, dass eine **Benutzeroberfläche durch den Nutzer angepasst** wurde.[292] **ErwGr 69** der DIRL spricht mit Blick auf die durch § 327p Abs. 2 S. 2 BGB nF umgesetzte Bestimmung des Art. 16 Abs. 3 lit. b DIRL anstatt von „Nutzung" von „Aktivität". Damit sind auch Inhalte betreffend das Nutzungsverhalten von § 327p Abs. 2 S. 2 Nr. 2 BGB nF erfasst. 211

---

288 Schulze/Staudenmayer/*Twigg-Flesner*, EU Digital Law, DCD Art. 16 Rn. 37.
289 Dazu Schulze/Staudenmayer/*Twigg-Flesner*, EU Digital Law, DCD Art. 16 Rn. 41 ff.
290 BT-Drs. 19/27653, 73 f.
291 BT-Drs. 19/27653, 74.
292 BT-Drs. 19/27653, 74.

212 Die **Nutzungsuntersagung** gilt gem. Art. 16 Abs. 3 lit. c DIRL **ferner nicht** für den Fall, in welchem die vom Verbraucher bereitgestellten bzw. erstellten **Inhalte vom Unternehmer bereits mit anderen Daten aggregiert** wurden und **nicht oder nur mit unverhältnismäßigem Aufwand** disaggregiert werden können (§ 327p Abs. 2 S. 2 Nr. 3 BGB nF). Für die in diesem Zusammenhang zu beantwortende Frage, ob Daten nicht oder nur mit **unverhältnismäßigem Aufwand** disaggregiert werden können, ist nach der Begründung des Umsetzungsgesetzgebers auf die Interpretation des Begriffs „untrennbar miteinander verbunden" in Art. 2 Abs. 2 S. der Verordnung über einen Rahmen für den freien Verkehr nicht-personenbezogener Daten in der Europäischen Union[293] zurückzugreifen.[294] Der Umsetzungsgesetzgeber nennt als **Bsp.** für einen **unverhältnismäßigen Aufwand** den in der Leitlinie zur Verordnung über einen Rahmen für den freien Verkehr nicht-personenbezogener Daten[295] genannten Fall, dass der Unternehmer Vorkehrungen treffen muss, die seinen finanziellen Aufwand verdoppeln.[296]

213 Eine **Ausnahme von der Nutzungsuntersagung** für den Unternehmer wird schließlich auch dann als gerechtfertigt angesehen, wenn die betreffenden **Inhalte vom Verbraucher** „gemeinsam mit anderen erzeugt" wurden, sofern andere Verbraucher die Inhalte weiter nutzen können, so § 327p Abs. 2 S. 2 Nr. 4 BGB nF. Entsprechend der Formulierung in Art. 16 Abs. 3 lit. d DIRL, die mit der Bestimmung umgesetzt wird, ist der Personenkreis, der die Inhalte gemeinsam mit dem Verbraucher potenziell erstellt, nicht eingeschränkt, wohingegen es bei der Möglichkeit zur Weiternutzung auf eine solche (nur) durch den Verbraucher ankommen soll. Ein **Bsp.** für einen gemeinsam erzeugten Inhalt kann **eine im Rahmen eines Online-Computerspiels durch mehrere Nutzer erstellte Spiellandschaft** sein.[297] Im Gegensatz dazu kann das bloße Teilen oder Kommentieren eines Inhalts im Rahmen eines sozialen Netzwerks nicht ausreichen, um von einem „gemeinsamen Erzeugen" iSd Norm auszugehen.[298]

3. Bereitstellungspflicht (§ 327p Abs. 3 BGB nF)

214 Der Unternehmer hat Inhalte, die er gem. § 327p Abs. 2 S. 1 BGB nF **nicht weiter nutzen darf**, dem Verbraucher als Erzeuger **auf dessen Verlangen** „bereitzustellen", vgl. § 327p **Abs. 3 S. 1 BGB nF**, damit dieser damit weiterarbeiten kann, wenn er es möchte. Die Bereitstellungspflicht des Unternehmers bezieht sich jedoch nicht auf solche Inhalte, die er nach § 327p Abs. 2 S. 2 Nr. 1–3 BGB selbst ganz ausnahmsweise (weiter-)nutzen darf, wie § 327p Abs. 3 S. 2 BGB nF klarstellt. Besteht seitens des Unternehmers aber nach § 327p Abs. 3 S. 1 BGB nF grundsätzlich eine „**Bereitstellungspflicht**", muss der **Unternehmer** dieser in Umsetzung von Art. 16 Abs. 4 S. 2 DIRL unentgeltlich, innerhalb einer angemessenen Frist und in einem gängigen maschinenlesbaren Format nachkommen.[299]

---

293 VO (EU) 2018/1807.
294 BT-Drs. 19/27653, 74.
295 COM(2019) 250 final.
296 BT-Drs. 19/27653, 74.
297 RegE, BT-Drs. 19/27653, 74.
298 RegE, BT-Drs. 19/27653, 74.
299 Zur Richtlinienvorschrift Schulze/Staudenmayer/*Twigg-Flesner*, EU Digital Law, DCD Art. 16 Rn. 65 ff.

Die **DIRL** gibt **keine Auskunft** darüber, **wie lange** der Unternehmer die dem Anspruch nach § 327p Abs. 3 BGB nF unterfallenden **Inhalte**, die der Verbraucher bereitgestellt bzw. erstellt hat, **speichern muss**, um sie ihm nach Vertragsbeendigung bereitstellen zu können. Man wird hier wohl darauf abstellen müssen, was in Abwägung des Speicheraufwandes und der Bedeutung der Inhalte für den Verbraucher, erwartbar ist. Löscht der Unternehmer vorfristig die Inhalte und kann er sie daher nicht mehr bereitstellen, macht er sich ggf. (gem. § 280 Abs. 1 BGB) **schadensersatzpflichtig**, weil er damit den Anspruch des Verbrauchers vereitelt hat.[300]

215

G. Änderung digitaler Produkte, Abweichungsmöglichkeiten (§§ 327r–327s BGB nF)

I. Änderungen an digitalen Produkten (§ 327r BGB nF)

Während der Unternehmer zu einem Update unter den Voraussetzungen des § 327f BGB nF verpflichtet ist (→ Rn. 123 ff.), besteht **keine gesetzliche Pflicht zu einem „Upgrade"**. Es ist andererseits aber auch nicht verboten. Der Unternehmer darf dem Verbraucher jedoch ein Upgrade **nicht nach Belieben aufzwingen**, sondern ist dabei an die Voraussetzungen des § 327r BGB nF gebunden. Die Vorschrift enthält eine sehr weitreichende Regelung für **nachträgliche Änderungen** von digitalen Produkten. Sie setzt Art. 19 DIRL um[301] und regelt die **Voraussetzungen und Rechtsfolgen** von einseitigen, durch den Unternehmer initiierten Änderungen des digitalen Produkts. Die Regelung ist allerdings (anders als die Update-Pflicht nach § 327f BGB nF) beschränkt auf die Fälle „**dauerhafter Bereitstellungen**". Denn gerade bei diesen kann sich im Verlauf der vertraglichen Beziehung das Bedürfnis zur Anpassung des digitalen Produkts ergeben. Der Umsetzungsgesetzgeber weist darauf hin, dass die **Vorschrift als Ausnahmeregelung grundsätzlich eng auszulegen** ist.[302]

216

1. Änderungsvoraussetzungen (§ 327r Abs. 1 BGB nF)

§ 327r BGB nF ist zwar beschränkt auf dauerhafte Bereitstellungen, die geschuldet sind. Sie ermöglicht es dem Anbieter aber, Änderungen am digitalen Produkt nach Vertragsschluss einseitig durchzuführen, wenn dies **im Vertrag so vorgesehen** ist, die Änderung für den Verbraucher nicht mit zusätzlichen Kosten verbunden ist und der Verbraucher in klarer und verständlicher Weise bei Ausübung der Änderungsbefugnis durch den Unternehmer **davon in Kenntnis gesetzt** wird, so § 327r Abs. 1 BGB nF. Diese Regelung stellt klar, dass die Vorschrift nur für solche Änderungen gilt, die über die Beseitigung von Mängeln und eine Aktualisierung iSd § 327f BGB nF hinausgehen.

217

Die Regelung gilt für **alle Arten von Änderungen** digitaler Produkte bei dauerhafter Bereitstellung. Eingeschlossen sind damit auch solche, **die aus Sicht des Verbrauchers günstig** oder zumindest **neutraler Natur** sind.[303] Bzgl. der Änderungen, die für den

218

---

300 RegE, BT-Drs. 19/27653, 75.
301 Zur Richtlinienvorschrift Stabentheiner/Wendehorst/Zöchling-Jud/*Kodek*, Neues europäisches Gewährleistungsrecht, S. 141, 147 ff.
302 RegE, BT-Drs. 19/27653, 77.
303 Der Kommissionsvorschlag (COM(2015) 634 final) wollte ursprünglich nur für den Verbraucher ungünstige Änderungen regeln; vgl. dazu Stabenteiner/Wendehorst/Zöchling-Jud/*Kodek*, Neues europäisches Gewährleistungsrecht, S. 141, 144.

Verbraucher nachteilig sind, enthalten die **weiteren Absätze des § 327r BGB** allerdings **ergänzende Regelungen** mit zusätzlichen Anforderungen. Art. 19 DIRL findet allerdings gem. ErwGr 75 keine Anwendung, wenn die Vertragsparteien etwa anlässlich der Veröffentlichung einer neuen Version des digitalen Produkts einen neuen Vertrag schließen.

219 Nicht selten stellt ein Unternehmer eine **Mischform von Update und Upgrade** zur Verfügung. In diesem Fall müssen die Update-Teile, in der Sprache des Gesetzes die „**Aktualisierungen**", den **Erfordernissen des § 327f BGB nF entsprechen**, und die **Upgrade-Anteile**, also die **Änderungen, dem § 327r BGB nF**. Das ist zwar relativ kompliziert, jedoch hat ein Unternehmer häufig ein Interesse, gewonnene Erkenntnisse, die ihn zu einem Update verpflichten, mit der Weitergabe technischer Verbesserungen zu verbinden. Bringt er eine neue Version auf den Markt, kann er die bestehenden Verträge nicht einfach auf die neue Version umstellen, es sei denn, mit der neuen Version werden sowohl die Anforderungen des § 327f BGB nF als auch die des § 327r BGB nF erfüllt. Will er den Support für eine alte Version einstellen, muss er den Bereitstellungszeitraum beachten. Erst wenn der Bereitstellungszeitraum abgelaufen ist, ist auch der alte Vertrag beendet, so dass es für den Verbraucher Sinn macht, auf ein Angebot des Unternehmers zum Abschluss eines neuen Vertrags einzugehen, zumal er die alte Version nach Vertragsablauf nach § 327p BGB nF nicht mehr benutzen darf. Zwar ist auch eine **einvernehmliche Vertragsaufhebung des noch laufenden Vertrags möglich**, verbunden mit dem Abschluss eines Vertrags über eine neuere Version. Doch können die Verbesserungen einer neuen Version unter den Bedingungen des § 327r BGB nF auch unter dem bestehenden Vertrag bereitgestellt werden.

220 **§ 327r Abs. 1 BGB nF** statuiert **verschiedene, kumulativ notwendige Voraussetzungen**, unter deren Einhaltung die **Änderungen zulässig** sind. Wie sich mit Blick auf Art. 19 DIRL zeigt, sind diese Änderungen von solchen zu unterscheiden, welche im Wege der Aktualisierung gem. den Art. 7 und 8 DIRL (ohnehin) geschuldet sind. Der Umsetzungsgesetzgeber räumt aber ein, dass **Überschneidungen denkbar** sind und in einem Fall, in welchem die Änderung über die Aktualisierungspflicht hinausgeht, die engeren Voraussetzungen des § 327r BGB nF Anwendung finden.[304]

221 In **§ 327r Abs. 1 Nr. 1 BGB nF** hebt der Gesetzgeber zunächst hervor, dass die **Änderungsmöglichkeit** des Unternehmers **vertraglich vereinbart** sein muss. Insofern stellt der Gesetzgeber klar, dass dem Unternehmer **kein neues bzw. zusätzliches Änderungsrecht** neben dem Vertrag eingeräumt wird; die Ausübung des Rechts muss vielmehr **auf einer bereits vorhandenen vertraglichen Absprache beruhen**. Die Regelung fußt auf Art. 19 Abs. 1 lit. a DIRL.

222 Das Änderungsrecht kann sich der Unternehmer außerdem **nicht pauschal einräumen** lassen. Der Änderungsanlass muss vielmehr einen „**triftigen Grund**" betreffen. Der europäische Gesetzgeber sieht als triftige Gründe gemäß **ErwGr 75 der DIRL Veränderungen** an, **die das digitale Produkt** an **eine neue, technische Umgebung** oder an **erhöhte Nutzerzahlen anpassen**. IÜ können aber auch **rein betriebstechnische Gründe**

---

[304] RegE, BT-Drs. 19/27653, 77. In den ErwGr werden mögliche Überschneidungen zur Aktualisierungspflicht nicht thematisiert.

zulässig sein.³⁰⁵ In der Praxis werden derartige Änderungsvereinbarungen zugunsten des Unternehmers häufig in Form von **Allgemeinen Geschäftsbedingungen (AGB)** getroffen. Der Umsetzungsgesetzgeber betont insoweit, dass die DIRL die Vorgaben zur Einbeziehungs- und Inhaltskontrolle von AGB unberührt lässt (vgl. dazu §§ 305 ff. BGB). Dennoch gibt es eine gewisse Wertungsparallele: Denn Art. 19 Abs. 1 lit. a DIRL deckt sich zumindest teilweise mit **Nr. 1 lit. k des Anhangs der KlauselRL**, wonach jedenfalls **Klauseln unzulässig** (weil missbräuchlich) sind, die es dem verwendenden Unternehmen erlauben, „Merkmale des zu liefernden Erzeugnisses oder der zu erbringenden Dienstleistung einseitig ohne triftigen Grund" abzuwandeln.³⁰⁶

Aus der Ausübung der Änderungsbefugnis heraus dürfen dem **Verbraucher iÜ keine zusätzlichen Kosten** entstehen, so § 327r Abs. 1 Nr. 2 BGB nF (vgl. Art. 19 Abs. 1 lit. b DIRL). Außerdem ist vorgesehen, dass der Verbraucher **in klarer und verständlicher Form über die Ausübung der Änderungsbefugnis vom Unternehmer unterrichtet wird**, vgl. § 327r Abs. 1 Nr. 3 BGB nF. Die Vorgabe setzt Art. 19 Abs. 1 lit. c DIRL um. Die Formulierung „klar und verständlich", die der Gesetzgeber in diesem Zusammenhang gewählt hat, **deckt sich mit den Anforderungen des § 307 Abs. 1 S. 2 BGB**. Hervorzuheben ist, dass der Verbraucher nach den Vorgaben der DIRL **nicht zwingend im Voraus informiert** werden muss, was verbraucherpolitisch wünschenswert gewesen wäre, damit sich der Verbraucher auf die Änderungen einstellen kann (etwa mit einer Vorabsicherung, falls er Verschlechterungen befürchtet und anders als der Unternehmer zu der Auffassung kommt, dass diese auch vorliegen). Eine **zeitgleiche Information** des Verbrauchers soll den Anforderungen genügen.³⁰⁷ 223

2. Zusätzliche Anforderungen bei benachteiligender Änderung (§ 327r Abs. 2 BGB nF)

§ 327r Abs. 2 BGB nF enthält in Umsetzung von Art. 19 Abs. 2 DIRL zusätzliche Anforderungen für solche Änderungen, die die Nutzung des Verbrauchers beeinträchtigen. Derartige Änderungen sind nach der gesetzgeberischen Wertung nur möglich, wenn der Verbraucher **rechtzeitig vorab informiert** wird und sich die **Information auf einem dauerhaften Datenträger** befindet. Die Angemessenheit der Frist („rechtzeitig") ist vom **Einzelfall abhängig**; sie bemisst sich unabhängig von der 30-tägigen Frist nach § 327r Abs. 3 BGB nF.³⁰⁸ Der **Begriff** des „dauerhaften Datenträgers", der hier verwendet wird, wird iÜ in Art. 2 Nr. 13 DIRL legaldefiniert. Die Definition deckt sich mit derjenigen aus Art. 2 Nr. 10 VRRL, welche bereits mit § 126b S. 2 BGB umgesetzt wurde.³⁰⁹ Die entscheidende Frage, **wann eine Änderung die Nutzung für den Verbraucher beeinträchtigt** ist, bestimmt sich dabei gem. ErwGr 75 der DIRL nach **objektiven Maßstäben**. ErwGr 75 nennt konkret **Art und Zweck** des digitalen Pro- 224

---

305 Ausf. zum „triftigen Grund" Stabentheiner/Wendehorst/Zöchling-Jud/*Kodek*, Neues europäisches Gewährleistungsrecht, S. 141, 145 f.
306 Zum Verhältnis zur KlauselRL Stabentheiner/Wendehorst/Zöchling-Jud/*Kodek*, Neues europäisches Gewährleistungsrecht, S. 141, 146; Schulze/Staudenmayer/*Wendland*, EU Digital Law, DCD Art. 19 Rn. 7, der auf die Leitbildfunktion des Art. 3 der KlauselRL abstellt.
307 RegE, BT-Drs. 19/27653, S. 78.
308 Zur Richtlinienvorschrift Stabentheiner/Wendehorst/Zöchling-Jud/*Kodek*, Neues europäisches Gewährleistungsrecht, S. 141, 147 f.
309 Vgl. Schulze/Staudenmayer/*Sénéchal*, EU Digital Law, DCD Art. 2 Rn. 56.

dukts sowie dessen **wesentliche Merkmale** einschließlich **Qualität, Funktionalität und Kompatibilität,** die beeinträchtigt sein könnten.

225 Nach § 327r Abs. 2 S. 2 Nr. 1 BGB nF sind Informationen über die Merkmale sowie über den **Zeitpunkt der Veränderung** erforderlich. § 327r Abs. 2 S. 2 Nr. 2 BGB nF verpflichtet den Unternehmer darüber hinaus, den Verbraucher über sein **Vertragsbeendigungsrecht** (sowie dessen Voraussetzungen) und über die ggf. bestehende **Möglichkeit zur Beibehaltung der aktuellen Version** des digitalen Produkts **zu informieren.**

3. Vertragsbeendigungsrecht des Verbrauchers und Ausnahmen (§ 327r Abs. 3, 4 BGB nF)

226 Falls eine beeinträchtigende Veränderung vorliegt, wird dem **Verbraucher** gem. § 327r Abs. 3 S. 1 BGB nF zudem **das Recht** eingeräumt, **den Vertrag mit einer Frist von 30 Tagen unentgeltlich zu beenden.** Dieses Vertragsbeendigungsrecht besteht unabhängig von den nach § 327r Abs. 2 BGB nF erteilten Informationen. Das gilt selbst für den Fall, dass die Information nicht oder nicht vollständig erfolgt.[310] Das Vertragsbeendigungsrecht bei einer Änderung des digitalen Produkts, das der Gesetzgeber dem Verbraucher insofern zugesteht, **lehnt sich** ganz bewusst eng an die **Wertung der Nr. 1 lit. j iVm Nr. 2 lit. b des Anhangs der KlauselRL an.**[311]

227 Die **Frist** zur Ausübung des Rechts **beginnt mit dem Zugang der Information** nach § 327r Abs. 2 BGB nF zu laufen, § 327r Abs. 3 S. 2 BGB nF. Erfolgt die Änderung **nach dem Zugang der Information,** tritt an die Stelle des Zeitpunkts des Zugangs der Information der **Zeitpunkt der Änderung,** § 327r Abs. 3 S. 3 BGB nF. Durch diese Festlegung des Fristbeginns wird bewirkt, dass die Frist von 30 Tagen frühestens zu dem Zeitpunkt beginnt, in welchem der Verbraucher das digitale Produkt in seiner geänderten Version nutzt. Ihm wird damit die **Möglichkeit** eingeräumt, die **Auswirkungen der Änderungen nachzuvollziehen** und ggf. auch auf ihre Wirkung hin zu prüfen.[312] Mit § 327r Abs. 3 S. 3 BGB nF wird hingegen sichergestellt, dass die Frist unabhängig von der Information durch den Unternehmer zu laufen beginnt.[313]

4. Ausschluss des Vertragsbeendigungsrechts

228 Die **Ausübung des Vertragsbeendigungsrechts** ist gem. § 327r Abs. 4 Nr. 1 BGB nF allerdings **ausgeschlossen,** wenn die **Beeinträchtigung** nur „**unerheblich**" ist. Dieser Ausschlussgrund leitet sich aus Art. 19 Abs. 2 S. 1 DIRL ab, der von einer geringfügigen Beeinträchtigung spricht. Ein **Bsp.** für eine nur unerhebliche Beeinträchtigung ist etwa in der **graphischen Neugestaltung einer Anwendung** zu sehen, welche **keinen Einfluss auf die Funktionalität** des digitalen Produkts hat.[314]

---

310 RegE, BT-Drs. 19/27653, 78.
311 RegE, BT-Drs. 19/27653, 78; Schulze/Staudenmayer/*Wendland,* EU Digital Law, DCD Art. 19 Rn. 11 zur zugrunde liegenden Richtlinienvorschrift.
312 RegE, BT-Drs. 19/27653, 78.
313 RegE, BT-Drs. 19/27653, 78.
314 RegE, BT-Drs. 19/27653, 79. Das Bsp. findet sich auch bei Schulze/Staudenmayer/*Wendland* EU Digital Law, DCD Art. 19 Rn. 18.

Außerdem ist die **Beendigung des Vertrages** nach § 327r Abs. 3 S. 1 BGB nF durch § 327r Abs. 4 Nr. 2 BGB nF auch dann ausgeschlossen, wenn dem **Verbraucher die Zugriffsmöglichkeit oder die Nutzbarkeit des unveränderten digitalen Produkts** (dh der bisherigen Version) **ohne zusätzliche Kosten erhalten bleibt**. Die Regelung setzt Art. 19 Abs. 4 DIRL um. Zum unveränderten digitalen Produkt gehört vor allem die fortbestehende Funktionsfähigkeit,[315] die ggf. eines Updates bedarf. Der Gesetzgeber trägt damit den Interessen derjenigen Verbraucher Rechnung, die das digitale Produkt in der bisherigen Form beibehalten wollen. 229

5. Rechtsfolgen der Vertragsbeendigung (§ 327r Abs. 5 BGB nF)

Beendet der Verbraucher den Vertrag nach § 327r Abs. 3 S. 1 BGB nF wegen beeinträchtigender Änderungen des digitalen Produkts, ordnet § 327r Abs. 5 BGB nF an, dass die **Regelungen über die Vertragsrückabwicklung nach §§ 327o und § 327p BGB nF entsprechend anzuwenden** sind (§ 327r Abs. 5 BGB nF). Der Verbraucher erhält insofern einen Anspruch auf Erstattung des Preises, der dem Zeitraum ab der Änderung entspricht.[316] 230

6. Keine Erstreckung auf bestimmte Paketverträge (§ 327r Abs. 6 BGB nF)

Die Regelungen des § 327r Abs. 1–5 BGB nF finden nach § 327r Abs. 6 BGB nF **keine Anwendung auf Paketverträge** iSd § 327a Abs. 1 BGB nF (→ Rn. 59), welche Elemente der Bereitstellung eines Internetzugangsdienstes oder eines nummerngebundenen interpersonellen Kommunikationsdienstes enthalten. Ein **Bsp.** hierfür ist die Kombination eines Internetzugangsvertrags mit einem Videokonferenzdienst. Der Umsetzungsgesetzgeber trägt damit Art. 3 Abs. 6 UAbs. 2 DIRL Rechnung, der auf den Kodex für die elektronische Kommunikation verweist.[317] § 327r Abs. 6 BGB nF nimmt Bezug auf die einschlägige Umsetzungsvorschrift in § 66 Abs. 1 TKG. 231

II. Abweichende Vereinbarungen (§ 327s BGB nF)

§ 327s BGB nF legt die **Unabdingbarkeit** der Vorschriften der §§ 327–327r BGB nF fest und enthält ein **Umgehungsverbot**. § 327s Abs. 1 BGB nF ordnet an, dass sich der Unternehmer auf Vereinbarungen zwischen ihm und dem Verbraucher, die zum Nachteil des Verbrauchers von den Vorschriften dieses Untertitels abweichen, nicht berufen kann. Damit statuieren die §§ 327 ff. BGB nF einseitig zwingendes Recht. Für den Verbraucher günstigere Regelungen sind dagegen zulässig. § 327s BGB nF setzt Art. 22 Abs. 1 DIRL um. Vergleichbare Vorschriften enthalten alle verbrauchervertragsrechtlichen Richtlinien und ihre Umsetzungen, etwa § 312l BGB in Umsetzung der VRRL, § 476 BGB in Umsetzung der WKRL, § 512 BGB in Umsetzung der Richtlinien über Verbraucherdarlehens- und Immobiliar-Verbraucherdarlehensverträge und § 651y BGB in Umsetzung der PauschalreiseRL. 232

Für den Verbraucher nachteilige Regelungen können allenfalls „nach" der Mitteilung des Verbrauchers über die unterbliebene Bereitstellung oder über den Mangel des di- 233

---

315 Stabentheiner/Wendehorst/Zöchling-Jud/*Kodek*, Neues europäisches Gewährleistungsrecht, S. 141, 150.
316 RegE, BT-Drs. 19/27653, 79.
317 RL (EU) 2018/1972.

gitalen Produkts (§ 327s Abs. 1 Hs. 2 BGB nF) bzw. nach der Information des Verbrauchers über die Änderung des digitalen Produkts (§ 327s Abs. 2 Hs. 2 BGB) getroffen werden. Auch hier gibt es vergleichbare Regelungen im sonstigen Verbrauchervertragsrecht.

234 Die Statuierung einseitig zwingender Vorschriften, die nicht durch vertragliche Absprachen (etwa in AGB-Form) abbedungen werden können, sind für verbraucherschützende Bestimmungen kennzeichnend.[318] Der Grund liegt darin, dass die Regelungen zum Schutz des Verbrauchers ihren Schutzauftrag nicht vollumfänglich erfüllen könnten, stünden sie stets zur freien Disposition der Parteien.[319] Die Möglichkeit einer abweichenden Regelung würde zu häufig ausgenutzt und zulasten des Verbrauchers gehen. Die Frage, „warum der Verbraucher sich nicht in freier Entscheidung auf eine Aushöhlung seines Schutzes einlassen können soll",[320] ist schlicht damit zu beantworten, dass die **Entscheidung des Verbrauchers selten „frei" und von Verhandlungsparität getragen** ist. Deshalb hat der Gesetzgeber nur zugunsten des Verbrauchers eine Abweichung zugelassen.[321]

235 **§ 327s Abs. 3 BGB nF statuiert** zur Abrundung **ein Umgehungsverbot**. Danach sind die „Vorschriften dieses Untertitels auch dann anzuwenden, wenn sie durch anderweitige Gestaltungen umgangen werden". Die Regelung setzt Art. 22 Abs. 1 DIRL um. Auch die Statuierung eines Umgehungsverbots ist ein **klassisches Merkmal von verbraucherschützenden Regelungsmaterien**.[322] Denn bei dieser Art von Vorgaben geht es dem Gesetzgeber darum, **keine Lücken in seinem Schutzkonzept** zuzulassen: Wenn schon Schutzvorschriften nicht der Disposition der Parteien unterliegen (→ Rn. 233), muss selbstredend verhindert werden, dass das **unerwünschte Ergebnis auf anderem Wege** – nämlich durch eine „Umgehung" der Schutznorm – zustande kommt.

236 Umgehungsverbote, wie das des § 327s Abs. 3 BGB nF, knüpfen insofern an den **objektiven Tatbestand einer „Ausmanövrierung"** des Gesetzes an. Ein objektiver Umgehungstatbestand liegt immer dann vor, wenn eine **gesetzlich verbotene Regelung**, die auf ein verbotenes Ergebnis zielt, **durch eine andere rechtliche Gestaltung erreicht** wird. Entscheidend ist insoweit eine **wirtschaftliche Betrachtung**.[323] Um das Umgehungsverbot nicht der Möglichkeit einer Aushöhlung anheim zu stellen, ist der **Nachweis einer Umgehungsabsicht** beim Verwender einer entsprechenden Umgehungsregelung **nicht erforderlich**. Ist ein (objektiver) Umgehungstatbestand gegeben, ist die betreffende Vereinbarung zwangsläufig unwirksam. Die umgangene verbraucherschützende Vorschrift kommt voll zum Tragen.[324]

237 Die **Abs. 1 und 2** des § 327s BGB nF gelten allerdings **nicht für den Ausschluss oder die Beschränkung des Anspruchs auf Schadensersatz**, was in § 327s Abs. 4 BGB nF ausdrücklich **festgelegt** wurde. Allerdings unterliegen derartige Ausschlüsse bzw. Be-

---

318 *Tamm*, Verbraucherschutzrecht, S. 416 f.
319 *Grundmann* JZ 2000, 1133.
320 *Canaris* AcP 200 (2000), 273 (363).
321 *Tamm*, Verbraucherschutzrecht, S. 417.
322 *Tamm*, Verbraucherschutzrecht, S. 417.
323 *Tamm*, Verbraucherschutzrecht, S. 418.
324 *Tamm*, Verbraucherschutzrecht, S. 418.

schränkungen der Klauselkontrolle nach §§ 305 ff. BGB. Die Regelung ist mit der DIRL vereinbar, weil diese die Regelung von Schadensersatzansprüchen ausdrücklich den Mitgliedstaaten überlässt (→ Rn. 12, 183 ff.).

§ 327s Abs. 5 BGB nF stellt schlussendlich klar, dass **§ 327h BGB nF** von **§ 327s BGB nF** nicht berührt wird (→ Rn. 144 ff.). Von § 327e Abs. 3 BGB nF abweichende Produktmerkmale können also trotz § 327s BGB nF vereinbart werden, wenn die restriktiven Voraussetzungen des § 327h BGB nF eingehalten werden. 238

§ 3 Widerrufsrechte – Änderungen durch die ModernisierungsRL und die Rechtsprechung zu Verbraucherdarlehensverträgen

Literaturverzeichnis: *Albrecht,* Anm. zu OLG Düsseldorf Urt. v. 13.11.2014 – I-15 U 46/14, MMR 2015, 248; *Augenhofer,* Die Reform des Verbraucherrechts durch den „New Deal" – ein Schritt zu einer effektiven Rechtsdurchsetzung?, EuZW 2019, 5; *Becker/Rätze,* Belehrung über das fernabsatzrechtliche Widerrufsrecht: Probleme und Lösungsmöglichkeiten, WRP 2019, 429; *Bierekoven,* Neuerungen für Online-Shops nach Umsetzung der Verbraucherrechterichtlinie – Ein erster Überblick, MMR 2014, 283; *Borges,* Das Widerrufsrecht in der Internet-Auktion – Zugleich Besprechung des BGH-Urteils vom 3.11.2004 – VII ZR 375/03, DB 2005, 319; *Borges/Hilber* (Hrsg.), Beck'scher Online-Kommentar IT-Recht, 2. Edition 2021 (zit. BeckOK IT-Recht/*Bearbeiter*); *Buchmann,* Das neue Fernabsatzrecht 2014 (Teil 4), K&R 2014, 453; *ders.,* Das neue Fernabsatzrecht 2014 (Teil 2), K&R 2014, 293; *ders.,* Das neue Fernabsatzrecht 2014 (Teil 1), K&R 2014, 221; *ders.,* Anm. zu BGH Urt. v. 3.11.2010 – VIII ZR 337/09, K&R 2011, 38; *Buchmann/Föhlisch,* Die Neuregelung des Wertersatzes im Fernabsatzrecht, K&R 2011, 433; *Buchmann/Hoffmann,* Verbraucherrechte(richtlinie) am Ende, K&R 2019, 145; *Ebnet,* Widerruf und Widerrufsbelehrung, NJW 2011, 1029; *Föhlisch,* Der „New Deal for Consumers" der EU-Kommission – Erste Einschätzung der Auswirkungen auf den E-Commerce, CR 2018, 583; *ders.,* Reichweite des Prüfungsrechts im Fernabsatz, NJW 2011, 30; *ders.,* Anm. zu BGH Urt. v. 3.11.2010 – VIII ZR 337/09, MMR 2011, 24; *ders.,* Das Widerrufsrecht im Onlinehandel, 2009 (zit. *Föhlisch,* Widerrufsrecht*)*; *Föhlisch/Dyakova,* Das Widerrufsrecht im Online-Handel – Änderungen nach dem Referentenentwurf zur Umsetzung der Verbraucherrechterichtlinie, MMR 2013, 71; *Föhlisch/Stariradeff,* Pflicht zur Angabe von Telefonnummern für Online-Händler – Auswirkungen der Position des EuGH 10.7.2019 – in C-649/17 für die Praxis, CR 2019, 511; *dies.,* Anm. zu LG Bochum Urt. v. 6.8.2014 – 13 O 102/14; K&R 2014, 824; *Gsell/Krüger/Lorenz/Reymann* (Hrsg.), beck-online.Grosskommentar, Stand: 1.6.2021 (zit. BeckOGK/*Bearbeiter*); *Hau/Poseck* (Hrsg.), Beck'scher Online-Kommentar BGB, 58. Edition 2021 (zit. BeckOK BGB/*Bearbeiter*); *Hoeren/Föhlisch,* Ausgewählte Praxisprobleme des Gesetzes zur Umsetzung der Verbraucherrechterichtlinie, CR 2014, 242; *Hoeren/Sieber/Holznagel* (Hrsg.), Handbuch Multimedia-Recht, Teil 13.4, 50. EL 2019 (zit. HSH MultimediaR-HdB/*Bearbeiter*); *Hoffmann,* Die Entwicklung des Internetrechts bis Mitte 2011, NJW 2011, 2623; *Hossenfelder/Schilde,* Praxisprobleme bei der Nutzung der Muster-Widerrufsbelehrung im E-Commerce, CR 2014, 456; *Janal,* Der Beginn der Widerrufsfrist im neuen Fernabsatzrecht, VuR 2015, 43; *Klocke,* Die Auswirkung der unterbliebenen Beifügung des Widerrufsformulars auf den Beginn der Widerrufsfrist, VuR 2015, 293; *Knoll/Nordholtz,* Schranken der richtlinienkonformen Auslegung bei Kaskadenverweisen, NJW 2020, 1407; *Kohler,* Verbraucherrechtliche Widerrufsabwicklung gemäß § 357 Abs. 4 BGB – Vorleistung oder funktionelles Synallagma, VuR 2018, 203; *Kotowski,* Gibt es ein Recht auf teilweisen Widerruf?, VuR 2016, 291; *Löwer,* Click and Collect – Besonderheiten beim Widerrufsrecht, MMR-Aktuell 2021, 436258; *Rätze,* Anm. zu BGH Urt. v. 12.10.2016 – VIII ZR 55/15, MMR 2017, 112; *Rott,* Anm. zu EuGH Urt. v. 26.3.2020 – C-66/19, EuZW 2020, 436; *Säcker/Rixecker/Oetker/Limperg* (Hrsg.), Münchener Kommentar zum Bürgerlichen Gesetzbuch, 8. Aufl. 2019 (zit. MüKoBGB/*Bearbeiter*); *Schirnbacher,* Gesundheitsschutz und Hygiene: Wann der Bruch einer Versiegelung das Widerrufsrecht im Versandhandel zum Erlöschen bringt, BB 2019, 969; *Schirnbacher/Creutz,* Neues Verbraucherrecht: Änderungen beim Widerrufsrecht und erweiterte Informationspflichten für digitale Inhalte, ITRB 2014, 44; *Schirnbacher/Schmidt,* Verbraucherrecht 2014 – Handlungsbedarf für den E-Commerce, CR 2014, 107; *Schmidt/Brönneke,* Das Widerrufsrecht bei Fernabsatz- und Haustürgeschäften – Neuerungen durch das Gesetz zur Umsetzung der Verbraucherrechterichtlinie, VuR 2013, 448; *Schwab/Giesemann,* Die Verbraucherrechte-Richtlinie: Ein wichtiger Schritt zur Vollharmonisierung im Binnenmarkt, EuZW 2012, 253; *Specht,* Wertersatz nach Verbraucherwiderruf im Fernabsatz – Was kommt nach den Entscheidungen „Wasserbett" und „Katalysatorkauf"?, VuR 2017, 363; *Spindler/Schuster* (Hrsg.), Recht der elektronischen Medien, 4. Aufl. 2019 (zit. Spindler/Schuster/*Bearbeiter*); *Vander*, Reform des Fernabsatzrechts – Probleme und Fallstricke der neuen Widerrufsbelehrung, MMR 2015, 75; *Wendehorst*, Das neue Gesetz zur Umsetzung der Verbraucherrechterichtlinie, NJW 2014, 577; *Willems*, Rückzahlung in Gutscheinform beim Verbraucherwiderruf, NJW 2018, 1049.

A. Einleitung	1
B. Das Widerrufsrecht bei außerhalb von Geschäftsräumen geschlossenen Verträgen und Fernabsatzverträgen	4
I. Widerrufsfrist	4
1. Regelmäßige Widerrufsfrist	4
a) Wirksamer Vertragsschluss ...	5
b) Eingang der Ware	6
c) Bestellung mehrerer Waren, Sukzessivlieferungen	7
2. Belehrung über das Widerrufsrecht	9
II. Erlöschen des Widerrufsrechts	11
1. Erlöschen im Falle der Nachbelehrung	11
2. Erlöschen bei Dienstleistungsverträgen	12
a) Keine Zahlung eines Preises ..	13
b) Zahlung eines Preises	14
3. Erlöschen bei Aufsuchen nach ausdrücklicher Aufforderung.....	17
4. Erlöschen bei Finanzdienstleistungen	19
5. Vorzeitiges Erlöschen bei digitalen Inhalten	20
a) Keine Zahlung eines Preises ..	22
b) Zahlung eines Preises	23
III. Ausnahmen vom Widerrufsrecht	25
IV. Ausübung des Widerrufsrechts	26
1. Eindeutige Erklärung	28
2. Widerruf über die Website des Unternehmers	31
3. Muster-Widerrufsformular	32
4. Verwirkung	35
5. Rechtsmissbrauch	36
6. Beweislast	38
V. Rechtsfolgen des Widerrufs	39
1. Waren	40
a) Rückgewähr	40
aa) Rückerstattungspflicht des Unternehmers	41
bb) Rücksendepflicht des Verbrauchers	43
cc) Zurückbehaltungsrecht des Unternehmers	45
b) Kostentragung	47
aa) Kosten der Rücksendung	47
bb) Kosten der Hinsendung ..	48
c) Rücksendemodalitäten	49
2. Digitale Produkte	51
VI. Wertersatz	53
1. Wertersatz bei Waren	54
a) Belehrung	60
b) Berechnung	61
2. Wertersatz bei Dienstleistungen ..	62
a) Fernabsatzverträge............	62
b) Außerhalb von Geschäftsräumen geschlossene Verträge ...	64
3. Wertersatz bei digitalen Inhalten	65
VII. Information und Belehrung	66
1. Nichtbestehen oder Erlöschen....	69
2. Bedingungen, Fristen und Verfahren für die Ausübung	73
a) Verfahren für die Ausübung ..	74
b) Fristen	79
c) Bedingungen	81
d) Kosten der Rücksendung	85
3. Dienstleistungen und Energielieferungen	87
4. Besonderheiten bei begrenzter Darstellungsmöglichkeit	89
5. Verwendung der gesetzlichen Muster-Widerrufsbelehrung	91
a) Fristbeginn bei mehreren Waren	92
b) Rücksendekosten bei Speditionsware	96
c) Mischbelehrungen	97
d) Grenzen des Privilegierung ...	98
C. Verbraucherdarlehensverträge, Finanzierungshilfen und Versicherungsverträge ..	99
I. Muster-Widerrufsinformation für Allgemein-Verbraucherdarlehensverträge	100
II. Muster-Widerrufsbelehrung für andere Finanzierungshilfen	105
III. Muster-Widerrufsbelehrung für Versicherungsverträge	109

A. Einleitung

1 Bereits 2018 hatte die Europäische Kommission ihren „New Deal for Consumers" vorgestellt.[1] Dieser Entwurf sah elementare Änderungen der VRRL vor, insbeson-

---

[1] Vorschlag für eine Richtlinie des Europäischen Parlaments und des Europäischen Rates zur Änderung der Richtlinie 93/13/EWG des Rates vom 5.4.1993, der Richtlinie 98/6/EG des Europäischen Parlaments und des Rates, der Richtlinie 2005/29/EG des Europäischen Parlaments und des Rates sowie der Richtlinie 2011/83/EU des Europäischen Parlaments und des Rates zur besseren Durchsetzung und Modernisierung der EU-Verbraucherschutzvorschriften, COM(2018) 185 final.

re in Bezug auf das Widerrufsrecht. Letztendlich ist die entsprechende RL (EU) 2019/2161 zur besseren Durchsetzung und Modernisierung der Verbraucherschutzvorschriften der Union (im Folgenden: ModernisierungsRL) am 7.1.2020 in Kraft getreten.[2] Neben der RL 2011/83/EU (im Folgenden VRRL) werden durch sie zudem die RL 93/13/EWG, die RL 2005/29/EG und die RL 98/6/EG geändert. Viele Vorschläge des ursprünglichen Entwurfs wurden jedoch nicht übernommen, wie zB die ursprünglich vorgesehene Ausnahme vom Widerrufsrecht für Waren, die der Verbraucher während der Widerrufsfrist in einem Maße genutzt hat, das zur Prüfung der Beschaffenheit, Eigenschaften und Funktionsweise der Waren nicht notwendig gewesen wäre, oder die Rückerstattungspflicht des Händlers erst nach Erhalt der Ware.[3]

Die Chance zur wirklichen Modernisierung hat der europäische Gesetzgeber jedoch vertan. Stattdessen wurde ua die Angabe der Faxnummer aus der Muster-Widerrufsbelehrung und dem -formular gestrichen oder die bereits bei Inkrafttreten 2014 nicht zeitgemäßen Pflichtangaben bei begrenzter Darstellungsmöglichkeit aufrecht erhalten und an die EuGH-Rspr. angepasst. Die Mitgliedstaaten müssen die entsprechenden Vorschriften zur Umsetzung **bis zum 28.11.2021 veröffentlichen und ab dem 28.5.2022 anwenden.** Umgesetzt wurden die Anpassungen der VRRL durch Änderungen des BGB und des EGBGB.[4] Zudem nahm der Gesetzgeber die Modernisierung zum Anlass, die Vorschriften über die Folgen des Widerrufsrechts in den §§ 357, 357a BGB nF neu zu strukturieren.

Mit dem Gesetz zur **Anpassung des Finanzdienstleistungsrechts** an die Rspr. des Gerichtshofs der Europäischen Union vom 11.9.2019 in der Rechtssache C-383/18 und vom 26.3.2020 in der Rechtssache C-66/19 wurde zudem nicht nur das Verbraucherdarlehensrecht an die Rspr. des EuGH angepasst, sondern die Vorgaben an die Gestaltung der Muster-Widerrufsinformation auch für Finanzierungshilfen und Versicherungsverträge übernommen.

B. Das Widerrufsrecht bei außerhalb von Geschäftsräumen geschlossenen Verträgen und Fernabsatzverträgen

I. Widerrufsfrist

1. Regelmäßige Widerrufsfrist

Nach Art. 9 Abs. 1 VRRL beträgt das Widerrufsrecht seit 2014 für Fernabsatz und außerhalb von Geschäftsräumen geschlossenen Verträgen europaweit **einheitlich 14 Tage.** Die Voraussetzungen für den Fristbeginn sind nach wie vor in § 356 Abs. 2 und 3 BGB geregelt. Nach § 356 Abs. 3 BGB beginnt die Widerrufsfrist nicht, bevor

---

2 Richtlinie (EU) 2019/2161 zur Änderung der Richtlinie 93/13/EWG des Rates und der Richtlinien 98/6/EG, 2005/29/EG und 2011/83/EU des Europäischen Parlamentes und des Rates zur besseren Durchsetzung und Modernisierung der Verbraucherschutzvorschriften der Union, ABl. 2019 L 328, 7.
3 Zum ursprünglichen Entwurf *Föhlisch* CR 2018, 583.
4 Gesetz zur Änderung des Bürgerlichen Gesetzbuchs und des Einführungsgesetzes zum Bürgerlichen Gesetzbuche in Umsetzung der EU-Richtlinie zur besseren Durchsetzung und Modernisierung der Verbraucherschutzvorschriften der Union und zur Aufhebung der Verordnung zur Übertragung der Zuständigkeit für die Durchführung der Verordnung (EG) Nr. 2006/2004 auf das Bundesministerium der Justiz und für Verbraucherschutz BGBl. 2021 I 3483.

der Unternehmer den Verbraucher entsprechend den Anforderungen des Art. 246a § 1 Abs. 2 S. 1 Nr. 1 EGBGB unterrichtet hat.

a) Wirksamer Vertragsschluss

5 Die Widerrufsfrist beginnt nach § 355 Abs. 2 S. 2 BGB mit **Vertragsschluss**, soweit nichts anderes bestimmt ist. Maßgeblich ist für Dienstleistungsverträge, Wasser- und Energielieferungsverträge sowie für solche über digitale Inhalte der Zeitpunkt des Vertragsschlusses.

b) Eingang der Ware

6 Art. 9 Abs. 2 VRRL regelt, dass die Widerrufsfrist bei Fernabsatzverträgen über Waren an dem Tag zu laufen beginnt, an dem der Verbraucher oder ein vom Verbraucher benannter Dritter, der nicht der Beförderer ist, in den Besitz der einzelnen bestellten Waren gelangt. § 356 Abs. 2 Nr. 1 BGB stellt für den Verbrauchsgüterkauf allein auf den Wareneingang ab. Für den Eingang der Ware ist es erforderlich, dass sie dergestalt in den Machtbereich des Verbrauchers gelangt, dass dieser die Möglichkeit hat, die Sache zu prüfen. Entscheidend ist damit die tatsächliche Sachherrschaft. Dies ist nicht nur dann der Fall, wenn **dem Verbraucher die Ware selbst ausgehändigt** wurde, sondern auch dann, wenn der Verbraucher die Annahme (eines Teils) der Lieferung verweigert und den Paketboten anweist, die Pakete zurückzuschicken.[5]

c) Bestellung mehrerer Waren, Sukzessivlieferungen

7 Zudem differenziert § 356 Abs. 2 BGB nach den verschiedenen Ausgestaltungen eines Warenlieferungsvertrags. Bei mehreren Waren, die im Rahmen einer **einheitlichen Bestellung** bestellt und getrennt geliefert werden, beginnt die Frist, sobald der Verbraucher die letzte Ware erhalten hat (§ 356 Abs. 2 Nr. 1 lit. b BGB). Die Formulierung „sobald" ist iSd Art. 9 Abs. 2 lit. b VRRL und §§ 188 ff. BGB auszulegen.[6] Auf die **Zusammengehörigkeit der Waren** kommt es nicht an. Nach § 356 Abs. 2 Nr. 1 lit. c BGB ist der Erhalt der letzten Teilsendung bzw. des letzten Stücks maßgeblich, wenn die bestellte Ware in mehreren Teilsendungen oder Stücken geliefert wird.

8 Ist der Vertrag auf die **regelmäßige Lieferung** von Waren über einen festgelegten Zeitraum ausgerichtet, kommt es hingegen auf den Erhalt der ersten Ware an (§ 356 Abs. 2 Nr. 1 lit. d BGB). Zwar wird das das Merkmal der **Gleichartigkeit** nicht ausdrücklich genannt. Der Vergleich mit § 356 Abs. 2 Nr. 1 lit. b und lit. c BGB zeigt allerdings, dass die Vorverlagerung des für den Fristbeginn maßgeblichen Zeitpunktes nur bei **gleichartigen Sukzessivlieferungen** (zB Rasierklingen, Kaffee, Tierfutter) gerechtfertigt ist, bei denen der Verbraucher schon aus der ersten Teillieferung auf die Eigenschaften der restlichen Lieferungen schließen kann.[7]

2. Belehrung über das Widerrufsrecht

9 § 356 Abs. 3 BGB verlangt als weitere Voraussetzung für den Fristbeginn die Widerrufsbelehrung nach Art. 246a § 1 Abs. 2 S. 1 Nr. 1 EGBGB. Die Regelung **steht aller-**

---

5 AG Dieburg Urt. v. 4.11.2015 – 20 C 218/15 (21), BeckRS 2015, 20152.
6 Vgl. *Bierekoven* MMR 2014, 283 (284).
7 BT-Drs. 17/12637, 61.

dings in Widerspruch zu Art. 9 VRRL, der nur den Vertragsschluss bzw. den Eingang der Ware als Voraussetzungen für den Fristbeginn nennt. An die Belehrung des Verbrauchers über das Widerrufsrecht wird in Art. 10 VRRL nur das Ende der Widerrufsfrist bzw. deren Verlängerung geknüpft. Dies wird auch durch die Formulierung des Art. 10 Abs. 1 VRRL deutlich, die für die Bemessung der verlängerten Frist auf den „Ablauf der ursprünglichen Widerrufsfrist gemäß Artikel 9 Absatz 2" VRRL abstellt.[8]

Wie Art. 6 Abs. 1 lit. h VRRL, regelt Art. 246a § 1 Abs. 2 S. 1 Nr. 1 EGBGB jedoch nur den Inhalt, nicht hingegen die Form der Belehrung. Daher ist nach wie vor ungeklärt, ob für die Erfüllung der Informationspflicht aus Art. 6 Abs. 1 lit. h VRRL die Bereitstellung der Widerrufsbelehrung **in flüchtiger Form** auf der Internetseite ausreicht, mit der Folge, dass die **Belehrung in Textform** keine Auswirkungen auf die Länge der Widerrufsfrist (mehr) hat.[9] Die deutsche Regierung[10] ging mit der Umsetzung der VRRL 2014 jedoch davon aus, dass der europäische Gesetzgeber einen so gravierenden Paradigmenwechsel nicht lautlos vollzogen hätte, zumal damit der Schutzzweck der Fristverlängerung wesentlich verfehlt würde.[11] Eine Klarstellung durch die ModernisierungsRL ist leider ausgeblieben.

II. Erlöschen des Widerrufsrechts

1. Erlöschen im Falle der Nachbelehrung

Gem. § 356 Abs. 3 S. 2 BGB erlischt das Widerrufsrecht spätestens zwölf Monate und 14 Tage nach dem Vertragsschluss bzw. nach dem Eingang der Ware. Art. 10 Abs. 1 VRRL sieht eine Verlängerung der Widerrufsfrist bis auf **maximal zwölf Monate nach Ablauf der ursprünglichen Widerrufsfrist** für den Fall vor, dass der Unternehmer seine Informationspflichten aus Art. 6 Abs. 1 lit. h VRRL nicht erfüllt, so dass Verletzungen sonstiger Informationspflichten unbeachtlich bleiben. Gem. § 356 Abs. 3 S. 2, 3 BGB in Umsetzung von Art. 10 Abs. 2 VRRL kann der Unternehmer die regelmäßige Widerrufsfrist wieder in Gang setzen, indem er innerhalb der zwölf Monate die Belehrung nachholt.

2. Erlöschen bei Dienstleistungsverträgen

Mit Art. 16 lit. a VRRL nF ist eine Änderung dahin gehend erfolgt, dass die Gegenleistung bei Dienstleistungsverträgen in Geld bestanden haben muss. Danach ist ein Ausschluss des Widerrufs vorgesehen, wenn die **Dienstleistung vollständig erbracht** worden ist, sofern der Vertrag **den Verbraucher zur Zahlung verpflichtet**, wenn der Unternehmer die Erbringung mit der vorherigen **ausdrücklichen Zustimmung** des Verbrauchers und dessen Bestätigung der Kenntnisnahme, dass er sein Widerrufs-

---

[8] *Föhlisch/Dyakova* MMR 2013, 71 (73).
[9] *Föhlisch/Dyakova* MMR 2013, 71 (73).
[10] Vgl. BT-Drs. 17/7745, 100: „Absatz 3 stellt klar, dass die Widerrufsfrist nicht beginnt, bevor der Unternehmer seine Informationspflichten zum Widerrufsrecht erfüllt hat. Auch dies entspricht der bisherigen Rechtslage."
[11] So auch *Wendehorst* NJW 2014, 577 (582 f.); *Bierekoven* MMR 2014, 283 (285); *Janal* VuR 2015, 43 (46); *Buchmann* K&R 2014, 221 (226); aA *Föhlisch/Dyakova* MMR 2013, 71 (73); *Schirmbacher/Schmidt* CR 2014, 107 (114 f.); *Schmidt/Brönneke* VuR 2013, 448 (453); wohl auch *Vander* MMR 2015, 75 (76).

recht bei vollständiger Vertragserfüllung durch den Unternehmer verliert, begonnen hatte. Diese Änderungen sind auf den **neuen Anwendungsbereich der VRRL nF** zurückzuführen. Dieser wurde mit Art. 3 Abs. 1a VRRL nF auf Verträge über digitale Dienstleistungen erweitert. Danach findet die VRRL auch dann Anwendung, wenn der Verbraucher sich nicht zur Zahlung eines Preises verpflichtet, sondern dem Unternehmer personenbezogene Daten zur Verfügung stellt. Diese Erweiterung des Anwendungsbereichs wird in der Neufassung des § 356 Abs. 4 BGB umgesetzt. In § 356 Abs. 4 S. 1 Nr. 1 und 2 BGB nF wird nun zwischen Verträgen über Dienstleistungen unterschieden, die den Verbraucher zur Zahlung eines Preises verpflichten (Nr. 2) oder nicht (Nr. 1).

a) Keine Zahlung eines Preises

13 § 356 Abs. 4 Nr. 1 BGB nF regelt, dass das Widerrufsrecht bei einem Vertrag über Dienstleistungen, der den Verbraucher nicht zur Zahlung verpflichtet, dann **erlischt, wenn der Unternehmer die Dienstleistung vollständig erbracht hat**. Wenn es sich bei der Dienstleistung um ein Dauerschuldverhältnis handelt, soll die Dienstleistung nicht bereits bei erstmaliger Bereitstellung vollständig erbracht sein. Die Gesetzesbegründung nennt als Beispiele einen Vertrag mit einem E-Mail-Provider oder einem sozialen Netzwerk.[12] In der Konsequenz führt diese Regelung zu einem zeitlich unbegrenzten Widerrufsrecht bei Verträgen über Dienstleistungen, für die der Verbraucher dem Unternehmer als Gegenleistung personenbezogene Daten bereitstellt oder deren Bereitstellung zusagt.

b) Zahlung eines Preises

14 § 356 Abs. 4 Nr. 2 BGB nF bestimmt die Voraussetzungen für das Erlöschen des Widerrufsrechts bei Verträgen über Dienstleistungen, wenn es sich um einen Vertrag handelt, der den Verbraucher zur Zahlung eines Preises verpflichtet. Die bislang in § 356 Abs. 4 S. 1 BGB aF geregelten Voraussetzungen sind nun in § 356 Abs. 4 Nr. 2 lit. a und lit. c BGB nF vorgesehen. Danach erlischt das Widerrufsrecht, wenn der Verbraucher vor Beginn der Erbringung der Dienstleistung **ausdrücklich zugestimmt** hat, dass der Unternehmer mit der Erbringung der Dienstleistung vor Ablauf der Widerrufsfrist beginnt und der Verbraucher seine **Kenntnis davon bestätigt hat, dass sein Widerrufsrecht mit vollständiger Vertragserfüllung durch den Unternehmer erlischt.** Wie bisher kann die Erteilung der Zustimmung auch in Form von AGB erfolgen, solange diese der Form und dem Inhalt nach dem „nicht verzichtbaren Ausdrücklichkeitserfordernis für die Zustimmung"[13] genügen. Nur bei Dienstleistungen, für die der Verbraucher vertraglich zur Zahlung verpflichtet ist, kann die in § 357a Abs. 2 BGB nF (→ Rn. 62) normierte Rechtsfolge des Widerrufs greifen, wonach der Verbraucher die bereits erbrachte Leistung nicht zahlen muss, wenn der Unternehmer die erforderliche Zustimmung zu dem Ausführungsbeginn nicht eingeholt hat.

15 Die bisher in § 356 Abs. 4 S. 2 BGB aF geregelte Voraussetzung, dass die Zustimmung des Verbrauchers zum Ausführungsbeginn **bei außerhalb von Geschäftsräumen**

---

12 BT-Drs. 19/27655, 29.
13 AG Neumarkt Urt. v. 9.4.2015 – 1 C 28/15, BeckRS 2015, 7762.

geschlossenen Verträgen auf einem dauerhaften Datenträger (§ 126b BGB) zu übermitteln ist, wird nun in § 356 Abs. 4 Nr. 2 lit. b BGB nF geregelt. Mit dieser Regelung wurde Art. 7 Abs. 3 VRRL umgesetzt.[14]

Der ursprüngliche Vorschlag der Kommission, dass für das Erlöschen des Widerrufsrechts bei Dienstleistungsverträgen die Kenntnisnahme des Verbrauchers, dass er bei vollständiger Vertragserfüllung durch den Unternehmer sein Widerrufsrecht verliert, nicht mehr erforderlich sein soll, wurde nicht in die ModernisierungsRL übernommen.[15] 16

3. Erlöschen bei Aufsuchen nach ausdrücklicher Aufforderung

Art. 16 VRRL nF enthält eine **Öffnungsklausel** dahin gehend, dass die Mitgliedstaaten bei Dienstleistungsverträgen, die dem Verbraucher eine Zahlungspflicht auferlegen, vorsehen können, dass der Verbraucher sein Widerrufsrecht verliert, nachdem die Dienstleistung vollständig erbracht worden ist, wenn die Leistungserbringung mit der vorherigen ausdrücklichen Zustimmung des Verbrauchers begonnen hat und der Verbraucher den Unternehmer ausdrücklich zu einem Besuch aufgefordert hat, um Reparaturarbeiten vornehmen zu lassen. Von dieser Möglichkeit hat der Gesetzgeber in § 356 Abs. 4 Nr. 3 BGB nF Gebrauch gemacht. Danach erlischt das Widerrufsrecht bei einem Dienstleistungsvertrag, bei dem der Verbraucher den Unternehmer **ausdrücklich aufgefordert hat, ihn aufzusuchen, um Reparaturarbeiten auszuführen**, mit der vollständigen Erbringung der Dienstleistung, wenn der Verbraucher die in § 356 Abs. 4 Nr. 2 lit. a und lit. b BGB nF genannten Voraussetzungen erfüllt hat. Der Verbraucher muss also ausdrücklich zugestimmt haben, dass der Unternehmer mit der Erbringung der Dienstleistung vor Ablauf der Widerrufsfrist beginnt und diese Zustimmung auf einem dauerhaften Datenträger übermittelt haben. Der Verlust des Widerrufsrechts des Verbrauchers setzt damit nicht mehr voraus, dass der Verbraucher seine Kenntnis davon bestätigt hat, dass sein Widerrufsrecht bei vollständiger Vertragserfüllung durch den Unternehmer erlischt. 17

Dies soll sowohl für die Arbeiten, derentwegen **der Verbraucher den Unternehmer zu dem konkreten Besuch aufgefordert hat**, als auch für alle weiteren Arbeiten, die der Unternehmer anlässlich eines solchen Besuchs aufgrund neuer vertraglicher Vereinbarungen vornimmt, gelten.[16] Erfasst sein sollen auch die Verträge, die unter die Rückausnahme des § 312g Abs. 2 Nr. 11 2. Hs. BGB fallen, das heißt bei denen Grund für den Besuch des Unternehmers zunächst andere dringend vorzunehmende Reparatur- und Instandhaltungsarbeiten waren. Hiermit sollen die bei einem solchen Vertragsabschluss zu berücksichtigenden formalen Anforderungen der tatsächlichen Abschlusssituation angepasst werden.[17] 18

---

14 Gesetz zur Umsetzung der Wohnimmobilienkreditrichtlinie und zur Änderung handelsrechtlicher Vorschriften v. 11.3.2016, BGBl. 2016, I 396.
15 Art. 2 Nr. 9 lit. a COM(2018) 185 final.
16 BT-Drs. 19/27655, 30.
17 BT-Drs. 19/27655, 30.

4. Erlöschen bei Finanzdienstleistungen

19 Die bisher in § 356 Abs. 4 S. 3 BGB aF vorgesehene Regelung zum **Erlöschen bei Finanzdienstleistungen** findet sich nun in § 356 Abs. 4 Nr. 4 BGB nF. Bei einem Vertrag über Finanzdienstleistungen erlischt das Widerrufsrecht, wenn der Vertrag von beiden Seiten auf ausdrücklichen Wunsch des Verbrauchers vollständig erfüllt ist, bevor der Verbraucher sein Widerrufsrecht ausübt. Durch diese Vorschrift wird Art. 6 Abs. 3 lit. c RL 2002/65/EG umgesetzt.

5. Vorzeitiges Erlöschen bei digitalen Inhalten

20 Art. 16 Abs. 1 lit. m VRRL nF sieht ebenfalls vor, dass ein mögliches vorzeitiges Erlöschen bei Verträgen über digitale Inhalte **auf solche Verträge beschränkt wird, mit denen sich der Verbraucher zu einer Zahlung verpflichtet.** Danach ist das Widerrufsrecht bei Verträgen über die Bereitstellung digitaler Inhalte ausgeschlossen, wenn die Vertragserfüllung begonnen hat, sofern der Vertrag den Verbraucher zur Zahlung verpflichtet und wenn der Verbraucher dem Beginn der Vertragserfüllung während der Widerrufsfrist ausdrücklich zugestimmt hat und er seine Kenntnis bestätigt, dass er hierdurch sein Widerrufsrecht verliert. Der Unternehmer muss diese Bestätigung bei außerhalb von Geschäftsräumen geschlossenen Verträgen in der Form des Art. 7 Abs. 2 VRRL und bei Fernabsatzverträgen in der Form des Art. 7 Abs. 7 VRRL zur Verfügung stellen. Der Unionsgesetzgeber hat damit dieser bereits in Art. 14 Abs. 4 lit. b Ziff. iii VRRL vorgesehenen Bedingung für das Vorliegen eines Wertersatzanspruchs des Unternehmers bei Widerruf des Vertrags durch den Verbraucher Wirkung verschafft. Der **im ursprünglichen Entwurf des New Deals** vorgesehene Wegfall der Bestätigung nach Art. 8 Abs. 7 VRRL findet sich nicht mehr.[18] Die Differenzierung nach der Zahlung eines Preises ist ebenfalls auf den neuen Anwendungsbereich nach Art. 3 Abs. 1a VRRL nF zurückzuführen. Die VRRL nF unterscheidet nunmehr ausdrücklich, ob sich der Verbraucher in einem Vertrag über die Bereitstellung digitaler Inhalte, die nicht auf einem dauerhaften Datenträger geliefert werden, zur Zahlung eines Preises verpflichtet oder ob der Verbraucher dem Unternehmer die Bereitstellung personenbezogenen Daten zusagt und findet in beiden Fällen Anwendung.

21 Diesem Umstand wird mit der Neufassung des § 356 Abs. 5 BGB nF Rechnung getragen, die an den Erlöschenstatbestand bei Verträgen über Dienstleistungen angelehnt ist. In § 356 Abs. 5 Nr. 1 und 2 BGB nF wird nun **zwischen Verträgen über die Bereitstellung digitaler Inhalte unterschieden, die den Verbraucher zur Zahlung eines Preises verpflichten (Nr. 2) oder nicht (Nr. 1).**

a) Keine Zahlung eines Preises

22 Nach § 356 Abs. 5 Nr. 1 BGB nF erlischt das Widerrufsrecht bei einem Vertrag über digitale Inhalte, der den Verbraucher **nicht zu einer Zahlung verpflichtet, wenn der Unternehmer mit der Ausführung des Vertrags begonnen hat.**

---

18 Hierzu noch *Föhlisch* CR 2018, 583 (587).

b) Zahlung eines Preises

In § 356 Abs. 5 Nr. 2 BGB nF sind zusätzliche Voraussetzungen für das Erlöschen des Widerrufsrechts aufgeführt, die bei Verträgen, die zur Zahlung verpflichten, erfüllt sein müssen. **§ 356 Abs. 5 Nr. 2 lit. a und lit. b BGB entsprechen dabei der bisherigen Rechtslage.** Danach ist neben der **ausdrücklichen Zustimmung des Verbrauchers** zur Vertragsausführung die **Bestätigung des Verbrauchers**, dass er hierdurch sein Widerrufsrecht verliert, erforderlich. Wie bisher dürfen die Information hierüber und die vom Verbraucher eingeholte Erklärung über die Ausführung des Vertrags vor Ablauf der Widerrufsfrist nicht mit der Erklärung über den Abschluss des Erwerbsvorgangs verknüpft sein. Eine solche Gestaltung wirkt sich wie eine Voreinstellung aus, ohne dass der Verbraucher gesondert aktiv einwilligt.[19] Der Begriff der Ausdrücklichkeit ist in diesem Sinne wie iRd § 7 Abs. 2 Nr. 3 UWG auszulegen.[20] Zusätzlich muss der Unternehmer nach § 356 Abs. 5 Nr. 2 lit. c BGB nF dem Verbraucher für ein Erlöschen eine **Bestätigung auf einem dauerhaften Datenträger** nach den Vorgaben des § 312f BGB zur Verfügung gestellt haben.

23

Nach wie vor wird es damit grundsätzlich zulässig sein, den Download vor Ablauf der Widerrufsfrist **von der Einverständniserklärung des Verbrauchers abhängig zu machen**.[21] Ebenso findet die Regelung des § 356 Abs. 5 BGB auch auf Abonnementverträge über digitale Inhalte Anwendung.[22]

24

III. Ausnahmen vom Widerrufsrecht

Die Ausnahmen vom Widerrufsrecht finden sich nach wie vor in § 312g Abs. 2 BGB. Art. 16 Abs. 1 lit. b – l VRRL **bleiben durch die ModernisierungsRL unberührt**. Mit Umsetzung der VRRL 2014 wurde der Ausnahmenkatalog zwar verändert, aber leider nicht systematisch verbessert. Die bunt gemischten Ausnahmetatbestände stellen sich in erster Linie als Resultat eines intensiven Lobbyismus und weniger als sachgerechte Vorschriften dar, die konsistent die Zumutbarkeit einer Rückabwicklung für den Unternehmer berücksichtigen.[23] Es ist **kein einheitliches Konzept zu erkennen**. Auch iRd ModernisierungsRL wurde diese Chance leider vertan. Der europäische und der deutsche Gesetzgeber sehen das Widerrufsrecht bei Fernabsatzverträgen grundsätzlich als für den Unternehmer zumutbar an, obwohl eine Rücknahme der Ware für den Unternehmer fast immer mit wirtschaftlichen Nachteilen verbunden ist.[24] Ausnahmen von gemeinschaftsrechtlichen Verbraucherschutzvorschriften sind nach der Rspr. des EuGH eng auszulegen.[25]

25

---

19 LG Köln Urt. v. 21.5.2019 – 31 O 372/17, MMR 2020, 200.
20 HSH MultimediaR-HdB/*Föhlisch* Teil 13.4 Rn. 289.
21 *Schirmbacher/Creutz* ITRB 2014, 44 (46).
22 OLG München Urt. v. 30.6.2016 – 6 U 732/16, MMR 2017, 117.
23 Ausf. dazu *Föhlisch* Widerrufsrecht S. 120 ff.
24 BGH Urt. v. 19.3.2003 – VIII 295/01, MMR 2003, 463.
25 EuGH Urt. v. 13.12.2001 – C-481/99, VuR 2002, 68.

IV. Ausübung des Widerrufsrechts

26 Das Widerrufsrecht ist als einseitiges Gestaltungsrecht[26] des Verbrauchers bedingungsfeindlich, dh einmal ausgeübt nach seinem Wirksamwerden selbst unwiderruflich. Zur Wahrung der Widerrufsfrist genügt nach § 355 Abs. 1 S. 5 BGB die **rechtzeitige Absendung der Widerrufserklärung**. Da der Widerruf gem. § 355 Abs. 1 S. 2 BGB gegenüber dem Unternehmer zu erklären ist, handelt es sich um eine empfangsbedürftige Willenserklärung. Für die Wirksamkeit der Widerrufserklärung bedarf es also nach § 130 Abs. 1 BGB des Zugangs beim Unternehmer, der aber nicht innerhalb der Widerrufsfrist erfolgen muss.[27]

27 Das Widerrufsrecht kann zeitlich auch schon **vor Erhalt der Ware** ausgeübt werden. Auch zwischen Bestellung und Lieferung können begründete Zweifel an der Rationalität des Geschäfts oder der Seriosität des Unternehmers aufkommen oder ein Überschreiten der vereinbarten Lieferzeit zu dem Entschluss führen, die Ware anderweitig zu beschaffen. Auch ein **Teilwiderruf** ist bei Verträgen über eine nach objektiven Kriterien teilbare Leistung möglich.[28]

1. Eindeutige Erklärung

28 Das Widerrufsrecht kann durch **Erklärung** gegenüber dem Unternehmer ausgeübt werden, wobei daraus der Entschluss des Verbrauchers zum Widerruf des Vertrags **eindeutig hervorgehen** muss. Eine Erklärung in Textform (zB Brief, Fax, E-Mail) ist nicht erforderlich. Die Abgabe und den Zugang der Erklärung muss der Verbraucher nachweisen.[29] Inhaltlich müssen der **widerrufene Vertrag und die widerrufende Person identifizierbar** sein,[30] was aber nicht bedeutet, dass die Daten aus dem Muster-Widerrufsformular („bestellt am […] erhalten am […]") verwendet werden müssen. Ausreichend und präziser ist etwa eine Bestellnummer, die im Musterformular jedoch nicht vorgesehen ist.

29 Aus dem Inhalt der Erklärung muss deutlich werden, dass der Verbraucher an den Vertrag nicht mehr gebunden sein will. Nach § 355 Abs. 1 S. 4 BGB ist eine Begründung nicht erforderlich, da der Verbraucher seinen Widerruf in keiner Weise rechtfertigen müssen soll. Es besteht insbesondere keine Verpflichtung des Verbrauchers, den **Rücksendegrund** zu nennen.[31]

30 Der Begriff Widerruf muss nicht verwendet werden.[32] Damit ist häufig die **Abgrenzung zur Gewährleistung** schwierig, wenn der Verbraucher der irrigen Ansicht ist, ein Mangel führe zu einem direkten Kaufpreisrückerstattungsanspruch. Entscheidend ist

---

26 HM, vgl. nur MüKoBGB/*Fritsche* § 355 Rn. 44.
27 Ebenso BeckOGK BGB/*Mörsdorf* § 355 Rn. 54.
28 So auch AG Wittmund Urt. v. 27.3.2008 – 4 C 661/07, BeckRS 2008, 16403; ausf. zum Teilwiderruf *Föhlisch* Widerrufsrecht S. 284 f.; *Kotowski* VuR 2016, 291 (296).
29 MüKoBGB/*Fritsche* § 355 Rn. 53.
30 Vgl. nur BeckOK BGB/*Müller-Christmann* § 355 Rn. 22; MüKoBGB/*Fritsche* § 355 Rn. 47.
31 Vgl. MüKoBGB/*Fritsche* § 355 Rn. 47; *Föhlisch* Widerrufsrecht S. 267.
32 Vgl. BGH Urt. v. 3.7.2019 – VIII ZR 194/16, NJW 2019, 2842; OLG Köln Urt. v. 25.6.2020 – 21 U 107/19, NJW 2021, 640; OLG Stuttgart Urt. v. 17.7.2018 – 10 U 143/17, NJW 2018, 3394; LG Frankfurt (Oder) Urt. v. 13.8.2013 – 16 S 238/12, BeckRS 2013, 14626; AG Bad Segeberg Urt. v. 13.4.2015 – 17 C 230/14, BeckRS 2015, 07085; AG Wuppertal Urt. v. 1.12.2008 – 32 C 152/08, BeckRS 2009, 04781.

das **Anspruchsziel des Verbrauchers:** Kaufpreisrückerstattung statt Neulieferung oder Kaufpreisreduzierung, nicht eine etwaige Begründung des Widerrufs.

2. Widerruf über die Website des Unternehmers

Nach § 356 Abs. 1 S. 1 BGB kann der Unternehmer dem Verbraucher ausdrücklich die Möglichkeit einräumen, seinen Widerruf über ein Website-Formular auszuüben. Hier kann für den Verbraucher der **Nachweis** des Zugangs des Widerrufs allerdings schwerer fallen als bei anderen Textformen. Daher muss der Unternehmer ihm den Zugang des Widerrufs unverzüglich **auf einem dauerhaften Datenträger bestätigen,** § 356 Abs. 1 S. 2 BGB. Bei der Gestaltung des Formulars ist darauf zu achten, dass nicht zwangsläufig Daten, insbesondere die aus dem Muster-Widerrufsformular, mit **Pflichtfeldern** erhoben werden, die für die Ausübung des Widerrufs nicht nötig sind, da dies eine unzulässige Einschränkung des Widerrufsrechts wäre.

31

3. Muster-Widerrufsformular

§ 356 Abs. 1 BGB iVm Anlage 2 zu Art. 246a § 1 Abs. 2 EGBGB sieht ein **Muster-Widerrufsformular** vor, das dem Verbraucher mit der Widerrufsbelehrung zur Verfügung zu stellen ist und die Erklärung des Widerrufs nach Vorstellung des Gesetzgebers erleichtern soll. Allerdings ist dieses Formular **wenig praxistauglich.** Unklar bleibt zunächst, ob ein anderer Retourenempfänger als der Widerrufsadressat eingefügt werden kann. In der Musterbelehrung ist dies möglich, das Formular spricht jedoch nur von „Name [...] des Unternehmers durch den Unternehmer einzufügen", was eher für Personenidentität spricht. Ebenso entschied das OLG Hamm, dass unterschiedliche Firmenangaben in der Widerrufsbelehrung und dem Muster-Widerrufsformular den Verbraucher irreführen.[33] Weiterhin soll der Verbraucher die konkret bestellte Ware oder Dienstleistung, das Bestell- und Lieferdatum, seinen Namen und Anschrift nennen. Zur Identifizierbarkeit ist dies jedoch nicht notwendig. Besser wäre die Angabe einer Kunden- und/oder Bestellnummer, die das Formular jedoch nicht vorsieht.

32

Die einzige **Änderung** des Muster-Widerrufsformulars durch die ModernisierungsRL betrifft jedoch die Pflicht zur **Angabe der Faxnummer.** Diese Angabe ist im Muster-Widerrufsformular **nicht mehr vorgesehen,** Anhang I B VRRL nF. Diese Anpassung wird in Anlage 2 zu Art. 246a § 1 Abs. 2 S. 2 EGBGB umgesetzt und auf die Angabe der Faxnummer verzichtet. Erforderlich sind „der Name, die Anschrift und die E-Mail-Adresse des Unternehmers". Der Entfall des Adverbs „gegebenenfalls" durch die ModernisierungsRL wird damit ebenfalls umgesetzt. Die Chance, das Muster-Widerrufsformular für die Praxis brauchbar auszugestalten, wurde vertan.

33

Das Formular muss der Widerrufsbelehrung eindeutig zugeordnet werden, da der Hinweis auf das Formular nach Art. 246a § 1 Abs. 2 S. 1 Nr. 1 EGBGB **Pflichtbestandteil der Belehrung** ist und die Muster-Belehrung insoweit auch ausdrücklich auf „das beigefügte Muster-Widerrufsformular" verweist. Hierbei ist jedoch darauf zu achten, dass das Originalformular und nicht eine kreativ ergänzte, personalisierte Va-

34

---

33 OLG Hamm Urt. v. 30.11.2017 – 4 U 88/17, MMR 2018, 243.

riante eingesetzt wird, da das Gesetz nun einmal den Hinweis auf das Musterformular und nicht irgendein individuelles Formular vorschreibt. Ein Fehlen des Formulars hat den Entfall der Privilegierungswirkung zur Folge, da der Unternehmer von der Muster-Widerrufsbelehrung abweicht, wenn er nicht auch das Formular übermittelt.[34] Zudem ist dann auch die Widerrufsbelehrung insgesamt falsch, so dass sich die Widerrufsfrist verlängert.

4. Verwirkung

35 Das Widerrufsrecht kann nicht mehr ausgeübt werden, wenn es verwirkt wurde. Der BGH hat nach der Rechtslage vor Umsetzung der VRRL 2014 eine Verwirkungsmöglichkeit für den Fall zugelassen, dass der Verbraucher sein Widerrufsrecht **längere Zeit nicht geltend gemacht hat, obwohl er dazu in der Lage gewesen wäre**, der Unternehmer sich also mit Rücksicht auf das gesamte Verhalten des Verbrauchers darauf einrichten durfte und eingerichtet hat, dass dieser sein Recht auch in Zukunft nicht geltend machen werde und die verspätete Geltendmachung daher gegen den Grundsatz von Treu und Glauben verstößt.[35] Die VRRL schließt eine Verwirkung ebenfalls nicht aus.[36] Das Widerrufsrecht kann jedoch nicht mehr verwirkt werden, wenn es bereits durch Widerrufserklärung ausgeübt wurde und nur die Sache über einen längeren Zeitraum nicht zurückgeschickt wird.[37] Zum Teil wird die Möglichkeit der Verwirkung des Widerrufsrechts ganz abgelehnt.[38]

5. Rechtsmissbrauch

36 Die Motive für den Widerruf des Verbrauchers sind unerheblich.[39] So können beim Verbraucher auch im Nachhinein Zweifel an der künftigen Leistungsfähigkeit oder -bereitschaft des Verkäufers aufkommen. Der Verbraucher darf auch mehrmals das gleiche Kleidungsstück in verschiedenen Größen bestellen und dann die meisten Teile gegen volle Kaufpreiserstattung wieder zurückgeben.[40] Ein Verbraucher handelt nach Auffassung des BGH[41] ebenfalls **nicht rechtsmissbräuchlich,** wenn er den Widerruf zur **Durchsetzung** einer vom Unternehmer beworbenen **Tiefpreisgarantie** nutzt, denn damit versuche er nur, mithilfe der ihm zustehenden Rechte für sich selbst günstigere Vertragsbedingungen auszuhandeln. Eine Prüfung der Motive findet nicht statt.

37 Ein Ausschluss wegen Rechtsmissbrauchs kommt nur dann in Betracht, wenn der Unternehmer besonders schutzbedürftig erscheint. Dies ist zB bei Arglist oder Schikane der Fall. In einigen Fällen liegt allerdings die Annahme einer **rechtsmissbräuchlichen Ausübung des Widerrufsrechts** nahe, so zB wenn nur deshalb Ware bestellt wird, um eine Versandkostenfreigrenze zu überschreiten oder die Ware nur für einen bestimmten Zweck „ausgeliehen" werden soll (zB ein Dirndl für das Oktoberfest[42]

---

34 *Klocke* VuR 2015, 293 (299).
35 BGH Urt. v. 18.10.2004 – II ZR 352/02, NJW-RR 2005, 180.
36 MüKoBGB/*Fritsche* § 356 Rn. 36.
37 AG Münster Urt. v. 21.9.2018 – 48 C 432/18, BeckRS 2018, 25126.
38 *Ebnet* NJW 2011, 1029 (1035).
39 MüKoBGB/*Fritsche* § 355 Rn. 47.
40 AA offenbar *Borges* DB 2005, 319 (320).
41 BGH Urt. v. 16.3.2016 – VIII ZR 146/15, BeckRS 2016, 07523.
42 *Specht* VuR 2017, 363 (368).

oder ein Karnevalskostüm für Rosenmontag). In der Praxis ist dies jedoch schwierig zu beweisen.

6. Beweislast

Der Verbraucher trägt die Beweislast für die Ausübung des Widerrufsrechts und für den **Zugang** der Widerrufserklärung beim Unternehmer, zu seinen Gunsten greift hier aber der Beweis des ersten Anscheins ein.[43] Alle Tatsachen, aus denen er die Nichteinhaltung der Widerrufsfrist herleiten will, muss der Unternehmer gem. § 361 Abs. 3 BGB beweisen.[44]

V. Rechtsfolgen des Widerrufs

Die Rechtsfolgen des Widerrufsrechts sind seit Umsetzung der VRRL 2014 in § 357 BGB autonom geregelt und ergänzen die Rechtsfolgen nach § 355 BGB bei außerhalb von Geschäftsräumen geschlossenen Verträgen und Fernabsatzverträgen. Mit Umsetzung der ModernisierungsRL werden die bisher in § 357 Abs. 5, 6 BGB aF getroffenen Regelungen in § 357 Abs. 5–7 BGB nF **neu strukturiert und ein neuer Abs. 8 angefügt**. Eine Änderung der Rechtslage soll hiermit nicht verbunden sein.[45]

1. Waren

a) Rückgewähr

Durch die ModernisierungsRL **inhaltlich unverändert bleiben die Rückerstattungs- und Rücksendepflichten**. Lediglich die Rücksendepflicht des Verbrauchers wird in § 357 Abs. 6 und 7 BGB nF neu strukturiert.

aa) Rückerstattungspflicht des Unternehmers

Gem. §§ 357 Abs. 1, 355 Abs. 3 BGB hat der Verbraucher die Waren **binnen 14 Tagen ab dem Tag der Abgabe der Widerrufserklärung** zurückzusenden oder zu übergeben. Nach § 357 Abs. 1 BGB hat der Unternehmer den **Kaufpreis spätestens nach 14 Tagen zurückzugewähren**. Die Rückerstattungspflicht beginnt nach § 355 Abs. 3 BGB mit dem Zugang der Widerrufserklärung.

Für die Rückzahlung muss der Unternehmer nach § 357 Abs. 3 BGB **dasselbe Zahlungsmittel** verwenden, das vom Verbraucher bei der ursprünglichen Transaktion eingesetzt wurde, es sei denn, mit dem Verbraucher wurde ausdrücklich etwas anderes vereinbart, und vorausgesetzt, dass für den Verbraucher infolge einer solchen Rückzahlung keine Kosten anfallen. Der Begriff des Zahlungsmittels meint die verwendete Zahlungsart. Der Unternehmer kann seine Rückerstattungspflicht auch durch **Zusendung eines Gutscheins** erfüllen, jedoch nur wenn der Verbraucher bei der Zahlung einen Gutschein eingesetzt hat oder diese Art der Rückerstattung ausdrücklich mit ihm vereinbart wurde (ErwGr 46 VRRL). Der Begriff „**ausdrücklich**" ist so auszulegen wie in § 7 Abs. 2 Nr. 3 UWG, so dass ein Einverständnis ohne Zwang und in Kenntnis der Sachlage erforderlich ist. Möglich ist dies zB durch aktives Auswählen

---

43 BeckOGK BGB/*Mörsdorf* § 355 Rn. 91.
44 BeckOK BGB/*Müller-Christmann* § 355 Rn. 30; MüKoBGB/*Fritsche* § 355 Rn. 53.
45 BT-Drs. 19/27655, 31.

einer Checkbox, mit der abgefragt wird, ob der Verbraucher etwa mit einem Gutschein statt einer PayPal-Rückerstattung einverstanden ist. Eine Regelung in AGB, dass Rückerstattungen stets auf eine bestimmte Art und Weise erfolgen, ist keine ausdrückliche Vereinbarung iSv § 357 Abs. 3 S. 2 BGB.[46]

bb) Rücksendepflicht des Verbrauchers

43 Gem. §§ 357 Abs. 1, 355 Abs. 3 BGB hat der Verbraucher die **Waren binnen 14 Tagen** ab dem Tag der Abgabe der Widerrufserklärung zurückzusenden oder zu übergeben. Der Verbraucher wahrt diese Frist durch die rechtzeitige Absendung der Waren. Die Rücksendepflicht des Verbrauchers entfällt, wenn der Unternehmer angeboten hat, die Waren abzuholen. Diese bisher in § 356 Abs. 5 BGB aF normierte Regelung wird § 356 Abs. 6 BGB nF. Wenn der Verbraucher bei der Rückgabe hochwertiger Waren in AGB dazu verpflichtet wird, einen **kostenlosen Abholservice** in Anspruch zu nehmen, ist dies keine unzulässige Einschränkung des Widerrufsrechts.[47]

44 Die **Ausnahme von der Rücksendepflicht bei außerhalb von Geschäftsräumen geschlossenen Verträgen** nach § 356 Abs. 3 S. 3 BGB aF findet sich nun in § 356 Abs. 7 BGB nF. Der Verbraucher ist danach nicht zur Rücksendung verpflichtet, wenn bei außerhalb von Geschäftsräumen geschlossenen Verträgen die Waren im Zeitpunkt des Vertragsschlusses zur Wohnung des Verbrauchers geliefert worden sind und sich aufgrund ihrer Beschaffenheit nicht zur Rücksendung durch die Post eignen. In dieser Situation ist der Unternehmer verpflichtet, die Waren auf eigene Kosten abzuholen.

cc) Zurückbehaltungsrecht des Unternehmers

45 Unverändert bleibt ebenfalls § 357 Abs. 4 BGB, der dem Unternehmer ausdrücklich ein **Zurückbehaltungsrecht** einräumt. Der Unternehmer kann die Rückzahlung verweigern, bis er die **Ware wieder zurückerhalten** hat oder bis der Verbraucher den **Nachweis erbracht** hat, dass er die **Ware zurückgeschickt** hat.[48] Das Zurückbehaltungsrecht gilt gem. § 357 Abs. 4 S. 2 BGB nicht, wenn der Unternehmer angeboten hat, die Ware abzuholen.[49] Für den Nachweis genügt nach hier vertretener Ansicht nicht, dass ein **Einlieferungsbeleg** vorhanden ist, denn dieser belegt nur, dass irgendein (ggf. auch leeres) Paket retourniert wurde. Vielmehr ist zumindest eine **eidesstattliche Versicherung** und/oder eine **Zeugenaussage** erforderlich, dass gerade die geschuldete Ware zurückgeschickt wurde, da sonst Missbrauch Tür und Tor geöffnet wäre.[50]

46 Ursprünglich sah der „New Deal" der Kommission vor, dass der Händler erst zur Rückerstattung verpflichtet gewesen wäre, wenn er die Ware tatsächlich erhalten hat; die Möglichkeit des Nachweises der Absendung durch den Verbraucher sollte entfallen.[51] Dieser Vorschlag wurde **jedoch nicht übernommen**.

---

46 Ebenso BeckOK BGB/*Müller-Christmann* § 357 Rn. 5; ausf. hierzu auch *Willems* NJW 2018, 1049.
47 OLG Düsseldorf Urt. v. 13.11.2014 – I-15 U 46/14, MMR 2015, 243 mAnm *Albrecht* MMR 2015, 248.
48 Hierzu *Schwab/Giesemann* EuZW 2012, 253 (256).
49 *Föhlisch/Dyakova* MMR 2013, 71 (74).
50 Ebenso *Kohler* VuR 2018, 203 (207); aA insoweit wohl *Europäische Kommission* Leitfaden zur RL 2011/83/EU S. 55.
51 Art. 13 Abs. 3 COM(2018) 185 final.

b) Kostentragung

aa) Kosten der Rücksendung

Die bisher in § 357 Abs. 6 S. 1, 2 BGB aF getroffene Regelung über die Kosten der Rücksendung der Waren wurde in § 357 Abs. 5 BGB nF verschoben. Danach **trägt der Verbraucher die unmittelbaren Kosten** der Rücksendung der Waren, wenn der Unternehmer ihn nach Art. 246a § 1 Abs. 2 S. 1 Nr. 2 EGBGB von dieser Pflicht unterrichtet hat und der Unternehmer sich nicht bereit erklärt hat, diese Kosten zu tragen. Übernimmt der **Unternehmer freiwillig die Kosten**, darf dies **werblich herausgestellt** werden. Die Musterbelehrung sieht jedoch nur ein „entweder oder" und keine Differenzierung nach Bestellwert, Lieferland oÄ vor, so dass eine solche Regelung in der Belehrung zum Verlust der Privilegierungswirkung führt. 47

bb) Kosten der Hinsendung

Die Frage, wer im Fall des Widerrufs die ursprünglichen Versandkosten („Hinsendekosten") zu tragen hat, ist nach wie vor in § 357 Abs. 2 BGB geregelt. Der Unternehmer muss auch etwaige **Zahlungen des Verbrauchers für die Lieferung zurückgewähren.** Ausgenommen sind zusätzliche Kosten, wenn sich der Verbraucher ausdrücklich für eine andere Art der Lieferung als die vom Unternehmer angebotene, günstigste Standardlieferung entschieden hat, zB **Expresszuschläge.** In diesem Fall hat der Verbraucher keinen Anspruch auf den Differenzbetrag zwischen der angebotenen Standard- und der Expresslieferung. 48

c) Rücksendemodalitäten

Die Einschränkung des Widerrufsrechts auf lediglich **unbenutzte oder originalverpackte Ware** ist **unwirksam und wettbewerbswidrig.**[52] Da der Verbraucher im gesetzlichen Regelfall die Rücksendekosten zu tragen hat, wenn er entsprechend unterrichtet wurde, stellt die **Annahmeverweigerung eines unfrei zurückgesendeten Paketes** bzw. die Verwendung einer entsprechenden AGB-Klausel in diesen Fällen seit Umsetzung der VRRL 2014 keine Erschwerung oder Verweigerung der Ausübung des Widerrufsrechts mehr dar.[53] Diese Vorgehensweise ist jedoch nicht empfehlenswert, da der Unternehmer gem. § 355 Abs. 4 BGB die Transportgefahr trägt, so dass er bei einem – bei unfreier Sendung nicht unwahrscheinlichen – Transportverlust gleichwohl den Kaufpreis zurückerstatten muss, wenn der Verbraucher die Absendung nachweist. Sinnvoller ist es daher, die Mehrkosten für eine unfreie Retoure als vom Verbraucher zu tragende Rücksendekosten mit der Kaufpreisrückerstattung zu verrechnen.[54] 49

Wenn der Unternehmer sich bereit erklärt hat, die Rücksendekosten zu übernehmen, muss es ihm gestattet werden, den Verbraucher zu **verpflichten, einen bestimmten Versandweg in Anspruch zu nehmen.** Das Gesetz sieht in der Abholung eine für den 50

---

52 LG Dortmund Urt. v. 8.5.2008 – 18 O 118/07, BeckRS 2011, 09872; LG Frankfurt aM Urt. v. 28.6.2006 – 2/2 O 404/05, MMR 2006, 831; LG Stuttgart Urt. v. 29.5.2006 – 37 O 44/06 KfH BeckRS 2006, 11278; LG Waldshut-Tiengen Beschl. v. 7.7.2003 – 3 O 22/03 KfH; LG Arnsberg Urt. v. 25.3.2004 – 8 O 33/04, BeckRS 2004, 11108; LG Frankfurt aM Urt. v. 9.3.2005 – 2-02 O 341/04, WRP 2005, 922.
53 Vgl. zur früheren Rechtslage OLG München Beschl. v. 7.2.2012 – 29 W 212/12, MMR 2012, 370.
54 Ebenso *Buchmann* K&R 2014, 293 (294).

Verbraucher günstigere Regelung, da er einerseits nicht mit den Kosten für eine Rücksendung belastet wird und andererseits dem Unternehmer nicht das Zurückbehaltungsrecht nach § 357 Abs. 4 BGB zusteht.[55] Allerdings besteht die Schwierigkeit darin, darüber zu informieren, da in der Musterbelehrung solche Differenzierungen nicht vorgesehen sind.[56]

2. Digitale Produkte

51 Mit § 357 Abs. 8 BGB nF wurde eine **neue Regelung hinsichtlich der Rechtsfolgen** des Widerrufs von Verträgen über die Bereitstellung digitaler Produkte eingeführt. Mit dieser Regelung werden Art. 13 Abs. 5–8, Art. 14 Abs. 2a VRRL nF umgesetzt. Danach hat der Verbraucher die Nutzung digitaler Inhalte oder digitaler Dienstleistungen sowie deren Zurverfügungstellung an Dritte **im Falle des Widerrufs zu unterlassen**.[57] Hierzu verweist § 357 Abs. 8 BGB nF auf den durch das „Gesetz zur Umsetzung der Richtlinie über bestimmte vertragsrechtliche Aspekte der Bereitstellung digitaler Inhalte und digitaler Dienstleistungen"[58] (im Folgenden: DIRL) eingefügten § 327p BGB (→ § 2 Rn. 205), der den Umgang mit digitalen Inhalten nach Vertragsbeendigung regelt und seinerseits Art. 16 Abs. 3–5 und Art. 17 Abs. 1 der DIRL umsetzt.

52 Neben dieser Regelung können jedoch **im Widerrufsfall noch weitere Regelungen** des § 357 BGB zu beachten sein wie zB die Pflicht zur Rücksendung digitaler Inhalte auf körperlichen Datenträgern nach § 357 Abs. 1 BGB.[59]

VI. Wertersatz

53 Die bisher in § 357 Abs. 7–9 BGB getroffenen Regelungen über den bei Widerruf von außerhalb von Geschäftsräumen geschlossenen Verträgen und Fernabsatzverträgen mit Ausnahme von Verträgen über Finanzdienstleistungen zu leistenden Wertersatz wurden **in einen neuen § 357a BGB nF verschoben**. Dieser enthält nun die Vorgaben über den bei Widerruf zu leistenden Wertersatz. Der bisher in § 357 Abs. 7 BGB aF geregelte Wertersatz bei Waren findet sich in § 357a Abs. 1 BGB nF. In § 357a Abs. 2, 3 BGB nF wird die Wertersatzpflicht bei Dienstleistungen und digitalen Inhalten geregelt.

1. Wertersatz bei Waren

54 Nach Art. 14 Abs. 2 VRRL haftet der Verbraucher für einen Wertverlust der Waren, wenn dieser auf einen Umgang mit den Waren zurückzuführen ist, **der zur Prüfung der Beschaffenheit, der Eigenschaften und der Funktionsweise der Waren nicht notwendig war** und der Verbraucher über sein Widerrufsrecht unterrichtet wurde. Die Prüfungsmöglichkeiten in dem stationären Ladengeschäft werden nicht als Kriterium genannt, obwohl die VRRL in ErwGr 47 ausdrücklich darauf Bezug nimmt. Diese

---

[55] OLG Düsseldorf Urt. v. 13.11.2014 – I-15 U 46/14, MMR 2015, 243 mAnm *Albrecht*.
[56] *Buchmann* K&R 2014, 293 (294).
[57] *Augenhofer* EuZW 2019, 5 (8 f.).
[58] BGBl. 2021 I 2123.
[59] BT-Drs. 19/27655, 31.

zuvor in § 357 Abs. 7 BGB aF umgesetzte zentrale Norm findet sich **nun in § 357a Abs. 1 BGB nF** und wurde in Nr. 2 redaktionell leicht angepasst.[60] Eine Änderung der Rechtslage ist hiermit nicht verbunden. § 357a Abs. 1 BGB nF findet zunächst Anwendung in Fällen der normalen Abnutzung infolge der bestimmungsgemäßen Ingebrauchnahme.

Der Wertersatzanspruch gem. § 357a Abs. 1 BGB nF besteht nicht, wenn die Verschlechterung ausschließlich auf die „Prüfung" der Sache zurückzuführen ist. Der BGH hat in seiner sog. „Wasserbett"-Entscheidung[61] entschieden, dass **Prüfen auch „Ausprobieren" einschließt**, wenn die Prüfung nur so möglich ist. Dies gilt unabhängig davon, welche Werteinbußen mit dem Ausprobieren der Ware verbunden sind. Können hingegen Gebrauchsspuren nicht lediglich auf eine bestimmungsgemäße Prüfung und ein bestimmungsgemäßes Ausprobieren der Ware zurückgeführt werden, bleibt der Verbraucher zur Zahlung von Wertersatz verpflichtet.[62]

Ein Ausprobieren geht aber über die Prüfung hinaus, wenn es im stationären Handel völlig unüblich ist,[63] denn diese Vorschrift soll den Verbraucher **nicht gegenüber einem Käufer im stationären Handel begünstigen,** sondern nur einen Ausgleich dafür schaffen, dass ihm die im stationären Handel zur Verfügung stehenden Erkenntnismöglichkeiten entgangen sind.[64]

Die Prüfungsmöglichkeiten in einem **stationären Ladengeschäft** werden zwar nicht als Kriterium genannt, obwohl die VRRL in ErwGr 47 ausdrücklich darauf Bezug nimmt. Die Gesetzesbegründung stellt allerdings weiterhin darauf ab, dass ein Verbraucher die Waren nur so in Augenschein nehmen und mit ihnen umgehen darf, wie er das in einem Geschäft tun dürfte.[65] Geklärt werden muss dadurch für jede einzelne Ware, was dafür ein **typisches Ladengeschäft** ist und wie ein Verbraucher in einem solchen Geschäft die Ware **testen kann**.[66] In der Praxis bereitet dies jedoch Schwierigkeiten, da es ganz unterschiedliche Online-Shops und stationäre Geschäfte gibt. Häufig erwerben Verbraucher Produkte aber gerade deshalb online, weil sie dort deutlich günstiger sind als im Ladengeschäft. Den Online-Discounter aber mit einem Fachgeschäft mit bestem Service zu vergleichen, ist nicht sachgerecht.[67] Hätte der Verbraucher die Ware in einem Ladengeschäft erworben, wo er sie möglichst günstig erhält, hätte er sich vermutlich einen stationären **Discounter** ausgesucht und nicht ein Fachgeschäft.[68] Im Einzelfall muss der Händler nachweisen, dass die Ware über das Testen hinaus benutzt wurde. Neben dem Zustand der Ware (etwaige Ver-

---

60 Es wird lediglich in § 357a Abs. 1 Nr. 2 BGB nF das bisherige Possessivpronomen „sein" durch das Demonstrativpronomen „dessen" ersetzt.
61 BGH Urt. v. 3.11.2010 – VIII ZR 337/09, NJW 2011, 56 = K&R 2011, 38 mAnm *Buchmann* = MMR 2011, 24 mAnm *Föhlisch*; *Föhlisch* NJW 2011, 30; so bereits Generalanwältin beim EuGH Schlussantrag v. 18.2.2009 – C-489/07, BeckRS 2009, 70216 Rn. 48 – Messner.
62 AG Berlin Mitte Urt. v. 5.1.2010 – 5 C 71/09.
63 BGH Urt. v. 12.10.2016 – VIII ZR 55/15, MMR 2017, 111 mAnm *Rätze* – Katalysator.
64 BGH Urt. v. 12.10.2016 – VIII ZR 55/15, MMR 2017, 111 mAnm *Rätze* – Katalysator.
65 BT-Drs. 17/12637, 63.
66 BeckOK BGB/*Müller-Christmann* § 357 Rn. 20; *Specht* VuR 2017, 363 (367).
67 *Föhlisch* NJW 2011, 30 (32) noch zu § 312e BGB aF.
68 *Buchmann/Föhlisch* K&R 2011, 433 (435) noch zu § 312e BGB aF.

schmutzung, Körpergeruch etc), kann insbesondere das Entfernen von Etiketten ein wichtiges Indiz für die wertersatzpflichtige Nutzung eines Kleidungsstücks sein.[69]

58 Mit dem ursprünglichen „New Deal" der Kommission sollte eine Ausnahme vom Widerrufsrecht für Waren eingeführt werden, die der Verbraucher während der Widerrufsfrist in einem Maße genutzt hat, das zur Prüfung der Beschaffenheit, Eigenschaften und Funktionsweise der Waren nicht notwendig gewesen wäre.[70] Der in Art. 14 Abs. 2 VRRL geregelte Anspruch auf Wertersatz sollte in diesen Fällen komplett entfallen. Hierdurch wäre das Widerrufsrecht in weiten Teilen abgeschafft worden, hätte jedoch nach wie vor die zentrale Frage, wann von einer Nutzung über eine Funktionsprüfung hinaus auszugehen ist, offengelassen.[71] Dieser Vorschlag wurde jedoch vom Europäischen Parlament glücklicherweise **nicht übernommen**.

59 § 357a Abs. 1 BGB nF findet auch auf eine **Beschädigung der Ware infolge unsachgemäßer Handhabung** Anwendung,[72] nicht hingegen bei einem zufälligen Untergang. Hiergegen spricht der Wortlaut des Art. 14 Abs. 2 VRRL.[73]

a) Belehrung

60 Der Verbraucher schuldet Wertersatz für die Verschlechterung der Ware nach § 357a Abs. 1 Nr. 2 BGB nF nur, wenn er nach Art. 246a § 1 Abs. 2 S. 1 Nr. 1 EGBGB über sein Widerrufsrecht unterrichtet wurde. Ausreichend ist ein **Hinweis entsprechend der Musterbelehrung**. Es ist nicht erforderlich, dass der Unternehmer den Verbraucher konkret auf den möglichen Umfang der Wertersatzpflicht hinweist oder darüber informiert, wie diese zu vermeiden ist.[74] Die formalen Anforderungen für die Erfüllung der Informationspflicht regelt Art. 246a § 4 EGBGB. Danach sind die Informationen vor Abgabe der Vertragserklärung des Verbrauchers zu erteilen. Daraus ergibt sich, dass der Unternehmer keinen Wertersatz verlangen kann, wenn er seine vorvertragliche Belehrungspflicht in Bezug auf das Widerrufsrecht verletzt hat. Eine Nachholung der Belehrungspflicht hat insofern keine Auswirkungen.[75]

b) Berechnung

61 § 357a Abs. 1 BGB nF enthält wie bisher **keine Regelung über die Berechnung der Höhe des Wertersatzanspruches**. Ein Verweis auf § 346 Abs. 2 S. 2 BGB verbietet sich aus systematischen Gründen. Hinsichtlich der Höhe des zu leistenden Wertersatzes wird teilweise fälschlich die **Wertverzehrtheorie** angewendet (tatsächliche Nutzung im Verhältnis zur Gesamtnutzungsdauer).[76] Diese ist jedoch nicht für den Verschlechterungs-, sondern den Nutzungswertersatz konzipiert, der seit Umsetzung der VRRL 2014 nicht mehr geschuldet wird. In Abzug zu bringen sind daher richtiger-

---

69 *Buchmann/Föhlisch* K&R 2011, 433 (437).
70 Art. 16 lit. n COM(2018) 185 final.
71 Krit. hierzu *Föhlisch* CR 2018, 583 (586) und *Augenhofer* EuZW 2019, 5 (8).
72 BT-Drs. 12637, 63.
73 HSH MultimediaR-HdB/*Föhlisch* Teil 13.4 Rn. 345.
74 Hierzu *Specht* VuR 2017, 363 (368).
75 *Löwer* MMR-Aktuell 2021, 436258.
76 AG Bremen Urt. v. 15.4.2016 – 7 C 273/15, BeckRS 2016, 07533; MüKoBGB/*Fritsche* § 357 Rn. 36; *Föhlisch/Dyakova* MMR 2013, 71 (75).

weise erforderliche Aufwände, um die Ware wieder in verkehrsfähigen Zustand zu bringen sowie Abschläge beim Wiederverkaufspreis als „Retourenware".

2. Wertersatz bei Dienstleistungen

a) Fernabsatzverträge

Die Wertersatzpflicht bei Dienstleistungen nach § 357 Abs. 8 BGB aF wird **nun in § 357a Abs. 2 BGB nF geregelt** und neu strukturiert. So schuldet der Verbraucher dem Unternehmer Wertersatz für die bis zum Widerruf erbrachte Leistung, **für die der Vertrag die Zahlung eines Preises vorsieht,** oder für die bis zum Widerruf erfolgte Lieferung von Wasser, Gas oder Strom in nicht bestimmten Mengen oder nicht begrenztem Volumen oder von Fernwärme, wenn der Verbraucher von dem Unternehmer **ausdrücklich verlangt** hat, dass dieser mit der Leistung vor Ablauf der Widerrufsfrist beginnt (§ 357a Abs. 2 S. 1 Nr. 1 BGB nF) und der Unternehmer den Verbraucher nach Art. 246a § 1 Abs. 2 S. 1 Nr. 1 und 3 EGBGB ordnungsgemäß informiert hat (§ 357a Abs. 2 S. 1 Nr. 3 BGB nF). Durch diese Anpassung soll ebenfalls **der geänderte Anwendungsbereich der VRRL nF berücksichtigt** werden. Die Wertersatzpflicht findet nur auf solche Verträge Anwendung, für die der Verbraucher zur Zahlung eines Preises verpflichtet ist, Art. 8 Abs. 8 VRRL nF, und nicht auf solche, für die der Verbraucher personenbezogene Daten bereitstellt oder deren Bereitstellung zusagt, Art. 3 Abs. 1a VRRL nF. Andere inhaltliche Änderungen sind hiermit jedoch nicht verbunden. Bei Verträgen, die sowohl Waren als auch Dienstleistungen zum Gegenstand haben, gelten im Falle des Widerrufs hinsichtlich der Waren die Vorschriften über die Rücksendung von Waren und hinsichtlich der Dienstleistungen die Regelungen über die Abgeltung von Dienstleistungen (vgl. ErwGr 50 VRRL).[77]

62

Der Verbraucher schuldet dem Unternehmer – ausdrückliches Verlangen nach Beginn und korrekte Belehrung vorausgesetzt – **Wertersatz für die bis zum Widerruf erbrachte Leistung.** Der anteilige Betrag, den der Verbraucher nach Art. 14 Abs. 3 VRRL zu zahlen hat, ist grundsätzlich anhand des im Vertrag vereinbarten Preises für die Gesamtheit der vertragsgegenständlichen Leistungen und der geschuldete Betrag **zeitanteilig** zu berechnen. Der volle Preis einer Leistung ist nur zugrunde zu legen, wenn der Vertrag vorsieht, dass eine oder mehrere Leistungen gleich zu Beginn und zu einem gesonderten Preis erbracht werden.[78] Nur wenn ein unverhältnismäßig hoher Gesamtpreis vereinbart wurde, ist die Höhe des Wertersatzes auf der Grundlage des Marktwertes zu berechnen. Diese Regelung findet sich nun in § 357a Abs. 2 S. 2, 3 BGB nF. Hierfür sind sowohl der Preis, den der betreffende Unternehmer von anderen Verbrauchern unter den gleichen Bedingungen verlangt, als auch ein Vergleich mit dem Preis einer zum Zeitpunkt des Vertragsschlusses von anderen Unternehmern

63

---

[77] Ebenso BT-Drs. 19/27655, 31.
[78] EuGH Urt. v. 8.10.2020 – C-641/19, NJW 2020, 3771; BGH Urt. v. 17.6.2021 – III ZR 125/19, BeckRS 2021, 19233; so bereits AG Hamburg Urt. v. 26.7.2019 – 41 C 155/18, VuR 2020, 28; OLG Hamburg Urt. v. 2.3.2017 – 3 U 122/14, GRUR-RR 2017, 270; aA LG Hamburg Urt. v. 22.7.2014 – 406 HKO 66/14, GRUR-RR 2015, 71.

erbrachten gleichwertigen Dienstleistung entscheidend.[79] Die Wertersatzpflicht kann jedoch niemals höher ausfallen als das eigentlich zu leistende Entgelt.[80]

b) Außerhalb von Geschäftsräumen geschlossene Verträge

64 Zusätzlich ist neben den oben genannten Voraussetzungen für die Wertersatzpflicht bei außerhalb von Geschäftsräumen geschlossenen Verträgen wie bisher erforderlich, dass der Verbraucher sein Verlangen zur Ausführung der Leistung vor Ablauf der Widerrufsfrist auf einem dauerhaften Datenträger übermittelt. Diese Voraussetzung findet sich statt wie bisher in § 357 Abs. 8 S. 4 BGB aF **nun in** § 357a Abs. 2 S. 1 Nr. 2 BGB nF.

3. Wertersatz bei digitalen Inhalten

65 Der bisherige § 357 Abs. 9 BGB aF wird in § 357a Abs. 3 BGB nF übernommen. Widerruft der Verbraucher einen Vertrag über die Lieferung von nicht auf einem körperlichen Datenträger befindlichen **digitalen Inhalten,** so hat er gem. § 357a Abs. 3 BGB nF **keinen Wertersatz** zu leisten. Der Ausschluss der Wertersatzpflicht ist im Zusammenhang mit § 356 Abs. 5 BGB nF zu sehen, wonach das Widerrufsrecht zum Erlöschen gebracht werden kann (→ Rn. 21).

VII. Information und Belehrung

66 Art. 246a § 1 Abs. 2 S. 1 Nr. 1 EGBGB bestimmt, dass der Verbraucher über die **Bedingungen, die Fristen und das Verfahren** für die Ausübung des Widerrufsrechts nach § 355 Abs. 1 BGB sowie das Muster-Widerrufsformular zu informieren ist.

67 Über das Widerrufsrecht **bei Fernabsatzverträgen** gem. Art. 246a § 1 Abs. 2 EGBGB muss zum einen auf der **Website in flüchtiger Form** (zB HTML-Seite) informiert werden, Art. 246a § 4 Abs. 3 EGBGB. Hierfür ist ausreichend, wenn die Widerrufsbelehrung spätestens auf der Bestellseite über einen eindeutig bezeichneten („sprechenden") Link abgerufen werden kann. Aus der Bezeichnung muss unmittelbar hervorgehen, dass die Belehrung darüber abrufbar ist. Zum anderen muss dem Verbraucher die Information gem. § 312f Abs. 2 BGB auch **auf einem dauerhaften Datenträger** innerhalb einer angemessenen Frist, spätestens jedoch bei Lieferung der Ware, zur Verfügung gestellt werden (zB Bestellbestätigungs-E-Mail oder Papierform bei Lieferung).

68 Bei **außerhalb von Geschäftsräumen geschlossenen Verträgen** muss der Unternehmer die Informationen auf Papier oder, wenn der Verbraucher zustimmt, auf einem anderen dauerhaften Datenträger zur Verfügung stellen, Art. 246a § 4 Abs. 2 EGBGB. Nach § 312f Abs. 1 BGB muss der Unternehmer dem Verbraucher entweder eine Abschrift des Vertragsdokuments, das von den Vertragsschließenden so unterzeichnet wurde, dass ihre Identität erkennbar ist, oder eine Bestätigung des Vertrags, in der der Vertragsinhalt wiedergegeben ist, zur Verfügung stellen. Wenn der Unternehmer dem Verbraucher diese Informationen, wie nach Art. 246a § 4 Abs. 2 EGBGB grund-

---

79 EuGH Urt. v. 8.10.2020 – C-641/19, NJW 2020, 3771.
80 LG Hamburg Urt. v. 4.11.2014 – 312 O 359/13, BeckRS 2015, 07342.

sätzlich gefordert, bereits vor Vertragsschluss auf einem dauerhaften Datenträger zur Verfügung gestellt hat, so bedarf es insoweit keiner erneuten Information und die Dokumentationspflicht nach § 312f Abs. 1 BGB beschränkt sich auf den wesentlichen Vertragsinhalt.[81]

1. Nichtbestehen oder Erlöschen

Gem. Art. 246a § 1 Abs. 3 EGBGB ist der Verbraucher „auch zu informieren", wenn ihm ein Widerrufsrecht nicht zusteht, dass er seine Willenserklärung **nicht widerrufen kann**, bzw. über die Umstände, unter denen der Verbraucher ein zunächst bestehendes **Widerrufsrecht verliert**. Durch diese Information soll für den Verbraucher ersichtlich werden, ob der Unternehmer sich auf einen Ausnahme- bzw. Erlöschenstatbestand berufen will.[82] 69

Ob und welcher Ausnahmetatbestand des § 312g Abs. 2 BGB in Betracht kommt, hat der Unternehmer nach der objektiven Rechtslage zu ermitteln.[83] Hier stellt sich die Frage, wie konkret der Unternehmer den Verbraucher über einen Ausschluss zu informieren hat.[84] Eine **konkrete Information über das Nichtbestehen** kann unproblematisch erfolgen, wenn der Händler lediglich **eine Art von Produkten** verkauft. Schwierig wird es hingegen bei **Mischsortimenten**. Erfolgt die Widerrufsinformation an zentraler Stelle, zB unterhalb der Widerrufsbelehrung, kann der Kunde nicht erkennen, ob sein konkret gekauftes Produkt ausgenommen ist oder nicht. 70

Aus Verbraucherschutzgesichtspunkten spricht seit Inkrafttreten der VRRL 2014 jedoch einiges dafür, dass der Unternehmer den Verbraucher **konkret darüber informieren** muss, ob der jeweilige Artikel vom Widerrufsrecht ausgenommen ist. Der Wortlaut der Regelung, wonach der Verbraucher darüber zu informieren ist, dass er „seine Willenserklärung nicht widerrufen kann", spricht dafür, dass konkret und bei jedem einzelnen Produkt zu informieren ist, ob für dieses ein Widerrufsrecht nicht besteht.[85] 71

Eine Information über das **Nichtbestehen darf nur dann erfolgen, wenn das Widerrufsrecht tatsächlich nicht besteht**, dh der genannte Ausnahmetatbestand mit dem Warensortiment korrespondiert. Weiterhin dürfen die gesetzlich abschließend normierten Ausschlussgründe auch nicht erweitert werden bzw. durch **offene Formulierungen** der Eindruck erweckt werden, dass es noch weitere Ausschlussgründe gebe. 72

2. Bedingungen, Fristen und Verfahren für die Ausübung

Zu den **erforderlichen Informationen** zählen zunächst solche, die Beginn, Dauer, Berechnung und Wahrnehmung der Widerrufsfrist betreffen. 73

---

81 BeckOK BGB/*Martens* § 312f Rn. 4.
82 Spindler/Schuster/*Schirmbacher* EGBGB Art. 246a Rn. 154.
83 MüKoBGB/*Wendehorst* § 312g Rn. 12.
84 Ausf. dazu *Föhlisch* Widerrufsrecht S. 359.
85 Generalanwalt beim EuGH BeckRS 2018, 32847; ebenso HSH MultimediaR-HdB/*Föhlisch* Teil 13.4 Rn. 380; *Becker/Rätze* WRP 2019, 429 (434); aA *Schirmbacher* BB 2019, 969 (972); *Buchmann* K&R 2014, 453 (455 f.).

a) Verfahren für die Ausübung

74 Der Verbraucher ist darüber aufzuklären, dass der Widerruf **keine Begründung** enthalten muss und dass der Widerruf durch eine **eindeutige Erklärung** gegenüber dem Adressaten erfolgen kann.[86] Dem Verbraucher muss nicht erklärt werden, in welcher Form die Widerrufsbelehrung konkret abgegeben werden kann. Hinzuweisen ist er jedoch auf die Möglichkeit der Nutzung des **Musterwiderrufsformulars** und ggf. eine andere eindeutige Widerrufserklärung auf der Website des Unternehmers ausfüllen und übermitteln zu können. Gem. § 355 Abs. 1 S. 5 BGB ist der Verbraucher darüber zu belehren, dass zur Fristwahrung die **rechtzeitige Absendung des Widerrufs genügt**.

75 Nicht ausdrücklich statuiert war bisher, ob der Unternehmer stets eine **E-Mail-Adresse** oder **Telefaxnummer** in der Widerrufsbelehrung nennen muss. Eine solche Obliegenheit konnte dem Gesetz nicht entnommen werden. Nach Umsetzung der VRRL 2014 wurde überwiegend vertreten, dass eine **Pflicht zur Angabe der Telefonnummer** bestehe.[87] Zwar sah die Muster-Widerrufsbelehrung im Gestaltungshinweis 2 die Angabe der Telefonnummer vor „soweit verfügbar". Eine spezielle Informationspflicht, dass der Widerruf auch telefonisch möglich ist, wurde jedoch ebenfalls nicht statuiert. Die dort genannten Erklärungsformen werden jedoch nur beispielhaft und nicht abschließend genannt.[88] Hätte der Gesetzgeber tatsächlich bezweckt, dem Verbraucher auch die Möglichkeit eines telefonischen Widerrufs ausdrücklich vor Augen zu führen, hätte er diese Information nicht in einen Gestaltungshinweis der Musterbelehrung verlagert.[89]

76 Der EuGH[90] hat jedoch auf Vorlage des BGH[91] entschieden, dass eine „**verfügbare**" **Telefonnummer anzugeben** ist. Eine Telefonnummer sei dann verfügbar, wenn sie dergestalt auf der Website zu finden ist, dass dem Durchschnittsverbraucher suggeriert wird, dass der Unternehmer diese Nummer für seine Kontakte mit Verbrauchern nutzt. Dies sei ua dann der Fall, wenn sie auf der Website unter „Kontakt" angegeben wird. Es bestehe jedoch **keine Pflicht, einen Telefonanschluss einzurichten** oder eine Telefonnummer anzugeben, die nicht entsprechend genutzt wird. Dem folgte der BGH.[92]

77 Nach Umsetzung der ModernisierungsRL handelt es sich jedoch um eine **Pflichtangabe**. Der Gestaltungshinweis 2 zu Anhang I A VRRL nF sieht vor, dass **in jedem Fall eine Telefonnummer anzugeben** ist und nicht nur „soweit verfügbar". Dasselbe gilt für die E-Mail-Adresse. Zudem wird aus diesem Gestaltungshinweis und aus der Muster-Widerrufsbelehrung wie bei dem Muster-Widerrufsformular die beispielhafte

---

86 BeckOK BGB/*Martens* EGBGB Art. 246a § 1 Rn. 28.
87 OLG Schleswig Urt. v. 10.1.2019 – 6 U 37/17, BeckRS 2019, 415; OLG Hamm Urt. v. 10.8.2017 – 4 U 101/15, BeckRS 2017, 155450; OLG Frankfurt aM Beschl. v. 4.2.2016 – 6 W 10/16, BeckRS 2016, 4874; OLG Hamm Beschl. v. 24.3.2015 – 4 U 30/15, BeckRS 2015, 08431; so schon die Vorinstanz LG Bochum Urt. v. 6.8.2014 – 13 O 102/14, K&R 2014, 824 mAnm *Föhlisch/Stariradeff*; OLG Hamm Beschl. v. 3.3.2015 – 4 U 171/14, VuR 2015, 319; zust. *Vander* MMR 2015, 75 (76).
88 LG Schweinfurt BeckRS 2017, 110353; so auch *Becker/Rätze* WRP 2019, 429 (431).
89 *Föhlisch/Stariradeff* CR 2019, 511, (516); *Föhlisch/Stariradeff* K&R 2014, 824 (826).
90 EuGH Urt. v. 14.5.2020 – C-266/19, NJW 2020, 2389.
91 BGH Beschl. v. 7.3.2019 – I ZR 169/17, MMR 2019, 440.
92 BGH Urt. v. 24.9.2020 – I ZR 169/17, GRUR 2021, 84.

Möglichkeit gestrichen, die Widerrufserklärung mittels Fax abzugeben. Entsprechend wurde Anlage 1 zu Art. 246a § 1 Abs. 2 S. 2 EGBGB angepasst.

Der **ursprüngliche Entwurf der Kommission** sah vor, dass alternativ die Telefonnummer und E-Mail-Adresse angegeben werden können.[93] Dieser Vorschlag wurde jedoch nicht in die VRRL nF übernommen. 78

b) Fristen

Der Verbraucher ist über die **Länge der Widerrufsfrist** zu informieren, binnen derer er das Widerrufsrecht ausüben kann. Die Widerrufsfrist beträgt regelmäßig **14 Tage**, § 355 Abs. 2 S. 1 BGB. Eine freiwillige Verlängerung der Widerrufsfrist zugunsten des Verbrauchers ist möglich.[94] 79

Zudem ist über den Fristbeginn zu belehren. § 355 Abs. 2 S. 2 BGB bestimmt, dass die Frist **mit Vertragsschluss** beginnt, soweit nichts anderes bestimmt ist. Für Fernabsatzverträge und außerhalb von Geschäftsräumen geschlossene Verträge bestimmt § 356 Abs. 2 Nr. 1 BGB abweichend, dass die Frist beginnt, sobald der Verbraucher die jeweilige **Ware erhalten** hat. Bei Verträgen, die die nicht in einem begrenzten Volumen oder in einer bestimmten Menge angebotene Lieferung von Wasser, Gas oder Strom, die Lieferung von Fernwärme oder die Lieferung von nicht auf einem körperlichen Datenträger befindlichen digitalen Inhalten zum Gegenstand haben, beginnt die Frist mit Vertragsschluss, § 356 Abs. 2 Nr. 2 BGB. Die Vorschriften zum Fristbeginn bleiben durch die ModernisierungsRL unberührt (→ Rn. 4). 80

c) Bedingungen

Eine Belehrungspflicht über die **Rechtsfolgen** des Widerrufs ist in Art. 246a § 1 Abs. 2 S. 1 Nr. 1 EGBGB **nicht ausdrücklich** geregelt. Zwar werden in der Musterbelehrung Hinweise über die gegenseitigen Rückerstattungspflichten erwähnt, eine solche Pflicht ist jedoch aus systematischen Gründen mit Blick auf Art. 246b § 1 Abs. 1 Nr. 12 EGBGB abzulehnen.[95] 81

Ein Hinweis auf die Gefahrtragung bei der Rücksendung ist gesetzlich **nicht mehr erforderlich**. In § 355 Abs. 3 S. 4 BGB findet sich seit Umsetzung der VRRL 2014 eine ausdrückliche Regelung, nach der der Unternehmer die Gefahr der Rücksendung trägt, obwohl der Verbraucher in der Regel die Kosten trägt. Warum dem Verbraucher diese wesentliche Information in der Belehrung vorenthalten wird, ist nicht nachvollziehbar. 82

Insbesondere bei dem Hinweis auf mögliche **Wertersatzansprüche** stellt sich die Frage, ob ein Hinweis in der Widerrufsbelehrung zwingend erforderlich ist. Eine solche Pflicht ist nach hier vertretener Ansicht aus systematischen Gründen mit Blick auf Art. 246b § 1 Abs. 1 Nr. 12 EGBGB, der eine solche Pflicht ausdrücklich statuiert, 83

---

[93] Art. 2 Nr. 11 Abs. 1 COM(2018) 185 final; hierzu *Föhlisch* CR 2018, 583 (587).
[94] OLG Frankfurt aM Beschl. v. 7.5.2015 – 6 W 42/15, MMR 2015, 517.
[95] *Hoeren/Föhlisch* CR 2014, 242 (247); so auch *Becker/Rätze* WRP 2019, 429 (433); *Janal* VuR 2015, 43 (46); *Buchmann* K&R 2014, 221 (223).

abzulehnen.⁹⁶ Dazu kommt, dass sich der fehlende Hinweis nach der Konzeption des Gesetzgebers allein auf den Wertersatzanspruch auswirkt, was dafürspricht, eine **Informationsobliegenheit und keine Informationspflicht** anzunehmen.⁹⁷

84 Schließlich ist die Angabe von **weitergehenden Erklärungen iRd Widerrufsbelehrung riskant**, da diese das Verständnis seitens des Verbrauchers gefährden und ihn vom Inhalt der Belehrung ablenken können.

d) Kosten der Rücksendung

85 Der Verbraucher muss sich im Klaren sein, mit welchen Kosten die Ausübung des Widerrufsrechts verbunden ist, so dass eine Aufklärungspflicht des Unternehmers hierüber besteht. Nach Art. 246a § 1 Abs. 2 S. 1 Nr. 2 EGBGB ist der Verbraucher **darüber aufzuklären, wer die Rücksendekosten zu tragen hat.** Diese trägt seit Umsetzung der VRRL im Regelfall der Verbraucher (§ 357 Abs. 5 BGB nF), wenn er ordnungsgemäß belehrt wurde. Das „gegebenenfalls" bezieht sich auf den Fall, dass sich der Unternehmer bereit erklärt hatte, diese zu übernehmen. Handelt es sich um **nicht paketversandfähige Waren,** hat der Unternehmer zusätzlich die **Kosten für die Rücksendung** der Waren zu nennen.

86 Eines ausdrücklichen Hinweises auf die **Hinsendekosten** bedarf es hingegen nicht, wenn diese in jedem Fall bei Widerruf erstattet werden (§ 357 Abs. 2 S. 1 BGB).

3. Dienstleistungen und Energielieferungen

87 Die Wertersatzpflicht findet nur auf solche Verträge Anwendung, für die der Verbraucher zur Zahlung eines Preises verpflichtet ist, Art. 3 Abs. 1a, Art. 8 Abs. 8 VRRL nF (→ Rn. 62). Entsprechend wird die Informationspflicht nach Art. 246a § 1 Abs. 2 S. 1 Nr. 3 EGBGB angepasst. Bei Verträgen über die Erbringung von **Dienstleistungen, für die die Zahlung eines Preises vorgesehen ist,** muss der Unternehmer nach Art. 246a § 1 Abs. 2 S. 1 Nr. 3 EGBGB nF zudem angeben, dass der Verbraucher einen angemessenen Betrag nach § 357a Abs. 2 BGB nF für die erbrachte Leistung schuldet, wenn er das Widerrufsrecht ausübt, nachdem er auf Aufforderung des Unternehmers von diesem ausdrücklich den Beginn der Leistung vor Ablauf der Widerrufsfrist verlangt hat.

88 Entsprechend ist der Verbraucher bei Verträgen über die nicht in einem bestimmten Volumen oder in einer bestimmten Menge vereinbarte Lieferung von Wasser, Gas, Strom oder die Lieferung von Fernwärme zu informieren.

4. Besonderheiten bei begrenzter Darstellungsmöglichkeit

89 Art. 246a § 3 EGBGB sieht erleichterte Informationspflichten bei begrenzter Darstellungsmöglichkeit im Fernabsatz vor. Die Vorschrift ist seit ihrem Inkrafttreten 2014 bereits **technisch überholt,** da die Anzeige sämtlicher Pflichtinformationen auf allen

---

96 *Hoeren/Föhlisch* CR 2014, 242 (247); so auch *Becker/Rätze* WRP 2019, 429 (433); *Janal* VuR 2015, 43 (46); *Buchmann* K&R 2014, 221 (223); aA *Schmidt/Brönneke* VuR 2013, 448 (452 f.); *Vander* MMR 2015, 75 (76), der vorsorglich von einer Belehrungspflicht ausgeht.
97 MüKoBGB/*Fritsche* § 357 Rn. 35.

gängigen Mobilgeräten ohne Weiteres möglich ist.[98] Danach ist der Unternehmer verpflichtet, dem Verbraucher mittels dieses Fernkommunikationsmittels zumindest besonders wichtige Informationen zur Verfügung zu stellen. Die weiteren Pflichtinformationen nach Art. 246a § 1 EGBGB sind in geeigneter Weise unter Beachtung von § 246a § 4 Abs. 3 EGBGB zugänglich zu machen. Das kann auch mittels einer anderen Informationsquelle wie zB durch die Angabe einer gebührenfreien Telefonnummer oder eines sprechenden Links auf die Webseite des Unternehmers geschehen (ErwGr 36 VRRL).[99] Die Vorschrift findet auch auf Printmedien Anwendung. Der EuGH entschied hierzu, dass die Frage, ob nur begrenzter Raum oder begrenzte Zeit zur Verfügung steht, unter Berücksichtigung sämtlicher technischer Eigenschaften zu beurteilen sei.[100] Dabei müsse unter Berücksichtigung des Raumes und der Zeit der Werbebotschaft und der Mindestschriftgröße, die angemessen ist, geprüft werden, ob alle in Art. 6 Abs. 1 VRRL genannten Informationen dargestellt werden könnten.[101] Wird für die verpflichtenden Verbraucherinformationen nebst Muster-Widerrufsformular **mehr als ein Fünftel** des für die konkrete Printwerbung verfügbaren Raums benötigt, muss das Muster-Widerrufsformular nicht in der Werbung abgedruckt und sein Inhalt kann auf andere Weise in klarer und verständlicher Sprache mitgeteilt werden; sodann ist zu prüfen, ob die übrigen Pflichtangaben nicht mehr als ein Fünftel des Raums der Printwerbung in Anspruch nehmen.[102]

Eine entsprechende Regelung sieht Art. 8 Abs. 4 VRRL nF vor. Danach sollen im Fall begrenzter Darstellungsmöglichkeit nach wie vor die in Art. 6 Abs. 1 lit. a, b, e, h bzw. o VRRL genannten vorvertraglichen Informationen erteilt werden müssen. Neu ist, dass hiervon ausdrücklich das unter lit. h genannte Muster-Widerrufsformular nach Anhang I Teil B VRRL ausgenommen wird. Die übrigen in Art. 6 Abs. 1 VRRL genannten Informationen, einschließlich des Muster-Widerrufsformulars, hat der Unternehmer nach wie vor in geeigneter Weise im Einklang mit Art. 8 Abs. 1 VRRL nachzureichen. Die entsprechende **Umsetzung sieht Art. 246a § 3 S. 1 Nr. 4 EGBGB nF** vor. Der Wortlaut wird an Art. 246a § 1 Abs. 2 S. 1 Nr. 1 EGBGB angeglichen. Das Muster-Widerrufsformular ist weiterhin nach Art. 246a § 3 S. 2 EGBGB lediglich in geeigneter Weise unter Beachtung von Art. 246a § 4 Abs. 3 EGBGB zugänglich zu machen. Sinnvoller als das Festhalten an einer bereits veralteten Vorschrift wäre es gewesen, die fernabsatzrechtlichen Informationspflichten an dieser Stelle zurückzufahren und auf ein angemessenes und für den Verbraucher erträgliches Maß zu beschränken.[103]

5. Verwendung der gesetzlichen Muster-Widerrufsbelehrung

Die VRRL enthält in Anhang I Teil A ein Muster für die Widerrufsbelehrung, das durch Gestaltungshinweise individuell anzupassen ist. Die Verwendung des Belehrungsmusters, das Gesetzesrang besitzt, bietet für die Händler aufgrund der **Privile-

---

98 BeckOK IT-Recht/*Föhlisch* Art. 246 EGBGB § 3 Rn. 2.
99 Vgl. BT-Drs. 17/12637, 75.
100 EuGH Urt. v. 23.1.2019 – C-430/17, NJW 2019, 1363 – Walbusch.
101 Krit. hierzu *Buchmann/Hoffmann* K&R 2019, 145 (146).
102 BGH Urt. v. 11.4.2019 – I ZR 54/16, MMR 2020, 235.
103 *Föhlisch* CR 2018, 583 (585).

gierung den Vorteil, wegen etwaiger inhaltlicher Fehler nicht in Anspruch genommen werden zu können.[104] Insgesamt sind jedoch 48 Kombinationsvarianten des Musters denkbar. Die zutreffende Umsetzung der Gestaltungshinweise bereitet in der Praxis zudem große Schwierigkeiten.[105] Dieses Problem wurde iRd der Modernisierung der Verbraucherrechte leider nicht angegangen.

a) Fristbeginn bei mehreren Waren

92 Die Muster-Widerrufsbelehrung sieht wegen der Regelung in § 356 Abs. 2 BGB allein **fünf Varianten für die Belehrung über den Fristbeginn** vor. Dem Händler wird allerdings erst am Schluss einer Bestellung bekannt sein, ob der Kunde eine Ware (Gestaltungshinweis 1b), mehrere Waren im Rahmen einer einheitlichen Bestellung (Gestaltungshinweis 1c) oder eine Ware in mehreren Teilsendungen (Gestaltungshinweis 1d) bestellt, so dass es im Vorfeld nicht möglich ist, den richtigen Textbaustein für die flüchtige Information zum Widerrufsrecht statisch auszuwählen.[106]

93 Eine Lösungsmöglichkeit ist, die Var. 1c „an dem Sie [...] die letzte Ware in Besitz genommen haben [...]" auch für die Fälle b und d zu verwenden (**Einheitslösung**). Auch bei Lieferung nur einer Ware oder mehrerer Pakete wird der Verbraucher wohl verstehen, dass mit Lieferung des letzten Paketes die Frist zu laufen beginnt. Dagegen spricht allerdings, dass der europäische Gesetzgeber eben fünf Varianten zur Verfügung gestellt hat und nicht nur eine.

94 Bei der **Kombinationslösung** werden die **Gestaltungsalternativen** derart in der Muster-Widerrufsbelehrung untergebracht, dass sie eine verständliche Abgrenzung erkennen lassen und auch dem juristisch unbewanderten Laien die Unterschiede der einzelnen Varianten verständlich werden, also durch „oder"-Verknüpfung. Hier besteht jedoch das Risiko darin, dass der Verbraucher in die Irre geführt werden könnte,[107] etwa wenn ihm nach Absenden der Bestellung noch ein weiterer Artikel besonders günstig angeboten wird und er sich unmittelbar nach Klick des „Kaufen"-Buttons zum Kauf des weiteren Artikels entschließt,[108] und der Eindruck erweckt wird, es könne mehr als nur eine Alternative für den Verbraucher eingreifen[109] oder unterschiedliche und damit widersprüchliche Belehrungen verwendet werden.[110]

95 Beide Lösungen werden bislang von der Rspr. nicht beanstandet. Das **Dilemma** bleibt jedoch bestehen: Entweder setzt der Unternehmer einen Baustein ein, der zwar inhaltlich nicht irreführend, jedoch laut Gestaltungshinweis für die übrigen Fälle nicht vorgesehen ist, oder er setzt mehrere Bausteine ein, die er zwar transparent alternativ darstellen kann, jedoch nicht dem Gestaltungshinweis Folge leistet, eben nur einen Baustein zu verwenden. Wie man es auch wendet: **Die Verwendung einer einzelnen privilegierten Belehrung ist schon wegen der Darstellung des Fristbeginns**

---

104 BGH Beschl. v. 10.2.2015 – II ZR 163/14, VuR 2015, 307; zur Erforderlichkeit der unveränderten Übernahme zuletzt OLG Frankfurt aM Urt. v. 27.1.2016 – 17 U 16/15, BeckRS 2016, 02801 und OLG Celle Urt. v. 21.5.2015 – 13 U 38/14, BeckRS 2015, 15747.
105 *Vander* MMR 2015, 75 (78).
106 *Hoeren/Föhlisch* CR 2014, 242 (246); so auch *Becker/Rätze* WRP 2019, 429 (430).
107 Ebenso *Buchmann* K&R 2014, 293 (298).
108 *Hoeren/Föhlisch* CR 2014, 242 (246).
109 Zur „und"-Verknüpfung LG Frankfurt aM Beschl. v. 21.5.2015 – 2-06 O 203/15, VuR 2016, 38.
110 OLG Hamm Urt. v. 24.5.2012 – I-4 48/12, MMR 2012, 594.

praktisch nicht möglich. Auch mit der ModernisierungsRL wurde die Chance zur Vereinfachung leider vertan.

b) Rücksendekosten bei Speditionsware

Hinzu kommt, dass in Gestaltungshinweis 5b der Muster-Widerrufsbelehrung vorgesehen ist, dass der Unternehmer bei Waren, die „nicht normal mit der Post zurückgesandt" werden können, die **Kosten der Rücksendung** bereits in der Belehrung **konkret beziffert** werden müssen. Dies ist **nicht möglich**, sofern der Unternehmer nicht selbst die Abholung organisiert, da die Kosten der vom Verbraucher ausgesuchten Spedition im Vorfeld nicht bekannt sind. Zu hohe Kostenangaben halten den Verbraucher irreführend vom Widerruf ab, zu geringe täuschen ihn über die tatsächlichen Kosten. Als vermeintlicher Ausweg ist im Gestaltungshinweis vorgesehen, dass der Unternehmer die Kosten auch schätzen kann, falls sie vernünftigerweise nicht im Voraus berechnet werden können. Abgesehen von ErwGr 36 VRRL (aE) findet sich im verfügenden Teil der Richtlinie **jedoch keine Rechtsgrundlage für diese Schätzvariante.** Vielmehr bestimmen Art. 6 Abs. 1 lit. i VRRL und Art. 246a § 1 Abs. 2 S. 1 Nr. 2 EGBGB, dass der Unternehmer über die „Kosten für die Rücksendung der Waren" in diesem Fall stets konkret zu informieren hat. Allerdings erscheint es angebracht, im Lichte des ErwGr 36 VRRL den Art. 6 Abs. 1 lit. i VRRL entsprechend auszulegen und somit dem offensichtlichen Vorhaben des europäischen Gesetzgebers Rechnung zu tragen.[111] Zulässig ist es jedenfalls, zwei unterschiedliche Widerrufsbelehrungen für den Kauf paketversandfähiger Waren und Speditionswaren vorzuhalten.[112]

96

c) Mischbelehrungen

Werden sowohl **Waren verkauft als auch Dienste erbracht,** sind jeweils zwei ausgefüllte Muster-Belehrungen zu verwenden, wobei klar sein muss, welche für Waren und welche für Dienste gilt.[113] Bei **gekoppelten Verträgen** ist auf den **Schwerpunkt der Leistung** abzustellen und nur eine korrekt ausgefüllte Muster-Belehrung zu verwenden. Die Muster-Belehrung ist für eine Kombination von Waren- und Dienstleistungsverträgen nicht geeignet.

97

d) Grenzen der Privilegierung

Eine Pflicht zur Verwendung der Musterbelehrung besteht nicht. Der BGH entschied jedoch, dass sich auf die Privilegierung nur der Unternehmer berufen kann, der eine Belehrung verwendet, die **dem Muster vollständig entspricht.**[114] Auch Belehrungen, die an einzelnen Stellen vom Muster abweichen, sind richtig. In diesem Fall stellt sich jedoch nicht die Frage, ob die Privilegierung greift, sondern **ob die Belehrung ungeachtet des Musters richtig ist.** Bei der Beurteilung ist nicht nur die Widerrufsbelehrung isoliert zu betrachten, sondern es sind auch entsprechende Klauseln außerhalb der Widerrufserklärung, die diese inhaltlich ergänzen sollen, zu berücksichtigen; diese

98

---

111 *Hoeren/Föhlisch* CR 2014, 242 (244); vgl. auch *Vander* MMR 2015, 75 (76).
112 OLG Köln Urt. v. 23.4.2021 – 6 U 149/20, BeckRS 2021, 10823.
113 Dasselbe gilt für körperliche Waren und digitale Inhalte, *Hossenfelder/Schilde* CR 2014, 456 (458 f.).
114 BGH Urt. v. 1.12.2010 – VIII ZR 82/10, MMR 2011, 166, zust. *Hoffmann* NJW 2011, 2623 (2624).

bilden eine Einheit.[115] Ist eine entsprechende Klausel unwirksam, hat dies zur Folge, dass die Widerrufsbelehrung insgesamt nicht ordnungsgemäß ist.

C. Verbraucherdarlehensverträge, Finanzierungshilfen und Versicherungsverträge

99 Zudem wurden die Muster für die Widerrufsinformation im Verbraucherdarlehensrecht durch das „Gesetz zur Anpassung des Finanzdienstleistungsrechts an die Rspr. des Gerichtshofs der Europäischen Union von 11.9.2019 in der Rechtssache C-383/18 und vom 26.3.2020 in der Rechtssache C-66/19"[116] in zwei Punkten an die Rspr. des EuGH angepasst. Neben der Erweiterung der Kostenermäßigung bei vorzeitiger Rückzahlung (§ 501 BGB nF) wird die Vorgabe des EuGH, nach der der sog. „Kaskadenverweis" nicht dem Erfordernis genügt, den Verbraucher in klarer und prägnanter Form über die Frist und andere Modalitäten für die Ausübung des Widerrufsrechts zu informieren, umgesetzt. Das Gesetz gilt **seit dem 15.6.2021**.

I. Muster-Widerrufsinformation für Allgemein-Verbraucherdarlehensverträge

100 Betroffen ist zunächst die Gestaltung des gesetzlichen Musters für die Widerrufsinformation für Allgemein-Verbraucherdarlehensverträge in Anlage 7 EGBGB. Hierzu hatte der EuGH entschieden, dass der Kaskadenverweis der „klaren und prägnanten Form" nach Art. 10 Abs. 2 lit. p RL 2008/48/EG (im Folgenden: VerbraucherkreditRL) nicht genügt.[117] Verbraucherinnen und Verbraucher könnten im Fall eines Kaskadenverweises auf der Grundlage des Vertrags weder den Umfang ihrer vertraglichen Verpflichtung bestimmen, noch überprüfen, ob der von ihnen abgeschlossene Vertrag alle erforderlichen Informationen enthält, und ob die Widerrufsfrist zu laufen begonnen habe. So hat der EuGH entschieden, dass zu den Informationen, die nach Art. 10 Abs. 2 lit. p VerbraucherkreditRL in einem Kreditvertrag **in klarer, prägnanter Form anzugeben** sind, die in Art. 14 Abs. 1 UAbs. 2 VerbraucherkreditRL vorgesehenen Modalitäten für die Berechnung der Widerrufsfrist gehören. Der Gesetzgeber ist seinem „Anpassungsbefehl"[118] nun nachgekommen.

101 Hierzu wurde die Musterwiderrufsinformation in Anlage 7 EGBGB angepasst. Der Inhalt der Pflichtangaben, wie sie in Art. 247 EGBGB aufgezählt und definiert sind, wird hierbei nicht geändert. In der neuen Fassung wird hinsichtlich der Pflichtangaben nicht mehr auf die Regelung des § 492 Abs. 2 BGB Bezug genommen, der auf Art. 247 §§ 6 bis 13 EGBGB weiterverweist. Vielmehr werden die in Art. 247 §§ 6–13 EGBGB geregelten Pflichtangaben gem. Art. 10 VerbraucherkreditRL, soweit sie für ein Widerrufsrecht relevant sein können, **nunmehr in der Muster-Widerrufsinformation selbst aufgelistet**. Auch im Übrigen werden gesetzliche Querverweise vermieden.

102 Dabei wird nach dem neu eingefügten Gestaltungshinweis 3 zwischen solchen Informationen, die in jedem Fall zu erteilen sind und zwischen Informationen, die nicht in

---

115 BGH Urt. v. 20.5.2021 – III ZR 126/19, BeckRS 2021, 17221; aA die Vorinstanz LG Hamburg Urt. v. 30.8.2019 – 320 S 49/18.
116 BGBl. 2021 I 1666.
117 EuGH Urt. v. 26.3.2020 – C-66/19, NJW 2020, 1423.
118 *Knoll/Nordholtz* NJW 2020, 1407 (1410).

jedem Fall einschlägig sein müssen und nur in diesem Fall aufzunehmen sind (Eventualinformationen), unterschieden. Hiermit versucht der Gesetzgeber, zu verhindern, dass die Widerrufsbelehrung noch umfangreicher und schwieriger zu lesen wird. Auch der Gesetzgeber weiß um den **Konflikt zwischen den Anforderungen der VerbraucherkreditRL an die Vollständigkeit der Information und der geforderten Klarheit und Prägnanz**, der in der Richtlinie selbst angelegt ist, den jedoch auch die Entscheidung des EuGH nicht auflöst.[119] Mit der nun gefundenen Lösung soll sowohl eine im konkreten Fall vollständige als auch eine „klare und prägnante" Information gewährleistet werden, da zwar **sämtliche Pflichtangaben, die auf den vorliegenden Vertrag anwendbar sind, in die Widerrufsinformation aufzunehmen**, die nicht einschlägigen Pflichtangaben jedoch herauszunehmen sind. Trotz der deutlichen Verlängerung sei die Widerrufsinformation bei dieser Lösung so klar und prägnant wie möglich. Werden nicht einschlägige Eventualangaben in die Widerrufsinformation oder einschlägige Eventualangaben nicht in die Widerrufsinformation aufgenommen, entfällt die Gesetzlichkeitsfiktion nach Art. 247 § 6 Abs. 2 S. 3 BGB.[120] Das **Subsumtionsrisiko** trägt der Darlehensgeber.

Daneben war der Gesetzgeber bemüht, den **bisherigen Aufbau der Muster-Widerrufsbelehrung beizubehalten**.[121] Zur besseren Gliederung und Übersichtlichkeit werden die Angaben über das Widerrufsrecht nunmehr allerdings unter einem Abschnitt 1 zusammengefasst, während die vollständige Aufzählung der Pflichtangaben, soweit sie für die Auslösung des Beginns der Widerrufsfrist relevant sind, unter Abschnitt 2 erfolgt. In diesem neuen Abschnitt „Für den Beginn der Widerrufsfrist erforderliche vertragliche Pflichtangaben" werden die Pflichtangaben nach Art. 247 §§ 6–13 EGBGB im Einzelnen aufgeführt. Soweit eine Regelung in Art. 247 §§ 6–13 EGBGB gesetzliche Querverweise – etwa auf andere Bestimmungen des EGBGB – enthält, wurden diese Verweise in der Musterwiderrufsinformation nicht übernommen, sondern der Inhalt der Bestimmung, auf die verwiesen wird, wiedergegeben. Die anschließenden Hinweise auf die Widerrufsfolgen werden unter Abschnitt 3 zusammengefasst. Sowohl bei den Angaben über das Widerrufsrecht als auch bei den Widerrufsfolgen und der neu eingefügten Auflistung der Pflichtangaben können jeweils Unterüberschriften zu „Besonderheiten bei weiteren Verträgen" eingefügt werden. Die in der bisherigen Musterwiderrufsinformation enthaltenen Gestaltungshinweise werden beibehalten, da keine materiellrechtlichen Änderungen erfolgen. Aufgrund der neu eingefügten Auflistung der Pflichtangaben wurden zudem Gestaltungshinweise ergänzt.

Von **Übergangsregelungen** wurde wegen der gebotenen zeitnahen Umsetzung, einer zumutbaren Anpassung der Muster-Widerrufsinformation während des Gesetzgebungsverfahrens und der Möglichkeit der Nachholung der Widerrufsinformation nach §§ 356b Abs. 2 S. 1, 492 Abs. 6 BGB **verzichtet**.[122]

---

119 BT-Drs. 19/26928, 25.
120 BT-Drs. 19/26928, 25.
121 BT-Drs. 19/26928, 18.
122 BT-Drs. 19/26928, 36.

II. Muster-Widerrufsbelehrung für andere Finanzierungshilfen

105 Auch wenn die Entscheidung des EuGH[123] nicht unmittelbar die in Anlage 3 EGBGB geregelten Vertragstypen betrifft, wurde das Muster vorsorglich entsprechend angepasst, da Anlage 3 EGBGB aF die nach der RL 2002/65/EG notwendigen Informationen, die der Verbraucher für den Beginn der Widerrufsfrist erhalten haben muss, nicht im Einzelnen aufführt, sondern auf die einschlägigen Bestimmungen in Art. 246b und Art. 248 EGBGB verweist, die wiederum Verweise auf andere gesetzliche Bestimmungen enthalten. Anlage 3 EGBGB nF wurde daher **vorsorglich an die vom EuGH neu definierten unionsrechtsrechtlichen Vorgaben zur Verbraucherkredit-RL angepasst**, wonach ein Kaskadenverweis nicht dem Erfordernis genügt, den Verbraucher in klarer und prägnanter Form über die Frist und andere Modalitäten für die Ausübung des Widerrufsrechts zu informieren.[124] In der neuen Fassung wird hinsichtlich der für den Beginn der Widerrufsfrist zu erteilenden Informationen nicht mehr auf die Regelungen des Art. 246b EGBGB und Art. 248 EGBGB Bezug genommen, sondern die für den Beginn der Widerrufsfrist notwendigen Informationen werden **in der Widerrufsbelehrung aufgelistet**. Soweit gesetzliche Querverweise dazu dienen, die Benennung der Information selbst zu ersetzen, wird auf diese verzichtet. Die einschlägigen gesetzlichen Bestimmungen werden jedoch zusätzlich lediglich zur Beschreibung im Zusammenhang mit einer Informationspflicht genannt. Dies soll neben der Beschreibung der Informationspflicht rein deklaratorisch erfolgen, um Verbrauchern ein näheres Nachlesen zu ermöglichen, und nicht als Ersetzung der Erfüllung zu erteilender Informationen.

106 Die Aufzählung der für die verschiedenen Vertragstypen geltenden unterschiedlichen Informationspflichten hat für die Neufassung **verschiedene Muster für die verschiedenen Vertragstypen notwendig** gemacht. Für Finanzdienstleistungen außer Zahlungsdiensten und Immobilienförderdarlehen für Verbraucherinnen und Verbraucher, die im Fernabsatz oder außerhalb von Geschäftsräumen abgeschlossen werden, ist Anlage 3 EGBGB einschlägig. Für Zahlungsdiensterahmenverträge, die im Fernabsatz oder außerhalb von Geschäftsräumen abgeschlossen werden, greift Anlage 3a ein und für entsprechende Einzelzahlungsverträge Anlage 3b. Mit der Neufassung der Muster sollen die in Art. 246b EGBGB und Art. 248 EGBGB geregelten Informationspflichten inhaltlich nicht geändert werden. Insbesondere sollen in den Anlagen 3–3b bestehende Informationspflichten, soweit sie für den Fristbeginn eines Widerrufsrechts relevant sind, lediglich in Übereinstimmung mit dem EGBGB nunmehr vollständig aufgezählt werden.[125] Ebenso wird der bisherige **Aufbau des Musters beibehalten**. Ergänzt werden sie um einen Abschnitt 2, in dem die für den Fristbeginn des Widerrufsrechts notwendigen Informationen aufgeführt werden. Dabei wird zwischen Pflicht- und Eventualinformationen unterschieden, die nur dann in die Widerrufsbelehrung aufzunehmen sind, wenn sie auch tatsächlich einschlägig sind (→ Rn. 102). Es ist Aufgabe des Unternehmers zu beurteilen, welcher Vertragstyp vorliegt und welches Muster danach einschlägig ist. Sollte ein Vertrag sowohl über eine allgemeine Finanz-

---

123 EuGH Urt. v. 26.3.2020 – C-66/19, NJW 2020, 1423.
124 BT-Drs. 19/29391, 41.
125 BT-Drs. 19/29391, 42.

dienstleistung als auch über einen Zahlungsdienst abgeschlossen werden, so hat der Unternehmer **in eigener Verantwortung die jeweils einschlägigen Informationsanforderungen zu erfüllen** und hierfür – unter Berücksichtigung eines jeweils neu eingefügten Gestaltungshinweises in den Anlagen 3, 3a und 3b – die Muster zu kombinieren.

Zudem wird die Regelung mit Art. 246b § 2 Abs. 3 S. 2 EGBGB nF auf die Fallgruppe der im Fernabsatz oder außerhalb von Geschäftsräumen abgeschlossenen **Immobiliarförderdarlehen** erstreckt, bei denen die Belehrung des Verbrauchers nach Maßgabe von § 491a Abs. 4 S. 2 BGB iVm Art. 247 § 1 Abs. 2 S. 6 EGBGB durch Übermittlung eines zutreffend ausgefüllten ESIS-Merkblattes gem. Anlage 6 EGBGB erfolgt. Für diese Fallgestaltung werden die Anforderungen an die Widerrufsbelehrung in den Ausfüllhinweisen des ESIS-Merkblattes gemäß Anlage 6 EGBGB präzisiert und ergänzt, um so den Vorgaben aus dem EuGH-Urteil Rechnung zu tragen.[126] Der Aufbau des ESIS-Merkblattes und der Ausfüllhinweise unter Teil B des Merkblattes wird dabei grundsätzlich beibehalten. Jedoch werden dem Kreditgeber für die Vervollständigung des ESIS-Merkblattes **nunmehr konkrete Textbausteine für die Widerrufsbelehrung** des Kreditnehmers vorgegeben, die er zu verwenden hat, wenn er die Regelung in Art. 246b § 2 Abs. 3 S. 2 EGBGB für sich in Anspruch nehmen will.

Mit Art. 246b § 2 Abs. 3 S. 3 EGBGB nF wird den Unternehmern ermöglicht, bis zum 31.12.2021 anstelle der Anlagen 3–3b neu sowie anstelle des durch den Entwurf neugefassten ESIS-Merkblattes nach Anlage 6 EGBGB weiterhin die Anlage 3 in der Fassung des Gesetzes zur Umsetzung der Verbraucherrechterichtlinie und zur Änderung des Gesetzes zur Regelung der Wohnungsvermittlung vom 20.9.2013[127] zu verwenden. Hierdurch soll den Unternehmen hinreichend Zeit eingeräumt werden, die **erforderlichen Änderungen** der Formulare umzusetzen.

III. Muster-Widerrufsbelehrung für Versicherungsverträge

An die Entscheidung des EuGH und die Unzulässigkeit des Kaskadenverweises wird zudem die Musterwiderrufsbelehrung im VVG angepasst, da auch hier die Muster-Widerrufsbelehrung den Anforderungen der RL 2002/65/EG genügen muss (→ Rn. 105). Um europarechtlichen Risiken entgegenzuwirken, wird daher auch die Musterwiderrufsbelehrung im VVG **an die Rspr. des EuGH angepasst**.[128]

Zudem wird § 8 Abs. 4 VVG aF aufgehoben. Danach begann die Widerrufsfrist im elektronischen Geschäftsverkehr abweichend von § 8 Abs. 2 S. 1 VVG nicht vor Erfüllung auch der in § 312i Abs. 1 S. 1 BGB geregelten Pflichten zu laufen. Die **Pflichten nach § 312i Abs. 1 S. 1 BGB** gelten jedoch nach wie vor für Versicherungsverträge im elektronischen Geschäftsverkehr.[129] Die Übergangsregel in Art. 8 EGVVG nF sieht vor, dass das bisherige Muster in einer **Übergangszeit bis zum 31.12.2021** verwendet werden kann. In diesem Fall ist § 8 VVG aF anzuwenden, also auch § 8 Abs. 4 VVG aF, der den Beginn der Widerrufsfrist auch von der Erfüllung der Infor-

---

126 Hierzu bereits *Rott* EuZW 2020, 436 (438).
127 BGBl. 2013 I 3642.
128 BT-Drs. 19/29391, 44.
129 BT-Drs. 19/29391, 54.

mationspflichten nach § 312i Abs. 1 S. 1 BGB abhängig macht. Das bisherige Muster enthält noch einen entsprechenden Hinweis darauf, dass die Widerrufsfrist nicht vor Erfüllung der Pflichten des Versicherers gem. § 312i Abs. 1 S. 1 BGB iVm Art. 246c EGBGB beginne. Um Irreführungen des Versicherungsnehmers zu vermeiden, soll dies während der Übergangsfrist weitergelten, wenn die bisherige Musterwiderrufsbelehrung verwendet wird.[130]

---

[130] BT-Drs. 19/29391, 56.

§ 4 Warenkauf – Kaufrechtlicher Mangelbegriff und Digitalisierung im Verbrauchsgüterkaufrecht

Literaturverzeichnis: *Alexander,* Überblick und Anmerkungen zum Referentenentwurf eines Gesetzes zur Stärkung des Verbraucherschutzes im Wettbewerbs- und Gewerberecht, WRP 2021, 136; *Artz,* Stellungnahme zu den Gesetzentwürfen der Bundesregierung zur Umsetzung der Richtlinie über bestimmte vertragsrechtliche Aspekte der Bereitstellung digitaler Inhalte und digitaler Dienstleistungen (BT-Drs. 19/27653) und zur Regelung des Verkaufs von Sachen mit digitalen Elementen und anderer Aspekte des Kaufrechts (BT-Drs. 19/27424), Bielefeld 2021, https://www.bundestag.de/dokumente/textarchiv/2021/kw18-pa-recht-digitale-inhalte-837652; *Augenhofer,* Die neue Verbandsklagen-Richtlinie – effektiver Verbraucherschutz durch Zivilprozessrecht?, NJW 2021, 113; *Bach,* Stellungnahme zum Entwurf eines Gesetzes zur Regelung des Verkaufs von Sachen mit digitalen Elementen und anderer Aspekte des Kaufvertrags (BT-Drs. 19/27424), Göttingen 2021, https://www.uni-goettingen.de/de/open-access-archiv/133335.html; *Bach/Wöbbeking.* Das Haltbarkeitserfordernis der Warenkauf-RL als neuer Hebel für mehr Nachhaltigkeit? NJW 2020, 2672; *Bamberger/Roth/Hau/Poseck* (Hrsg.), BeckOK BGB, 53.Aufl. 2020 (zit.: BeckOK BGB/*Bearbeiter*); *Basedow,* Zum Vorschlag für einen Digital Markets Act, ZEuP 2021, 2017; *Becker,* Bundeskartellamt und Verbraucherschutz, ZWeR 2018, 229; *Boos/Brönneke/Wechsler* (Hrsg.), Konsum und nachhaltige Entwicklung, 2019; *Brönneke,* Perspektiven für die Einführung behördlicher Instrumente im deutschen Recht, in: Schulte-Nölke/BMJV, Neue Wege zur Durchsetzung des Verbraucherrechts, Berlin 2017, S. 127 ff.; *Brönneke,* Erweiterung der Verbandsklagebefugnisse, in: Keimeyer/Brönneke et al., UBA-Texte 115/2020, S. 336 ff.; *Brönneke,* Anpassung von Gewährleistungsfristen im Kaufrecht. Kurzgutachten, Karlsruhe 2020, https://www.vzbv.de/sites/default/files/downloads/2021/01/07/21-01-06_broenneke_gutachten_gewaehrleistung.pdf; *Brönneke,* Lebensdauer als möglicher Mangel, in: Keimeyer/Brönneke et al., UBA-Texte 115/2020, S. 164 ff.; *Brönneke,* Verkürzte Lebensdauer von Produkten aus Sicht der Rechtswissenschaften, in: Brönneke/Wechsler, Obsoleszenz interdisziplinär, 2015, S. 185; *Brönneke,* Premature Obsolescence: Suggestions for Legislative Counter-measures in German and European Sales & Consumer Law, JEEPL 207, 361; *Brönneke,* Stellungnahme Entwurf eines Gesetzes zur Regelung des Verkaufs von Sachen mit digitalen Elementen und anderer Aspekte des Kaufvertrags (BT-Drs. 19/27424), Pforzheim 2021, https://www.bundestag.de/dokumente/textarchiv/2021/kw18-pa-recht-digitale-inhalte-837652; *Brönneke/Freischlag,* Funktionsfähigkeitsgarantie als Herstellergarantieaussagepflicht, in: Keimeyer/Brönneke et al., UBA-Texte 115/2020, S. 155 ff.; *Brönneke/Tavakoli,* Vertraglicher Verbraucherschutz und Lauterkeitsrecht, in: Fezer/Büscher/Obergfell, UWG. Lauterkeitsrecht, 3. Aufl. 2016, Kapitel S 19, S. 1995; *Brönneke/Wechsler,* Obsoleszenz interdisziplinär, 2015; *Brudermüller/Ellenberger/Götz/Grüneberg/Herrler/Sprau/Thorn/Weidlich/Wicke* (Hrsg.), Palandt Bürgerliches Gesetzbuch, 80. Aufl., 2021 (zit.: Palandt/*Bearbeiter*), *Consumentenbond,* Lang leve de Levensduur, https://www.consumentenbond.nl/binaries/content/assets/cbhippowebsite/gidsen/digitaalgids/2016/nummer-3---mei/dg201605p20_enquete_levensduur.pdf; *Faust,* Stellungnahme zu den Entwürfen eines Gesetzes zur Umsetzung der Richtlinie über bestimmte vertragsrechtliche Aspekte der Bereitstellung digitaler Inhalte und digitaler Dienstleistungen und eines Gesetzes zur Regelung des Verkaufs von Sachen mit digitalen Elementen und anderer Aspekte des Kaufvertrags, Hamburg 2021, https://www.bundestag.de/dokumente/textarchiv/2021/kw18-pa-recht-digitale-inhalte-837652; *Gildeggen,* Zur Verlängerung kaufrechtlicher Gewährleistungsfristen, in: Keimeyer/Brönneke et al., UBA-Texte 115/2020, S. 219 ff.; *Gsell/Krüger/Lorenz/Reymann* (Hrsg.), beck-online.Großkommentar BGB, 34. Aufl., 2021 (zit.: BeckOGK BGB/*Bearbeiter*); *Gsell/Meller-Hannich,* Die Umsetzung der neuen EU-Verbandsklagenrichtlinie – Gutachten über die Umsetzung der europäischen Richtlinie über Verbandsklagen zum Schutz der Kollektivinteressen der Verbraucher (RL 2020/1828) ins deutsche Recht, 2021, https://www.vzbv.de/sites/default/files/downloads/2021/02/03/21-02-04_vzbv_verbandsklagen_rl_gutachten_gsell_meller-hannich.pdf; Handelsverband Deutschland HDE, Stellungnahme zum Entwurf eines Gesetzes zur Regelung des Verkaufs von Sachen mit digitalen Elementen und anderer Aspekte des Kaufvertrags, Berlin 2021, https://www.bundestag.de/dokumente/textarchiv/2021/kw18-pa-recht-digital

e-inhalte-837652; *Hauschka/Moosmayer*, Corporate Compliance. Handbuch der Haftungsvermeidung im Unternehmen; *Helberger/Lynskey/Micklitz/Rott/Sax/Strycharz*, EU Consumer Protection 2.0 – structural asymmetries in consumer markets, 2021, https://www.beuc.eu/publicati ons/beuc-x-2021-018_eu_consumer_protection.0.0.0.pdf; *Janal*, Haftung und Verantwortung im Entwurf des Digital Services Acts, ZEuP 2021, 227; *Keimeyer/Brönneke* et al., Weiterentwicklung von Strategien gegen Obsoleszenz einschließlich rechtlicher Instrumente, UBA-Texte 115/2020, 2020, http://www.umweltbundesamt.de/publikationen; *Kipker*, IT-Sicherheitsupdates: Pflichten für Hersteller und Verkäufer, in: Tagungsband zum 17. Deutschen IT-Sicherheitskongress des BSI, 2021, Kapitel IT-Sicherheit und Recht; *Klindt* (Hrsg.), Produktsicherheitsgesetz Kommentar, 3. Aufl. 2021; *Köhler*, Der Schadensersatzanspruch der Verbraucher im künftigen UWG – Möglichkeiten seiner Ausgestaltung, WRP 2021, 129; *Köhler/Bornkamm/Feddersen*, Gesetz gegen den unlauteren Wettbewerb, 39. Aufl. 2021; *Kreiß*, Geplanter Verschleiß, in: Brönneke/Wechsler, 2015, S. 51 ff.; *Locher*, Verschiedene Preise für gleiche Produkte? – Personalisierte Preise und Scoring aus ökonomischer Sicht, ZWeR 2018, 292; *Longmuß/Poppe/Neef*, Obsoleszenz als systemisches Problem, in: Poppe/Longmuß, Geplante Obsoleszenz, Bielefeld 2019, S. 39; *Lorenz*, „Smarte" Preise – Zur datenschutzrechtlichen Beurteilung dynamischer und personalisierter Preissetzungsstrategien, AnwZert ITR 8/2021, Anm. 3; *Lorenz*, Die Umsetzung der EU-Warenkaufrichtlinie in deutsches Recht NJW 2021, 2065; *Mayasilci*, Inhalt und Bedeutung der neu ins bürgerliche Recht eingeführten Update-Pflicht, 2021; *Mundt*, Verbraucherschutz im Bundeskartellamt – Neue Befugnisse, Praxis und Agenda, WuW 2019, 181; *Dauner-Lieb/Langen* (Hrsg.), Nomos Kommentar zum Bürgerlichen Gesetzbuch, 4. Aufl. 2021 (zit.: NK BGB/*Bearbeiter*); *Ost*, Kartellrecht, Verbraucherrechtsvollzug mit kartellrechtlichen Mitteln, in: Brönneke/Willburger/Bietz (Hrsg.), Verbraucherrechtsvollzug – Zugang der Verbraucher zum Recht, 2020, S. 249; *Otting*, Die konstruktive Schwäche: Ein Sachmangel?, in: Ernst/Huber/Krücker/Reinking (Hrsg.), Festschrift für Christoph Eggert zum 65. Geburtstag, 2008, S. 33; *Pfeiffer*, Die Umsetzung der Warenkauf-RL in Deutschland, GPR 2021, 120–128; *Podszun/Busch/Henning-Bodewig*, Behördliche Durchsetzung des Verbraucherrechts? – Darstellung und Systematisierung von Möglichkeiten und Defiziten der privaten Durchsetzung des Verbraucherschutzes sowie Einbeziehung der Kartellbehörden zu dessen Durchsetzung, Studie im Auftrag des Bundesministeriums für Wirtschaft und Energie, 2018, https://www.bmwi.de/Reda ktion/DE/Publikationen/Studien/behoerdliche-durchsetzung-des-verbraucherrechts.pdf?_blob.pu blicationFile&v.=10; *Rademacher*, Unerlaubte Telefonwerbung – Rechtsschutz zugunsten älterer Verbraucher, VuR 2020, 371; *Reich*, Die wettbewerbsrechtliche Beurteilung der Haustürwerbung, GRUR 2011, 589; *Reuß/Dannoritzer*, Kaufen für die Müllhalde – Das Prinzip der Geplanten Obsoleszenz, Freiburg 2013; *Rott*, A proper EU collective redress mechanism, finally!, EuCML 2020, 223; *Säcker/Rixecker/Oetker/Limperg* (Hrsg.), Münchener Kommentar zum Bürgerlichen Gesetzbuch, 8. Aufl. 2019 (zit.: MüKoBGB/*Bearbeiter*); *Scherer*, Verbraucherschadensersatzanspruch durch § 9 Abs. 2 UWG-RegE als Umsetzung von Art. 3 Nr. 5 Omnibus-RL – eine Revolution im Lauterkeitsrecht, WRP 2021, 561; *Schlacke/Tonner/Gawel*, Stärkung eines nachhaltigen Konsums im Bereich Produktnutzung durch Anpassungen im Zivil- und öffentlichen Recht, UBA-Texte 72/2015; *Schleusener/Hosell*, Personalisierte Preisdifferenzierung im Online-Handel, 2016, https://www.svr-verbraucherfragen.de/wp-content/uploads/eWeb-Researc h-Center_Preisdifferenzierung-im-Onlinehandel.pdf; *Schmitt*, Zur Verlängerung der Beweislastumkehr beim Verbrauchsgüterkauf, in: Keimeyer/Brönneke et al., UBA-Texte 115/2020, S. 248 ff.; *Schmidt-Kessel*, Paradigmen-Wechsel im UWG – Individualschutz für Verbraucher, VuR 2021, 121; *Streinz, Rudolf*, (Hrsg.) EUV/AEUV, 3. Aufl. 2018; *Tamm*, Informationspflichten nach dem Umsetzungsgesetz zur Verbraucherrechterichtlinie, VuR 2014, 9; *Tamm/Tonner/Brönneke* (Hrsg.), Verbraucherrecht – Beratungshandbuch, 3. Aufl. 2020; *Tillmann/Vogt*, Personalisierte Preise im Big-Data-Zeitalter, VuR 2018, 447; *Tonner*, Vollzugsdefizite im Verbraucherrecht – Der Befund, in: Brönneke/Willburger/Bietz (Hrsg.), Verbraucherrechtsvollzug – Zugang der Verbraucher zum Recht, 2020, S. 17; *Tonner*, Das Bundeskartellamt auf dem Wege zur Verbraucherschutzbehörde? – Ansätze zu mehr behördlicher Verbraucherrechtsdurchsetzung, in: Klose/Klusmann/Thomas (Hrsg.), Das Unternehmen in der Wettbewerbsordnung – Festschrift für Gerhard Wiedemann zum 70. Geburtstag, 2020, S. 993; *Tonner/Malcolm*, How an EU Lifespan Guarantee Model Could Be Implemented Across the European Union, Brüssel

2017, https://www.europarl.europa.eu/thinktank/de/document.html?reference=IPOL_STU%28 2017%29583121; *Verband der Internationalen Kraftfahrzeughersteller (VDIK)*, Stellungnahme zu dem Referentenentwurf eines Gesetzes zur Umsetzung der Richtlinie (EU) 2019/771 über den Warenkauf, 2021, https://www.bmjv.de/SharedDocs/Gesetzgebungsverfahren/Stellungnahmen/2 021/Downloads/0108_Stellungnahme_VdIK_RefE_Warenkaufrichtlinie.pdf?__blob=publication File&v.=2; *UNETO-VNI*, Tabel met gemiddelde gebruiksduurverwachtingen, https://www.tech nieknederland.nl/onze-leden/waar-staan-onze-leden-voor/gebruiksduurverwachting; *vzbv*, Vertragsrecht im digitalen Zeitalter angekommen. Stellungnahme des Verbraucherzentrale Bundesverbands eV (vzbv) zum Entwurf eines Gesetzes zur Umsetzung der Richtlinie über bestimmte vertragsrechtliche Aspekte der Bereitstellung digitaler Inhalte und digitaler Dienstleistungen, https://www.bmjv.de/SharedDocs/Gesetzgebungsverfahren/Stellungnahmen/2020/Downloads/11 3020_Stellungnahme_vzbv_RefE_RLDI.pdf?__blob=publicationFile&v.=2; *Weiden*, Neue Informationspflichten im Namen des Verbraucherschzutzes, NJW 2021, 2233; *Wilke*, Das neue Kaufrecht, VuR 2021, 283; *Zander-Hayat/Reisch/Steffen*, Personalisierte Preise – Eine verbraucherpolitische Einordnung, VuR 2016, 403.

A. Einleitung	1
B. Neujustierung der Leistungspflichten des Verkäufers: Der neue kaufrechtliche Mangelbegriff	8
I. Überblick über den neustrukturierten Mangelbegriff	8
II. Die objektiven Anforderungen an die Vertragsgemäßheit der Ware (§ 434 Abs. 3 BGB nF)	14
1. Eignung zur gewöhnlichen Verwendung (§ 434 Abs. 3 S. 1 Nr. 1 BGB nF)	15
2. Übliche und erwartbare Beschaffenheit (§ 434 Abs. 3 S. 1 Nr. 2 BGB nF)	16
3. Insbesondere: Haltbarkeit und Obsoleszenzproblematik	23
4. Entsprechung gegenüber einem Muster oder einer Probe (§ 434 Abs. 1 S. 1 Nr. 3 BGB nF)	30
5. Lieferung des erwartbaren Zubehörs einschließlich Verpackung und Anleitungen (§ 434 Abs. 3 S. 1 Nr. 4 BGB nF)	31
III. Die subjektiven Anforderungen an die Vertragsgemäßheit der Ware	33
1. Negative Beschaffenheitsvereinbarung	33
2. Subjektive Anforderungen als positive Beschaffenheitsvereinbarung	35
IV. Montageanforderungen als dritte Anforderung an die Vertragsgemäßheit in bestimmten Fällen	38
V. Beweislastumkehr gem. § 477 BGB nF	40
1. Verlängerung des Zeitraums der Beweislastumkehr	41
2. Sonderfall: Kauf lebender Tiere	43
C. Pflichten beim Verbrauchsgüterkauf von Waren mit digitalen Elementen	44
I. Anwendbarkeit der Kaufrechtsregeln auf Verbrauchsgüterkaufverträge mit digitalen Elementen	44
II. Erfüllung der kaufrechtlichen Pflichten bei Gefahrübergang sowie Montage- und Installationsanforderungen	49
III. „Das Recht auf Updates": Aktualisierungspflicht bezüglich digitaler Inhalte (§ 475b Abs. 3–5 BGB nF)	53
1. Überblick	53
2. Objektive Anforderungen an die Aktualisierungen (§ 475b Abs. 4 Nr. 2 BGB nF)	58
a) Umfang der Updatepflicht	59
b) Zeitraum der Updatepflicht	60
3. Subjektive Anforderungen an die Aktualisierungen (§ 475b Abs. 3 Nr. 2 BGB nF sowie § 476 Abs. 1 BGB nF)	61
4. Informationspflichten im Hinblick auf Aktualisierungen (§ 475b Abs. 4 Nr. 2 BGB nF)	63
IV. Sachmangel bei Waren mit digitalen Elementen bei dauerhafter Bereitstellung der digitalen Inhalte (§ 475c BGB)	65
V. Beweislastumkehr bei Waren mit digitalen Elementen (§ 477 Abs. 2 BGB nF)	69
D. Rechtsfolgen der Mangelhaftigkeit der Ware	71
I. Nacherfüllung	72
II. Rücktritt	77
III. Minderung des Kaufpreises	80
IV. Schadensersatz	81
V. Aufwendungsersatz	82
VI. Unternehmerregress	83
E. Verjährung	84
F. Modifikationen im Hinblick auf Garantien	89

§ 4 Warenkauf – Mangelbegriff, Digitalisierung im Verbrauchsgüterkaufrecht

I. Keine Änderungen des § 443 BGB ... 90
II. Sonderbestimmungen für Garantien beim Verbrauchsgüterkauf 93
  1. Höhere Transparenzanforderungen 94
  2. Dauerhafter Datenträger 95
  3. Haltbarkeitsgarantien 96
  4. Folgen der Nichteinhaltung des § 479 BGB 98
  5. Sprachenfrage 99
  6. Hemmung der Verjährung 100
  7. Funktionsfähigkeitsgarantie bzw. Herstellergarantieaussagepflicht 101

A. Einleitung

1 Gegenstand dieses Beitrags ist das Gesetz zur Regelung des Verkaufs von Sachen mit digitalen Elementen und anderer Aspekte des Kaufvertrags. Mit diesem Gesetz wird die europäische Warenkaufrichtlinie (RL (EU) 2019/771, im Folgenden: WKRL)[1] umgesetzt. Das Umsetzungsgesetz wurde am 30.6.2021 verkündet und **tritt** nach seinem Art. 3 am **1.1.2022 in Kraft**.[2]

2 Neu eingeführt wird § 58 des Art. 229 EGBGB nF, der die Anwendbarkeit auf Altverträge („*intertemporales Recht*") regelt: Danach sind auf einen Kaufvertrag, der vor dem 1.1.2022 geschlossen wird, die Regeln des BGB in der bis einschließlich 31.12.2021 geltenden Fassung anzuwenden.

3 Die WKRL löst die Verbrauchsgüterkaufrichtlinie (RL 1999/44 EG, im Folgenden: VGKRL)[3] ab und bringt wesentliche Neuerungen für B2C-Kaufverträge. Die WKRL wurde von der EU in enger inhaltlicher Abstimmung mit der Richtlinie über digitale Inhalte und digitale Leistungen (RL (EU) 2019/770, im Folgenden: DIRL) erlassen, die ihrerseits im Gesetz zur Umsetzung der Richtlinie über bestimmte vertragsrechtliche Aspekte der Bereitstellung digitaler Inhalte und digitaler Dienstleistungen (→ § 2 Rn. 1 ff.) umgesetzt wurde. Die WKRL ist anders als ihre Vorläuferin vollharmonisierend, enthält aber Öffnungsklauseln zugunsten der Mitgliedstaaten: Namentlich im Hinblick auf die Dauer der Kaufmängelgewährleistung[4] sowie die Beweislastumkehr[5] können die Mitgliedstaaten eine verbraucherfreundlichere Lösung wählen. Davon machte Deutschland – entgegen anderslautender Absichten der Justizministerin[6] – jedoch keinen Gebrauch.

4 Primäres Unionsrecht fordert die ausdrückliche Umsetzung europäischer Richtlinien in einem staatlichen Gesetz, sei es ein Parlamentsgesetz oder eine Verordnung. Art. 288 Abs. 3 AEUV wird daher verletzt, wenn ein Teil der Richtlinie nicht in den Gesetzestext aufgenommen wird, selbst wenn der Inhalt der Richtlinie in der Staatspraxis korrekt angewendet wird: Es mangelt dann an der durch Art. 288 Abs. 3

---

[1] RL (EU) 2019/771 vom 20.5.2019 über bestimmte vertragsrechtliche Aspekte des Warenkaufs, zur Änderung der VO (EU) 2017/2394 und der RL 2009/22/EG sowie zur Aufhebung der RL 1999/44/EG, ABl. 2019 L 136, 28.
[2] Gesetz zur Regelung des Verkaufs von Sachen mit digitalen Elementen und anderer Aspekte des Kaufvertrags, BGBl. 2021 I 2133. Der RegE ist als BT-Drs. 19/27424, die Beschlussempfehlung und der Bericht des Rechtsausschusses des Bundestags als BT-Drs. 19/31116 veröffentlicht.
[3] Art. 23 WKRL, der zugleich auf eine amtliche Entsprechungstabelle der neuen Vorschriften zur WKRL hinweist.
[4] Dazu auch rechtspolitisch *Gildeggen*, UBA-Texte 115/2020, S. 219 ff.; *Bach/Wöbbeking* NJW 2020, 2675.
[5] *Schmitt*, UBA-Texte 115/2020, S. 248 ff.
[6] Vgl. dazu https://www.sueddeutsche.de/wirtschaft/verbraucher-justizministerin-fordert-laengere-gewaehrleistungsfristen-dpa.urn-newsml-dpa-com-20090101-210108-99-940207.

AEUV vorausgesetzten Transparenz in der Umsetzung.[7] Der Verweis auf die Möglichkeit einer richtlinienkonformen Rspr. von Fachgerichten[8] oder die übereinstimmende Meinung in der Rechtslehre reicht daher nicht aus, wenn die Richtlinie selbst konkretere Ausführungen enthält. Daher dürfte die Nichtumsetzung ganzer Passagen im Hinblick auf die Rolle technischer Normen und sektorspezifische Verhaltenskodizes (zur praktisch sehr wichtigen Bedeutung der diesbezüglichen Vorgaben → Rn. 28 f.) (Art. 7 Abs. 1 lit. a Hs. 2 WKRL) sowie der Definition des Begriffes der Haltbarkeit (Art. 2 Nr. 13 WKRL) **europarechtswidrig** sein;[9] unionsrechtlich problematisch ist möglicherweise auch die Verkürzung bestimmter Begriffe (nur „Montage" statt wie in Art. 8 WKRL „Montage oder Installierung").

Die **wesentlichen Änderungen** im Kaufrecht betreffen den Abschied von dem Vorrang des subjektiven Fehlerbegriffs und eine auch inhaltliche Neudefinition der Fehlerfreiheit und damit einhergehend der primären Leistungspflichten des Verkäufers (§ 434 BGB nF, → Rn. 8 ff.), die Einführung besonderer Pflichten beim Verkauf von Waren mit digitalen Elementen beim Verbrauchsgüterkauf (§§ 475b–475e BGB nF), namentlich eine Updateverpflichtung (→ Rn. 44 ff.), die Verlängerung der Beweislastumkehr von einem halben auf ein Jahr (§ 477 BGB nF, → Rn. 40 ff.), einige kleinere Änderungen im Hinblick auf die Rechtsfolgen der Mangelhaftigkeit der Ware (→ Rn. 71 ff.) und die Verjährung (→ Rn. 84 ff.) sowie ebenfalls kleinere Änderungen bei den Vorschriften über Garantien (§ 479 BGB nF, → Rn. 89 ff.). Fragen des Rückgriffs des Verkäufers in der Lieferkette (§ 445a und § 445b BGB nF) werden in einem eigenen Kapitel behandelt (→ § 5). Praktisch wesentlich ist auch die weitgehende Einschränkung der Anwendbarkeit der Regeln des Kaufvertrages im Hinblick auf den isolierten Softwareerwerb iRv Verbrauchsgüterkaufverträgen (→ 44 ff. sowie → § 2 Rn. 61 ff.).

5

Der deutsche Gesetzgeber entschied sich, Teile der WKRL im allgemeinen Kaufrecht umzusetzen, so dass diese sowohl im **B2C-Verhältnis** als auch bei **B2B-, C2B-** oder **C2C-Kaufverträgen** Anwendung finden. Freilich sind diese Vorschriften im unternehmerischen Geschäftsverkehr (B2B) wie auch in dem Fall, dass der Verkäufer ein Verbraucher ist (C2C und C2B), abdingbar, anders als in Fällen des Verbrauchsgüterkaufvertrages (§ 476 BGB nF). Eine Änderung erfährt dabei die Einschränkung der Vorschriften des Verbrauchsgüterkaufvertrages für Fälle der **Versteigerung** gebrauchter Waren in einer öffentlich zugänglichen Versteigerung in § 474 Abs. 2 S. 2 BGB nF: Bezüglich des Begriffes der öffentlich zugänglichen Versteigerung wird auf § 312g Abs. 2 Nr. 10 BGB verwiesen und – wohl wesentlicher – die Ausnahme greift nur, wenn dem Verbraucher klare und umfassende Informationen darüber, dass die Vorschriften des Untertitels über Verbraucherkaufverträge nicht gelten, leicht verfügbar gemacht werden; es wird diesbzgl. also künftig eine sehr deutlich hervorgehobene

6

---

7 Streinz/*Schroeder* AEUV Art. 288 Rn. 80; speziell für die nichtausreichende „Umsetzung" in einer technischen Norm bzw. Verwaltungsvorschrift: EuGH Urt. v. 25.5.1982 – C-96/81, BeckRS 2004, 73970 2. Ls., Rn. 12.
8 Streinz/*Schroeder* AEUV Art. 288 Rn. 80 mwN.
9 Ausdrücklich bestätigt für technische Normen und Verhaltenskodizes in der Sachverständigenanhörung des Rechtsausschusses in der öffentlichen Sitzung am 25.5.2021 durch *Schmidt-Kessel*, Videoprotokoll, https://www.bundestag.de/ausschuesse/a06_Recht/anhoerungen#url=L2F1c3NjaHVlc3NlL2EwN l9SZWNodC9hbmhvZXJ1bmdlbi84MzY3NzAtODM2Nzcw&mod=mod554370 bei 1 h 57 min; das Wortprotokoll lag bei Drucklegung noch nicht vor.

Transparenz gefordert. In den §§ 474 ff. BGB nF wird statt von beweglichen Sachen von Waren (unter Bezugnahme auf die Definition in § 241a Abs. 1 BGB) gesprochen; dies hat die Bedeutung, dass Sachen die aufgrund gerichtlicher Maßnahmen verkauft werden (insbesondere soweit sie von Zwangsvollstreckungsmaßnahmen betroffen sind), nicht von den §§ 474 ff. BGB nF erfasst werden.[10] Nur auf B2C-Kaufverträge sind die Vorschriften über Sachmängel bei Waren mit digitalen Elementen (§§ 475b, 475c BGB nF, dazu näher → Rn. 44 f.), die Verlängerung der Beweislastumkehr in § 477 BGB nF (dazu näher → Rn. 69 f.), verschiedene Fragen hinsichtlich der Rechtsfolgen von Mängeln (dazu näher → Rn. 71 ff.) und der Verjährung sowie zu Garantien (§ 479 BGB nF, dazu näher → Rn. 89 ff.) anwendbar.

7 Soweit der **dauerhafte Erwerb von Software** Vertragsgegenstand ist, werden nach geltender Rechtslage die Vorschriften über den Kaufvertrag entweder direkt oder entsprechend angewendet, sofern es sich um Standardsoftware handelt, die nicht eigens für den Erwerber entwickelt werden muss. Auf die Frage, ob eine Sache oder ein Immaterialgut vorliegt, kommt es insoweit wegen § 453 BGB nicht entscheidend an.[11] Dies bleibt einerseits unverändert, weil nach § 475a BGB nF die grundsätzliche Anwendbarkeit der Regeln über den Kaufvertrag bestehen bleibt, wobei allerdings zugunsten der Vorschriften über die Bereitstellung digitaler Produkte weitgehende Ausnahmen von den Vorschriften über Kaufverträge normiert werden, die insbesondere die Mängelgewährleistung einschließlich der neuen Updatepflichten betreffen. Beide Ausnahmen betreffen nur Verbrauchsgüterkaufverträge: Den reinen Softwarevertrieb über körperliche Datenträger (§ 475a Abs. 1 BGB nF) sowie Kaufverträge über Waren mit digitalen Inhalten, bei denen die digitalen Inhalte für die vertriebene Sache selbst nicht funktionswesentlich sind (§ 475a Abs. 2 BGB nF; → § 2 Rn. 46 ff.). Die Anwendung des **Schenkungs-, Miet- und Werkvertragsrecht** im Hinblick auf digitale Produkte auch in Abgrenzung zum Kaufrecht wird in einem eigenen Abschnitt im Detail behandelt (→ § 8).

B. Neujustierung der Leistungspflichten des Verkäufers: Der neue kaufrechtliche Mangelbegriff

I. Überblick über den neustrukturierten Mangelbegriff

8 Die WKRL spricht nicht von **Fehlern** oder der **Mangelhaftigkeit** der Kaufsache, sondern von der „**Vertragsmäßigkeit von Waren**" (Art. 5–8 WKRL). Damit wird sprachlich klarer verdeutlicht, dass es sich hier um positive Leistungspflichten des Verkäufers handelt, was sich der Sache nach auch schon aus § 433 Abs. 1 S. 2 BGB ergab, der die Mangelfreiheit bei den Hauptleistungspflichten des Verkäufers einordnete. Ohne Aufgabe des Mangelbegriffs nähert sich das BGB künftig dem europäischen Wording an, indem in § 434 Abs. 1 BGB nF die Übereinstimmung mit den subjektiven und objektiven Anforderungen sowie den Montageanforderungen als Freiheit von Sachmängeln definiert wird und danach nur noch von den positiven Anforderungen, die den Maßstab für die Fehlerfreiheit liefern, die Rede ist.

---

10 *Lorenz* NJW 2021, 2068; aus den Dokumenten: Bericht des Rechtsausschusses, BT-Drs. 19/31116, 15.
11 Palandt/*Weidenkaff* BGB § 433 Rn. 9 mwN.

Der entscheidende Unterschied gegenüber dem bisherigen Fehlerregime des BGB liegt darin, dass der **subjektive Mangelbegriff** bzw. nunmehr die subjektiven **Anforderungen keinen Vorrang vor dem objektiven Mangelbegriff mehr** haben. Vielmehr müssen kumulativ gleichermaßen die subjektiven wie auch die objektiven Anforderungen erfüllt werden.[12] Nur unter sehr engen Voraussetzungen (jedenfalls beim Verbrauchervertrag) kann von den objektiven Anforderungen über eine negative Beschaffenheitsvereinbarung abgewichen werden (zur negativen Beschaffenheitsvereinbarung gem. § 476 Abs. 1 BGB nF → Rn. 33 f.). Formal treten neben diese beiden Kategorien als dritte Kategorie sogenannte Montageanforderungen (§ 434 Abs. 4 BGB nF), die (nur in einschlägigen Fällen) ebenfalls kumulativ erfüllt werden müssen. Leicht übersehen werden kann, dass der neugefasste § 475 Abs. 3 S. 2 BGB nunmehr für den Verbrauchsgüterkauf auch bestimmt, dass § 442 BGB unanwendbar bleibt: Die **Kenntnis** oder auch die (grob) **fahrlässige Unkenntnis** schließen also **künftig die Mängelrechte des Verbrauchers nicht aus.**

9

Für die praktische Fallanwendung empfiehlt sich eine Abkehr von der bisher üblichen **Prüfreihenfolge.** Diese war so sehr vom Ausgangspunkt des subjektiven Fehlerbegriffes dominiert, dass die Vereinbarungen der Parteien – im Besonderen was (ausdrückliche oder konkludente) Einschränkungen der Haftung anging – nicht selten auch in die Bestimmung des objektiven Fehlerbegriffes hineinstrahlten und diesen so stark entwerteten. Genau dies wollte die WKRL aber ändern. Richtig stellt der Bundesgesetzgeber daher fest, dass der objektive Mangelbegriff nunmehr ohne Bezugnahme auf die vertraglichen Vereinbarungen zu bestimmen sei. Dem entspricht eine Prüfreihenfolge, die die Übereinstimmung der Ware mit den objektiven Anforderungen vor der Prüfung der Übereinstimmung mit den subjektiven Anforderungen (und dabei auch die ggf. relevante, nur unter engen Voraussetzungen mögliche negative Beschaffenheitsvereinbarung) behandelt, es sei denn, es liegt eine klare Abweichung vom vertraglich Vereinbarten vor, was die Prüfung des objektiven Fehlerbegriffs entbehrlich macht.

10

Empfehlenswert scheint es,

11

a) vorab die „einfachen" bzw. „speziellen" Fehlerkategorien zu prüfen:
   aa) die Aliud-Lieferung (jetzt § 434 Abs. 5 BGB nF),
   bb) die Minderlieferung (jetzt § 434 Abs. 2 S. 2 BGB nF sowie § 434 Abs. 3 S. 2 BGB nF) und
   cc) das Fehlen von Zubehör gem. § 434 Abs. 2 S. 1 Nr. 3 BGB nF sowie § 434 Abs. 3 S. 1 Nr. 4 BGB nF sowie
   dd) Montagemängel (§ 434 Abs. 4 BGB nF). Danach folgt die Prüfung
b) der Übereinstimmung der gelieferten Waren mit den objektiven Anforderungen (soweit diese nicht schon unter a) geprüft wurden),

---

12 *Pfeiffer* GPR 2021, 120; ebenso die Regelung in §§ 327d, 327e BGB nF.

c) des (Nicht-)Vorliegens einer negativen Beschaffenheitsvereinbarung:[13] § 476 BGB in B2C-Fällen, in allen anderen Fällen §§ 305 ff. BGB: im Wesentlichen frei vereinbar und schließlich

d) der Übereinstimmung der gelieferten Waren mit den subjektiven Anforderungen (soweit diese nicht schon unter a) geprüft wurden).

Im Hinblick auf die Fehlerkategorien der **Aliud**-Lieferung (§ 434 Abs. 5 BGB nF) gibt es gegenüber dem bisherigen § 434 Abs. 3 1. Alt. BGB aF keine inhaltliche Veränderung, so dass vorliegend nicht näher darauf einzugehen ist.

12 Bei der bisher in § 434 Abs. 3 Alt. 2 BGB aF geregelten **Minderlieferung** gibt es nun zwar eine Aufspaltung auf § 434 Abs. 2 S. 2 BGB nF einerseits sowie auf § 434 Abs. 3 S. 2 BGB nF andererseits. Indessen dürfte sich im Ergebnis wenig geändert haben. Wurde bisher eine eindeutige Menge versprochen (1 l einer Flüssigkeit), hinter der die gelieferte Menge zurückblieb (800 ml), so handelt es sich nunmehr um einen Fall, bei dem die subjektiven Anforderungen nicht erfüllt sind (§ 434 Abs. 2 S. 2 Fall 2 BGB nF); das dürfte auch dann gelten, wenn die Vertragsparteien sich nicht ausdrücklich über die gekaufte Menge ausgetauscht haben, sondern eine konkludente Vereinbarung anzunehmen ist, weil die Mengenangabe auf einem Etikett aufgedruckt ist.[14]

13 Randfälle mit „**Mogelpackungen**", bei denen eine Verpackung mehr Inhalt zB einer Süßware suggeriert, als sie hinterher enthält (weil ein Bodendeckel angehoben ist, viel Luftvolumen oder billiges Verpackungsmaterial enthalten ist), bei denen man sich bisher schwertat, eine Mindermenge anzunehmen, werden nunmehr allerdings von § 434 Abs. 3 S. 2 Fall 1 BGB nF erfasst werden. Eine eher klein gedruckte, versteckte, dem objektiv gelieferten Inhalt entsprechende Information über die unerwartet geringe Menge ändert daran nichts, weil es bei § 434 Abs. 3 BGB nF darauf ankommt, was Käufer berechtigterweise erwarten können. (Zumeist) bewusste Täuschungen mit psychologischen Tricks durch objektiv irreführende Verpackungsgestaltungen gehören nicht dazu. Verkäufer (und letztlich Hersteller) sind also gehalten, einen größeren Inhalt suggerierende Verpackungen erst gar nicht zu wählen oder aber – wenn dies zB aus technischen oder Transportgründen schwierig würde – durch eine sehr deutliche Kennzeichnung den sonst erwartbaren Irrtum der potenziellen Käufer über die Warenmenge von vornherein zu zerstreuen. Anderenfalls wird der Käufer künftig Mängelrechte geltend machen können, ohne dass es auf eher schwierige Konstruktionen ankommen dürfte, dass eben eine größere Menge vereinbart wurde.

II. Die objektiven Anforderungen an die Vertragsgemäßheit der Ware (§ 434 Abs. 3 BGB nF)

14 § 434 Abs. 3 BGB nF unterscheidet zwischen vier Kategorien: 1. Eignung zur gewöhnlichen Verwendung, 2. übliche und erwartbare Beschaffenheit, 3. Entsprechung gegenüber einem Muster oder einer Probe, 4. Lieferung des erwartbaren Zubehörs.

---

13 Sollte diese getroffen worden sein, können b) und c) getauscht werden, wenn es zweifelhaft sein könnte, ob überhaupt eine objektive Soll-Beschaffenheit unterschritten wurde, zugleich aber klar ist, dass eine einen möglichen Mangel ausschließende negative Beschaffenheitsvereinbarung auf jeden Fall wirksam ist.

14 § 434 Abs. 3 S. 1 Nr. 2 lit. b BGB nF („öffentliche Äußerung") kommt in diesem Fall ergänzend zum Zuge.

1. Eignung zur gewöhnlichen Verwendung (§ 434 Abs. 3 S. 1 Nr. 1 BGB nF)

Die Anforderung, dass sich die Sache für die gewöhnliche Verwendung eignen muss (§ 434 Abs. 3 S. 1 Nr. 1 BGB nF), entspricht der bisher in § 434 Abs. 1 S. 1 Nr. 2 Fall 1 BGB aF genannten Voraussetzung: Gemeint ist, dass das Produkt für seine **üblichen Einsatzmöglichkeiten funktioniert**,[15] wobei dies objektiv nach der Art der Kaufsache und dem Verkehrskreis der angesprochenen Käufer zu bestimmen ist.[16] Die **Eignung** der Sache an sich ist nicht gegeben, wenn die Verwendung der Sache vermindert oder nicht mehr möglich ist.[17] Um zu beurteilen, welche Verwendungen im Hinblick auf die jeweilige Kaufsache „gewöhnlich" sind, wird insbesondere auf **Konkurrenzprodukte** zurückgegriffen. Zwischen gebrauchten und neuen Sachen muss dabei nicht unterschieden werden, da auch von gebrauchten Sachen zu erwarten ist, dass sich diese für die gewöhnliche Verwendung eignen.[18]

2. Übliche und erwartbare Beschaffenheit (§ 434 Abs. 3 S. 1 Nr. 2 BGB nF)

Zu den **objektiven Anforderungen** zählt nach § 434 Abs. 3 S. 1 Nr. 2 BGB nF die Beschaffenheit, „die bei Sachen derselben Art üblich ist und die der Käufer erwarten kann". Dies ist eine verglichen mit § 434 Abs. 1 S. 1 Nr. 2 Alt. 2 BGB aF fast wortgleiche Formulierung und hat tatsächlich gegenüber der bisherigen BGB-Formulierung einen erheblichen Überschneidungsbereich. Allerdings sind die objektiven Anforderungen an die Sache nun nicht mehr nur ein nachrangiger Auffangtatbestand, der nur zum Zuge kommt, soweit die Beschaffenheit der Kaufsache nicht vereinbart war, sondern sie sind – wie schon erläutert – gleichrangig neben den subjektiven Anforderungen zu prüfen und erhalten damit ein deutlich größeres praktisches Gewicht. Die Schwierigkeiten des objektiven Mangelbegriffs bestanden wesentlich in der Frage des Vergleichsmaßstabes, an dem das vertraglich geschuldete Soll festgemacht werden muss (→ Rn. 19). Die durch die WKRL und das neue BGB normierten objektiven Anforderungen teilen dieses methodische Grundproblem nur im Ansatz. Tatsächlich führen die konkreteren gesetzlichen Ausführungen und die Notwendigkeit der richtlinienkonformen Auslegung (aufgrund der insoweit detaillierteren Anforderungsbeschreibungen der WKRL) zu einer **höheren Rechtssicherheit**, wenngleich die Bestimmung der objektiven Anforderungen im konkreten Fall anspruchsvoll bleiben wird. Im Hinblick auf die jetzt teilweise in den objektiven Mangelbegriff überführte Mindermengenlieferung wurde dies bereits (→ Rn. 12 f.) ausgeführt.

Weitgehend unverändert bleibt zunächst die Bedeutung „der **öffentlichen Äußerungen**, die von dem Verkäufer oder einem anderen Glied der Vertragskette oder in deren Auftrag, insbesondere in der Werbung oder auf dem Etikett, abgegeben wurden" (§ 434 Abs. 3 S. 1 Nr. 2 lit. b BGB nF). Soweit nach dem entsprechenden Passus in § 434 Abs. 1 S. 3 BGB aF daraufhin ein Mangel anzunehmen war, bleibt dies nach der neuen Formulierung unverändert der Fall. Auch die bereits im bisherigen Text enthaltenen Ausnahmen der gleichwertigen Berichtigung, der Nichtbeeinflussung der

---

15 NK BGB/*Bündenberger* § 434 Rn. 28.
16 Palandt/*Weidenkaff* BGB § 434 Rn. 27.
17 BeckOK BGB/*Faust* § 434 Rn. 62.
18 BeckOK BGB/*Faust* § 434 Rn. 58.

Kaufentscheidung oder des Nichtkennens und Nichtkennenkönnens seitens des Verkäufers entsprechen den jetzigen in § 434 Abs. 3 S. 3 BGB aF enthaltenen Haftungsausnahmen; sie sind unverändert eng auszulegen. Dem Verkäufer eröffnet sich so die Möglichkeit, **durch klare**, nicht übertreibende **Werbebotschaften, Etikettierungen** etc **die objektiven Anforderungen an die Kaufsache mit zu bestimmen**, dh gegenüber den Aussagen des Herstellers sowie der genannten Dritten auf Unternehmerseite zu relativieren. Allerdings erhält er nicht etwa die alleinige Definitionsmacht über die objektiven Anforderungen. Insbesondere werden – in welcher Form auch immer – versteckte oder weniger stark als andere Faktoren rezipierte Äußerungen des Verkäufers zu bestehenden Qualitätseinschränkungen oder Negativabweichungen von üblichen Merkmalen der Warengattung ihm bei der Bestimmung der Vertragsmäßigkeit der Ware und damit der Fehlerfreiheit nicht helfen.

18 Das Abstellen auf die „Art der Sache" (§ 434 Abs. 3 Nr. 2 lit. a BGB nF) sowie auf die „Merkmale und die Qualität" (§ 434 Abs. 3 S. 2 BGB nF) zielt auf eine objektivierte Erwartbarkeit, die prinzipiell wie bisher entweder durch die Bestimmung einer Vergleichsgruppe oder aber mit dem Abstellen auf den Stand der Technik als Sollvorgabe näher zu bestimmen ist.[19] Vorab ist dazu zu bemerken, dass gesetzlich vorgegebene Mindeststandards, unabhängig davon, ob sie sich im Einzelfall auf Sicherheitsanforderungen beziehen (**Vorgaben im Produktsicherheitsrecht**) oder Ressourcenschutz beabsichtigen (Durchführungsverordnungen zur **Ökodesign**richtlinie),[20] stets eine Untergrenze dafür darstellen, welche Anforderungen ein Produkt objektiv erfüllen muss. Gleiches gilt für die Vorschriften des **Datenschutzrechts**, namentlich der DSGVO (zu den sehr wichtigen Fragen des Zusammenwirkens von Datenschutzrecht und bürgerlichem Recht → § 2 Rn. 114; iÜ → § 6) Dies kommt in der WKRL zum Ausdruck, indem Art. 7 Abs. 1 lit. a fordert, einschlägiges Unionsrechts bzw. nationales Recht zur Bestimmung der Anforderungen heranzuziehen. Es kann zudem als eine Selbstverständlichkeit angesehen werden, dass die Einhaltung geltenden Rechts zu den „Eigenschaften und Merkmalen" gehört, „die bei Waren dieser Art normal sind und die der Verbraucher […] vernünftigerweise erwarten kann" (ErwGr 29 WKRL). Ein Verstoß gegen diese Regelungen führt automatisch dazu, dass die objektiven Anforderungen an die Sache nicht erfüllt werden, mithin ein Mangel vorliegt.

19 In der Lit. wurde in der Vergangenheit auf die Probleme der Bestimmung einer Vergleichsgruppe hingewiesen. So ist es richtig, dass die Ausstattung eines PKW sehr unterschiedlich sein[21] und dass die **Vergleichsgruppenbildung** zu einer gewissen Rechtsunsicherheit führen kann.[22] Die Rspr. ist über diese Bedenken zT recht robust hinweggegangen.[23] Schon nach der bisherigen Rechtslage hat die Rspr. allerdings auch

---

19 Detailliert hierzu mwN *Brönneke*, UBA-Texte 115/2020, S. 171 ff.
20 Hierzu mit konkreten Bsp. näher: *Keimeyer/Brönneke*, UBA-Texte 115/2020, S. 151 f., 178 f.; zur Verletzung von Anforderungen nach den Durchführungsverordnungen nach der ÖkodesignRL als Mangel schon *Schlacke/Tonner/Gawel* JZ 2016, 1030 (1034).
21 *Otting* in FS Eggert, 2008, S. 33 (37 ff.) kritisiert die Vergleichsbildung, indem er einen Einfachst-Offroader der untersten Preisklasse mit einem „offroad-geeigneten" Luxusprodukt, das allen Komfort eines höchstpreisigen SUV liefert, vergleicht. Das greift aber zu kurz, wie in *Brönneke*, UBA-Texte 115/2020, S. 172–174 näher dargelegt wird.
22 Zum Gesamtproblem siehe *Brönneke*, UBA-Texte 115/2020, S. 171 ff.
23 Nachweise zu entschiedenen Fällen siehe *Brönneke*, UBA-Texte 115/2020, S. 173 f.

den „**Stand der Technik**" zur Bestimmung der berechtigten Käufererwartung iRd objektiven Fehlerbegriffs herangezogen.[24] Man kann dies als den Konstruktions- und Produktionsstandard umschreiben, der „in der fortschrittlichen Fertigungstechnik industrietauglich eingesetzt werden kann".[25] Zur Bestimmung des **Standes der Technik** wurde und wird auch bisher auf **Industrienormen** (DIN/CEN/ISO etc) zurückgegriffen, die bestimmte Standards setzen.[26] Die WKRL verstärkt die Wirkung dieser technischen Normen, indem diese entsprechend Art. 7 Abs. 1 lit. a WKRL ausdrücklich – soweit diese Anforderungen an die Ware stellen – herangezogen werden sollen. Sofern solche Techniknormen nicht bestehen, sind subsidiär **sektorspezifische Verhaltenskodizes** heranzuziehen.[27] Der deutsche Gesetzgeber hat zwar – europarechtswidrig (→ Rn. 2) – auf die ausdrückliche Umsetzung dieses Passus verzichtet; im Wege der europarechtskonformen Interpretation ist dies jedoch im Zuge der Rechtsanwendung auszugleichen. Die technischen Normen und subsidiär sektorspezifischen Verhaltenskodizes erhalten mithin ein deutlich stärkeres Gewicht und dürfen nicht nur „zufällig" bzw. nach richterlichem Belieben mangels anderer dem Gericht zur Verfügung stehender Maßstäbe angewendet werden.

Hinsichtlich der „Qualität und sonstiger Merkmale" werden nunmehr aufgrund der WKRL ausdrücklich auch a) die Haltbarkeit, b) die Funktionalität, c) die Kompatibilität und d) die Sicherheit der Sache genannt (§ 434 Abs. 3 S. 2 BGB nF). Der deutsche Gesetzgeber hat die WKRL insoweit unvollständig (und damit europarechtswidrig) umgesetzt, als die in der Richtlinie vorhandenen Definition der Haltbarkeit nicht übernommen worden ist; im Wege richtlinienkonformer Auslegung kann aber auf diese Definition zurückgegriffen werden: „**Haltbarkeit**" ist demzufolge „die Fähigkeit der Waren, ihre erforderlichen Funktionen und ihre Leistung bei normaler Verwendung zu behalten" (Art. 2 Nr. 13 WKRL). Anders verhält es sich mit den weiteren Begriffen: „**Funktionalität**" ist nach § 327e Abs. 2 S. 2 BGB nF „die Fähigkeit eines digitalen Produkts, seine Funktionen seinem Zweck entsprechend zu erfüllen" und **Kompatibilität** nach S. 3 „die Fähigkeit eines digitalen Produkts, mit Hardware oder Software zu funktionieren, mit der digitale Produkte derselben Art in der Regel benutzt werden, ohne dass sie konvertiert werden müssen." Die „Kompatibilität" ist begrifflich von der „**Interoperabilität**" zu unterscheiden, bei der ein solches gemeinsames Funktionieren gerade nicht erwartet werden kann. „Interoperabilität" ist nach § 327e Abs. 2 S. 4 BGB nF „die Fähigkeit eines Produkts, mit anderer Hardware oder Software als derjenigen, mit der digitale Produkte derselben Art in der Regel genutzt werden, zu funktionieren." Die Interoperabilität ist daher eigens zwischen Käufer und Verkäufer zu vereinbaren und wird deshalb (nur) in Art. 6 lit. a WKRL und § 434 Abs. 2 S. 2 BGB nF genannt (→ Rn. 35 f.).

20

---

24 BGH Urt. v. 4.3.2009 – VIII ZR 160/08, NJW 2009, 2056; OLG Hamm Urt. v. 18.3.2014 – I-28 U 162/13, juris Rn. 43. In Kombination mit einer herstellerübergreifenden Vergleichsgruppenbildung OLG Stuttgart Urt. v. 15.8.2006 – 10 U 84/06, NJW-RR 2006, 1720 (1722); s. ferner *Brönneke*, UBA-Texte 115/2020, S. 174 f.
25 Näher zur Begriffsverwendung *Brönneke*, UBA-Texte 115/2020, S. 177 f.
26 Zur Bestimmung der „üblichen Beschaffenheit" so schon bereits zum geltenden Recht Jauernig/*Berger* BGB § 434 Rn. 14; ferner *Brönneke*, UBA-Texte 115/2020, S. 178.
27 Art. 7 Abs. 1 lit. a WKRL: „in Ermangelung solcher technischer Normen".

21 Zur **Funktionalität**: Welche Aufgaben ein Gerät zu erfüllen bzw. welche Resultate es seinem Zweck nach zu liefern hat,[28] wird sich aus den öffentlichen Äußerungen des Händlers oder Herstellers ergeben und umfasst insbesondere Funktionen, die in der Werbung herausgestellt oder – meist spezifischer – in einem nach Art. 246 Abs. 1 Nr. 1 EGBGB sowie Art. 246a § 1 S. 1 Nr. 1 EGBGB bereitzustellenden **technischen Datenblatt**[29] beschrieben wurden. Außerdem fallen auch **in der Betriebsanleitung beschriebene Funktionen** darunter. Daneben wird es kaum noch auf die (weit weniger klar zu bestimmenden) Funktionen von Vergleichsprodukten ankommen, die allerdings hilfsweise dann eine Rolle spielen können, wenn die genannten klareren Maßstäbe nicht vorliegen, sich nicht rekonstruieren lassen oder aber offenkundig keine vollständige Beschreibung der zu erwartenden Funktionen liefern.

22 **Sicherheit** als Merkmal der Sache zielt zunächst auf dieselben Schutzgüter ab, die von der Produkthaftungsrichtlinie bzw. dem deutschen Umsetzungsgesetz (ProdHaftG) und (in den Auswirkungen eher etwas lückenhafter, aber von vornherein klarer umrissen) vom öffentlich-rechtlichen Produktsicherheitsrecht geschützt werden: Dies sind zuvörderst **Gesundheit von Menschen und Schutz vor Schäden an anderen Sachgütern** als dem, welches verkauft wurde.[30] Der Begriff der Sicherheit geht aber darüber hinaus: er erfasst auch immaterielle Schutzgüter außerhalb der Gesundheit, namentlich das **allgemeine Persönlichkeitsrecht** und damit das **Recht auf informationelle Selbstbestimmung**[31] sowie die Vertraulichkeit und Integrität informationstechnischer Systeme ,[32] also die Abwehr von Vorfeldaktivitäten zum Datenausspähen und zur Datenmanipulation.[33] Zudem ist iRd Gewährleistungsrechts, das der Verwirklichung des Äquivalenzinteresses des Käufers dient, **auch der Kaufgegenstand selbst** und seine uneingeschränkte Nutzbarkeit **Schutzgegenstand**. Würde etwa ein Fehler eines Akkus diesen selbst und das dadurch betriebene Gerät zerstören, wäre dies auch ein Sicherheitsmangel – selbst wenn keine außerhalb des Produktes befindlichen Schutzgüter betroffen sind. Welche technischen Maßnahmen konkret getroffen werden müssen, wird insbesondere auch in technischen Normen und, soweit es diese nicht gibt, in sektorspezifischen Verhaltenskodizes festgelegt werden, die wegen ihrer ausdrücklichen Nennung in Art. 7 Abs. 1 lit. a WKRL eine im deutschen Recht bisher zu gering wahrgenommene Funktion als „Softlaw" ausfüllen werden (→ Rn. 19, → Rn. 28).

---

28 Definition der Funktion entsprechend Duden, abrufbar unter https://www.duden.de/rechtschreibung/Funktion.
29 In diesen Bestimmungen werden Informationen zu „wesentlichen Eigenschaften" der Waren gefordert; bei technischen Geräten geschieht dies üblicherweise mittels eines (im Einzelfall nicht zwingenden) technischen Datenblatts. Zu dieser Informationspflicht näher Fezer/Büscher/Obergfell/*Brönneke/Tavakoli*, UWG S 19 Rn. 152.
30 Nach §§ 3, 8 ProdSG werden in einem gewissen Rahmen auch andere Rechtsgüter erfasst.
31 Davon geht auch der Gesetzentwurf aus, vgl. BT-Drs. 19/27424, 31 zu § 475b Abs. 4 BGB-E.
32 Grundlegend für dieses Grundrecht BVerfG Urt. v. 27. 2. 2008 – 1 BvR 370/07, NJW 2008, 822. Die technische Datensicherheit hebt auch *Kipker* in Tagungsband zum 17. Deutschen IT-Sicherheitskongress des BSI, 2021, S. 7 hervor, der den Begriff der Sicherheit mit Bezug auf die englische Richtlinienfassung („security") enger verstanden wissen will. Da die Sicherheit/Security allerdings nur eine beispielhafte Ausformung der üblichen Beschaffenheit ist (§ 434 Abs. 3 S. 2 BGB nF), kommt es darauf im Ergebnis nicht an: Soweit Sicherheit enger interpretiert wird, fallen die oben genannten weiteren Schutzgüter unter die „übliche Beschaffenheit".
33 In ErwGr 48 DIRL werden die Abwehr von Schad- und Spähsoftware zur Erläuterung des dort gleichbedeutend genutzten Begriffes der Sicherheit erwähnt.

3. Insbesondere: Haltbarkeit und Obsoleszenzproblematik

Aufgrund der ausdrücklichen Nennung der Haltbarkeit in § 434 Abs. 3 S. 3 BGB nF kann nunmehr kein Zweifel daran bestehen, dass bei einer Ware eine gewisse Lebensdauer vom Kunden erwartet werden kann. Erreicht die Sache bei Normalnutzung diese Lebensdauer nicht, so handelt es sich um **vorzeitigen Verschleiß** bzw. **vorzeitige Obsoleszenz**.[34] Dabei ist von einem **rein objektiven Maßstab** auszugehen: Es ist weder Vorsatz noch Fahrlässigkeit gefordert.[35] Deutlich herauszustellen ist dabei, dass es sich um keine uneingeschränkte Haltbarkeitsgarantie in dem Sinne handelt, dass jede nach Gefahrübergang auftretende Negativabweichung vom ursprünglich geschuldeten Zustand zu einem Sachmangel führte, der Käuferrechte nach sich ziehen würde. Dies gilt jedenfalls für gegenständliche körperliche Kaufgegenstände; für die digitalen Elemente hingegen gelten strengere Regeln dazu (→ Rn. 44 ff., insbesondere → Rn. 53 ff.). 23

Tritt eine Verschlechterung der Sache nach der Übergabe an den Käufer ein, so handelt es sich nur dann um einen Sachmangel, wenn die Kaufsache bereits bei **Gefahrübergang** nicht die Fähigkeit hatte, ihre erforderlichen Funktionen und ihre Leistung bei normaler Verwendung zu behalten. Dementsprechend **handelt es nicht um einen Sachmangel, wenn** der Mangel a) durch eine **übermäßige Nutzung** der Sache verursacht wurde[36] oder b) **wenn** es nicht um die „erforderlichen Funktionen" des Produktes geht. Wenn c) die Ware vernünftigerweise eine gewisse **Wartung** erfordert (zB regelmäßige Inspektionen, Austausch von Filtern), ist bei der Bestimmung der Lebenszeit von der ordentlichen Wartung auszugehen (ErwGr 32 WKRL); andererseits trifft den Verbraucher in diesem Fall die Obliegenheit, diese Wartungen auch durchzuführen, wenn er Mängelrechte mit Erfolg durchsetzen möchte. Die Einschränkung unter b) zielt in erster Linie auf die technischen Funktionen. Wenn ein kleiner Lackfehler an der Unterseite eines Gerätes bei Übergabe vorlag, vermag er durchaus eine (vermutlich eher geringe) Minderung zu legitimieren.[37] Ein späterer Eintritt dürfte im Hinblick auf die optische Erscheinung eines Produktes nur dann 24

---

34 Obsoleszenz meint vom Begriff her zunächst recht neutral dasselbe wie Verschleiß. Eine intensive öffentliche und politische Diskussion hat sich aufgrund des Vorwurfes der vorsätzlichen Obsoleszenz an die Industrie ergeben. Das ist in juristischer Hinsicht wenig zielführend, weil es die Lösung des dahinterliegenden Problems des vorzeitigen Verschleißes eher behindert, s. insoweit *Brönneke*, Verkürzte Lebensdauer, S. 187 ff. sowie *Brönneke* Premature Obsolescence, JEEPL 2017, 364 ff. jeweils mwN.

35 Vorsätzliches Handeln auf der Tatsachenebene sehen *Reuß/Dannoritzer* EuCML 2020, 223; *Kreiß*, in: Brönneke/Wechsler, Geplanter Verschleiß, 2015, S. 51, 54 ff., wofür mehr oder weniger plausible Indizien angeführt werden. Der Kernpunkt dürfte jedoch sein, dass es bisher kaum Anreize für die Unternehmen gibt, lebensdaueroptimierte (und zugleich wirtschaftlich sinnvolle) Produkte zu konstruieren, vgl. die instruktive Befragung von Ingenieuren: *Longmuß/Poppe/Neef* Geplante Obsoleszenz, S. 49 ff. Ein gewisser ökonomischer Druck kann nunmehr vom geänderten Mängelgewährleistungsrecht ausgehen. Die Wirksamkeit wird davon abhängen, wie konsequent die Käuferrechte eingefordert werden. Dabei werden absehbar Mittel des kollektiven Rechtsschutzes eine besondere Bedeutung entfalten.

36 Zur normalen Abnutzung in Abgrenzung zum vorzeitigen Verschleiß *Brönneke*, UBA-Texte 115/2020, S. 180 ff.

37 Die Vorstellung, dass jegliche Abweichung vom Sollzustand, die bei Gefahrübergang einen auch nur geringfügigen Mangel bewirken würde, in der Lage sein könnte, bei späterem Auftreten als mögliches Indiz für einen versteckten Mangel zu dienen, überzeugt die Regelung nicht gerecht. Das zeigt sich insbesondere auch mit Blick darauf, dass eine solche Vorstellung, nach der auch kleinste, nicht funktionsrelevante Mängel die Rechte aus einer Haltbarkeitsgarantie auslösen würden, bei der es ja nicht auf das versteckte Vorliegen bei Gefahrübergang ankommt, schon immer problematisch und praxisfern war; dazu detailliert *Brönneke/Freischlag*, UBA-Texte 115/2020, S. 300 ff.

noch von Relevanz sein, wenn er so gravierend ist, dass ein durchschnittlicher Nutzer dazu veranlasst würde, das Gerät außer Dienst zu stellen; insbesondere wenn ein besonderes Design objektiv eine Kaufentscheidung beeinflussen sollte, kann auch dieses Design als (optische) Funktion angesehen werden, so dass etwa eine erhebliche Verfärbung durch eine übliche Lichteinstrahlung einen Fehler darstellen kann.

25 IÜ sind die ursprünglich **erforderlichen Funktionen** mit denen, die iRd erforderlichen Haltbarkeit des Produktes gefordert werden, identisch: Durch die Werbung und die Aufnahme in ein **technisches Datenblatt** unterstreicht die Anbieterseite die Bedeutung der genannten Funktionen. Durch die Aufnahme in die **Betriebsanleitung** gibt die Anbieterseite zu verstehen, dass sie diese Funktionen für erläuterungsbedürftig und damit erforderlich im Gesetzessinne hält. Die Einbeziehung der Betriebsanleitung zur Bestimmung der „erforderlichen Funktionen" ist zudem zur Schaffung von Rechtssicherheit und zur praktischen Durchsetzbarkeit der Käuferrechte unabdingbar. Während **Werbeaussagen** selten vom Käufer dokumentiert und aufbewahrt werden, dürften bei technischen Geräten die Betriebsanleitungen regelmäßig noch im Streitfall vorliegen oder (zB weil sie im Internet vorliegen) beschaffbar sein. Darüber hinaus fallen darunter alle Funktionen, die vergleichbare Produkte üblicherweise enthalten.

26 Wie oben schon generell bemerkt wurde (→ Rn. 22), führen **Abweichungen von öffentlich-rechtlichen Produktvorschriften** automatisch zu einem Mangel. Dies gilt selbstverständlich auch für solche Vorschriften, die auf eine Verlängerung der Lebensdauer von Produkten abzielen, was insbesondere bei **Ökodesign**-Durchführungsverordnungen vorkommt.[38] Die WKRL und in der Folge die deutschen Umsetzungsvorschriften im BGB sollen die unmittelbaren produktspezifischen Rechtsregeln ergänzen (ErwGr 32 WKRL); das ist sinnvoll, insbesondere weil die Marktaufsicht die Mindestlebensdauer von Produkten kaum effektiv überwachen kann und die Gewährleistungsrechte der Verbraucher, insbesondere iVm mit den Möglichkeiten des kollektiven Rechtsschutzes,[39] hier einen wirksamen Beitrag zur Umsetzung dieser Regeln leisten.[40]

27 Dem Stand der Technik widersprechen solche **Konstruktionen, die ein aufmerksamer Ingenieur nicht gewählt hätte,** weil sie zu einer unnötigen Verkürzung der Lebensdauer führen können.[41] Bekannte Bsp. betreffen den Mixer, in dessen Motor ein Zahnrad aus Metall und ein anderes aus Plastik nebeneinander gesetzt werden, oder ein akkubetriebenes Gerät, bei dem ein technisch üblicher Tiefenentladungsschutz fehlt. Beides führt zu einem für Ingenieure vorhersehbaren, mit minimalen Zusatzkosten vermeidbaren, vorzeitigen Verschleiß.[42]

---

38 Bsp. finden sich bei *Brönneke*, UBA-Texte 115/2020, S. 178 f.
39 Vgl. hierzu *Brönneke*, in: Schulte-Nölke/BMJV, S. 143 ff., sowie mit rechtspolitischen Vorschlägen *Brönneke*, UBA-Texte 115/2020, S. 336 ff.; *Brönneke*, in: Brönneke/Willburger/Bietz, S. 113 ff. sowie S. 419 ff., jeweils mwN.
40 *Brönneke*, Stellungnahme, S. 16 f.
41 *Hess*, Geplante Obsoleszenz, S. 145; *Brönneke*, UBA-Texte 115/2020, S. 175. Dass hierfür den Entwicklern häufig gar nicht die nötige Zeit zur Verfügung gestellt wird, zeigen Interviews, die *Longmuß/Poppe/Neef* Geplante Obsoleszenz, S. 28 ff. durchgeführt haben.
42 *Brönneke*, UBA-Texte 115/2020, S. 175 f. mit einer Reihe weiterer Bsp.

Sektorspezifische Verhaltenskodizes bestehen ua im Hinblick auf die Haltbarkeit von Produkten in den **Niederlanden**[43] und dürften auch sonst in den Ländern, in denen es eine Tradition für kooperativ mit der Marktgegenseite (Verbraucherverbände) ausgearbeitetes Softlaw in Form solcher Verhaltenskodizes gibt, eine wichtige Rolle spielen. In Deutschland sollten sich die relevanten Verbände überlegen, ob die Interessen der Verbraucher auf diese Weise mitunter besser durchgesetzt werden können, als wenn im Kern allein auf kollektiven Rechtsschutz gebaut wird. 28

Fehlen entsprechende technische Normen oder Verhaltenskodizes, so ist die erwartbare Lebensdauer aufgrund einer **Vergleichsgruppenbildung**[44] zu bestimmen. ErwGr 32 WKRL weist beispielhaft auf einige Umstände hin, die dann zu berücksichtigen sind: der Preis der Ware, die Intensität bzw. Häufigkeit ihrer Verwendung durch den Verbraucher sowie einschlägige vorvertragliche Erklärungen. 29

Einen ganz erheblichen Beitrag zum Abstellen der vorzeitigen Obsoleszenz leisten die Updatepflichten, die im Hinblick darauf, dass das Einstellen von **Softwarenachlieferungen** ein häufiger Grund zur Verkürzung der Lebensdauer an sich funktionsfähiger Geräte ist, für die digitalen Elemente von Waren noch einmal deutlich schärfere Pflichten mit sich bringen (→ Rn. 44 ff.).

4. Entsprechung gegenüber einem Muster oder einer Probe (§ 434 Abs. 1 S. 1 Nr. 3 BGB nF)

Wenn der Verkäufer dem Käufer vor Vertragsschluss ein **Muster** oder eine **Probe** zur Verfügung gestellt hat, fallen die oben beschriebenen Schwierigkeiten weg, einen Vergleichsmaßstab zur Bestimmung der objektiven Anforderungen an die Sache zu finden: als Maßstab gelten das Muster, also ein Probestück, das zum Zeigen gedacht ist,[45] bzw. Proben, also ein Teil oder eine kleine Menge von etwas, aus dem/der die Eigenschaften von etwas Größerem ersehen werden können.[46] Praktisch werden sich Schwierigkeiten eher daraus ergeben, dass es Käufern nicht leicht fallen wird, ein solches Probestück zu Beweiszwecken zur Verfügung stellen zu können. 30

5. Lieferung des erwartbaren Zubehörs einschließlich Verpackung und Anleitungen (§ 434 Abs. 3 S. 1 Nr. 4 BGB nF)

Zum kaufvertraglich geschuldeten Soll gehört nach § 434 Abs. 3 S. 1 Nr. 4 BGB nF auch die Lieferung des **Zubehörs**, dessen Erhalt der Käufer erwarten kann. Der Begriff des Zubehörs ist aus der WKRL übernommen worden und kann nicht unter Rückgriff auf § 97 BGB und die hierzu ergangene Rspr. konkretisiert werden, auch wenn es Überschneidungen geben wird. Zunächst verbietet sich die Auslegung von 31

---

43 UNETO-VNI, Tabel met gemiddelde gebruiksduurverwachtingen; diese bieten jedoch nur einen allerersten Anhaltspunkt, so richtig *Bach/Wöbbeking* NJW 2020, 2674; insbesondere solange sich Verbraucher- und Anbieterverbände nicht auf eine gemeinsame Liste geeinigt haben, muss zudem die Alternativliste und Kritik des Consumentenbondes an der UNETO-VNI-Liste berücksichtigt werden (Lang leve de Levensduur).
44 Genauer hierzu *Brönneke*, UBA-Texte 115/2020, S. 172 ff.
45 Der europarechtlich geprägte Begriff dürfte dem allgemeinsprachlichen Verständnis entsprechen, vgl. zum Begriff des Musters: Deutsches Wörterbuch von Jacob Grimm und Wilhelm Grimm, Erstbearbeitung (1854–1960), digitalisierte Version im Digitalen Wörterbuch der deutschen Sprache https://www.dwds.de/wb/dwb/muster.
46 Entsprechend DWDS, Stichwort „*Probe*", *Digitales Wörterbuch der deutschen Sprache*, abrufbar unter: https://www.dwds.de/wb/Probe.

Unionsrecht durch nicht auf das Unionsrecht bezogene Begriffe des nationalen Rechts. Zubehör setzt zudem nach § 97 BGB ausdrücklich voraus, dass es sich um eine gegenständliche Sache iSd § 90 BGB handelt. Von „Zubehör" iSd § 434 Abs. 3 S. 1 Nr. 4 BGB nF werden aber auch Betriebsanleitungen erfasst, die zwar als Ausdruck vorliegen können, aber nicht denknotwendig müssen. Gleichwohl fallen digitale Anleitungen auch unter die Nr. 4. Zubehör kann hier vielmehr – auch mit Blick auf den europarechtlichen Hintergrund – im allgemeinsprachlichen Sinne verstanden werden als die „Gesamtheit der ein Gerät, eine Maschine oÄ ergänzenden beweglichen Teile, mit deren Hilfe bestimmte Verrichtungen erleichtert oder zusätzlich ermöglicht werden".[47] Bsp. sind Netzteile für ein elektronisches Gerät oder ein Staubsaugerbürstenset. Nach dem Gesetzestext werden auch die Verpackung und Anleitung als „Zubehör" verstanden. Hinsichtlich der Verpackung kann der Käufer erwarten, dass die eigentliche Ware so verpackt ist, dass er sie gut, dh ohne, dass diese Schaden nimmt, nach Hause transportieren kann und regelmäßig wohl auch, dass er sie in üblicher Weise zu Hause aufbewahren kann, wenn er den Gegenstand gerade nicht nutzt.

32 Weiter nennt der Gesetzestext die Montage- oder Installationsanleitung sowie andere **Anleitungen**, die erläutern, was zu tun ist, um dem Käufer eine Erstinbetriebnahme zu ermöglichen. Sonstige Anleitungen werden insbesondere Betriebsanleitungen sein, die die Funktionen eines Gerätes oder Gegenstandes erläutern und den Kunden in die Lage versetzen, diese optimal zu nutzen. Auch die gesetzlichen Anforderungen zur sicheren Nutzung von Produkten, also zur Abwehr von Gefahren für Personen oder Sachen durch das Produkt, wie sie das Produktsicherheitsrecht vorschreibt,[48] fallen hierunter. Aber auch Wartungsanleitungen oder Anleitungen zum ordentlichen Entsorgen oder Recyceln des Produktes oder zur energie- und ressourcensparenden Verwendung sind davon erfasst. Diesbzgl. finden sich zT Vorgaben in Ökodesign-Umsetzungsverordnungen, die insoweit den erwartbaren Mindeststandard markieren. Bei allen Anleitungen ist auf den **Verständnishorizont der Kunden**, mit denen der Verkäufer rechnen kann, abzustellen. Das sind insbesondere die beworbenen Kundenkreise, aber auch diejenigen, die erkennbar – ohne speziell beworben zu sein – derartige Produkte kaufen. Dies können zB bei Profihandwerksgeräten auch Hobbyhandwerker sein, die Zugang zu den entsprechenden Vertriebskanälen haben, so dass nicht ohne Weiteres der Wissensstand eines Profis vorausgesetzt werden kann.

III. Die subjektiven Anforderungen an die Vertragsgemäßheit der Ware
1. Negative Beschaffenheitsvereinbarung

33 Eine Abweichung von den objektiven Anforderungen in dem Sinne, dass diese nicht erfüllt werden müssen, bleibt im Interesse der Wahrung der Parteiautonomie möglich. Außerhalb von Verbraucherverträgen iSv § 310 Abs. 3 BGB (also bei B2B-, C2B- oder C2C-Geschäften) sind solche negativen Beschaffenheitsvereinbarungen von kei-

---

47 Vgl. Duden, Wörterbuch, https://www.duden.de/rechtschreibung/Zubehoer.
48 S. etwa § 6 Abs. 1 Nr. 1 ProdSG.

nen besonderen Anforderungen abhängig.[49] Anders verhält es sich **beim Verkauf** seitens eines **Unternehmers an** einen **Verbraucher**. Dort ist eine negative Beschaffenheitsvereinbarung, die vor Mitteilung eines Mangels an den Unternehmer, also insbesondere iRd Kaufvertrages zustande kommt, an **zwei klare Voraussetzungen** geknüpft: Der Verbraucher muss a) <u>vor</u> Abgabe seiner Willenserklärung „eigens" informiert werden, dass ein bestimmtes Merkmal von den objektiven Anforderungen abweicht und b) ist diese Abweichung „ausdrücklich und gesondert im Vertrag" zu vereinbaren (§ 476 Abs. 1 S. 2 BGB nF). Die Information über diese Abweichung darf damit nicht allein als eine von anderen Merkmalen der Sache in einer Produktbeschreibung aufgeführt werden.[50] Hat der Käufer also sein Angebot – wie üblich – als Erster bereits abgegeben, reicht eine Information des Verkäufers („ach, übrigens…") nicht mehr aus, um eine Mängelhaftung auszuschließen. Vielmehr muss die Information bereits im Zuge der Vertragsanbahnung erfolgt sein (§ 476 Abs. 1 S. 2 Nr. 1 BGB nF), was der Verkäufer im Streitfall zu beweisen hat. Die nach Abgabe der Vertragserklärung des Verbrauchers erfolgende Mitteilung des Verkäufers reicht in aller Regel deshalb nicht aus, weil die Warnfunktion anderenfalls psychologisch leerlaufen würde. Dies liegt daran, dass eine einmal getroffene (Kauf-)Entscheidung nur sehr ungern geändert wird. Ein Nachschieben der Information hat also nicht die Wirkung einer abändernden Annahme (= neues Angebot entsprechend § 150 Abs. 2 BGB). Sodann muss diese Abweichung ausdrücklich zum Vertragsbestandteil gemacht werden, eine konkludente Vereinbarung reicht nicht aus. Zudem hat diese Vereinbarung „gesondert" zu erfolgen (§ 476 Abs. 1 S. 2 Nr. 2 BGB nF). Das bedeutet, dass eine solche Vereinbarung nicht im AGB-Text untergehen darf (→ § 2 Rn. 147).[51]

Elektronisch ist eine Gestaltung zu wählen, bei der die Käufer durch ein aktives Häkchensetzen („**opt-in**") ihre Kenntnisnahme und ihr Einverständnis mit diesem (gemessen an objektiven Standards) Qualitäts- oder Quantitätsdefizit bestätigen; bei schriftlichen Verträgen ist eine diesbzgl. eigenständige zusätzliche Unterschrift zu verlangen. Ziel dieser Regelung ist es, dass der Käufer nach vollzogenem Kauf nicht mehr durch den objektiven Mangel der Ware überrascht werden darf; er muss sich für die Ware vielmehr trotz des Mangels bewusst entschieden haben. Entscheidend kommt es darauf an, dass das Zurückbleiben hinter den objektiven Anforderungen nicht verschleiert wird[52] und dem Verbraucher das objektive Defizit tatsächlich bewusst wird.[53] 34

---

49 *Lorenz* NJW 2021, 2066; im Ergebnis wohl ebenso, aber rechtspolitisch mit deutlicher Kritik *Pfeiffer* GPR 2021, 122 f. Zu beachten sind gleichwohl auch dort die allgemeinen Anforderungen, wie sie etwa in § 242 BGB oder §§ 305 ff. BGB zum Ausdruck kommen.
50 *Lorenz* NJW 2021, 2073.
51 *Pfeiffer* GPR 2021, 123 f. fasst dies so auf: „Richtigerweise wird man im Merkmal ‚gesondert' ein Formerfordernis sehen dürfen, das zwei Äußerungen (gleichviel ob schriftlich, mündlich oder elektronisch) verlangt, ohne Rücksicht darauf, dass sie Bestandteil desselben Geschäfts sein und gemeinsam übermittelt werden können."
52 So auch *Pfeiffer* GPR 2021, 124.
53 *Lorenz* NJW 2021, 2073.

2. Subjektive Anforderungen als positive Beschaffenheitsvereinbarung

35 Dass die Parteien des Kaufvertrages die konkreten Anforderungen an die Ware vereinbaren können, ist selbstverständlicher Ausdruck ihrer Vertragsfreiheit und der grundsätzlichen Dispositivität schuldrechtlicher Regelungen. Dass zu der schon bisher benannten „Beschaffenheit" (jetzt in § 434 Abs. 2 S. 1 Nr. 1 BGB nF) nun auch ausdrücklich „Zubehör und vereinbarte Anleitungen" zählen, wozu wiederum auch „Montage- und Installationsanleitungen" gehören, macht lediglich deklaratorisch deutlich, dass sich eine Vereinbarung der Parteien nach § 434 Abs. 2 S. 1 Nr. 3 BGB nF genau hierauf wie auch auf die „Art, Menge, Qualität, Funktionalität, Kompatibilität" sowie „Interoperabilität" einer Sache (§ 434 Abs. 1 S. 2 BGB nF) beziehen kann.

36 Lediglich der Begriff der „Interoperabilität" taucht nur in Abs. 2 und nicht in Abs. 3 auf. Der Begriff ist aus der WKRL übernommen und bedeutet nach dessen Art. 2 Nr. 10 „die Fähigkeit der Waren, mit einer anderen Hardware oder Software zu funktionieren als derjenigen, mit den Waren derselben Art in der Regel benutzt werden". Anders als bei der „Kompatibilität" handelt es sich hier also um Komponenten, mit denen das Produkt nur in einer eher ungewöhnlichen Konstellation zusammenwirken soll, mit der die Anbieterseite daher richtigerweise nicht rechnen bzw. auf die sie ihre Waren nicht auslegen muss. Kunden ist also zu empfehlen, auf die Soft- und Hardware, mit der die zu kaufende Ware zusammenwirken können soll, ausdrücklich hinzuweisen und die funktionierende Interoperabilität wenn möglich zum ausdrücklichen Vertragsbestandteil zu machen, sofern es nicht ganz klar ist, dass die Ware genau mit dieser Art von Hard- oder Software zusammenwirken kann. Wenn der Hersteller oder Händler allerdings auf die Fähigkeit des Zusammenwirkens mit anderen Komponenten hinweist, die üblicherweise nicht gemeinsam genutzt werden, kommt es auch ohne eine ausdrückliche Abrede zu einer konkludenten Vereinbarung über eine bestehende Interoperabilität.

37 Im Hinblick auf die Eignung der Sache „für die **nach dem Vertrag vorausgesetzte Verwendung**" (§ 434 Abs. 2 S. 1 Nr. 2 BGB nF) kommt es gegenüber § 434 Abs. 1 S. 2 Nr. 1 BGB aF zu keiner inhaltlichen Änderung; auch jetzt reicht es aus, dass der Käufer dem Verkäufer den Verwendungszweck verdeutlicht, der durch die gelieferte Sache nicht oder nur eingeschränkt erfüllt werden kann.[54]

Ein praktisch relevantes Detail betrifft **Lebensdauer-** oder **Energieverbrauchsangaben**, die Hersteller wegen entsprechender Vorgaben von Ökodesign-Durchführungsverordnungen angeben müssen. Diese beziehen sich nach Ökodesignrecht nicht auf zB jeden einzeln verkauften Leuchtkörper (früher: „Glühbirne"); vielmehr muss nur ein nach detaillierten Regelungen ermittelter Prozentsatz diese Sollvorgabe erreichen. Da die üblichen Kennzeichnungen diesbzgl. jedoch vom Horizont des durchschnittlichen Käufers aus anderes suggerieren („diese Lampe hält so und so viele Stunden Leuchtdauer durch"), kommt es beim Kauf zu einer entsprechenden vertraglichen Vereinbarung. Dies kann – wie an anderer Stelle ausführlich dargestellt – ganz praktisch zu

---

[54] Zur alten Rechtslage so Jauernig/*Berger* BGB § 434 Rn. 13.

einer Mängelhaftung der Verkäufer (mit Rückgriff beim Hersteller) führen.⁵⁵ Die Unternehmerseite ist daher gut beraten, die Kennzeichnungen so auszugestalten, dass diese bei den Verbrauchern keine irreführenden Vorstellungen provozieren.

IV. Montageanforderungen als dritte Anforderung an die Vertragsgemäßheit in bestimmten Fällen

Die Montage ist im alltagssprachlichen Sinne zu verstehen und meint den „Zusammenbau einzelner vorgefertigter Teile zu einer funktionsfähigen Maschine, technischen Anlage o.ä.",⁵⁶ wobei der fertige Gegenstand vielgestaltig sein kann, zB ein Möbelstück. Zur Montage ist zwingend auch die Installierung von digitalen Inhalten oder Dienstleistungen, zB von Programmen zu zählen, dh eine solche Verknüpfung der nötigen digitalen Bestandteile mit der Ware, dass diese ihrem Zweck entsprechend genutzt werden kann (ErwGr 34 WKRL); die Umsetzung ist insoweit in § 475b Abs. 6 Nr. 2 BGB nF erfolgt. Da der deutsche Gesetzgeber die in Art. 8 WKRL gleichwertig neben dem Begriff der Montage genannte Installierung in § 434 Abs. 4 BGB nF nicht nennt, zwingt die gebotene europarechtskonforme Interpretation des BGB dazu, den Inhalt des Montagebegriffs im BGB entsprechend weit zu bestimmen. 38

Die **Montage** (einschl. der **Installierung**) ist vertragsgemäß, wenn sie sachgemäß erfolgt ist, wenn also alle Funktionen der Kaufsache ordnungsgemäß und zweckentsprechend funktionieren. Das gilt auch dann, wenn der Verkäufer seine diesbezüglichen Pflichten nicht hinreichend erfüllt hatte, zB eine unzureichende Montageanleitung geliefert hatte, das Produkt aber gleichwohl korrekt montiert und mit allen vorgesehenen digitalen Elementen versehen wurde. Umgekehrt liegt ein Fehler vor, wenn die Ware unsachgemäß montiert (bzw. installiert) worden ist „und a) die Montage Teil des Kaufvertrags ist und vom Verkäufer oder unter seiner Verantwortung vorgenommen wurde oder b) die vom Käufer vorzunehmende Montage von diesem getätigt wurde und die unsachgemäße Montage auf einen Mangel in der vom Verkäufer zur Verfügung gestellten Anleitung zurückzuführen ist."⁵⁷ Aufgrund der gesetzlichen Formulierung muss der Käufer, der sich auf diese Vorschrift berufen will (soweit nicht die einjährige Beweislastumkehr des § 477 BGB nF greift), die Unsachgemäßheit der Montage beweisen, während der Verkäufer nachweisen muss, dass der montage- (bzw. installations-)bedingte Mangel nicht auf ihn, seinen Erfüllungsgehilfen bzw. die von ihm gelieferte Montage- oder Installationsanleitung zurückzuführen ist. 39

---

55 Ausführlich *Brönneke*, UBA-Texte 115/2020, S. 186 ff.
56 Duden, Wörterbuch, Stichwort Montage https://www.duden.de/rechtschreibung/Montage.
57 BT-Drs. 19/27424, 23.

V. Beweislastumkehr gem. § 477 BGB nF

40 Die durch die Schuldrechtsreform zum 1.1.2002 eingeführte, zunächst in § 476 BGB aF, seit 1.1.2018[58] in § 477 BGB aF geregelte **Beweislastumkehr** beim Verbrauchsgüterkauf wurde durch die Umsetzung der WKRL in verschiedener Hinsicht geändert. Die generellen Regelungen sowie diejenigen hinsichtlich des Kaufes von Tieren werden an dieser Stelle vorgestellt. Die Beweislastumkehr im Hinblick auf Waren mit digitalen Elementen folgt (→ Rn. 69 f.).

1. Verlängerung des Zeitraums der Beweislastumkehr

41 Der bisher auf sechs Monate begrenzte Zeitraum der Beweislastumkehr (innerhalb dessen sich der Sachmangel bzw. abweichende Zustand gezeigt haben muss) wird auf **ein Jahr** seit Gefahrübergang ausgedehnt, § 477 Abs. 1 S. 1 BGB nF. Die Verlängerung der Beweislastumkehr soll die effektive Durchsetzung von Gewährleistungsrechten erleichtern und zudem einen Anreiz zur Herstellung langlebiger Produkte setzen.[59] Damit wird die zwingende Vorgabe von Art. 11 Abs. 1 WKRL umgesetzt. Die Option des Art. 11 Abs. 2 WKRL, die Beweislastumkehr auf zwei Jahre zu verlängern, bleibt ungenutzt, weil der Gesetzgeber meint, mit fortschreitender Zeit schwinde der Informationsvorsprung des Verkäufers gegenüber dem Verbraucher hinsichtlich des Zustands der Kaufsache und es träten die Risiken aus der Sphäre des Käufers, die Verwendung und Lagerung der Kaufsache durch ihn, in den Vordergrund.[60]

42 Der Begriff des Sachmangels wurde durch die Formulierung „ein von den Anforderungen nach § 434 oder § 475b abweichender Zustand der Ware" ersetzt, um das nach dem bisherigen Wortlaut mögliche Missverständnis auszuschließen, dass § 477 BGB aF das zu Vermutende – das Vorliegen eines Sachmangels bei Gefahrübergang – bereits als Tatbestandsmerkmal für das Eingreifen der Vermutung voraussetzt.[61] Die Ausschlusstatbestände, dass die Vermutung ggf. mit der Art der Ware oder des mangelhaften Zustands nicht vereinbar ist, sind in der Sache unverändert geblieben.

Der Umsetzungsgesetzgeber hat an der Formulierung des „Sich-Zeigens" der Abweichung festgehalten (und sie überdies in §§ 327j Abs. 4, 327k Abs. 1, 2, 475e Abs. 3 BGB nF aufgegriffen), obwohl Art. 11 Abs. 1 WKRL (wie bereits Art. 5 Abs. 3 VGKRL) vom „Offenbarwerden" der Vertragswidrigkeit spricht und der Gesetzgeber diese Formulierung in der Neufassung des § 439 Abs. 3 BGB verwendet.[62]

---

58 Durch das Gesetz zur Reform des Bauvertragsrechts, zur Änderung der kaufrechtlichen Mängelhaftung, zur Stärkung des zivilprozessualen Rechtsschutzes und zum maschinellen Siegel im Grundbuch- und Schiffsregisterverfahren v. 28.4.2017, BGBl. 2017 I 969.
59 BT-Drs. 19/27424, 15.
60 Vgl. BT-Drs. 19/27424, 44; ausf. zu dieser Argumentation *Schmitt*, UBA-Texte 115/2020, S. 262 ff. In zwei Mitgliedstaaten – Frankreich und Portugal – gelten bereits längere Fristen von zwei Jahren für die Umkehr der Beweislast.
61 Dazu näher BT-Drs. 19/27424, 44.
62 Der deutsche Gesetzgeber versteht „Offenbarwerden" im Sinne einer Kenntniserlangung des Verbrauchers, s. BT-Drs. 19/27424, 26. Diese Auslegung dürfte europarechtlich nicht gesichert sein. Denkbar wäre auch ein Verständnis als Zutagetreten, objektives Erkennbarwerden (ohne Untersuchung) bzw. Evidenz.

2. Sonderfall: Kauf lebender Tiere

Beim **Kauf eines lebenden Tieres** gilt gem. § 477 Abs. 1 S. 2 BGB nF die Vermutung des § 477 Abs. 1 S. 1 BGB nF wie bisher nur für einen Zeitraum von sechs Monaten seit Gefahrübergang. Damit soll dem Umstand Rechnung getragen werden, dass lebende Tiere anders als Waren während ihrer gesamten Lebenszeit einer ständigen Entwicklung und Veränderung ihrer körperlichen und gesundheitlichen Verfassung unterliegen, die sowohl von den natürlichen Gegebenheiten des Tieres (Anlagen, Alter) als auch von seiner Haltung (Ernährung, Pflege, Belastung) beeinflusst wird.[63] Nach Art. 3 Abs. 5 lit. b WKRL können die Mitgliedstaaten von der Anwendung der Richtlinie auf den Verkauf von lebenden Tieren absehen, was es auch erlaubt, einzelne Vorschriften nicht oder nicht in vollem Umfang umzusetzen.

43

C. Pflichten beim Verbrauchsgüterkauf von Waren mit digitalen Elementen

I. Anwendbarkeit der Kaufrechtsregeln auf Verbrauchsgüterkaufverträge mit digitalen Elementen

§ 327 Abs. 1 S. 1 BGB nF fasst die **Bereitstellung digitaler Inhalte oder digitaler Dienstleistungen** unter dem Oberbegriff der digitalen Produkte zusammen (→ § 1 Rn. 35),[64] § 327 Abs. 2 BGB nF definiert sodann digitale Inhalte und Dienstleistungen (dazu näher → § 2 Rn. 20 f.). § 327a Abs. 3 S. 1 BGB nF bezeichnet solche Waren, die in einer Weise digitale Produkte enthalten oder mit ihnen verbunden sind, dass die Waren ihre Funktionen ohne diese digitalen Produkte nicht erfüllen können, als Waren mit digitalen Elementen. Für den Kauf von Waren mit digitalen Elementen enthalten die §§ 475b, 475c BGB nF Sonderregelungen, die die Vorschriften über Sachmängel im Hinblick auf die mit ihnen in besonderer Weise verbundenen digitalen Elemente ergänzen.

44

Eine klare Abgrenzung findet sich in § 475a BGB nF: § 475a Abs. 1 BGB nF regelt den B2C-Kaufvertrag über **körperliche Datenträger, die ausschließlich als Träger digitaler Inhalte dienen**. Das sind also solche Fälle, in denen bei einer Online-Übermittlung der Daten auf ein leeres Speichermedium des Verbrauchers dasselbe Ergebnis erzielt wird wie in dem Fall, in dem dieses Speichermedium mitsamt den aufgespielten Daten übermittelt würde. In diesen Fällen sind § 433 Abs. 1 S. 2, §§ 434–442, 475 Abs. 3 S. 1, Abs. 4–6, §§ 475b–475e und §§ 476 und 477 BGB über die Rechte bei Mängeln nicht anzuwenden. An die Stelle der unanwendbaren Kaufrechtsregeln treten nach § 475a Abs. 1 S. 2 BGB nF die Vorschriften über Verbraucherverträge über digitale Produkte (§§ 327–327s BGB nF; → § 2 Rn. 19 ff.).

45

§ 475a Abs. 2 BGB nF regelt Verbrauchsgüterkaufverträge über **Waren, die in einer Weise digitale Produkte enthalten oder mit digitalen Produkten verbunden sind, dass die Waren ihre Funktionen auch ohne diese digitalen Produkte erfüllen können**.[65] Hier sind zunächst § 433 Abs. 1 S. 1 BGB und § 475 Abs. 1 BGB über die Übergabe der Kaufsache und die Leistungszeit unanwendbar (Nr. 1). Ebenso nicht anzuwenden

46

---

[63] Bericht des Ausschusses für Recht und Verbraucherschutz, BT-Drs. 19/31116, 17.
[64] Entsprechend Art. 5 Abs. 1 lit. e VRRL.
[65] Bsp. finden sich in ErwGr 16 WKRL: separates Downloaden eines Spieles aus einem Appstore auf ein Smartphone; Kauf eines Smartphones ausdrücklich ohne Betriebssystem.

sind: § 433 Abs. 1 S. 2, §§ 434–442, 475 Abs. 3 S. 1, Abs. 4–6, §§ 475b–475e und §§ 476 und 477 BGB über die Rechte bei Mängeln. Auch insoweit treten an die Stelle der nicht anzuwendenden Vorschriften die Vorschriften über Verbraucherverträge über digitale Produkte (§§ 327–327s BGB nF).

47 § 475b Abs. 1 BGB nF nimmt diese Abgrenzung noch einmal positiv auf, indem für Waren mit digitalen Elementen iSd § 327 Abs. 3 S. 1 BGB nF, also solche, die in einer Weise digitale Produkte enthalten oder mit ihnen verbunden sind, dass die **Waren ihre Funktionen ohne diese digitalen Produkte nicht erfüllen können**, ergänzend die Anwendbarkeit des § 475b BGB nF zu Sachmängeln einer Ware mit digitalen Elementen eröffnet ist. Unerheblich ist dabei, ob die digitalen Inhalte bereits in der Kaufsache gespeichert sind oder aber noch installiert werden müssen. Teilw. reicht es, dass die digitalen Inhalte, zB **Steuerungsprogramme, nur in einer funktionellen Verbindung** mit der Sache stehen. ErwGr 15 WKRL nennt das Bsp. einer Smartwatch, deren Funktionen nur durch das Downloaden und Installieren eines zugehörigen Programmes auf das Smartphone des Verbrauchers genutzt werden können. Zudem ist es unerheblich, ob die Software vom Verkäufer oder einem Dritten bereitgestellt wird (ebenfalls ErwGr 15 WKRL sowie § 475b Abs. 1 S. 1 BGB nF: „er [der Unternehmer] oder ein Dritter"). Nach § 475b Abs. 1 S. 2 BGB nF iVm § 327a Abs. 3 S. 2 BGB nF gilt zudem, dass beim Kauf einer Ware mit digitalen Elementen **im Zweifel anzunehmen** ist, dass die Verpflichtung des Verkäufers die Bereitstellung der digitalen Inhalte oder digitalen Dienstleistungen umfasst. Der Verkäufer wird aus seinen Pflichten nicht entlassen, wenn der Verbraucher zusätzlich zum Kaufvertrag eine Lizenzvereinbarung mit einem Dritten abschließen muss (ErwGr 15 WKRL).

48 Sowohl die Regelungen über die Bereitstellung digitaler Produkte (§§ 327–327s BGB nF) als auch die Sondervorschriften über Waren mit digitalen Elementen (§§ 475b, 475c BGB nF) sind **nur auf Verbraucherverträge** anzuwenden. Der deutsche Gesetzgeber hat sich insoweit auf eine 1:1-Umsetzung der WKRL beschränkt und – anders als beim Kauf ohne digitale Elemente in § 434 BGB nF – keine allgemeinen kaufrechtlichen Regeln über Sachen mit digitalen Elementen geschaffen. Die Sachgerechtigkeit dieses begrenzten Ansatzes lässt sich durchaus bezweifeln (→ § 2 Rn. 6).[66] So mag es beim Kauf einer Sache mit digitalen Elementen auch im B2B-Bereich nicht immer gelingen, etwa bei Beteiligung eines Kleinunternehmers als Käufer, Aktualisierungspflichten vertraglich festzuschreiben, so dass ein berechtigtes Bedürfnis nach einer entsprechenden objektiven Anforderung, wie in § 475b Abs. 4 Nr. 2 BGB nF für den Verbrauchsgüterkauf geregelt, bestehen könnte.

II. Erfüllung der kaufrechtlichen Pflichten bei Gefahrübergang sowie Montage- und Installationsanforderungen

49 Soweit § 475b BGB nF zur Anwendung kommt, ergänzt diese Vorschrift den § 434 BGB nF in zweierlei Hinsicht: Zum einen bleibt § 434 **BGB nF ohne Weiteres für die Beurteilung der Frage anwendbar, ob die Sache unabhängig vom Zusammenwirken mit den digitalen Elementen mangelhaft ist**. Dies wäre etwa der Fall, wenn der Flach-

---

[66] *Faust*, Stellungnahme, S. 12.

bildschirm oder ein Lautsprecher eines Smartfernsehers physisch defekt wäre (was sich – wie oben gezeigt – auch erst später infolge eines vorzeitigen Verschleißes zeigen kann, auch wenn ein solcher Mangel dann bereits „wie eine Zeitbombe" vorgelegen haben muss).[67] Zum anderen beurteilt sich die Frage, ob bereits bei Gefahrübergang ein Mangel im Hinblick auf die digitalen Elemente vorliegt, nach Maßgabe der kaufrechtlichen Vorschriften. Insoweit verweist § 475b Abs. 3 Nr. 1 BGB nF im Hinblick auf subjektive Anforderungen auf § 434 Abs. 2 BGB nF (→ Rn. 33 ff.). Entsprechend verweist § 475b Abs. 4 Nr. 1 BGB nF bezüglich der objektiven Anforderungen auf § 434 Abs. 3 BGB nF (→ Rn. 14 ff.).

Im Hinblick auf eine evtl. erforderliche **Montage** verweist wiederum § 475b Abs. 6 Nr. 1 BGB nF auf § 434 Abs. 4 BGB nF. Die hier angesprochene Konstellation wird etwa dann vorliegen, wenn ein Datenträger, der die für die Funktionen des Gerätes notwendigen digitalen Inhalte enthält, erst mit dem Gerät, für das er bestimmt ist, zusammengefügt werden muss. Dies könnte (soweit § 475b BGB nF zur Anwendung kommt) eine SIM- oder eine Speicherkarte bei einem Smartphone betreffen, die nicht immer ganz einfach in das Gerät eingeführt werden kann (→ Rn. 50). 50

Bei der **Installation** geht es darum, dass digitale Inhalte oder Dienstleistungen (etwa Programme) so mit der Ware verknüpft werden, dass diese ihrem Zweck entsprechend genutzt werden kann (ErwGr 34 WKRL). Die diesbzgl. Anforderungen sind zum einen erfüllt, wenn die digitalen Elemente sachgemäß installiert wurden (§ 475b Abs. 6 Nr. 2 lit. a BGB nF). Dabei ist es unerheblich, ob der Verkäufer die nötigen Voraussetzungen für eine solche sachgerechte Installation geschaffen hatte oder nicht. Hat zB ein kundiger Verbraucher die Installation mit Spezialkenntnissen und evtl. unter Vornahme besonderer Modifikationen, zB durch Einspielen von zusätzlichen Dienstprogrammen oÄ, fehlerfrei vorgenommen, ist die an sich nicht ausreichende Vorbereitung der Installation durch die Unternehmerseite nicht mehr als Verstoß gegen die Installationsanforderungen anzusehen. 51

Die **Installationsanforderungen** hat der Unternehmer erfüllt, **obwohl die Installation im Ergebnis unsachgemäß durchgeführt wurde**, wenn die Installation nicht durch den Unternehmer (oder einen Erfüllungsgehilfen)[68] durchgeführt wurde und auch nicht auf eine unzureichende Anleitung zurückzuführen ist (§ 475b Abs. 6 Nr. 2 lit. b BGB nF). Unzureichend ist die Anleitung, wenn sie Fehlanweisungen enthält, wenn die Anweisungen unvollständig sind oder sie von den beworbenen Verbraucherkreisen objektiv nicht verstanden werden können. Der Verständnishorizont der von den Verkaufsangeboten angesprochenen Käuferschichten ist zu beachten: Dh eine Anleitung, die eine technikaffine Studierende verstehen wird, reicht nicht aus, wenn als Durchschnittsverbraucher auch eher technikferne Kreise angesprochen werden. Ob die Anleitung dabei von dem Verkäufer selbst oder einem Dritten vermittelt wird, der die digitalen Inhalte bereitstellt (zB dem Cloudanbieter, mit dessen Cloud sich die An- 52

---

67 Brönneke, UBA-Texte 115/2020, S. 156 ff. mwN.
68 Diese Haftung des Verkäufers für einen Gehilfen ergibt sich aus der allgemeinen Regel des § 278 BGB. Darauf weist die Gesetzesbegründung hin, vgl. BT-Drs. 19/27424, 25; dies ist der Grund, warum die ausdrückliche Nennung des Gehilfen in Art. 7 Abs. 4 lit. b WKRL an dieser Stelle nicht ins deutsche Gesetz übernommen werden musste: Die Umsetzung ist mit § 278 BGB bereits erfolgt.

wendung verbinden muss), ist nach dem insoweit ausdrücklichen Gesetzestext irrelevant.

III. „Das Recht auf Updates": Aktualisierungspflicht bezüglich digitaler Inhalte (§ 475b Abs. 3–5 BGB nF)

1. Überblick

53 Ein Kernbestandteil der Neuerungen im BGB sind die (ausschließlich auf europarechtlich zwingenden Vorgaben basierenden) Verpflichtungen zu Aktualisierungen digitaler Elemente, die einerseits iRv Verbrauchsgüterkaufverträgen in § 475b Abs. 3–5 BGB nF und andererseits in Verbraucherverträgen über digitale Produkte in § 327e Abs. 2 S. 1 Nr. 3 sowie Abs. 3 Nr. 5 BGB nF iVm § 327f BGB nF (→ § 2 Rn. 123 ff.) geregelt wurden. Begründet wird dies zutreffend damit, dass sich das digitale Umfeld von Waren mit digitalen Elementen ständig verändert und dass diese Sachen zudem auch nach der Lieferung „nicht vollständig außerhalb der Sphäre des Unternehmers" sind, jedenfalls soweit Fernzugriffsmöglichkeiten bestehen. Damit die Sachen genauso wie bei Auslieferung weiter funktionieren, ist mithin eine solche Updatepflicht erforderlich.[69] Wenn man Updates als identisch mit dem Begriff „Aktualisierung" im Sinne dieser Vorschriften versteht, dann kann man diese Vorschriften etwas griffiger und Laien gegenüber besser transportierbar als Normierung eines „Rechtes auf Updates" ansprechen (zu Upgrades → Rn. 59).[70] Dogmatisch von besonderer Bedeutung ist insoweit, dass die sonst im Kaufrecht geltende Regel, nach der eine Ware geliefert werden muss, die (*nur*) zum Zeitpunkt des Gefahrübergangs mangelfrei sein muss, iRd Updatepflicht nicht gilt, dass Pflichten- und Mangelregime insoweit also partiell ganz grundlegend verändert wurden.[71] Der **Kauf einer Ware mit digitalen Elementen wird so zu einem Dauerschuldverhältnis**,[72] das sich freilich nur auf diese Updateverpflichtung bezieht. Um die Einschränkung begrifflich zu fassen, wird hier vorgeschlagen, von einem „partiellen Dauerschuldverhältnis" bzw. genauer von einem „partiellen (auf die Updatepflichten bezogenen) Dauerschuldverhältnis" zu sprechen. Bei der dauerhaften Bereitstellung digitaler Elemente (→ Rn. 65 ff.) ist der Dauerschuldcharakter noch ausgeprägter.

54 Die **Aktualisierungsvorschriften** im Untertitel über **Verbraucherverträge über digitale Produkte** entsprechen vom Wortlaut her weitgehend denjenigen im Untertitel über den **Verbrauchsgüterkauf**. Tatsächlich wurden diese Vorschriften in den dahinterliegenden Richtlinien eng aufeinander abgestimmt. Insoweit kann einerseits auf die diesbzgl. Ausführungen (→ § 2) über digitale Produkte verwiesen werden.

---

69 Gesetzesbegründung BT-Drs. 19/27424, 30 zu § 475b Abs. 3 BGB-E und ErwGr 31 WKRL.
70 Klar muss dabei bleiben, dass sich dieses Recht auf Updates bei B2C-Geschäften nicht nur auf Softwareupdates bezieht, sondern darüber hinaus auf die Digitalisierung aller digitalen Elemente iSd BGB. Auch wird der Begriff „Updates" hier als Oberbegriff für solche Aktualisierungen verwendet, die (bloß) die Nutzbarkeit der Sache auf dem Status quo sicherstellen (in § 475b Abs. 4 BGB nF geregelt), wie auch für „Upgrades", also technische Verbesserungen gegenüber der ursprünglich gelieferten Software, die darüber hinausgehen, zB weil zusätzliche Funktionen enthalten sind oder eine schnellere Verarbeitung des Programms erreicht wird usw (vgl. hierzu Gesetzesbegründung BT-Drs. 29/27424, 29 zu § 475b Abs. 3 BGB-E).
71 Gesetzesbegründung BT-Drs. 19/27424, 30 zu § 475b Abs. 3 BGB-E. Festzuhalten ist dabei, dass die Aktualisierungspflicht eine primäre Leistungspflicht ist (so auch *Pfeiffer* GPR 2021, 126), die nach Übergabe der Sache fortbesteht.
72 *Rosenkranz* ZUM 2021, 195 (198); *Artz*, Stellungnahme, S. 3.

Andererseits gibt es aber im Anwendungsbereich des § 475b Abs. 3–5 BGB nF im Ergebnis doch deutliche und **praxisrelevante Abweichungen gegenüber den Aktualisierungsvorschriften bei Verträgen über digitale Inhalte.** Dies rührt ursächlich daher, dass beim Verbrauchsgüterkauf eine ganz besondere Verknüpfung der digitalen Inhalte mit den verkauften Waren besteht und dass sich die Verkäuferpflichten auf diese spezifischen digitalen Inhalte erstrecken, ohne die die Funktionen der Ware nicht oder nur eingeschränkt nutzbar wären. Dies wird nicht selten dazu führen, dass dem Verbraucher **ein anderer Haftungspartner** gegenübersteht, als wenn er dieselben digitalen Inhalte oder Dienstleistungen ohne eine solche vertragliche Anbindung an eine verkaufte Sache nutzen würde. Dies soll an dem Bsp. des käuflichen Erwerbs einer Spielekonsole erläutert werden. Wird eine solche Konsole ausdrücklich ohne jegliches Spiel verkauft, könnten Fehler eines direkt beim Entwickler bezogenen Computerspieles, die iRd Nutzung der Konsole offenbar werden, nicht zu Gewährleistungsrechten des Verbrauchers gegenüber dem Verkäufer der Konsole führen; er muss sich vielmehr an den Entwickler halten, von dem er das Spiel erworben hat. Das gilt gleichermaßen für ursprüngliche Programmierungsfehler des Spiels wie auch solche, die erst iRv Updates auftreten. Wird die Konsole dagegen zusammen mit einem Computerspiel von einem Händler veräußert, läge der Fall anders: Eine Gewährleistungshaftung des Verkäufers im Hinblick auf das (schon im Zeitpunkt der Lieferung und gleichermaßen wie aufgrund eines fehlerhaften Updates) nicht oder nur mangelhaft auf der Konsole durchführbare Spiel wird denkbar, obwohl die Konsole als solche nicht mangelhaft ist. Dies gilt unabhängig davon, ob das Spiel schon auf einem mit der Konsole gelieferten Speichermedium installiert ist oder erst aus dem Internet heruntergeladen werden muss. Ebenso gilt diese Folge sowohl für die anfängliche Lieferung von einer Spielekonsole mit aufgespielter Software oder die Bereitstellung der Software schon im Zeitpunkt der Lieferung wie auch für einen erst mit einem Update auftretenden Fehler.

Entscheidend für die Frage, **wer der richtige Anspruchsgegner des Verbrauchers ist**, ist also die **Einordnung einer Kaufsache als Ware mit digitalen Inhalten** (→ Rn. 44 ff.). Im Einzelfall kann es aufgrund unterschiedlicher Voraussetzungen für die Mängelgewährleistung (etwa aufgrund von § 327 Abs. 6 Nr. 6 BGB nF bei „kostenloser Softwarenutzung", → § 2 Rn. 54) auch dazu kommen, dass Verbraucher unter ganz bestimmten Bedingungen gegenüber niemandem einen Gewährleistungsanspruch geltend machen können, wohingegen bei einer entsprechend engen Verbindung von Kaufgegenstand und digitalen Elementen eine Haftung des Verkäufers durchaus gegeben sein könnte. Als Bsp. für Waren mit digitalen Inhalten iSv § 475b BGB nF nennt *Lorenz* „ein Smartphone, eine Smartwatch, eine Digitalkamera, einen WLAN-Router oder eine Spielkonsole ohne funktionierendes Betriebssystem oder ohne Internet."[73]

Weiter **kann** auch **der Zeitraum, in dem die Aktualisierungen zur Verfügung zu stellen sind,** dadurch anders ausfallen und insbesondere länger sein **als bei zwei zu trennenden Verträgen**: Der Zusammenhang zwischen den digitalen Inhalten und der Wa-

---

73 *Lorenz* NJW 2021, 2070.

re führt zu einem anderen Bezugspunkt: der berechtigten Erwartung der Verbraucher im Hinblick auf die Haltbarkeit der Ware. Diese kann durch die vertragliche Festlegung eines kürzeren Aktualisierungszeitraumes nur unter Beachtung der hohen Hürden des § 476 Abs. 1 BGB nF (→ Rn. 33 ff.) eingeschränkt werden.

2. Objektive Anforderungen an die Aktualisierungen (§ 475b Abs. 4 Nr. 2 BGB nF)

58 Verbraucher können nach § 475b Abs. 4 Nr. 2 BGB nF während eines gewissen Zeitraums unabhängig von einer entsprechenden Vereinbarung erwarten, dass Aktualisierungen vom Verkäufer (oder im Auftrag des Verkäufers) bereitgestellt werden, die erforderlich sind, um den vertragsgemäßen Zustand der Ware, also ihre volle Nutzbarkeit aufrecht zu erhalten. Über diese Aktualisierungen sind die Verbraucher zu informieren. **Erfolgt eine** solchermaßen verpflichtende **Information** über **und eine Bereitstellung von Aktualisierungen nicht**, so handelt es sich (vorbehaltlich der in § 475b Abs. 5 BGB nF geregelten Ausnahmen) um eine Abweichung von den objektiven Anforderungen, die nach § 475b Abs. 4 BGB nF einen **Sachmangel** darstellt, der die Sachmängelgewährleistungsrechte auslöst. Zu klären ist nun: a) was der Inhalt der Updatepflicht ist, was also genau zu liefern ist, und b) für welchen Zeitraum diese Updatepflicht besteht. Zu unterstreichen ist, dass weder der Umfang noch die Dauer der Updatepflicht im Hinblick auf die objektiven Anforderungen aus der vertraglichen Vereinbarung abgeleitet werden können;[74] sie sind eben objektiv zu bestimmen, was nun im Folgenden erläutert werden wird. Vorab festgehalten werden soll jedoch, dass technischen Normen und soweit diese nicht existieren, hilfsweise sektorspezifischen Verhaltenskodizes auch im Hinblick auf die Updatepflichten eine von der WKRL vorgegebene besondere Bedeutung bei der Bestimmung des Soll-Zustandes zukommt (Art. 7 Abs. 1 lit. a WKRL; genauer → Rn. 23 ff.). Auch wenn Gerichte – mit guter Begründung – von diesen Konkretisierungen durchaus abweichen können, wird dies für die Praxis einen ganz entscheidenden Zugewinn an Rechtssicherheit bedeuten,[75] soweit entsprechendes „Softlaw" tatsächlich besteht bzw. wohl zumeist erst noch entwickelt werden wird. Unter den in § 475b Abs. 5 BGB nF genannten Voraussetzungen, die denen des § 327f Abs. 2 BGB nF entsprechen, haftet der Verkäufer nicht, wenn der Verbraucher es unterlassen hat, die ihm angebotene Aktualisierung innerhalb einer angemessenen Frist zu installieren (→ § 2 Rn. 138 gilt hier entsprechend).

a) Umfang der Updatepflicht

59 Der Umfang der Updatepflicht wird in ErwGr 30 WKRL dahin gehend beschrieben, dass der Verkäufer **nicht verpflichtet** wird, „verbesserte Versionen des digitalen Inhalts oder der digitalen Dienstleistung der Waren zur Verfügung zu stellen, noch die Funktionen der Waren zu verbessern oder auszuweiten, soweit dies über die Anforderungen an die Vertragsmäßigkeit hinausgeht" („**Upgrades**"). Eine besondere Bedeu-

---

[74] Gesetzesbegründung BT-Drs. 19/27424, 30 zu § 475b Abs. 4 BGB-E.
[75] Das relativiert die vielfältig erhobene Kritik, dass die mangelnde Festlegung eines exakten Zeitraums zu Rechtsunsicherheit führe, wie sie etwa in den folgenden Aufsätzen erhoben wird: *Kühner/Piltz* CR 2021, 1 (6); *Staudenmayer* ZEuP 2019, 663 (683 f.); bedauernd insoweit *Kumkar* ZfPW 2020, 306 (317); ferner: *Bach* NJW 2019, 1705 (1707); *Schrader* NZV 2021, 67 (69); *Reinking* DAR 2021, 185 (190).

tung kommt dabei dann allerdings den Sicherheitsupdates zu: Hierbei geht es nicht nur darum, dass die Sache selbst nicht beschädigt wird (der Begriff des Sicherheitsupdates ist damit weiter als die aus dem ProdHaftG resultierende Haftung, → Rn. 22) oder andere Sachen oder Gesundheit und Leben von Nutzern und Dritten nicht gefährdet werden wie zB bei einer Überhitzung eines Gerätes infolge einer nicht funktionierenden Drosselungs- oder Abschaltautomatik bei Überschreitung gewisser Gefahrschwellen. Vielmehr stellt die Gesetzesbegründung klar, dass es auch darum geht, dass die nach dem Stand der Technik geeigneten und **erforderlichen Schutzmaßnahmen** getroffen werden, **um einen illegalen Zugriff auf Daten oder Steuerungseinheiten des Käufers zu verhindern**, die mit dem Kaufgegenstand in Verbindung stehen. Es geht bei den Sicherheitsupdates mithin um mehr als den bloßen Funktionserhalt der Ware.[76]

b) Zeitraum der Updatepflicht

Hinsichtlich der Dauer der Updatepflicht benennt § 475b Abs. 4 Nr. 2 BGB nF den Zeitraum, den ein Verbraucher „aufgrund der Art und des Zwecks der Ware und ihrer digitalen Elemente sowie unter Berücksichtigung der Umstände und der Art des Vertrags erwarten kann," damit die Vertragsmäßigkeit der Ware erhalten bleibt. **Ausgangspunkt ist zunächst die vernünftigerweise erwartbare Lebensdauer der Ware** (→ Rn. 23 f.). Eine Untergrenze stellt nach ErwGr 31 WKRL der Zeitraum dar, in dem der Verkäufer für Vertragswidrigkeiten haftet. Richtigerweise stellt derselbe ErwGr aber klar, dass die berechtigte Erwartung der Verbraucher darüber hinausgehen kann, was ganz besonders Sicherheitsaktualisierungen betrifft. Tatsächlich wird dies sogar der Regelfall sein. Die Gesetzesbegründung stellt heraus, dass verschiedene Aspekte je nach den Umständen des Einzelfalles heranzuziehen sind: Dazu können etwa Aussagen in der Werbung, die zur Herstellung der Kaufsache verwendeten Materialien und der Preis gehören. Gibt es für Sachen der jeweiligen Art Erkenntnisse über deren übliche Nutzungs- und Verwendungsdauer („life-cycle"), dürften auch diese ein wesentliches Auslegungskriterium sein. Bei einem Kraftfahrzeug kann der Verbraucher nach der Gesetzesbegründung zB erwarten, dass die integrierten Geräte, wie Navigationssysteme oder Unterhaltungselektronik, während der objektiv üblichen Nutzungsdauer des Kraftfahrzeugs mit Updates versorgt werden.[77] Andere denkbare Kriterien, welche bei der Bestimmung der berechtigten Verbrauchererwartung Berücksichtigung finden können, sind die Fragen, inwiefern die Sache weiterhin vertrieben wird oder der Umfang des ohne die Aktualisierung drohenden Risikos[78] (weitere, auch hier heranziehbare Aspekte → § 2 Rn. 134 f.).

60

3. Subjektive Anforderungen an die Aktualisierungen (§ 475b Abs. 3 Nr. 2 BGB nF sowie § 476 Abs. 1 BGB nF)

Eine **Abkürzung** der nach § 475b Abs. 4 Nr. 2 BGB nF festzulegenden Frist zu Aktualisierungen der digitalen Elemente oder eine Unterschreitung des dort festgelegten

61

---

[76] BT-Drs. 19/27424, 31 zu § 475b Abs. 4 BGB-E.
[77] BT-Drs. 19/27653, 68.
[78] BT-Drs. 19/27424, 31 zu § 475b Abs. 3 BGB-E; diese zwei Kriterien fanden über die Stellungnahme des vzbv ihren Weg in die Gesetzesbegründung.

Umfangs (Aufrechterhaltung der Funktionen und der Sicherheit der Ware) ist grundsätzlich ausgeschlossen. Eine Ausnahme macht § 476 Abs. 1 BGB nF, der insbesondere verlangt, dass der Verbraucher *vor* Abgabe seiner Vertragserklärung über dieses Zurückbleiben hinter den objektiven Anforderungen in Kenntnis gesetzt wurde und ein solches objektives Zurückbleiben hinter dem vernünftigerweise erwartbaren Standard zudem ausdrücklich *und* gesondert vereinbart wurde; auf diese **engen Voraussetzungen der negativen Beschaffenheitsvereinbarung** wurde bereits näher eingegangen (→ Rn. 53 ff.).

62 Eine **Verlängerung** der objektiv zu bestimmenden Frist ist dagegen durch eine Vereinbarung im Kaufvertrag **ohne Weiteres möglich** (§ 475b Abs. 3 Nr. 2 BGB nF) und bindet dann selbstverständlich den Verkäufer. Ebenso kann der Umfang der Updates durch eine Vereinbarung erweitert werden: **Es kann** statt der Aufrechterhaltung des Status quo **auch eine fortlaufende Verbesserung ("Upgradepflicht") vereinbart werden.** Bleiben die Aktualisierungen hinter dem vertraglich Versprochenen zurück oder sind sie unvollständig oder fehlerhaft, so handelt es sich um eine Abweichung von den subjektiven Anforderungen und mithin nach § 475b Abs. 3 BGB nF um einen Sachmangel.[79]

4. Informationspflichten im Hinblick auf Aktualisierungen (§ 475b Abs. 4 Nr. 2 BGB nF)

63 Über die Bereitstellung der Aktualisierungen muss der Verbraucher informiert werden.[80] Die Information soll die Updatepflicht praktisch wirksam werden lassen.[81] Aus § 475b Abs. 5 Nr. 1 BGB nF lässt sich darauf rückschließen, dass die Informationspflicht sich auch darauf bezieht, dass **Verbraucher auf die Folgen hingewiesen werden, die zu erwarten sind, wenn das Update nicht ausgeführt wird.** Je gravierender die Folgen zulasten des Verbrauchers sein könnten, desto eindringlicher muss er gewarnt werden.[82] Dies setzt – soweit möglich – eine **Direktansprache der betroffenen Kunden** voraus. Bei Produkten, die mit dem Internet in Verbindung stehen und über ein Display verfügen, ist dies kein größeres Problem, soweit die Kunden die Kontaktaufnahme mit dem Lieferanten des Programms zulassen. Hier kann der Kunde gefragt werden, ob er die Installation eines Updates zulassen möchte.

64 Sind diese Voraussetzungen nicht gegeben, muss der Unternehmer **alle zumutbaren Anstrengungen** unternehmen, um die Softwarenutzer über die Updates zu informieren. Diesbzgl. kann man sich evtl. **an der produktsicherheits- bzw. -haftungsrechtlichen Informationspflicht** (bzw. zivilrechtlichen Obliegenheit) orientieren, über Gefahren, die von Produkten ausgehen, zu informieren.[83] Unterlässt der Unternehmer eine

---

79 Dies folgt aus allgemeinen Regeln; eine § 327r Abs. 2 BGB nF entsprechende Regelung über Änderungen, insbesondere beeinträchtigende Änderungen, taugt nicht zu einem Umkehrschluss; eine Analogie ist mangels einer Regelungslücke nicht nötig.
80 Detailliert hierzu *Mayasilci* Updatepflicht unter B. III. Informationspflicht.
81 BT-Drs. 19/2724, 33 zu § 475b Abs. 4 BGB-E.
82 So die Gesetzesbegründung zur Parallelvorschrift des § 327f Abs. 2 Nr. 1 BGB-E, BT-Drs. 19/27653, 58.
83 Hierzu zB Erbs/Kolhaas/*Häberle* ProdSG § 26 Rn. 11; Hauschka/Moosmayer/Lösler/*Veltins* Corporate Compliance. Handbuch der Haftungsvermeidung im Unternehmen, 3. Aufl. 2016, § 24 Rn. 29.

derartige Information, so haftet er ggf. in gleicher Weise, als wäre er seiner Updatepflicht erst gar nicht nachgekommen (→ § 2 Rn. 136 ff.).[84]

IV. Sachmangel bei Waren mit digitalen Elementen bei dauerhafter Bereitstellung der digitalen Inhalte (§ 475c BGB)

Auf den ersten Blick schwer verständlich ist § 475c BGB nF. Die Norm knüpft an die Vereinbarung einer **dauerhaften Bereitstellung** digitaler Elemente an (§ 475c Abs. 1 S. 1 BGB nF).[85] Nach § 475c Abs. 2 BGB nF haftet der Verkäufer über die §§ 434 und 475b BGB nF hinaus dann auch dafür, dass die digitalen Elemente während des Bereitstellungszeitraums, **mindestens** aber für **einen Zeitraum von zwei Jahren** ab der Ablieferung der Ware, den in § 475b Abs. 2 BGB nF in Bezug genommenen subjektiven und objektiven Anforderungen sowie den Montage- und Installationsanforderungen entsprechen (→ Rn. 51 ff.). 65

Ist ein **Bereitstellungszeitraum nicht im Vertrag festgelegt** worden, so bestimmt sich dieser Bereitstellungszeitraum gem. § 475c Abs. 1 S. 2 BGB nF **wiederum objektiv** entsprechend § 475b Abs. 4 Nr. 2 BGB nF (→ Rn. 58 ff.). Darin liegt nicht etwa die Möglichkeit, die Dauer des Aktualisierungszeitraumes abweichend von den engen Voraussetzungen des § 476 Abs. 1 BGB nF doch noch gegenüber dem objektiv nach § 475b Abs. 4 Nr. 2 BGB nF bestimmten Zeitraum (→ Rn. 58 ff.) abzukürzen, der auf den Funktionserhalt der verkauften Sache abstellt. Denn einer solchen Interpretation widerspricht der klare Gesetzeswortlaut, indem dieser die Regelungen des § 475c BGB nF „ergänzend" und nicht „abweichend von den allgemeinen Bestimmungen" zur Anwendung kommen lässt. 66

Andererseits sprechen sowohl § 475b Abs. 3 Nr. 2 BGB nF von einer vertraglich festgelegten Dauer der Bereitstellung digitaler Elemente im Kaufvertrag wie auch § 475c Abs. 1 S. 1 BGB nF. Der einzig im Wortlaut dieser Normen relevante Unterschied liegt darin, dass es sich bei § 475c BGB nF um eine **„dauerhafte"** Bereitstellung handeln soll, ein Begriff, der in § 475b BGB nF nicht verwendet wird. Freilich **kann dieser Zeitraum** nach § 475c Abs. 2 BGB nF **begrenzt werden**, solange die so getroffene Vereinbarung zwei Jahre nicht unterschreitet. Daher ist „dauerhaft" nicht im Sinne einer unbegrenzten oder unbestimmten Dauer zu verstehen. Die dauerhafte Bereitstellung wird in § 327e Abs. 1 S. 3 BGB nF als die „fortlaufende Bereitstellung über einen Zeitraum" definiert (→ § 2 Rn. 104). Inhaltlich kann aus dem Wortlaut kein Unterschied zur Bereitstellung „während des nach dem Vertrag maßgeblichen Zeitraums" festgestellt werden. Die genaue Bedeutung des § 475c BGB nF kann daher nicht aus der Begrifflichkeit herausgelesen werden, sondern muss durch eine systematische und historische Interpretation unter Rückgriff auf die Gesetzesbegründung gewonnen werden. 67

Die Lösung der Frage, bezogen auf welche Fallkonstellationen nun § 475c BGB nF „ergänzend" und in Abgrenzung zur Vorschrift des § 475b BGB nF herangezogen 68

---

[84] *Reinking* DAR 2021, 185 (189 f.) zu der Parallelvorschrift des § 327e BGB nF; *Firsching* ZUM 2021, 210 (217).
[85] Krit. im Hinblick auf die im deutschen Recht regelungstechnisch dreifach aufgespalteten dauernden Bereitstellungen *Pfeiffer* GPR 2021, 126 f.

werden soll, löst sich mit Blick auf die verschiedenen digitalen Elemente, die mit einer „Ware mit digitalen Elementen" iSd § 327b Abs. 3 S. 1 BGB nF (→ § 2 Rn. 73 ff.) verknüpft sein können. **Während es bei § 475b Abs. 4 BGB nF um die digitalen Elemente geht,** die funktionswesentlich für die verkaufte Sache sind („für den Erhalt der Vertragsgemäßheit der Ware erforderlich"), **geht es hier um solche Daten, die darüber hinausgehend geschuldet sind.** Gerade hierin kommt das partielle Dauerschuldverhältnis zum Ausdruck.

Die Gesetzesbegründung nennt **beispielhaft** „Verkehrsdaten in einem Navigationssystem, die Cloud-Anbindung bei einer Spiele-Konsole oder eine Smartphone-App zur Nutzung verschiedener Funktionen iVm einer intelligenten Armbanduhr (Smartwatch)".[86] Ein Navigationssystem als solches funktioniert hinsichtlich seiner Kernfunktion, den Weg von A nach B zu weisen, auch dann, wenn auf die jeweils aktuellen Verkehrsdaten nicht zugegriffen werden kann. Freilich zeigen sich hier bereits die Abgrenzungsschwierigkeiten: Auch das Vermeiden von Staus oder zeitlich befristeten Behinderungen ist eine Funktion von Navigationsgeräten, die ihren ganz konkreten Wert hat. Insofern könnte man den Zugriff auf die aktuellen Verkehrsdaten auch als funktionsrelevant ansehen.[87] Abgrenzungsprobleme scheinen unausweichlich. **Entscheidend ist** aber, **dass der Gesetzgeber ausdrücklich durch § 475c BGB nF keine Einschränkung erzielen wollte, sondern eine Ausdehnung** auf Konstellationen, die sonst nicht geregelt wären. § 475c BGB nF kommt mithin **nur subsidiär** zum Zuge, wenn anderenfalls keine dauerhafte Bereitstellungspflicht bestehen würde, die zudem nicht unter zwei Jahren liegen darf.

V. Beweislastumkehr bei Waren mit digitalen Elementen (§ 477 Abs. 2 BGB nF)

69 Die Vorgaben des Art. 11 Abs. 3 iVm Art. 10 Abs. 2 WKRL für Waren mit digitalen Elementen wurden in § 477 Abs. 2 BGB nF umgesetzt. Ist bei Waren mit digitalen Elementen die **dauerhafte Bereitstellung der digitalen Elemente** im Kaufvertrag vereinbart und zeigt sich ein von den vertraglichen Anforderungen nach § 434 BGB nF oder § 475b BGB nF abweichender Zustand der digitalen Elemente während der Dauer der Bereitstellung oder innerhalb eines Zeitraums von zwei Jahren seit Gefahrübergang, so wird vermutet, dass die digitalen Elemente während der bisherigen Dauer der Bereitstellung mangelhaft waren. Die **Beweislastumkehr** gilt somit nicht für eine feste Dauer, sondern **während des Bereitstellungszeitraums**, mindestens aber für einen Zeitraum von zwei Jahren seit Gefahrübergang. Mit der Mindestfrist soll verhindert werden, dass die Dauer der Beweislastumkehr durch eine Vereinbarung zum Bereitstellungszeitraum verkürzt werden kann.[88]

70 **Soweit** es bei digitalen Elementen **nicht** um eine **dauerhafte Bereitstellung** nach § 475c BGB nF geht, ist die allgemeine Regelung der Beweislastumkehr nach § 477 Abs. 1 S. 1 BGB nF anwendbar, wobei auf Folgendes zu achten ist: Gem. § 475b BGB

---

[86] BT-Drs. 19/2724, 33 zu § 475c Abs. 1 BGB-E in Anlehnung an ErwGr 14 WKRL.
[87] Mit dem Bsp. der Aktualität der Karten zu Abgrenzungsproblemen *Schrader* NZV 2021, 19 (22); ähnlich Stellungnahme des *VDIK* zu § 475b Abs. 4 Nr. 2 BGB RefE, wobei die dort auch aufgeworfenen Fragen zum Upgrade im Gesetz klar geregelt sind.
[88] BT-Drs. 19/27424, 44.

nF ist an die letzte Aktualisierung der digitalen Elemente anzuknüpfen, sofern eine solche Aktualisierung erfolgte, iÜ an deren (einmalige) Bereitstellung.

D. Rechtsfolgen der Mangelhaftigkeit der Ware

Liefert der Verkäufer eine mangelhafte Sache, stehen dem Verbraucher die in den §§ 437 ff., 474 ff. BGB genannten Rechte zu. 71

I. Nacherfüllung

Der Käufer hat unverändert gem. §§ 437 Nr. 1, 439 Abs. 1 BGB ein Wahlrecht, ob er als Nacherfüllung die **Beseitigung des Mangels** oder die **Lieferung einer mangelfreien Sache** verlangt. Ebenso verbleibt es nach § 439 Abs. 2 BGB bei der **Pflicht des Verkäufers, die zum Zwecke der Nacherfüllung erforderlichen Kosten zu tragen**. Der Ort der Nacherfüllung wird nach wie vor nicht von einer Richtlinie erfasst und ist daher nach nationalem Recht zu regeln.[89] 72

Eine Anpassung im Detail enthält § 439 Abs. 3 BGB nF: Bei einem **Einbau der mangelhaften Sache** hat der Käufer nur dann einen Anspruch gegen den Verkäufer auf Ersatz der erforderlichen Aufwendungen für den Ausbau der mangelhaften und Einbau einer mangelfreien Sache, wenn er den Einbau vornimmt, bevor der Mangel offenbar wurde. Es besteht also kein Anspruch, wenn der Einbau in Kenntnis des Mangels erfolgt. § 439 Abs. 3 S. 2 BGB aF mit seinem Verweis auf § 442 Abs. 1 BGB entfällt, denn dieser ist mit Art. 14 Abs. 3 WKRL nicht vereinbar. Art. 14 Abs. 3 WKRL eröffnet eine **Wahlmöglichkeit zwischen einem Aus- und Einbau durch den Verkäufer und einer Kostenübernahme** durch ihn. Die Ausübung des Wahlrechts steht dem nationalen Gesetzgeber zu.[90] 73

Nach § 439 Abs. 4 BGB kann der Verkäufer eine oder beide Arten der **Nacherfüllung verweigern**, wenn sie nur mit **unverhältnismäßigen Kosten** möglich ist bzw. sind. Neu ist, dass diese Regelung, die dem Verkäufer auch ein absolutes Verweigerungsrecht gibt, im Einklang mit Art. 13 Abs. 3 WKRL auch für Verbrauchsgüterkäufe gilt. Daher entfällt § 475 Abs. 4 BGB aF, der der Umsetzung des EuGH-Urteils in der Rechtssache Weber/Putz[91] diente und nur ein relatives Verweigerungsrecht des Verkäufers vorsah. 74

In § 439 Abs. 5 BGB nF wird nun ausdrücklich geregelt, dass der **Käufer dem Verkäufer die Sache zum Zwecke der Nacherfüllung zur Verfügung stellen muss**. Dies entspricht der bisherigen Rechtslage.[92] Einen Absatz weitergerückt ist die Regelung, dass bei Lieferung einer mangelfreien Sache zum Zwecke der Nacherfüllung der Ver- 75

---

89 ErwGr 56 WKRL. Nach § 269 Abs. 1 und 2 BGB richtet sich der Ort der Nacherfüllung nach der Parteivereinbarung. Fehlt diese, ist auf die jeweiligen Umstände, insbesondere die Natur des Schuldverhältnisses abzustellen. Lässt sich auch daraus kein Ort der Nacherfüllung ableiten, ist der Niederlassungsort des Verkäufers maßgeblich; BGH Urt. v. 13.4.2011 – VIII ZR 220/10, BGHZ 189, 196. Zu fragen ist, ob der Transport an den Niederlassungsort des Verkäufers für den Verbraucher eine erhebliche Unannehmlichkeit darstellen könnte, so der EuGH mit Urt. v. 23.5.2019 – C-52/18, ECLI:EU:C:2019:447 = NJW 2019, 2007 – Fülla.
90 BT-Drs. 19/27424, 25 f.
91 EuGH Urt. v. 16.6.2011 – C-65/09 und C-87/09, NJW 2011, 2269.
92 BGH Urt. v. 13.4.2011 – VIII ZR 220/10, BGHZ 189, 196.

käufer vom Käufer **Rückgewähr der mangelhaften Sache** nach Maßgabe der §§ 346–348 BGB verlangen kann, § 439 Abs. 6 S. 1 BGB nF. Allerdings muss beim Verbrauchsgüterkauf nach wie vor beachtet werden, dass nach § 475 Abs. 3 S. 1 BGB nF der Verbraucher **Nutzungen nicht herausgeben oder** durch ihren **Wert ersetzen** muss. §§ 442, 445 und 447 Abs. 2 BGB sind gem. § 475 Abs. 3 S. 2 BGB nF bei einem Verbrauchsgüterkauf nicht anwendbar. Neu aufgenommen wurde in § 439 Abs. 6 S. 2 BGB nF, dass der Verkäufer die ersetzte Sache auf seine Kosten zurücknehmen muss. Der **Ort der Rücknahme** wird dabei mit dem Ort der Nacherfüllung identisch sein. Der Anspruch des Verbrauchers gegen den Unternehmer auf **Vorschuss** für seine Aufwendungen iRd Nacherfüllung bleibt unangetastet und rückt in § 475 Abs. 4 BGB nF.

76 Nach § 475 Abs. 5 BGB nF muss der Unternehmer die Nacherfüllung innerhalb einer **angemessenen Frist** ab dem Zeitpunkt, zu dem der Verbraucher ihn über den Mangel unterrichtet hat, und ohne erhebliche Unannehmlichkeiten für den Verbraucher durchführen, wobei die Art der Ware sowie der Zweck, für den der Verbraucher die Ware benötigt, zu berücksichtigen sind. Außerhalb von Verbrauchsgüterkäufen ergeben sich diese Grenzen aus § 323 Abs. 1 BGB (dort freilich mit Setzen einer angemessenen Nachfrist) und § 440 BGB.[93] Die Neuregelung in § 475 Abs. 5 BGB nF steht im Zusammenhang mit § 475d Abs. 1 BGB nF, wonach der Verbraucher keine Frist mehr setzen muss, um von seinem Rücktrittsrecht wegen Lieferung einer mangelhaften Ware Gebrauch zu machen.

II. Rücktritt

77 Der Rücktritt vom Kaufvertrag wegen Lieferung einer mangelhaften Sache richtet sich nach wie vor nach §§ 437 Nr. 2 Alt. 1, 440, 323, 326 Abs. 5 BGB. Allerdings muss der Verbraucher entgegen der bisherigen Rechtslage, deren Vereinbarkeit mit Art. 3 Abs. 5 VGKRL – der ebenfalls kein Fristsetzungserfordernis kannte – zweifelhaft war,[94] **dem Unternehmer** nach § 475d Abs. 1 BGB nF **keine Frist zur Nacherfüllung** gem. § 323 Abs. 1 BGB **mehr setzen**,[95] wenn eine der folgenden Voraussetzungen erfüllt ist: **Nr. 1:** Der Unternehmer hat die Nacherfüllung trotz Ablaufs einer angemessenen Frist[96] ab dem Zeitpunkt, zu dem der Verbraucher ihn über den Mangel unterrichtet hat, nicht vorgenommen. Auf diese Weise wird der Vorrang der Nacherfüllung beibehalten, gleichzeitig aber dem Verbraucher durch den Wegfall des Fristsetzungserfordernisses der Übergang zum Rücktritt erleichtert. Er muss den Unternehmer nur noch über den Mangel informieren und ihm die Sache zum Zweck der Nacherfüllung gem. § 439 Abs. 5 BGB nF zur Verfügung stellen. **Nr. 2:** Trotz der vom Unternehmer versuchten Nacherfüllung zeigt sich ein Mangel. Ob dies bereits nach dem ersten oder wie bisher erst nach dem zweiten Versuch der Nachbesserung der

---

93 BT-Drs. 19/27424, 29.
94 Der BGH stellt geringe Anforderungen an eine Fristsetzung nach §§ 281 Abs. 1, 323 Abs. 1 BGB, was das Konfliktpotential reduziert; vgl. BGH Urt. v. 12.8.2009 – VIII ZR 254/08, NJW 2009, 3153; Urt. v. 18.3.2015 – VIII ZR 176/14, NJW 2015, 2564; Urt. v. 13.7.2016 – VIII ZR 49/15, NJW 2016, 3654.
95 Da die bisherige Regelung in §§ 323 Abs. 1, 2 und 440 BGB aF nicht mit Art. 13 Abs. 4 WKRL in Einklang steht, ist die Neuregelung für Verbrauchsgüterkäufe unumgänglich, vgl. auch BT-Drs. 19/27424, 35 f.
96 Diese Frist entspricht der Frist in § 475 Abs. 5 BGB nF.

Fall sein wird, hängt von den Umständen des Einzelfalles, zB der Art des Mangels, seiner Komplexität und dem Preis der Ware ab.[97] **Nr. 3:** Der Mangel ist derart schwerwiegend, dass der sofortige Rücktritt gerechtfertigt ist. Hierunter fallen zB Fälle, in denen der Verbraucher die Herstellung eines vertragsgemäßen Zustands durch den Unternehmer berechtigterweise nicht mehr erwarten kann. **Nr. 4:** Der Unternehmer hat die gem. § 439 Abs. 1 oder 2 BGB oder § 475 Abs. 5 BGB nF ordnungsgemäße Nacherfüllung verweigert. Hierbei spielt es keine Rolle, ob der Unternehmer die Nacherfüllung berechtigt oder unberechtigt verweigert oder ob die dem Verbraucher angebotene Nacherfüllung entgegen § 475 Abs. 5 BGB nF nicht innerhalb einer angemessenen Frist erfolgen soll oder ihm erhebliche Unannehmlichkeiten bereitet, etwa indem der Unternehmer Zahlungen verlangt oder die Kostentragung nach § 439 Abs. 2 BGB ablehnt.[98] **Nr. 5:** Es ist nach den Umständen offensichtlich, dass der Unternehmer nicht gem. § 439 Abs. 1 oder 2 BGB oder § 475 Abs. 5 BGB nF ordnungsgemäß nacherfüllen wird. Damit ist ein Rücktritt des Verbrauchers auch möglich, falls sich der Unternehmer nicht rührt.

Nach § 475 Abs. 6 S. 1 BGB nF ist im Falle des Rücktritts wegen eines Mangels der Ware § 346 BGB mit der Maßgabe anzuwenden, dass der **Unternehmer die Kosten der Rückgabe der Ware** trägt.[99] Außerhalb von Verbrauchsgüterkäufen ergibt sich in vielen Fällen dasselbe Ergebnis aus dem Leistungsort der Rückgewährpflicht, der oftmals beim Schuldner liegt.[100] 78

§ 475 Abs. 6 S. 2 BGB nF bestimmt, dass § 348 BGB mit der Maßgabe anzuwenden ist, dass der Nachweis des Verbrauchers über die Rücksendung der Rückgewähr der Ware gleichsteht. Hierin liegt auch eine Gefahrtragungsregelung.

Durch den Verweis in § 437 Nr. 2 Alt. 1 BGB auf § 323 BGB bleibt es bei der Anwendbarkeit von § 323 Abs. 3–6 BGB. Dies gilt insbesondere für § 323 Abs. 5 S. 2 BGB, der in Übereinstimmung mit Art. 13 Abs. 5 S. 1 WKRL regelt, dass **bei einem unerheblichen Mangel** der **Rücktritt ausgeschlossen** ist. Die Beweislast für die Unerheblichkeit trägt der Verkäufer. 79

III. Minderung des Kaufpreises

Die **Minderung** des Kaufpreises wegen Lieferung einer mangelhaften Sache ist in §§ 437 Nr. 2 Alt. 2, 441 BGB geregelt. Da insoweit grundsätzlich die gleichen Voraussetzungen wie für einen Rücktritt gelten, kann weitgehend auf die dort gemachten Ausführungen verwiesen werden (→ Rn. 77 ff.). Bei unerheblichen Mängeln ist eine Minderung des Kaufpreises gem. § 441 Abs. 1 S. 2 BGB nach wie vor möglich. 80

IV. Schadensersatz

Der Anspruch des Käufers auf **Schadensersatz** ergibt sich bei Lieferung einer mangelhaften Sache aus §§ 437 Nr. 3 Alt. 1, 440, 280, 281, 283 und 311a BGB. Laut ErwGr 81

---

97 ErwGr 52 WKRL; BT-Drs. 19/27424, 37.
98 BT-Drs. 19/27424, 38.
99 Vgl. auch die Kostentragungsregelung beim Widerruf eines Verbrauchervertrags nach §§ 355, 357 BGB.
100 Vgl. dazu die Übersicht bei MüKoBGB/*Gaier* § 346 Rn. 40.

61 WKRL regelt die Richtlinie ausdrücklich nicht die Ansprüche von Verbrauchern über die Entschädigung für Schäden, die durch die Lieferung mangelhafter Waren entstehen. Dennoch sah sich der deutsche Gesetzgeber veranlasst, in § 475d Abs. 2 BGB nF eine Regelung für den Anspruch auf Schadensersatz aufzunehmen, um einen **Gleichlauf mit den Rücktrittsvorschriften** zu erreichen.[101] Danach entfällt das Erfordernis der Fristsetzung gem. § 281 Abs. 1 BGB, wenn einer der in § 475d Abs. 1 Nr. 1–5 BGB nF geregelten Fälle eingreift. § 281 Abs. 2 BGB und § 440 BGB sind nicht anzuwenden. Wird Schadensersatz statt der ganzen Leistung wegen eines Mangels der Ware verlangt, greifen die Rücktrittsfolgen nach Maßgabe von § 475 Abs. 6 BGB nF. Dessen S. 1 bestimmt, dass § 346 BGB mit der Maßgabe anzuwenden ist, dass der Unternehmer die Kosten der Rückgabe der Ware trägt. Und nach S. 2 ist § 348 BGB mit der Maßgabe anzuwenden, dass der Nachweis des Verbrauchers über die Rücksendung der Rückgewähr der Ware gleichsteht.

V. Aufwendungsersatz

82 Der **Aufwendungsersatzanspruch** des Käufers bei Lieferung einer mangelhaften Sache ist in §§ 437 Nr. 3 Alt. 2, 284 BGB geregelt. Da insoweit grundsätzlich die gleichen Voraussetzungen wie für einen Anspruch auf Schadensersatz statt der Leistung gelten, kann auf die dort gemachten Ausführungen verwiesen werden (→ Rn. 81).

VI. Unternehmerregress

83 Wird der Unternehmer vom Verbraucher wegen der Lieferung einer mangelhaften Sache in Anspruch genommen, kann er nach §§ 445a BGB und 445b BGB **Rückgriff** bei seinem Lieferanten nehmen (→ § 5).

E. Verjährung

84 Die Verjährung der vorgehend beschriebenen Mängelansprüche des Verbrauchers gegen den Unternehmer richtet sich grundsätzlich nach dem insoweit unveränderten § 438 BGB und beträgt für den wohl häufigsten Fall gem. § 438 Abs. 1 Nr. 3, Abs. 2 BGB **zwei Jahre ab** der **Ablieferung der Sache**.[102] Die Verjährungsfrist von nur zwei Jahren ist bei langlebigen Produkten, bei denen sich Mängel, die bei Gefahrübergang vorlagen, oft erst später als zwei Jahre nach Lieferung zeigen, sehr kurz bemessen.[103] Nach Art. 10 Abs. 3 WKRL dürfen für Verbrauchsgüterkäufe längere Fristen vorgesehen werden. Anregungen zu einer generellen Verlängerung der Verjährungsfrist oder der Einführung einer lebensdauerabhängigen Verjährungsfrist für langlebige Produk-

---

101 BT-Drs. 19/27424, 39.
102 Der deutsche Gesetzgeber hat keine Haftungsfrist für Sachmängel nach Art. 10 Abs. 1–4 WKRL eingeführt, sondern sich gem. Art. 10 Abs. 5 WKRL unionsrechtskonform für die Beibehaltung einer Verjährungsfrist für Sachmängel entschieden. Ebenso hat er keinen Gebrauch von der Möglichkeit nach Art. 12 WKRL gemacht, dem Verbraucher eine Rügeobliegenheit von mind. zwei Monaten ab Feststellung des Mangels aufzuerlegen.
103 Die Verfassungsmäßigkeit dieser Regelung für langlebige Produkte wird mit guten Gründen angezweifelt, vgl. *Gildeggen*, UBA-Texte 115/2020, S. 219 (242 ff.).

te wie zB elektrische und elektronische Geräte ist der Gesetzgeber indes nicht gefolgt.[104]

Allerdings wird die Verjährung für Verbrauchsgüterkäufe durch den neuen § 475e BGB nF, der vier **Sonderfälle der Ablaufhemmung** regelt, ergänzt. Wenn sich ein Mangel innerhalb der Verjährungsfrist zeigt, tritt nach § 475e Abs. 3 BGB nF die Verjährung nicht vor Ablauf von vier Monaten nach dem Zeitpunkt ein, in dem sich der Mangel erstmals gezeigt hat. Dadurch erhält der Verbraucher die Chance, Ansprüche aus einem sich am letzten Tag der Verjährung zeigenden Mangel noch effektiv geltend machen zu können. Damit soll die Vorgabe aus Art. 10 Abs. 5 S. 2 WKRL umgesetzt werden.[105]

Hat der **Verbraucher die Ware dem Unternehmer oder auf Veranlassung des Unternehmers einem Dritten zur Nacherfüllung übergeben**, tritt nach § 475e Abs. 4 BGB nF die Verjährung von Ansprüchen wegen eines geltend gemachten Mangels nicht vor dem Ablauf von zwei Monaten nach dem Zeitpunkt ein, in dem die nachgebesserte oder ersetzte Ware dem Verbraucher übergeben wurde. Diese Frist ist zwar einen Monat kürzer als die in § 203 S. 2 BGB enthaltene Ablaufhemmung bei Verhandlungen, dafür muss aber die Frage, ob überhaupt Verhandlungen stattgefunden haben, nicht geklärt werden. Die Frist von zwei Monaten dient dem Verbraucher zur Untersuchung, ob der Mangel nunmehr behoben ist. Im Einzelfall kann sich jedoch ein späterer Verjährungseintritt aufgrund einer Hemmung durch Verhandlungen nach § 203 BGB oder aufgrund eines Neubeginns der Verjährung durch Anerkenntnis nach § 212 Abs. 1 Nr. 1 BGB ergeben;[106] die Anwendung dieser Normen wird durch § 475e Abs. 4 BGB nF nicht ausgeschlossen, dürfte aber an Bedeutung verlieren. Mit der Schaffung eines besonderen Hemmungstatbestands für die Zeit der Nacherfüllung knüpft der Gesetzgeber an die Rechtslage vor der Schuldrechtsreform an.[107]

Die beiden anderen **Ablaufhemmungstatbestände** in § 475e Abs. 1 und 2 BGB nF betreffen Waren mit digitalen Elementen. Nach § 475e Abs. 1 BGB nF verjähren **im Fall der dauerhaften Bereitstellung digitaler Elemente** nach § 475c Abs. 1 S. 1 BGB nF Ansprüche wegen eines Mangels an den digitalen Elementen nicht vor dem Ablauf von zwölf Monaten nach dem Ende des Bereitstellungszeitraums. **Ansprüche wegen einer Verletzung der Aktualisierungspflicht** nach § 475b Abs. 3 oder 4 BGB nF verjähren gem. § 475e Abs. 2 BGB nF nicht vor dem Ablauf von zwölf Monaten nach dem Ende des Zeitraums der Aktualisierungspflicht. Diese Regelungen zeigen deut-

---

104 Vgl. die Stellungnahme des Bundesrats, BT-Drs. 19/28174, 4 ff. sowie die Entschließungsanträge der Fraktionen DIE LINKE, BT-Drs. 19/30993, 3 und BÜNDNIS 90/DIE GRÜNEN, BT-Drs. 19/30994, 2, 4; ferner: *Bach/Wöbbeking* NJW 2020, 2675 f.; *Brönneke*, Anpassung von Gewährleistungsfristen im Kaufrecht; krit. nunmehr *Wilke* VuR 2021, 284.
105 BT-Drs. 19/27424, 40 f.; BT-Drs. 19/31116, 17.
106 Dazu BGH Urt. v. 5.10.2005 – VIII ZR 16/05, BGHZ 164, 196, 205 f.; Urt. v. 26.10.2006 – VII ZR 194/05, NJW 2007, 587.
107 Der im Kaufrecht bei vertraglich vorgesehener Nachbesserung entsprechend angewendete § 639 Abs. 2 BGB aF lautete: „Unterzieht sich der Unternehmer im Einverständnisse mit dem Besteller der Prüfung des Vorhandenseins des Mangels, so ist die Verjährung so lange gehemmt, bis der Unternehmer das Ergebnis der Prüfung dem Besteller mitteilt oder ihm gegenüber den Mangel für beseitigt erklärt oder die Fortsetzung der Beseitigung verweigert." In der Schuldrechtsreform ging diese Sonderregelung in dem neu geschaffenen allgemeinen Hemmungstatbestand der Verhandlungen auf; vgl. BT-Drs. 14/6040, 91, 97, 111 f., 267.

lich die besondere Bedeutung der dogmatischen Umformung der Regeln über den Kaufvertrag in den hier benannten Fällen zu einem partiellen Dauerschuldverhältnis.

88 Nach § 476 Abs. 2 S. 1 BGB nF kann bei Verbrauchsgüterkäufen die Verjährung der in § 437 BGB bezeichneten Ansprüche vor Mitteilung eines Mangels an den Unternehmer nicht durch Rechtsgeschäft erleichtert werden, wenn die Vereinbarung zu einer Verjährung ab dem gesetzlichen Verjährungsbeginn von weniger als zwei Jahren, bei gebrauchten Waren von weniger als einem Jahr führt. Diese Regelung ist gem. Art. 10 Abs. 6 WKRL nunmehr europarechtskonform.[108] Allerdings ist die Vereinbarung nur wirksam, wenn gem. § 476 Abs. 2 S. 2 BGB nF erstens der Verbraucher vor Abgabe seiner Vertragserklärung von der Verkürzung der Verjährungsfrist eigens in Kenntnis gesetzt wurde und zweitens die **Verkürzung der Verjährungsfrist** im Vertrag ausdrücklich und gesondert vereinbart wurde. Bei stationären Vertragsabschlüssen wird man insoweit eine dem Vertrag vorgeschaltete Vereinbarung und **im Onlinehandel ein anzukreuzendes Kästchen** vorsehen müssen. Mit der Regelung in § 476 Abs. 2 S. 2 BGB nF soll der Gleichlauf von einer Verkürzung der Verjährungsfrist einerseits und einer Verkürzung der Dauer der Aktualisierungsverpflichtung andererseits, die in § 476 Abs. 1 S. 2 BGB nF umgesetzt wurde, erzielt werden.[109] Freilich führt diese Regelung zu einem gewissen Mehraufwand in der Praxis.

F. Modifikationen im Hinblick auf Garantien

89 Kaufrechtliche Regelungen zu Garantien finden sich in § 443 BGB und § 479 BGB.

I. Keine Änderungen des § 443 BGB

90 **§ 443 BGB** hat durch die Umsetzung der WKRL **keine Änderung** erfahren. Die Regelung wurde in der Schuldrechtsreform zur **überschießenden**, alle Kaufverträge und alle denkbaren Garantiegeber (nicht nur Verkäufer und Hersteller) umfassenden **Umsetzung** von Art. 1 Abs. 2 lit. e, 6 Abs. 1 VGKRL geschaffen und 2014 an die Definition in Art. 2 Nr. 14 VRRL angepasst. § 443 Abs. 1 BGB definiert die Begriffe der Garantie und des Garantiegebers, nennt (ausdrücklich nicht abschließend) typische Rechte aus einer Garantie, ordnet die Verbindlichkeit sowohl von Garantieerklärung als auch einschlägiger Werbung an und schreibt vor, dass dem Käufer im Garantiefall die gesetzlichen Rechte[110] neben den Rechten aus der Garantie zustehen. § 443 Abs. 2 BGB definiert die Haltbarkeitsgarantie und statuiert die Vermutung, dass ein während ihrer Geltungsdauer auftretender Sachmangel die Rechte aus der Garantie

---

108 Nach dem zum belgischen Recht ergangenen Ferenschild-Urteil des EuGH v. 13.7.2017 – C-133/16, JZ 2018, 298 war die Verkürzung der Verjährung bei gebrauchten Sachen auf ein Jahr nicht mit der VGKRL vereinbar, zulässig war danach nur eine Verkürzung der Haftungsfrist auf ein Jahr. Der BGH hat mit Urt. v. 18.11.2020 – VIII ZR 78/20, NJW 2021, 1008 entschieden, dass damit § 476 Abs. 2 BGB zwar richtlinienwidrig, aber dennoch wirksam sei. Der RegE eines Gesetzes über faire Verbraucherverträge sah für die Zwischenzeit bis zum 31.12.2021 in § 476 Abs. 1 BGB-E eine Haftungsfrist von einem Jahr beim Verkauf gebrauchter Sachen vor, BT-Drs. 19/26915. Wegen der Umsetzung der WKRL zum 1.1.2022 und der damit verbundenen nur noch kurzen Anwendungsdauer erschien dem Gesetzgeber eine Umsetzung nicht mehr erforderlich, BT-Drs. 19/30840, 19.
109 BT-Drs. 19/27424, 42 f.
110 Der Wortlaut „gesetzliche Ansprüche" wird idS berichtigend ausgelegt, da auch Rücktritt und Minderung als Gestaltungsrechte erhalten bleiben; vgl. jurisPK-BGB/*Pammler* § 443 Rn. 62; BeckOGK BGB/*Stöber* § 443 Rn. 78.

begründet. Beim Verbrauchsgüterkauf ist § 443 BGB nur eingeschränkt abdingbar, § 476 Abs. 1 S. 1 BGB.

Aus Art. 2 Nr. 12, 17 Abs. 1 UAbs. 1 S. 1 **WKRL** ergibt sich kein weitergehender **Umsetzungsbedarf**. Der deutsche Gesetzgeber hat weiterhin davon abgesehen, die Terminologie von „Garantie" in „gewerbliche Garantie" (so Art. 2 Nr. 12, Art. 17 WKRL wie bereits Art. 2 Nr. 14 VRRL) zu ändern, und nicht festgelegt, dass Garantien kostenlos zu sein haben; eine derartige Option besteht nach ErwGr 62 WKRL.[111]

91

§ 443 BGB wurde auch nicht im Hinblick auf Art. 17 Abs. 1 UAbs. 2 WKRL geändert, der – als Neuerung gegenüber der VGKRL – ein ggf. bestehendes **Konkurrenzverhältnis zwischen Garantieerklärung und einschlägiger Werbung** ausdrücklich regelt. Danach sind in der Werbung für die Garantie angegebene, gegenüber der tatsächlichen Garantieerklärung günstigere Bedingungen verbindlich, wenn nicht die einschlägige Werbung vor Abschluss des Vertrags in der gleichen oder einer vergleichbaren Weise berichtigt wurde, in der sie gemacht wurde. Dass der Käufer sich auf die ihm jeweils vorteilhafteren Garantiebedingungen (unabhängig davon, ob sie sich in der Garantieerklärung oder der Werbung finden) berufen kann, ergibt sich nach § 443 Abs. 1 BGB aus der alternativen Bezugnahme auf diejenigen Anforderungen, „die in der Erklärung oder einschlägigen Werbung beschrieben sind";[112] insoweit besteht kein Umsetzungsbedarf. Allerdings äußern sich die Gesetzesmaterialien nicht dazu, warum in § 443 BGB (oder in § 479 BGB) – anders als in § 434 Abs. 3 S. 3 BGB nF (ebenso schon § 434 Abs. 1 S. 3 Hs. 2 BGB aF) – die Berichtigungsmöglichkeit nicht aufgenommen wurde. In der Literatur wird zu Recht eine richtlinienkonforme Auslegung des § 443 BGB für möglich gehalten.[113] Eine rechtzeitige Berichtigung als actus contrarius beseitigt ein schutzwürdiges Vertrauen des Käufers in die Werbung, sofern auf die vorherige Äußerung Bezug genommen wird und eine Kenntnisnahme durch denselben Kreis Kaufinteressierter möglich ist.[114] Eine Berichtigungsmöglichkeit sollte über Art. 17 Abs. 1 UAbs. 2 Hs. 2 WKRL hinaus auch dann anerkannt werden, wenn es nicht um das Verhältnis zwischen Garantie und einschlägiger Werbung geht, sondern der Garantieinhalt sich allein aus der Werbung ergibt.

92

II. Sonderbestimmungen für Garantien beim Verbrauchsgüterkauf

Die auf den Verbrauchsgüterkauf beschränkten **Sonderbestimmungen für Garantien** in § 479 BGB[115] wurden an die im Vergleich zu Art. 6 Abs. 2–4 VGKRL detaillierteren Vorgaben von Art. 17 Abs. 2–4 WKRL angepasst.

93

---

111 Die Definition in Art. 1 Abs. 2 lit. e VGKRL erfasste nur „ohne Aufpreis eingegangene" Garantien, Art. 2 Nr. 12 WKRL enthält diesen Zusatz nicht; dazu *Tonner* VuR 2019, 363 (366).
112 „Rosinentheorie"; BeckOK BGB/*Faust* § 443 Rn. 24; BeckOGK BGB/*Stöber* § 443 Rn. 64.
113 BeckOGK BGB/*Stöber* § 443 Rn. 9, 66.
114 Vgl. MüKoBGB/*Westermann* § 434 Rn. 31, 34; § 443 Rn. 13; BeckOK BGB/*Faust* § 434 Rn. 89; § 443 Rn. 29.
115 Bis 31.12.2017: § 477 BGB; unverändert übernommen in § 479 BGB durch das Gesetz zur Reform des Bauvertragsrechts, zur Änderung der kaufrechtlichen Mängelhaftung, zur Stärkung des zivilprozessualen Rechtsschutzes und zum maschinellen Siegel im Grundbuch- und Schiffsregisterverfahren v. 28.4.2017, BGBl. 2017 I 969.

1. Höhere Transparenzanforderungen

94 Zur Erhöhung der **Transparenz** (vgl. ErwGr 62 WKRL) muss die gem. § 479 Abs. 1 S. 1 BGB einfach und verständlich abzufassende Garantieerklärung nach § 479 Abs. 1 S. 2 BGB nF die Bestimmungen, den Gegenstand und das Verfahren der Geltendmachung der Garantie sowie den Namen und die Anschrift des Garantiegebers enthalten. Hinzuweisen ist weiter auf die gesetzlichen Rechte des Verbrauchers bei Mängeln, auf die Unentgeltlichkeit der Inanspruchnahme dieser Rechte und darauf, dass diese Rechte durch die Garantie nicht eingeschränkt werden. Die letztgenannte Informationspflicht dient der Durchsetzung des in § 443 Abs. 1 BGB angeordneten Nebeneinanders von gesetzlichen Mängelrechten und Garantieleistungen.

2. Dauerhafter Datenträger

95 Die wichtigste Neuregelung findet sich in § 479 Abs. 2 BGB nF. Danach **muss** die Garantieerklärung dem Verbraucher spätestens zum Zeitpunkt der Lieferung der Ware auf einem **dauerhaften Datenträger** zur Verfügung gestellt werden. Demgegenüber war nach § 479 Abs. 2 BGB aF die Übermittlung der Garantieerklärung in Textform nur im Falle eines dahin gehenden Verlangens des Verbrauchers vorgeschrieben. Dieser Änderung liegt die entsprechende Verschärfung von Art. 17 Abs. 2 S. 1 WKRL gegenüber Art. 6 Abs. 3 VGKRL zugrunde. Der bisher verwendete Begriff der Textform wurde, der Vorgabe von Art. 17 Abs. 2 S. 1 WKRL folgend, durch dessen Kernelement (vgl. § 126b S. 1 BGB) des dauerhaften Datenträgers ersetzt. Eine „Lesbarkeit" als weitere Voraussetzung der Textform nach § 126b S. 1 BGB[116] hätte nicht dem Wortlaut der Richtlinie entsprochen. Die Definition des dauerhaften Datenträgers in § 126b S. 2 BGB stimmt mit Art. 2 Nr. 10 VRRL sowie Art. 2 Nr. 11 WKRL überein. Die Garantieerklärung muss in der vorgeschriebenen Form nicht schon vor oder bei Abschluss des Kaufvertrags (vgl. § 443 Abs. 1 BGB), sondern spätestens zum Zeitpunkt der Lieferung der Ware zur Verfügung stehen.[117] Die nachträgliche Übernahme einer Garantie wird dadurch nicht ausgeschlossen.

3. Haltbarkeitsgarantien

96 Während die Haltbarkeitsgarantie für alle Kaufverträge in § 443 Abs. 2 BGB definiert ist, dient die auf den Verbrauchsgüterkauf beschränkte Neuregelung in § 479 Abs. 3 BGB nF der Umsetzung von Art. 17 Abs. 1 UAbs. 1 S. 2 und 3 WKRL. Eine **Haltbarkeitsgarantie des Herstellers** gewährt als **Mindestinhalt** eine **Nacherfüllung** nach den Vorgaben des § 439 Abs. 2, 3, 5 und 6 S. 2 BGB nF und des § 475 Abs. 3 S. 1, Abs. 5 BGB nF. Da § 439 Abs. 1 BGB nicht in Bezug genommen ist, steht dem Verbraucher kein Wahlrecht zwischen Nachbesserung oder Ersatzlieferung zu. Der Hersteller kann dem Verbraucher günstigere Bedingungen anbieten.[118] Der Begriff des Herstellers ist richtlinienkonform iSd Definition des Art. 2 Nr. 4 WKRL auszulegen und umfasst auch den Importeur von Waren in die Union sowie jede Person, die sich durch

---

116 Vgl. die Begründung des RegE eines Gesetzes zur Umsetzung der Verbraucherrechterichtlinie und zur Änderung des Gesetzes zur Regelung der Wohnungsvermittlung, BT-Drs. 17/12637, 70 f.
117 Zur dadurch gewährleisteten Flexibilität des Garantiegebers BT-Drs. 19/27424, 45.
118 Art. 17 Abs. 1 UAbs. 1 S. 3 WKRL; vgl. auch BT-Drs. 19/27424, 45.

Anbringung ihres Namens, ihrer Marke oder eines anderen Kennzeichens an den Waren als Hersteller bezeichnet.[119]

Haltbarkeitsgarantien weiterer Personen, zB des Verkäufers, eines Zwischenhändlers oder eines mit dem Hersteller verbundenen Unternehmens, hat der deutsche Gesetzgeber ungeachtet der hierfür nach ErwGr 62 WKRL bestehenden Option nicht geregelt; im Zweifel wird eine solche Haltbarkeitsgarantie entsprechend § 479 Abs. 3 BGB nF zu verstehen sein. Will der Garantiegeber anstelle der Nacherfüllung eine andere Garantieleistung, zB eine Ausgleichszahlung bei Funktionsverlust erbringen, muss er die Bezeichnung als Haltbarkeitsgarantie vermeiden. 97

4. Folgen der Nichteinhaltung des § 479 BGB

Unverändert geblieben ist die auf Art. 6 Abs. 5 VGKRL, Art. 17 Abs. 3 WKRL beruhende Regelung, dass die **Wirksamkeit** der Garantieverpflichtung nicht dadurch berührt wird, dass eine der Anforderungen des § 479 BGB nicht erfüllt wird (§ 479 Abs. 3 BGB aF, nunmehr Abs. 4 nF). Die Nichterfüllung von Informationspflichten kann darüber hinaus zu Schadensersatzansprüchen nach § 280 Abs. 1 BGB führen, etwa wegen der Kosten der anderweitigen Informationsbeschaffung. 98

5. Sprachenfrage

Der deutsche Gesetzgeber macht nach wie vor keinen Gebrauch von der nach Art. 17 Abs. 4 WKRL (wie bereits nach Art. 6 Abs. 4 VGKRL) gegebenen Möglichkeit, die **Sprache(n) für die Abfassung der Garantie** vorzuschreiben. Die Garantieerklärung muss gleichwohl der allgemeinen Anforderung der Verständlichkeit gem. § 479 Abs. 1 S. 1 BGB genügen. Dies erfordert regelmäßig die Verwendung der deutschen Sprache, wenn nicht ausnahmsweise eine andere Sprache in Betracht kommt.[120] 99

6. Hemmung der Verjährung

Macht der Verbraucher anstelle des gesetzlichen Anspruchs auf Nacherfüllung Ansprüche aus der Garantie geltend, so greift zur Vermeidung einer Schlechterstellung des Verbrauchers der **Ablaufhemmungstatbestand** des § 475e Abs. 4 BGB nF ebenfalls ein.[121] 100

7. Funktionsfähigkeitsgarantie bzw. Herstellergarantieaussagepflicht

Die rechtspolitischen Anregungen, Verbrauchern parallel zu den klassischen Mängelgewährleistungsansprüchen gegenüber den Verkäufern gleichzeitig **direkte Ansprüche gegen den Produkthersteller** zu geben,[122] wurden nicht aufgegriffen. Solche Ansprüche bestehen bereits in Frankreich (vices cachés).[123] Im Fall der Updateverpflich- 101

---

119 Die Verweisung in § 434 Abs. 1 S. 3 BGB aF auf die Definition des Herstellers in § 4 Abs. 1 und 2 ProdHaftG ist entfallen.
120 Die Gesetzesbegründung zum Schuldrechtsreformgesetz nennt als Bsp. eine einfach gehaltene Teilgarantie in englischer Sprache für PC, BT-Drs. 14/6040, 246.
121 BT-Drs. 19/27424, 41.
122 *Bach,* Stellungnahme, S. 7, hebt hervor, dass dies Transaktionskosten, die durch den Rückgriff entstehen, einsparen könnte.
123 Das Institut der vices cachés ist in den Artt. 1641 ff. des Code Civil geregelt. Es handelt sich um ein Recht, das das Gewährleistungsrecht der VGKRL dadurch ergänzt, dass Verbraucher einen Anspruch auf Rück-

tungen hatten dies auch Teile der Anbieterverbände gefordert.[124] Hilfsweise hatte *Tonner* (auch zur Bekämpfung des vorzeitigen Verschleißes) eine **Herstellergarantieaussagepflicht**[125] gefordert, die später zu einer **Funktionsfähigkeitsgarantie**[126] weiterentwickelt wurde. Diese Modelle hatten das Ziel, Verbrauchern klare Ansprüche bei vorzeitigem Verschleiß zu geben, wobei die Hersteller bestimmen sollten, wie lange diese Garantiefrist laufen würde, ggf. eben auch „Null Jahre". Dabei wurde auf Markttransparenz und die Wünsche der Verbraucher, längerlebige Gebrauchsgüter zu erhalten, gesetzt. Signale aus Brüssel legen nahe, dass ein solches Modell möglicherweise auf europäischer Ebene kommen wird, ggf. im Zusammenhang mit der Ökodesignregulierung.

---

abwicklung des Kaufvertrags oder Minderung des Kaufpreises gegenüber dem Händler, jedem Zwischenhändler in der Lieferkette oder dem Hersteller erhalten, wenn ein anfänglicher versteckter Mangel auftritt, der die Ware zur Nutzung nach seinem bestimmungsgemäßen Zweck unbrauchbar macht. Dasselbe gilt, wenn der Käufer bei Kenntnis vom Vorliegen dieses Mangels die Ware nicht zu diesem Preis gekauft hätte.

124 *HDE*, Stellungnahme, S. 9; hier bestand Einigkeit mit dem vzbv, s. Stellungnahme, S. 15 f.
125 *Tonner*, UBA-Texte 72/2015, S. 154 ff.; *Tonner/Malcolm*, EU Lifespan Guarantee Model, Brüssel 2017.
126 *Brönneke/Freischlag*, in: Boos/Brönneke/Wechsler, Konsum und nachhaltige Entwicklung, 2019, S. 155 ff.; *dies.*, UBA-Texte 115/2020, S. 269 ff.

§ 5 Unternehmerrückgriff

A. Vorgaben der europäischen Richtlinien ... 4
B. Rückgriff des Unternehmens bei digitalen Produkten (§ 327u BGB nF) ... 7
   I. Anwendungsbereich ... 8
   II. Der neue Rückgriffsanspruch in § 327u Abs. 1 BGB nF ... 11
      1. Unternehmer und Vertriebspartner in der Lieferkette ... 14
      2. Unterbliebene Bereitstellung des digitalen Produkts ... 16
      3. Mangelhaftigkeit des bereitgestellten digitalen Produkts ... 21
      4. Verletzung der Aktualisierungspflicht ... 23
   III. Verjährung und Rügepflicht ... 26
   IV. Umgehungsverbot ... 29
   V. Verhältnis zum Kaufrecht ... 31
C. Rückgriff des Verkäufers (§§ 445a ff. BGB nF) ... 33
   I. Änderungen im Anwendungsbereich ... 34
   II. Aktualisierungspflicht und Sachmangel ... 37
   III. Verjährung und Rügepflicht ... 41
   IV. Verhältnis von § 445a BGB zu § 327u BGB ... 45
D. Fazit ... 46

Der Rückgriff des Verkäufers war bislang in den §§ 445a, 445b und 478 BGB geregelt. Ziel der Regelungen war es sicherzustellen, dass die Folgen einer mangelhaften, neu hergestellten Sache denjenigen treffen, der den Mangel der Sache zu verantworten hat.[1] Dies kann der Hersteller sein, aber ggf. auch Dritte, die das Produkt verändert oder gelagert haben. § 478 BGB sieht Sonderregelungen für den Fall vor, dass der letzte Vertrag der Lieferkette ein Verbrauchsgüterkauf ist. 1

Die Regelungen zum Unternehmerrückgriff werden gleich durch zwei Gesetze geändert. Einmal durch das „Gesetz zur Umsetzung der Richtlinie über bestimmte vertragsrechtliche Aspekte der Bereitstellung digitaler Inhalte und digitaler Dienstleistungen",[2] zum anderen durch das „Gesetz zur Regelung des Verkaufs von Sachen mit digitalen Elementen und andere Aspekte des Kaufvertrags".[3] Dadurch wird es nicht gerade einfacher, die Neuregelungen nachzuvollziehen. 2

Einige Anpassungen sind lediglich redaktioneller Natur, insbesondere wurde der neue Anspruch auf Rücknahme der ersetzten Sache (§ 439 Abs. 6 BGB nF) mit in § 445a Abs. 1 BGB nF aufgenommen.[4] Die in § 445b Abs. 2 S. 2 BGB enthaltene Beschränkung der Ablaufhemmung auf fünf Jahre wurde gestrichen.[5] Neu ist, dass ein Rückgriffsanspruch auch bei der Verletzung der Aktualisierungspflicht nach § 475b Abs. 4 BGB nF gegeben ist.[6] Ein neuer § 445c BGB nF regelt nunmehr, dass bei Verträgen über digitale Produkte die kaufvertragsrechtlichen Regelungen für den Rückgriff keine Anwendung mehr finden, sondern der neu eingeführte § 327u BGB nF, der den Rückgriff bei der Bereitstellung digitaler Produkte zwischen Unternehmer und Vertriebspartner zum Gegenstand hat.[7] Er ist Teil eines neuen Titels 2a „Verträge über digitale Produkte" und dessen Untertitel 1 „Verbraucherverträge über digitale Produkte". 3

---

1 Begr. RegE, BT-Drs. 18/8486, 33.
2 Gesetz zur Umsetzung der Richtlinie über bestimmte vertragsrechtliche Aspekte der Bereitstellung digitaler Inhalte und digitaler Dienstleistungen BGBl. 2021 I 2123.
3 Gesetz zur Regelung des Verkaufs von Sachen mit digitalen Elementen und andere Aspekte des Kaufvertrags BGBl. 2021 I 2133.
4 BT-Drs. 19/27424, Art. 1 Nr. 3.
5 BT-Drs. 19/27424, Art. 1 Nr. 4.
6 BT-Drs. 19/27424, Art. 1 Nr. 3.
7 BT-Drs. 19/27653, Art. 1 Nr. 5.

A. Vorgaben der europäischen Richtlinien

4 Hintergrund und Anlass für die vorgenommenen Gesetzesänderungen sind zum einen die RL (EU) 2019/770 des Europäischen Parlaments und des Rates vom 20.5.2019 über bestimmte vertragsrechtliche Aspekte der Bereitstellung digitaler Inhalte und digitaler Dienstleistungen („**Digitale-Inhalte-Richtlinie**", im Folgenden: DIRL) und zum anderen die RL (EU) 2019/771 des Europäischen Parlaments und des Rates vom 20.5.2019 über bestimmte vertragsrechtliche Aspekte des Warenkaufs, zur Änderung der VO (EU) 2017/2394 und der RL 2009/22/EG sowie zur Aufhebung der RL 1999/44/EG („**Warenkaufrichtlinie**", im Folgenden: WKRL), die bis zum 1.7.2021 in das nationale Recht umzusetzen waren und ab dem 1.1.2022 anzuwenden sind.

5 Gem. Art. 20 DIRL ist der Unternehmer, der einem Verbraucher für die nicht erfolgte oder die nicht vertragsgemäße Bereitstellung digitaler Inhalte oder digitaler Dienstleistungen infolge eines Handelns oder Unterlassens einer Person in vorhergehenden Gliedern der Vertragskette haftet, berechtigt, den oder die innerhalb der gewerblichen Vertragskette Haftenden in Regress zu nehmen. Die Entscheidung darüber, welche Person der Unternehmer in Regress nimmt, sowie über die diesbezüglichen Maßnahmen und Bedingungen für die Geltendmachung der Rückgriffsansprüche ist dabei nach dem Wortlaut des Art. 20 dem nationalen Gesetzgeber überlassen.

6 Nach ErwGr 78 DIRL soll der Rückgriffsanspruch in Art. 20 auf den „**Geschäftsverkehr**" beschränkt werden und folglich nicht in Fällen greifen, in denen der Unternehmer gegenüber dem Verbraucher wegen einer Vertragswidrigkeit digitaler Inhalte oder digitaler Dienstleistungen haftet, die sich aus einer Software zusammensetzen oder auf einer Software aufbauen, die ohne die Zahlung eines Preises im Rahmen einer freien und quelloffenen Lizenz von einer Person in vorhergehenden Gliedern der Vertragskette bereitgestellt wurde. Ausgenommen von dem Anwendungsbereich des Art. 20 DIRL ist damit insbesondere die sog. **Open Source Software**, deren Beitrag zu Forschung und Innovation auf dem Markt für digitale Inhalte und digitale Dienstleistungen ausdrücklich in ErwGr 32 DIRL anerkannt wird. Diese Erwägung findet sich in Art. 3 Abs. 5 lit. f DIRL wieder, wonach die Richtlinie nicht für Verträge gilt, die Software zum Gegenstand haben, die der Unternehmer im Rahmen einer freien und quelloffenen Lizenz anbietet, sofern der Verbraucher keinen Preis zahlt und die vom Verbraucher bereitgestellten personenbezogenen Daten durch den Unternehmer ausschließlich zur Verbesserung der Sicherheit, der Kompatibilität oder der Interoperabilität dieser speziellen Software verarbeitet werden.

B. Rückgriff des Unternehmens bei digitalen Produkten (§ 327u BGB nF)

7 Der neue § 327u BGB nF, der der Umsetzung von Art. 20 DIRL in das nationale Recht dient, regelt nunmehr den Rückgriff des Unternehmers. Wie § 327t BGB nF klarstellt, ist § 327u BGB nF nur auf Verträge zwischen Unternehmern anzuwenden, die die Bereitstellung digitaler Produkte, welche vom Anwendungsbereich der §§ 327 und 327a BGB nF umfasst werden, zum Gegenstand haben.

B. Rückgriff des Unternehmens bei digitalen Produkten (§ 327u BGB nF)

I. Anwendungsbereich

Neu und in den einleitend genannten Richtlinien nicht vorgesehen ist der Begriff des „digitalen Produkts", für den die besonderen Regelungen des Untertitels 1 gelten sollen. Dieser Begriff wird durch § 327 Abs. 1 BGB nF eingeführt und dient als Oberbegriff für „digitale Inhalte" und „digitale Dienstleistungen", welche jeweils auf Art. 2 Nr. 6 und Nr. 7 WKRL beruhen. Hiernach bezeichnen „digitale Inhalte" iSd WKRL Daten, die in digitaler Form erstellt und bereitgestellt werden, und „digitale Dienstleistungen" (a) eine Dienstleistung, die dem Verbraucher die Erstellung, Verarbeitung und Speicherung von Daten in digitaler Form oder den Zugang zu Daten in digitaler Form ermöglicht, oder (b) eine Dienstleistung, die die gemeinsame Nutzung der von dem Verbraucher oder von anderen Nutzern der entsprechenden Dienstleistung in digitaler Form hochgeladenen oder erstellten Daten oder sonstige Interaktion mit diesen Daten ermöglicht. Die Definitionen entsprechen den Begriffsbestimmungen in Art. 2 Nr. 1 und Nr. 2 DIRL und wurden wortgleich in § 327 Abs. 2 BGB nF übernommen. 8

Die Vereinheitlichung der Begriffe „digitale Inhalte" und „digitale Dienstleistungen" unter dem gemeinsamen Begriff der „digitalen Produkte" erfolgt gem. Gesetzesbegründung nur zur besseren Lesbarkeit der Vorschriften.[8] 9

Nicht erfasst von Untertitel 1 sind hingegen Kaufverträge über **„Waren mit digitalen Elementen"** (§ 327a Abs. 3 BGB nF). Hierbei handelt es sich um Waren, die in einer Weise digitale Produkte enthalten oder mit ihnen verbunden sind, dass die Waren ihre Funktionen ohne diese digitalen Produkte nicht erfüllen können (sog. **funktionales Kriterium**) und bei denen kumulativ die Bereitstellung der digitalen Inhalte oder digitalen Dienstleistungen nach dem Kaufvertrag ebenfalls geschuldet ist (**vertragliches Kriterium**).[9] Letzteres wird iZw nach § 327a Abs. 3 S. 2 BGB nF gesetzlich vermutet. Solche Waren unterfallen dem Kaufvertragsrecht und damit hinsichtlich des Regresses den §§ 445a ff. BGB. 10

II. Der neue Rückgriffsanspruch in § 327u Abs. 1 BGB nF

Der aus insgesamt sechs Absätzen bestehende § 327u BGB nF regelt in seinem Abs. 1, dass der Unternehmer von dem Unternehmer, der sich ihm gegenüber zur Bereitstellung eines digitalen Produkts verpflichtet hat, **Ersatz der Aufwendungen** verlangen kann, die ihm im Verhältnis zu einem Verbraucher wegen einer durch den Vertriebspartner verursachten unterbliebenen Bereitstellung des vom Vertriebspartner bereitzustellenden digitalen Produkts aufgrund der Ausübung des Rechts des Verbrauchers nach § 327c Absatz 1 Satz 1 BGB nF entstanden sind. Das Gleiche gilt für die nach § 327l Abs. 1 BGB nF vom Unternehmer zu tragenden Aufwendungen, wenn der vom Verbraucher gegenüber dem Unternehmer geltend gemachte Mangel bereits bei der Bereitstellung durch den Vertriebspartner vorhanden war oder in einer durch den Vertriebspartner verursachten Verletzung der Aktualisierungspflicht des Unternehmers nach § 327f Abs. 1 BGB nF besteht. Dahinter steht die auch hinter § 445a BGB 11

---

8 BT-Drs. 19/27653, 37.
9 BT-Drs. 19/27653, 47.

stehende Erwägung, dass derjenige, der für eine Nicht- oder Schlechterfüllung verantwortlich ist, die Konsequenzen daraus tragen soll und nicht der Händler als letzter Unternehmer der Lieferkette beim Verkauf an einen Verbraucher.

12 Anders als § 445a BGB, der den kaufrechtlichen Regressanspruch des Verkäufers regelt, setzt § 327u Abs. 1 BGB nF entsprechend den Vorgaben des Art. 20 DIRL voraus, dass auf der letzten Stufe der Vertragskette ein **Verbrauchervertrag** steht. Dementsprechend erklärt § 445c BGB nF die §§ 445a, 445b und 478 BGB für nicht anwendbar, wenn der letzte Vertrag in der Lieferkette ein Verbrauchervertrag über die Bereitstellung digitaler Produkte nach den §§ 327 und 327a BGB nF ist. In diesem Fall geht § 327u BGB nF als spezielleres Gesetz den Regelungen der §§ 445a, 445b und 478 BGB vor.

13 Zudem verlangt § 327u Abs. 1 S. 1 BGB nF für den Regressanspruch des Letztvertreibers abweichend von § 445a Abs. 1 BGB, dass es sich sowohl bei dem Vertriebspartner als auch bei dem Regressnehmenden um einen Unternehmer iSd § 14 BGB handelt.

1. Unternehmer und Vertriebspartner in der Lieferkette

14 Schuldner des Rückgriffsanspruchs in § 327u Abs. 1 BGB nF ist der in § 327u Abs. 1 S. 1 BGB nF als „**Vertriebspartner**" legaldefinierte Unternehmer, der sich im vorletzten Glied der Vertragskette gegenüber dem betroffenen Letztunternehmer zur Bereitstellung eines digitalen Produkts verpflichtet hat. Ob der vom deutschen Gesetzgeber gewählte Begriff „Vertriebspartner" statt „Vertragspartner" zu einer besseren Unterscheidbarkeit führt, wie in der Gesetzesbegründung[10] angeführt, ist zweifelhaft.

15 Anspruchsgegner des § 327u Abs. 1 BGB nF ist damit stets derjenige Vertragspartner, von dem Unternehmer das digitale Produkt bezogen hat.[11] Von der in Art. 20 DIRL grds. vorgesehenen Möglichkeit, dem betroffenen Letztunternehmer daneben auch auf vorgeschalteten Stufen einen selbstständigen Rückgriffsanspruch gegen weitere, innerhalb der gewerblichen Vertragskette Haftenden einzuräumen, hat der deutsche Gesetzgeber in § 327u Abs. 1 BGB nF keinen Gebrauch gemacht. Der weitere Regress in der Lieferkette ist vielmehr in § 327u Abs. 6 BGB nF geregelt, wonach die Abs. 1–5 des § 327u BGB nF auf die Ansprüche des Vertriebspartners und der übrigen Vertragspartner in der Vertriebskette gegen die jeweiligen zur Bereitstellung verpflichteten Vertragspartner entsprechend anzuwenden sind, wenn die Schuldner Unternehmer sind. Die Regelungen in § 327 Abs. 1 und Abs. 6 BGB nF sehen folglich in Anlehnung an § 478 Abs. 3 BGB (bzw. § 445a Abs. 3 BGB) einen **Kettenregress** ausschließlich entlang der Vertriebskette vor.[12] Dies erfolgte mit Verweis auf § 478 Abs. 3 BGB.[13] Ein direkter Durchgriff zB auf den Hersteller wäre durchaus erwägenswert gewesen. Gerade kleinere Händler setzen sich mit ihren direkten Vorlieferanten über Regressansprüche häufig ungerne auseinander, weil sie Nachteile für künftige Geschäfte befürchten. Ein direkter Durchgriff auf den Hersteller wäre zudem effizien-

---

10 BT-Drs. 19/27653, 80.
11 BT-Drs. 19/27653, 80.
12 BT-Drs. 19/27653, 82.
13 BT-Drs. 19/27653, 82.

B. Rückgriff des Unternehmens bei digitalen Produkten (§ 327u BGB nF)

ter und es wäre damit auch sichergestellt, dass es – wenn der Hersteller für den Mangel verantwortlich ist – auch den dafür Verantwortlichen trifft und die Regressansprüche in der Regresskette nicht irgendwo hängen bleiben.

2. Unterbliebene Bereitstellung des digitalen Produkts

Anknüpfungspunkt des Regressanspruchs ist gem. § 327u Abs. 1 S. 1 BGB nF die unterbliebene Bereitstellung des digitalen Produkts durch den Vertriebspartner. 16

In diesem Fall kann der betroffene Letztunternehmer von dem Vertragspartner, von dem er das digitale Produkt bezogen hat, Ersatz der Aufwendungen erlangen, die ihm im Verhältnis zu einem Verbraucher aufgrund der Ausübung des Rechts des Verbrauchers nach § 327c Abs. 1 S. 1 BGB nF entstanden sind. 17

Voraussetzung hierfür ist zunächst, dass die unterbliebene Bereitstellung des digitalen Produkts durch den Vertriebspartner „verursacht wurde". Der **kausale Zusammenhang** kann dabei in Anlehnung an Art. 20 DIRL sowohl durch ein Tun als auch durch ein Unterlassen des Vertriebspartners begründet werden.[14] 18

Der Letztunternehmer muss ferner als Folge der unterbliebenen Bereitstellung gegenüber dem Verbraucher Aufwendungen aufgrund der Ausübung des Rechts des Verbrauchers nach § 327c Abs. 1 S. 1 BGB nF getragen haben. Der in Bezug genommene § 327c BGB nF regelt die Rechte des Verbrauchers bei unterbliebener Bereitstellung, wobei nach dessen Abs. 1 S. 1 der Verbraucher den Vertrag **beenden** kann, wenn der Unternehmer seiner fälligen Verpflichtung zur Bereitstellung des digitalen Produkts auf Aufforderung des Verbrauchers nicht unverzüglich nachkommt. Die durch die Ausübung dieses Rücktrittsrechts und die Rückabwicklung des Vertragsverhältnisses verursachten Aufwendungen hat der Vertriebspartner nach § 327u Abs. 1 S. 1 BGB nF zu ersetzen. 19

Mangels Inbezugnahme der weiteren, in § 327c Abs. 2 BGB nF geregelten Rechte des Verbrauchers bei unterbliebener Bereitstellung (nämlich **Schadensersatz** und **Ersatz vergeblicher Aufwendungen**), verbleibt für den Regressanspruch des Letztunternehmers aus § 327u Abs. 1 S. 1 BGB nF ein sehr enger Anwendungsbereich. Der Unternehmer wird also nur diejenigen Aufwendungen geltend machen können, die er in Verbindung mit der Beendigung des Vertrags und dessen Rückabwicklung gem. § 327c Abs. 4 BGB nF iVm §§ 327o und 327p BGB nF zu tragen hatte. Sofern der Unternehmer darüber hinaus einen Schadensersatz oder Ersatz vergeblicher Aufwendungen leisten musste, steht ihm gegenüber seinem Vertriebspartner nach § 327u Abs. 1 S. 1 BGB nF kein selbstständiger Aufwendungsersatzanspruch zu. Damit läuft der Regressanspruch des Unternehmers faktisch ins Leere. 20

3. Mangelhaftigkeit des bereitgestellten digitalen Produkts

Gem. § 327u Abs. 1 S. 2 Alt. 1 BGB nF besteht ein Regressanspruch des Letztunternehmers gegen den Vertriebspartner auch dann, wenn der Letztunternehmer gegenüber dem Verbraucher aufgrund eines Mangels, der schon bei der Bereitstellung 21

---

[14] BT-Drs. 19/27653, 81.

durch den Vertriebspartner vorhanden war, iRd Nacherfüllung nach § 327l Abs. 1 BGB nF Aufwendungen zu tragen hatte.

22 Der Mangel muss bereits „bei der Bereitstellung durch den Vertriebspartner" vorgelegen haben. In Anlehnung an die Systematik des § 478 Abs. 1 BGB erklärt § 327u Abs. 3 BGB nF in diesem Zusammenhang die Beweislastregel des § 327k Abs. 1 und 2 BGB nF auf den Anspruch des Unternehmers nach § 327u Abs. 1 BGB nF mit der Maßgabe entsprechend anwendbar, dass die Frist für die **Beweislastumkehr** des § 327k BGB nF mit der Bereitstellung an den Verbraucher beginnen soll. Hierdurch wird verhindert, dass ein Unternehmer, der gegenüber dem Verbraucher zur Mängelbeseitigung verpflichtet ist, durch eine doppelte Beweislast belastet und faktisch an der Durchsetzung seines Rückgriffanspruchs nach § 327u Abs. 1 S. 2 Alt. 1 BGB nF gehindert wird.[15] Er kann nämlich einerseits ggf. die Vermutung des § 327k BGB nF nicht entkräften, andererseits muss er gegenüber dem Vertriebspartner das Vorliegen eines Mangels bei Bereitstellung an ihn nachweisen.

4. Verletzung der Aktualisierungspflicht

23 Nach § 327f Abs. 1 BGB nF hat der Unternehmer sicherzustellen, dass dem Verbraucher während des maßgeblichen Zeitraums Aktualisierungen, die für den **Erhalt der Vertragsmäßigkeit** des digitalen Produkts erforderlich sind, bereitgestellt werden und der Verbraucher über diese Aktualisierungen **informiert** wird.

24 Verletzt der Unternehmer seine Verpflichtung aus § 327f Abs. 1 BGB nF, liegt ein Produktmangel gem. § 327e Abs. 1, Abs. 3 Nr. 5 BGB nF vor, der die Vertragswidrigkeit des digitalen Produkts gem. § 327d BGB nF begründet und Nacherfüllungsansprüche nach § 327i Nr. 1 iVm § 327l BGB nF auslöst. Sofern der Vertriebspartner die Verletzung der Aktualisierungspflicht nach § 327f Abs. 1 BGB nF verursacht hat, steht dem Letztunternehmer nach § 327u Abs. 1 S. 2 Alt. 2 BGB nF ebenfalls ein Aufwendungsersatzanspruch zu.

25 Ausgenommen von dem Anwendungsbereich des Regressanspruchs nach § 327u Abs. 1 S. 2 Alt. 2 BGB nF sind sog. **subjektive Anforderungen** an das digitale Produkt in Form von vertraglichen Vereinbarungen zwischen (Letzt-)Unternehmer und Verbraucher über eine Aktualisierung gem. § 327e Abs. 2 Nr. 3 BGB nF Für diese soll der an dem Verbrauchervertrag nicht beteiligte Vertriebspartner nicht haften müssen.[16]

III. Verjährung und Rügepflicht

26 Nach § 327u Abs. 2 BGB nF verjähren die Aufwendungsersatzansprüche nach Abs. 1 in **sechs Monaten**, wobei die Verjährung im Falle des § 327u Abs. 1 S. 1 BGB nF mit dem Zeitpunkt beginnt, zu dem der Verbraucher sein Recht ausgeübt hat, im Falle des § 327u Abs. 1 S. 2 BGB nF hingegen mit dem Zeitpunkt, zu dem der Unternehmer die Ansprüche des Verbrauchers nach § 327l Abs. 1 BGB nF erfüllt hat.

27 Während § 327u Abs. 2 S. 2 Nr. 1 BGB nF für den Fall des § 327u Abs. 1 S. 1 BGB nF folgerichtig an den Zeitpunkt der **Ausübung** durch den Verbraucher des in § 327c

---

15 BT-Drs. 19/27653, 81.
16 BT-Drs. 19/27653, 81.

Abs. 1 S. 1 BGB nF normierten **Gestaltungsrechts** anknüpft, setzt die Regelung in § 327u Abs. 2 S. 2 Nr. 2 BGB nF die **Erfüllung** der Nacherfüllungsansprüche des Verbrauchers nach § 327l Abs. 1 BGB nF durch den Unternehmer voraus. Das Abstellen auf den Zeitpunkt der Erfüllung als Anknüpfungspunkt für den Beginn der Verjährung (und nicht etwa auf den Zeitpunkt der Bereitstellung) soll dabei der Tatsache Rechnung tragen, dass insbesondere die Aktualisierungspflicht nach § 327f Abs. 1 BGB nF gegenüber dem Verbraucher über die Gewährleistungsfrist von zwei Jahren hinaus bestehen kann.[17]

Keinen Einfluss haben die Regelungen in § 327u BGB nF auf die in § 377 HGB verankerte **Rügeobliegenheit**. Dies stellt § 327u Abs. 5 BGB nF klar. Liegt dem Vertrag über digitale Produkte im Verhältnis zum Vertriebspartner ein Handelsgeschäft zugrunde, so hat der Unternehmer einen bei Bereitstellung erkennbaren Mangel des digitalen Produkts **unverzüglich anzuzeigen**, andernfalls droht der Eintritt einer fingierten Genehmigung der Ware nach § 377 Abs. 2 HGB. Der Unternehmer wird folglich insbesondere bei digitalen Inhalten auf körperlichen Datenträgern gem. § 327 Abs. 5 BGB nF seiner Prüf- und Anzeigepflicht sorgfältig nachkommen müssen.[18]

IV. Umgehungsverbot

§ 327u Abs. 4 BGB nF verbietet es dem Vertriebspartner, sich auf eine Vereinbarung zu berufen, die er vor Geltendmachung der in Abs. 1 bezeichneten Aufwendungsersatzansprüche mit dem Unternehmer getroffen hat und die zum Nachteil des Unternehmers von den Abs. 1–3 des § 327u BGB nF abweicht. Das Verbot gilt auch, wenn die Abs. 1–3 durch anderweitige Gestaltungen umgangen werden.

Anders als in § 478 Abs. 2 S. 1 Hs. 2 BGB gilt das Verbot des § 327u Abs. 4 S. 1 BGB nF selbst dann, wenn dem Unternehmer ein gleichwertiger Ausgleich eingeräumt wird. Das zwingende Verbot der Abdingbarkeit des § 327u BGB nF soll dabei dem Schutz des in der Lieferkette strukturell meist schwächeren Unternehmers dienen.[19]

V. Verhältnis zum Kaufrecht

§ 327u BGB nF ist wegen § 327t BGB nF nur auf Verträge zwischen Unternehmern anzuwenden, die der Bereitstellung digitaler Produkte im Rahmen eines Verbrauchervertrags nach den §§ 327 und 327a BGB nF dienen. Nach dem Wortlaut des § 327t BGB nF ist hierbei § 327u BGB nF „ergänzend" anzuwenden.

Hintergrund ist, dass die im neuen Untertitel 1 geregelten Verträge per Definition einen Verbrauchervertrag voraussetzen, weswegen die Vorschriften des Untertitels 1 auf reine B2B-Verträge, die die Bereitstellung digitaler Produkte zum Gegenstand haben, keine Anwendung finden. Ergänzend sind daher auf derartige B2B-Verträge die Regelungen des Abschnitts 8 von Buch 2 heranzuziehen. Nur soweit der Regressanspruch des Unternehmers gegenüber seinem Vertriebspartner betroffen ist und vorausgesetzt, dass der letzte Vertrag in der Lieferkette ein Verbrauchervertrag ist, geht

---

17 BT-Drs. 19/27653, 81.
18 BT-Drs. 19/27653, 82.
19 BT-Drs. 19/27653, 81.

§ 327t BGB nF diesen Regelungen als lex specialis vor. Dies stellt auch der neue § 445c BGB nF klar. Handelt es sich hingegen auch im letzten Glied der Vertragskette um einen B2B-Vertrag, so finden die §§ 445a ff. BGB Anwendung und es bedarf keines Rückgriffs auf § 327u BGB nF.

C. Rückgriff des Verkäufers (§§ 445a ff. BGB nF)

33 Auch die Regelungen zum Unternehmerrückgriff im Kaufvertragsrecht haben durch das Gesetz zur Regelung des Verkaufs von Sachen mit digitalen Elementen und anderer Aspekte des Kaufvertrags Änderungen erfahren. Sie stehen insbesondere mit den Neuregelungen bei den Sachen mit digitalen Elementen im Zusammenhang.

I. Änderungen im Anwendungsbereich

34 § 445a BGB nF hat zunächst in seinem Abs. 1 hinsichtlich der Aufzählung der Aufwendungen, deren Ersatz der Verkäufer von dem Lieferanten verlangen kann, eine (zT lediglich redaktionelle) Änderung erfahren.

35 So kann der Verkäufer neben den Aufwendungen, die er nach den § 439 Abs. 2, 3 zu tragen hatte, nun Ersatz auch jener Aufwendungen verlangen, die er nach § 439 Abs. 6 S. 2 BGB nF tragen muss. Der in Bezug genommene § 439 Abs. 6 BGB nF entspricht dem bisherigen § 439 Abs. 5 BGB aF, wonach der Verkäufer, der zum Zwecke der Nacherfüllung eine mangelfreie Sache geliefert hat, vom Käufer **Rückgewähr der mangelhaften Sache** verlangen kann. Dieser Regelung wurde nun ein neuer S. 2 angefügt, wonach der Verkäufer die ersetzte Sache auf seine Kosten zurückzunehmen hat. Die so entstandenen Kosten kann der Verkäufer nach § 445a Abs. 1 BGB nF gegenüber dem Lieferanten geltend machen.

36 Gestrichen wurde hingegen der Verweis auf § 475 Abs. 6 BGB aF, während der Verweis auf (den inhaltlich allerdings geänderten) § 475 Abs. 4 BGB nF beibehalten wurde. Grund hierfür ist, dass die in § 475 Abs. 6 aF enthaltene Vorschussregelung in § 475 Abs. 4 BGB nF verschoben, § 475 Abs. 4 BGB aF, welcher die Sonderregelung für Aus- und Einbaukosten bei Verbrauchsgüterkaufverträgen enthielt,[20] hingegen ersatzlos gestrichen wurde.

II. Aktualisierungspflicht und Sachmangel

37 Anknüpfungspunkt des § 445a BGB nF kann entweder wie bislang ein Mangel sein, der bereits bei Übergang der Gefahr auf den Verkäufer vorhanden war, oder ein Mangel, der auf einer Verletzung der Aktualisierungspflicht gem. § 475b Abs. 4 BGB nF beruht.

38 Neu eingefügt wurde damit der Verweis auf die Aktualisierungspflicht gem. § 475b Abs. 4 BGB nF für **Waren mit digitalen Elementen**. Nach § 475b Abs. 4 BGB nF, welcher aufgrund des § 475b Abs. 1 BGB nF ergänzend zu § 434 BGB nF gilt, genügt eine Ware mit digitalen Elementen den **objektiven Anforderungen**, wenn sie den (ebenfalls objektiven) Anforderungen des § 434 Abs. 3 BGB nF entspricht und dem

---

20 BT-Drs. 19/27424, 27.

Verbraucher während des Zeitraums, den er aufgrund der Art und des Zwecks der Ware und ihrer digitalen Elemente sowie unter Berücksichtigung der Umstände und der Art des Vertrags erwarten kann, Aktualisierungen bereitgestellt werden, die für den Erhalt der Vertragsmäßigkeit der Ware erforderlich sind, und der Verbraucher über diese Aktualisierungen informiert wird. Die Verletzung einer dieser in § 475b Abs. 4 BGB nF geregelten, kumulativen objektiven Anforderungen an eine Ware mit digitalen Elementen begründet nunmehr – vorausgesetzt, dass es sich um einen Verbrauchsgüterkauf handelt – einen **Sachmangel** iSd § 475b Abs. 2 iVm § 434 BGB nF, welcher ebenfalls die Gewährleistungsrechte des Kaufrechts auslöst.

Hintergrund für die Erweiterung des Anwendungsbereichs des § 445a BGB nF auf eine Verletzung der Aktualisierungspflicht ist, dass der Verkäufer typischerweise gar nicht die technischen und rechtlichen Möglichkeiten hat, die vom Gesetz geforderte Aktualisierung umzusetzen, und insoweit regelmäßig auf eine Mitwirkungshandlung des Herstellers angewiesen ist. § 445a BGB nF soll es daher dem Verkäufer ermöglichen, die Verantwortung für die in § 475b Abs. 4 BGB nF eingeführte Aktualisierungspflicht entlang der Lieferungskette an denjenigen weiterzureichen, der zu einer solchen Aktualisierung auch tatsächlich in der Lage ist.[21] 39

Wie auch im Falle des Regressanspruchs nach § 327u Abs. 1 S. 2 Alt. 2 BGB nF, sind allerdings **subjektive Anforderungen** an eine Sache mit digitalen Elementen gem. § 475b Abs. 3 BGB nF in Form von Einzelvereinbarungen zwischen den Parteien im letzten Glied der Lieferkette über eine Aktualisierung von dem Anwendungsbereich des § 445a BGB nF ausgenommen. 40

III. Verjährung und Rügepflicht

Die bislang in § 445b BGB aF geregelte Verjährung von Rückgriffsansprüchen des Verkäufers wurde nur geringfügig geändert. Die Gesetzesänderung betrifft ausschließlich § 445b Abs. 2 BGB, welcher die Hemmung der Verjährung der Ansprüche des Verkäufers nach §§ 437 und 445a Abs. 1 BGB gegen seinen Lieferanten regelt und wonach die Verjährung **frühestens zwei Monate** nach dem Zeitpunkt eintritt, in dem der Verkäufer die Ansprüche des Käufers erfüllt hat. In diesem Zusammenhang wurde der bisherige § 445b Abs. 2 S. 2 BGB aF, demzufolge die Ablaufhemmung spätestens fünf Jahre nach dem Zeitpunkt endete, in dem der Lieferant die Sache dem Verkäufer abgeliefert hatte, ersatzlos gestrichen. 41

Grund hierfür ist, dass in Fällen, in denen im Verhältnis zum Letztkäufer die fünfjährige Verjährungsfrist des § 438 Abs. 1 Nr. 2 BGB anwendbar ist, § 445b Abs. 2 S. 2 aF oftmals den Verkäufer faktisch daran hindern konnte, die ihm nach § 445a BGB dem Grunde nach zustehenden Rückgriffsansprüche gegenüber seinem Lieferanten geltend zu machen.[22] Denn das gem. §§ 438 Abs. 1 Nr. 3, Abs. 2 BGB entscheidende und fristauslösende Ereignis der Ablieferung der Sache an den Käufer stimmt idR nicht mit der für § 445b Abs. 2 S. 2 BGB aF maßgeblichen Ablieferung der Sache an den Verkäufer überein und ist Letzterer typischerweise zeitlich nachgelagert. Rechts- 42

---

21 BT-Drs. 19/27424, 27.
22 BT-Drs. 19/27424, 28.

folge des § 445b Abs. 2 S. 2 BGB aF war folglich, dass in bestimmten Konstellationen die Rückgriffsansprüche des Verkäufers gegenüber seinem Lieferanten bereits verjährt sein konnten, der Verkäufer andererseits aber im Verhältnis zum Käufer noch zur Haftung herangezogen werden konnte.[23]

43 Das Bedürfnis nach einer Neuregelung der Verjährungshemmung in § 445b BGB wurde nunmehr durch die Inbezugnahme der zeitlich nicht auf einen bestimmten Zeitraum begrenzten Aktualisierungspflicht nach § 475b Abs. 4 BGB nF in § 445a BGB nF verschärft, weswegen § 445b Abs. 2 S. 2 BGB aF ersatzlos entfallen ist.

44 Unberührt bleibt hingegen die bislang in § 445a Abs. 4 BGB vorgesehene Regelung, wonach § 377 HGB und die darin statuierte **Rügepflicht** auch im Kontext der §§ 445a BGB ff. weiterhin Anwendung findet. Insoweit gelten die Ausführungen oben entsprechend (→ Rn. 28).

IV. Verhältnis von § 445a BGB zu § 327u BGB

45 § 327u BGB nF erfasst als Teil des allgemeinen Schuldrechts auch Sachverhalte, bei denen es noch nicht zu einem Leistungsaustausch gekommen ist, also bspw. das digitale Produkt gar nicht bereitgestellt wurde. Als Teil des kaufrechtlichen Mangelgewährleistungsrechts ist für die Anwendbarkeit von § 445a BGB hingegen die Übergabe der (mangelhaften) Kaufsache notwendig. Der Unterschied im Anwendungsbereich liegt folglich im **Gefahrenübergang**.

D. Fazit

46 Der Unternehmerrückgriff ist nunmehr sowohl im allgemeinen Teil des Schuldrechts geregelt als auch im besonderen Teil. Für den Rechtsanwender wird es dadurch nicht einfacher. Es muss stets genau geprüft werden, ob ein Verbrauchervertrag über ein digitales Produkt vorliegt oder aber ein Vertrag über eine Sache mit digitalen Inhalten. Die Einordnung unter diese beiden Kategorien ist nicht unbedingt eingängig und es ist zu erwarten, dass es vor einer Konsolidierung der Rspr. zu vielen Einzelentscheidungen kommen wird. Bis dahin wird Rechtsunsicherheit darin bestehen, welchem Rechtsregime der Fall unterliegt. Die Regelungen sind dabei durchaus unterschiedlich. Besser geworden ist durch die neuen Regelungen wenig, dafür aber einiges anders.

---

[23] BT-Drs. 19/27424, 28.

§ 6 Digitale Produkte und Datenschutz

Literaturverzeichnis: *Bach*, Neue Richtlinien zum Verbrauchsgüterkauf und zu Verbraucherverträgen über digitale Inhalte, NJW 2019, 1705; *Brönneke/Schmidt*, Der Anwendungsbereich der Vorschriften über die besonderen Vertriebsformen nach Umsetzung der Verbraucherrechterichtlinie, VuR 2014, 3; *Däubler/Wedde/Weichert/Sommer*, EU-Datenschutz-Grundverordnung, 2018; *Datenethikkommission der Bundesregierung*, Gutachten der Datenethikkommission, 2019; *Dammann*, Erfolge und Defizite der EU-Datenschutzgrundverordnung – Erwarteter Fortschritt, Schwächen und überraschende Innovationen, ZD 2016, 307; *Datenschutzkonferenz*, Orientierungshilfe der Aufsichtsbehörden zur Verarbeitung von personenbezogenen Daten für Zwecke der Direktwerbung unter Geltung der Datenschutz-Grundverordnung, 2019, www.datenschutzkonferenz-online.de/media/oh/ 20181107_oh_ werbung.pdf; *Datenschutzkonferenz*, Entschließung der 91. Konferenz der unabhängigen Datenschutzbehörden des Bundes und der Länder – Wearables und Gesundheits-Apps – Sensible Gesundheitsdaten effektiv schützen!, 04/2016, www.datenschutzkonferenz-online.de/media/en/20160407_en_wearables.pdf; *European Data Protection Board (EDPB)*, Leitlinien 2/2019 für die Verarbeitung personenbezogener Daten gemäß Artikel 6 Absatz 1 Buchstabe b DS-GVO im Zusammenhang mit der Erbringung von Online-Diensten für betroffene Personen; *European Data Protection Board (EDPB)*, Leitlinien 05/2020 zur Einwilligung gemäß Verordnung 2016/679; *European Data Protection Supervisor (EDPS)*, Stellungnahme 04/2017 zu dem Vorschlag für eine Richtlinie über bestimmte vertragsrechtliche Aspekte der Bereitstellung digitaler Inhalte, 2017; *Gola*, Datenschutz-Grundverordnung, 2. Aufl. 2018; *Goldhammer/Wiegand*, Ökonomischer Wert von Verbraucherdaten für Adress- und Datenhändler, Studie im Auftrag des Bundesministeriums der Justiz und für Verbraucherschutz, 2017, www.bmjv.de/SharedDocs/Downloads/DE/PDF/Berichte/Oekon_Wert_Daten_Adresshaendler.pdf%3F__blob%3DpublicationFile%26v%3D6; *Grambeck*, Keine Umsatzsteuerpflicht bei kostenlosen Internetdiensten und Smartphone-Apps, DStR 2016, 2026.; *Hau/Poseck* (Hrsg.), Beck Online-Kommentar BGB, 58. Edition, Stand 1.5.2021 (zit. BeckOK BGB/*Bearbeiter*); *Heinzke/Engel*, Datenverarbeitung zur Vertragserfüllung – Anforderungen und Grenzen, ZD 2020, 189; *Jauernig*, Bürgerliches Gesetzbuch: BGB, 18. Aufl. 2021 (zit. Jauernig/*Bearbeiter*); *Jöns*, Daten als Handelsware, Deutsches Institut für Vertrauen und Sicherheit im Internet (DIVSI), 2016, www.divsi.de/wp-content/uploads/2016/03/Daten-als-Handelsware.pdf; *Jülicher/Röttgen/v. Schönfeld*, Das Recht auf Datenübertragbarkeit – Ein datenschutzrechtliches Novum, ZD 2016, 358; *Kinast/Kühnl*, Telematik und Bordelektronik – Erhebung und Nutzung von Daten zum Fahrverhalten, NJW 2014, 3057; *Krohm/Müller-Peltzer*, Auswirkungen des Kopplungsverbots auf die Praxistauglichkeit der Einwilligung, ZD 2017, 551; *Kroschwald*, Künstliche Intelligenz im autonomen Auto, DuD 2021, 523; *Klingbeil/Kohm*, Datenschutzfreundliche Technikgestaltung und ihre vertraglichen Implikationen, MMR 2021, 3; *Kühling/Buchner* (Hrsg.), DS-GVO BDSG, 3. Aufl. 2020 (zit. Kühling/Buchner/*Bearbeiter*); *Kumkar*, Herausforderungen eines Gewährleistungsrechts im digitalen Zeitalter, ZfPW 2020, 306; *Lejeune*, Verbraucherverträge über digitale Produkte, ITRB 2021, 87; *Mackenrodt/Wiedemann*, Zur kartellrechtlichen Bewertung der Datenverarbeitung durch Facebook und ihrer normativen Kohärenz mit dem Datenschutzrecht und dem Datenschuldrecht, ZUM 2021, 89; *Melan/Pfeiffer*, Bezahlen mit Rechten, nicht mit Daten: Weitere offene Fragen zur Umsatzsteuerpflicht „kostenloser" Internetdienste und Smartphone-Apps, DStR 2017, 1072; *Meyer/Hölscheidt* (Hrsg.), Charta der Grundrechte der Europäischen Union, 5. Aufl. 2019 (zit.: Meyer/Hölscheidt/*Bearbeiter*); *Mischau*, Daten als „Gegenleistung" im neuen Verbrauchervertragsrecht, ZEuP 2020, 335; *Säcker/Rixecker/Oetker/Limperg* (Hrsg.), Münchener Kommentar zum Bürgerlichen Gesetzbuch: BGB (zit.: MüKoBGB/*Bearbeiter*), 8. Aufl. 2019; *Paal/Pauly*, Datenschutzgrundverordnung – Bundesdatenschutzgesetz, 3. Aufl. 2021 (zit. Paal/Pauly/*Bearbeiter*); *Palmetshofer/Semsrott/Alberts*, Der Wert persönlicher Daten – Ist Datenhandel der bessere Datenschutz?, Sachverständigenrat für Verbraucherfragen beim Bundesministerium der Justiz und für Verbraucherschutz, 2017, www.svr-verbraucherfragen.de/wp-content/uploads/Open_Knowledge_Foundation_Studie.pdf; *Reiners*, Datenschutz in der Personal Data Economy – Eine Chance für Europa, ZD 2015, 51; *Rosenkranz*, Spezifische Vorschriften zu Verträgen über die

Bereitstellung digitaler Produkte im BGB, ZUM 2021, 195; *Sattler*, Neues EU-Vertragsrecht für digitale Güter – Die Richtlinie (EU) 2019/770 als Herausforderung für das Schuld-, Urheber- und Datenschutzrecht, CR 2020, 145; *Sattler*, Urheber- und datenschutzrechtliche Konflikte im neuen Vertragsrecht für digitale Produkte, NJW 2020, 3623; *Schulze*, Bürgerliches Gesetzbuch, 10. Aufl. 2019; *Schulze*, Die Digitale-Inhalte-Richtlinie – Innovation und Kontinuität im europäischen Vertragsrecht, ZEuP 2019, 695; *Schweitzer*, Datenzugang in der Datenökonomie: Eckpfeiler einer neuen Informationsordnung, GRUR 2019, 569; *Simitis/Hornung/Spiecker gen. Döhmann* (Hrsg.), Datenschutzrecht, 1. Aufl. 2019 (zit.: Simitis/Hornung/Spiecker/*Bearbeiter*); *Specht*, Datenverwertungsverträge zwischen Datenschutz und Vertragsfreiheit – Eckpfeiler eines neuen Datenschuldrechts in: Briner/Funk, DGRI Jahrbuch 2017, 2018; *Spindler*, Umsetzung der Richtlinie über digitale Inhalte in das BGB, MMR 2021, 451; *Spindler/Schuster* (Hrsg.), Recht der elektronischen Medien, 4. Aufl. 2019 (zit.: Spindler/Schuster/*Bearbeiter*); *Spindler/Sein*, Die Richtlinie über Verträge über digitale Inhalte – Gewährleistung, Haftung und Änderungen, MMR 2019, 488; *Staudenmayer*, Die Richtlinie zu den digitalen Verträgen, ZEuP 2019, 663; *Strubel*, Anwendungsbereich des Rechts auf Datenübertragbarkeit, Auslegung des Art. 20 DS-GVO unter Berücksichtigung der Guidelines der Art. 29-Datenschutzgruppe, ZD 2017, 355; *Sydow*, Europäische Datenschutzgrundverordnung, 2. Aufl. 2018; *Vásquez/Kroschwald*, Produktdatenschutz: Verantwortung zwischen Herstellern und Anbietern, MMR 2020, 217; *Wandtke*, Artur-Axel, Ökonomischer Wert von persönlichen Daten, MMR 2017, 6; *Wendehorst/Graf v. Westphalen*, Das Verhältnis zwischen Datenschutz-Grundverordnung und AGB-Recht, NJW 2016, 3745; *Wolff/Brink* (Hrsg.), BeckOK Datenschutzrecht, 36. Edition, Stand 1.8.2020 (zit. BeckOK DatenschutzR/*Bearbeiter*).

A. Einleitung 1	c) Fallbeispiele des European Data Protection Board 28
B. Datenschutz- und Datenökonomie 4	2. Freiwilligkeit der Einwilligungserklärung 29
I. Begriff: Datenschutz 4	a) Abweichung in den Erwägungsgründen zur Datenschutz-Grundverordnung 29
1. Anlehnung an die Datenschutz-Grundverordnung 5	
2. Konkretisierung durch europäisches Recht 6	b) Kopplung zwischen Vertrag und Einwilligung 30
II. Zielkonflikte 7	3. Prüfungsreihenfolge und Fallbeispiele 32
1. Persönlichkeitsschutz und freier Datenverkehr 7	C. Neue schuldrechtliche Vorgaben zur Bereitstellung personenbezogener Daten 35
2. Monetarisierung von Daten und Datenschutz 11	
a) Keine generelle Beschränkung durch Datenschutzrecht 11	I. Bereitstellung personenbezogener Daten als Gegenleistung 36
b) Verwertung versus Kontrollverlust 12	1. Anwendungsbereiche 37
c) Urheberrechtliche Erwägungen 13	a) Bei Verbraucherverträgen 37
d) Vertragliche Lösungen 14	b) Bei Verbraucherverträgen über digitale Produkte 43
e) Ökonomische Betrachtung ... 16	2. Bereitstellung personenbezogener Daten 49
aa) Direktmarketing 17	
bb) Tätigkeit von Auskunfteien 21	3. Anwendungsausnahmen 53
cc) Tarife in der Versicherungswirtschaft 22	a) Verarbeitung zur Erfüllung einer Leistungspflicht oder rechtlicher Anforderungen 54
f) Steuerrechtliche Überlegungen 24	b) Keine Zweckänderung 57
III. Spannungsverhältnis: Vertrag und Einwilligung 25	c) Spezifische Anwendungsausschlüsse: Beispiel Open Source 58
1. Erforderlichkeit der Datenverarbeitung 25	
a) Vertragsfreiheit und Persönlichkeitsschutz 25	4. Datenschutzrechtliche Zulässigkeitsfragen 60
b) Leitlinien in der Rechtsprechung 26	

A. Einleitung

II. Vertragsrechtliche Folgen bei der Ausübung von Datenschutzrechten	66		I. Datenschutzverstöße als Produktmängel	79
1. Grundsatz der Folgenfreiheit der Ausübung von Datenschutzrechten	66		II. Privacy by Design und Default-Mängel bei Dritt- und Mehrnutzerkonstellationen	85
2. Sonderkündigungsrecht des Unternehmers bei Widerruf und Widerspruch	68		III. Beweislastumkehr und datenschutzrelevante Mitwirkung bei Mängeln	88
3. Ausschluss von beiderseitigen Ersatzansprüchen bei Vertragsbeendigung	76		IV. Folgen datenschutzrechtlicher Anforderungen für die Updateverpflichtung	91
D. Vertragsmäßigkeit digitaler Produkte und der Bezug zum Datenschutzrecht	78			

A. Einleitung

IRd Umsetzung der Richtlinie über Digitale Inhalte und Dienstleistungen (im Folgenden: DIRL)[1] und flankiert von den Umsetzungen der Warenkaufrichtlinie (im Folgenden: WKRL)[2] und der Modernisierungsrichtlinie (im Folgenden: ModernisierungsRL)[3] wird die **Verarbeitung personenbezogener Daten in der Beziehung zwischen Unternehmer und Verbraucher zum schuldrechtlichen Regelungsgegenstand.** Völlig neu sind Regelungen zur Bereitstellung personenbezogener Daten anstelle einer Preiszahlung und im Umkehrschluss zu den Folgen der Geltendmachung datenschutzrechtlicher Betroffenenrechte und Erklärungen durch den Verbraucher auf den Verbrauchervertrag. 1

Kern dieses Beitrags bildet insofern das **Verhältnis zwischen dem Datenschutz und dem neuen Schuldrecht** in Bezug auf die Bereitstellung personenbezogener Daten durch den Verbraucher. Hierzu wird zunächst eine Betrachtung des Spannungsverhältnisses zwischen Datenschutz und Datenökonomie aus einer datenschutzrechtlichen Perspektive vorgenommen (B). Basierend hierauf werden anschließend die neuen schuldrechtlichen Vorgaben zur Bereitstellung personenbezogener Daten im Verbrauchervertrag auf die Wechselwirkung zwischen Datenschutz- und Schuldrecht näher untersucht (C). 2

Mit den Gesetzesnovellen werden überdies Leistungspflichten für digitale Produkte und auch Produkte mit digitalen Elementen, bei denen die Verarbeitung von (personenbezogenen) Daten wesensbildend ist, dezidiert geregelt. Es ist deshalb abschließend der Frage nachzugehen, **ob das Datenschutzrecht produktbezogene Pflichten des Unternehmers begründen kann** und welche möglichen Implikationen dies auf das Leistungsstörungsrecht, insbesondere die Mängelgewährleistungspflichten und neue Pflichten zur Produktaktualisierung (Updatepflichten) hat (D). 3

---

1 Richtlinie (EU) 2019/770 des Europäischen Parlaments und des Rates vom 20.5.2019 über bestimmte vertragsrechtliche Aspekte der Bereitstellung digitaler Inhalte und digitaler Dienstleistungen, ABl. 2019 L 136, 1, ber. ABl. 2019 L 305, 62.
2 Richtlinie (EU) 2019/771 des Europäischen Parlaments und des Rates vom 20.5.2019 über bestimmte vertragsrechtliche Aspekte des Warenkaufs, zur Änderung der Verordnung (EU) 2017/2394 und der Richtlinie 2009/22/EG sowie zur Aufhebung der Richtlinie 1999/44/EG, ABl. 2019 L 136, 28, ber. ABl. L 305, 66.
3 Richtlinie (EU) 2019/2161 des Europäischen Parlaments und des Rates vom 27.11.2019 zur Änderung der Richtlinie 93/13/EWG des Rates und der Richtlinien 98/6/EG, 2005/29/EG und 2011/83/EU des Europäischen Parlaments und des Rates zur besseren Durchsetzung und Modernisierung der Verbraucherschutzvorschriften der Union ABl. 2019 L 328, 7.

B. Datenschutz- und Datenökonomie
I. Begriff: Datenschutz

4   Der Gesetzgeber stellt im Rahmen seiner Umsetzung der DIRL, bspw. in § 327q BGB nF, auf „datenschutzrechtliche Erklärungen", „datenschutzrechtliche Einwilligungen" und „Datenschutzrechte" ab. Was letztlich mit dem „Datenschutz" gemeint ist, bleibt offen. Die Gesetzesbegründung lässt aber hinsichtlich dieser Formulierungen keinen Zweifel daran entstehen, dass die Terminologie aus der VO (EU) 2016/679 (im Folgenden: DS-GVO)[4] stammt.[5] Auch insoweit § 312 Abs. 1a S. 1 BGB nF sowie § 327 Abs. 3 BGB nF den Begriff der „personenbezogenen Daten" verwenden, wird bzgl. der Bestimmung des Begriffs auf die DS-GVO verwiesen.[6]

1. Anlehnung an die Datenschutz-Grundverordnung

5   Datenschutz wird nur dann relevant, soweit die maßgeblichen Daten einen **Personenbezug** aufweisen, wobei gem. Art. 4 Nr. 1 DS-GVO alle Informationen umfasst sind, die sich auf eine identifizierte oder identifizierbare natürliche Person („betroffene Person") beziehen. Der europäische Verordnungsgeber hat auch Anforderungen an wirksame Einwilligungen sowie zu den Rechten betroffener Personen normiert, Art. 7, 12 ff. DS-GVO, worauf § 327q BGB nF Bezug nimmt. Legaldefinitionen dieser Begrifflichkeiten im BGB sind nach den Überlegungen des Gesetzgebers schon unter dem Aspekt der Einheit der Rechtsordnung entbehrlich.[7] Die DS-GVO enthält jedoch keine Definition des Begriffs „Datenschutz". Vielmehr wird die Existenz eines solchen Schutzgutes in den Erwägungen der DS-GVO ohne weitere Erläuterung vorausgesetzt. Gem. ErwGr 6 S. 1 DS-GVO haben etwa rasche technologische Entwicklungen und die **Globalisierung** den „Datenschutz" vor neue Herausforderungen gestellt. Diese Entwicklungen erfordern nach ErwGr 7 DS-GVO einen soliden kohärenteren und klar durchsetzbaren Rechtsrahmen „im Bereich des Datenschutzes" in der Union. Nach ErwGr 9 DS-GVO gilt es zu verhindern, dass der „Datenschutz" in der Union unterschiedlich gehandhabt wird.

2. Konkretisierung durch europäisches Recht

6   Mit Blick auf weitere europarechtliche Vorgaben wird deutlich, dass der „Datenschutz" weit mehr umfasst, als den Schutz von Daten. So basiert die DS-GVO auf Art. 16 Abs. 2 AEUV, wonach das Europäische Parlament und der Rat ua Vorschriften über den Schutz natürlicher Personen bei der Verarbeitung personenbezogener Daten durch die Mitgliedstaaten iRd Ausübung von Tätigkeiten, die in den Anwendungsbereich des Unionsrechts fallen, und über den freien Datenverkehr erlassen. Nach Art. 16 Abs. 1 AEUV und Art. 8 Abs. 1 GRCh hat jede Person das Recht auf Schutz der sie betreffenden personenbezogenen Daten. Gem. Art. 8 Abs. 2 GRCh dürfen diese Daten nur nach Treu und Glauben für festgelegte Zwecke und mit Einwilli-

---

[4] Verordnung (EU) 2016/679 des Europäischen Parlaments und des Rates vom 27.4.2016 zum Schutz natürlicher Personen bei der Verarbeitung personenbezogener Daten, zum freien Datenverkehr und zur Aufhebung der Richtlinie 95/46/EG, Abl. 2016 L 119, 1.
[5] BT-Drs. 19/27653, 76.
[6] BT-Drs. 19/27653, 36.
[7] BT-Drs. 19/27653, 40.

gung der betroffenen Person oder auf einer sonstigen gesetzlich geregelten legitimen Grundlage verarbeitet werden. Jede Person hat das Recht, Auskunft über die sie betreffenden erhobenen Daten zu erhalten und die Berichtigung der Daten zu erwirken. Schließlich konkretisiert der europäische Verordnungsgeber in Art. 1 Abs. 2 DS-GVO Gegenstand und Ziele der „Datenschutz-Grundverordnung", wonach Grundrechte und Grundfreiheiten natürlicher Personen und insbesondere deren Recht auf Schutz personenbezogener Daten zum Regelungsumfang zählen. Der Datenschutz erfüllt damit eine doppelte Funktion und bildet einen zentralen Baustein des **individuellen Persönlichkeitsschutzes** und ist unverzichtbares Element einer freiheitlichen Demokratie.[8] Von Bedeutung sind vor allem die Grundsätze für die Verarbeitung personenbezogener Daten nach Art. 5 DS-GVO, welche die folgenden Vorschriften der DS-GVO prägen und bei deren Anwendung zu beachten sind.[9] Bei datenschutzrechtlichen Betroffenenrechten iSv § 327q Abs. 1 BGB nF bildet etwa die **Transparenz der Datenverarbeitung**, Art. 5 Abs. 1 lit. a DS-GVO, eine wichtige Anforderung. Ohne Kenntnis eines Auskunftsrechts nach Art. 15 DS-GVO ist etwa die Verfolgung von Berichtigungs- oder Löschungsrechten wenig sinnvoll. Den Widerruf einer Einwilligung nach § 327q Abs. 2 BGB nF kann die betroffene Person nur dann erwägen, wenn diese das Widerrufsrecht kennt. Den Umfang einer datenschutzrechtlichen Einwilligung gem. § 327q Abs. 2 BGB nF erfasst nur jene Person, welche die konkreten Verarbeitungszwecke erläutert bekommt. Die Zwecke müssen nach einer weiteren Anforderung dabei eindeutig und legitim sein, Art. 5 Abs. 1 lit. b DS-GVO.

II. Zielkonflikte

1. Persönlichkeitsschutz und freier Datenverkehr

Der freie Verkehr personenbezogener Daten in der Union darf aus Gründen des Schutzes natürlicher Personen bei der Verarbeitung personenbezogener Daten weder eingeschränkt noch verboten werden, Art. 1 Abs. 3 DS-GVO. Der freie Verkehr bezieht sich auf den durch die Marktfreiheiten geschützten Verkehr in der EU, wobei die Dienstleistungsfreiheit eine besondere Rolle einnimmt.[10] Die Ziele bestehen einerseits darin, einen **funktionierenden Binnenmarkt** zu gewährleisten, Hemmnisse für den Verkehr personenbezogener Daten in der Union zu beseitigen und für Wirtschaftsteilnehmer einschließlich Kleinstunternehmen sowie kleiner und mittlerer Unternehmen[11] Rechtssicherheit und Transparenz hinsichtlich der datenschutzrechtlichen Anforderungen zu schaffen.[12] Andererseits ist ein gleichmäßiges und hohes **Datenschutzniveau** zu gewährleisten, wobei die natürlichen Personen in den Mitgliedstaaten vor allem mit demselben Niveau an durchsetzbaren Rechten ausgestattet sein sollen.[13] Eine Lösung des Zielkonflikts sieht der europäische Verordnungsgeber gerade in der Herstellung eines EU-weit einheitlichen Datenschutzniveaus. Unterschiede im Schutzniveau für die Rechte und Freiheiten natürlicher Personen im Zusammen-

---

8 Simitis/Hornung/Spiecker/*Hornung/Spiecker* DS-GVO Einleitung Rn. 312.
9 Simitis/Hornung/Spiecker/*Roßnagel* DS-GVO Art. 5 Rn. 1.
10 Simitis/Hornung/Spiecker/*Hornung/Spiecker* DS-GVO Art. 1, Rn. 41.
11 Vgl. Art. 2 des Anhangs zur Empfehlung 2003/361/EG der Kommission.
12 ErwGr 5, 10 und 13 DS-GVO.
13 ErwGr 10, 13 DS-GVO.

hang mit der Verarbeitung personenbezogener Daten in den Mitgliedstaaten, vor allem beim Recht auf Schutz dieser Daten, können demnach den unionsweiten **freien Verkehr** solcher Daten behindern. Entsprechende Einschränkungen seien insbesondere geeignet, ein Hemmnis für die unionsweite Ausübung von Wirtschaftstätigkeiten herbeizuführen und den Wettbewerb zu verzerren.[14]

8   Art. 1 Abs. 3 DS-GVO ist mit Blick auf diese vorgegebene Lösung des Zielkonflikts allerdings missverständlich formuliert. Die Vorschrift erweckt dem Wortlaut nach den Eindruck, dass der Schutz der **Persönlichkeitsrechte** der natürlichen Personen gegenüber dem Verkehr personenbezogener Daten in der Union stets nachrangig zu betrachten ist. Indes geht es vor allem um die Herstellung einheitlicher rechtlicher Pflichten für Verantwortliche und Auftragsverarbeiter, die Gewährleistung einer unionsweiten Kontrolle durch die Aufsichtsbehörden mit gleichen Befugnissen bei der Überwachung der Einhaltung datenschutzrechtlicher Anforderungen und die Entscheidung für einen **technologieneutralen Schutz** natürlicher Personen.[15]

9   Zur Schaffung eines Rahmens für den freien Verkehr nicht-personenbezogener Daten in der Union hat der europäische Verordnungsgeber vor dem Hintergrund der zunehmenden Digitalisierung der Wirtschaft die VO (EU) 2018/1807 erarbeitet. In diesem Regelungsrahmen wird die Bedeutung von **Daten-Wertschöpfungsketten** hervorgehoben, deren Datenaktivitäten Elemente der Datenerzeugung und -erhebung, Datenaggregation und -organisation, Datenverarbeitung, Datenanalyse, -vermarktung, -verbreitung, Datennutzung und -weiterverwendung beinhalten sollen. Beeinträchtigungen für das wirksame und effiziente Funktionieren der Datenverarbeitung und für die Entwicklung der Datenwirtschaft in der Union würden aus zwei Arten von Hindernissen für die Datenmobilität und den Binnenmarkt resultieren, nämlich aus mitgliedstaatlichen **Datenlokalisierungsauflagen** und dem Modell der **Anbieterabhängigkeit** im privaten Bereich.[16] Es gelte, Wahlmöglichkeiten der Marktteilnehmer und des öffentlichen Sektor bzgl. des Standorts der Datenverarbeitung zu erhalten, wobei die Freiheit der Unternehmen, Verträge abzuschließen, in denen Festlegungen zum Ort der Datenverarbeitung enthalten sind, nicht beschränkt werden soll. IRd der **Marktfreiheiten** ist vielmehr sicherzustellen, dass ein beliebiger Ort innerhalb der Union vereinbart werden kann.[17] Im Vergleich zur DS-GVO wird die **Vertragsfreiheit** hinsichtlich der Vereinbarungen zur Datenverarbeitung in der VO (EU) 2018/1807 explizit erwähnt. Das Grundanliegen besteht bei der VO (EU) 2018/1807, wie bei der DS-GVO, aber übereinstimmend darin, **Handelshemmnisse** und **Wettbewerbsverzerrunge**n innerhalb der Union abzubauen und ein einheitliches Regelungswerk für alle Marktteilnehmer als zentrales Element für das Funktionieren des Binnenmarktes zu entwickeln.[18]

10 Beide Verordnungen bilden ein **kohärentes Regelwerk**, das auf den freien Verkehr verschiedener Daten ausgerichtet ist.[19] Die Gewährleistung **freien Datenverkehrs** in der

---

14 ErwGr 9 DS-GVO.
15 ErwGr 10, 11, 13 und 15 DS-GVO.
16 ErwGr 2 VO (EU) 2018/1807.
17 ErwGr 4 VO (EU) 2018/1807.
18 ErwGr 7 VO (EU) 2018/1807.
19 ErwGr 10 VO (EU) 2018/1807.

Union gilt auch als Zielsetzung für die Verarbeitung nicht-personenbezogener Daten, jedoch mit der Maßgabe, dass Einschränkungen aus Gründen der **öffentlichen Sicherheit** (Art. 52 AEUV) unter Achtung des Grundsatzes der Verhältnismäßigkeit gerechtfertigt sind, Art. 4 Abs. 1 S. 1 der VO (EU) 2018/1807. Dies verdeutlicht zusätzlich, dass der Wortlaut des Art. 1 Abs. 3 DS-GVO zu weit geraten ist: Dürfte der freie Verkehr personenbezogener Daten aus Gründen des Schutzes natürlicher Personen bei der Verarbeitung personenbezogener Daten weder eingeschränkt noch verboten werden, so gelte im Vergleich mit Art. 4 Abs. 1 S. 1 der VO (EU) 2018/1807 für nicht-personenbezogene Daten ein höheres Schutzniveau als für personenbezogene Daten. Für nicht-personenbezogene Daten würde immerhin noch die Beeinträchtigung der öffentlichen Sicherheit als mögliche Beschränkung des freien Datenverkehrs in den Union in Betracht kommen. Es bestünde bei einem wortwörtlichen Verständnis von Art. 1 Abs. 3 DS-GVO auch gar kein Bedürfnis, datenschutzrechtliche Bestimmungen in einer Datenschutz-Grundverordnung zu normieren. Vorgaben zur Gewährleistung eines funktionierenden Binnenmarktes zum Abbau von Handelshemmnissen und Wettbewerbsverzerrungen hätte der Verordnungsgeber andernfalls in einer einzigen Verordnung regeln können, ohne eine Differenzierung zwischen personenbezogenen und nicht-personenbezogenen Daten vorzunehmen. Dass dies nicht gewollt sein kann und ein solches Verständnis der Vorschrift zur Missachtung der Persönlichkeitsrechte natürlicher Personen und zum Unterlaufen von Schutzstandards in europarechtlichen Vorgaben, wie etwa in Art. 16 AEUV und Art. 8 GRCh, führen würde, kann Art. 1 Abs. 3 DS-GVO nur im oben skizzierten Sinne, nämlich als Vorschrift zur Sicherstellung eines einheitlichen und hohen Datenschutzniveaus verstanden werden.

2. Monetarisierung von Daten und Datenschutz

a) Keine generelle Beschränkung durch Datenschutzrecht

Die Vorgaben der DS-GVO stehen einer Bewertung personenbezogener Daten als **handelbares Wirtschaftsgut** nicht entgegen. Das reibungslose Funktionieren[20] des Binnenmarktes bezieht sämtliche wirtschaftlichen Aktivitäten ein, unabhängig davon, ob personenbezogene Daten nur für die Kommunikation zwischen Wirtschaftsteilnehmern Verwendung finden oder ob die personenbezogenen Daten selbst Handelsware sind. Es ist auch nicht zu entnehmen, dass eine schuldrechtliche Vereinbarung mit personenbezogenen Daten als Gegenleistung nach den Bestimmungen der Datenschutz-Grundverordnung generell unzulässig sein soll. Darüber hinaus wird der personenbezogene Datenaustausch nicht auf ein kommerzielles Tätigwerden beschränkt.[21]

11

b) Verwertung versus Kontrollverlust

In einem Zielkonflikt stehen dabei zum einen das wirtschaftliche Bestreben, Informations- und Kommunikationstechnologie stärker als Wirtschaftszweig zu etablieren, neue **Wertschöpfungsketten** mithilfe der Datenverarbeitung zu erschließen sowie neue Technologien der künstlichen Intelligenz, des Internets der Dinge und der autono-

12

---

20 ErwGr 13 DS-GVO.
21 Däubler/Wedde/*Weichert*/Sommer DS-GVO Art. 1 Rn. 27.

men Systeme zu nutzen. Zum anderen bestehen Risiken einer **unbegrenzten Selbstvermarktung** im Zusammenhang mit dem **Kontrollverlust** über die eigenen personenbezogenen Daten. Die Vorstellung, dass Unternehmen im europäischen Binnenmarkt eine **Monopolstellung** einnehmen und in diesem Kontext einseitig Vertragsbedingungen, insbesondere Preise und den Umfang der Monetarisierung personenbezogener Daten festlegen, würde genau genommen beide Anliegen der DS-GVO konterkarieren: Es fände kein Wettbewerb statt[22] und ein hohes Datenschutzniveau wäre nicht erreichbar.

c) Urheberrechtliche Erwägungen

13 Teilweise bestehen Überlegungen, die Kommerzialisierung personenbezogener Daten zur Lösung des Zielkonflikts in Anlehnung an das Urheberrecht zu gestalten, indem **Nutzungsrechte** wie das Vervielfältigungs- und Verbreitungsrecht und das Recht auf öffentliche Zugänglichmachung im Rahmen eines **Lizenzvertrags** mit der betroffenen Person geregelt wird.[23] Auch eine konkludente Einräumung von Nutzungsrechten, orientiert an § 31 Abs. 5 UrhG, wird diskutiert.[24] Sind bei der Einräumung eines Nutzungsrechts die Nutzungsarten demnach nicht ausdrücklich einzeln bezeichnet, so bestimmt sich nach dem von den Vertragspartnern zugrunde gelegten Vertragszweck, auf welche Nutzungsarten es sich erstreckt. Entsprechendes würde insbesondere für die Frage gelten, ob ein Nutzungsrecht eingeräumt wird, ob es sich um ein einfaches oder **ausschließliches Nutzungsrecht** handelt, wie weit das Nutzungsrecht reicht und welchen Einschränkungen das Nutzungsrecht unterliegt. Abgestellt wird dabei auf das Erfordernis einer angemessenen Vergütung, aber es wird auch gesehen, dass die ideellen Bestandteile des Persönlichkeitsrechts unauflöslich mit der Person verbunden und nicht übertragbar sind.[25] Die Einräumung ausschließlicher Nutzungsrechte erscheint vor diesem Hintergrund zwar denkbar. Allerdings bliebe offen, ob derart weitreichende vertragliche Bindungen mit persönlichkeitsrechtlichen Anforderungen noch vereinbar wären. Selbst Befürworter einer dem **Urheberrecht** vergleichbaren Verwertung personenbezogener Daten befürchten negative Auswirkungen einer uneingeschränkten Kommerzialisierung, die in einem drohenden Kontrollverlust über diese Daten bestünden und auch auf die Marktmacht internationaler Konzerne zurückzuführen seien.[26] Eine weitere Fragestellung läge darin, durch welche gesetzlichen Regelungen die Einräumung von Nutzungsrechten beschränkt werden müsste und inwieweit aus verfassungsrechtlichen Erwägungen heraus dem Staat hierfür ein Schutzauftrag erwächst.

d) Vertragliche Lösungen

14 Weiterhin zeichnen einige Autoren das Bild einer Regulierung durch **Datenverarbeitungsverträge** im großen Umfang, in denen der Zweck der Datenverarbeitung und die zu erbringende Gegenleistung exakt und explizit geregelt sei.[27] Vertragliche Lösungs-

---

22 *Schweitzer* GRUR 2019, 569 (580).
23 *Wandtke* MMR 2017, 6 (11).
24 *Jöns*, Daten als Handelsware, 71.
25 *Wandtke* MMR 2017, 6 (11).
26 *Jöns*, Daten als Handelsware, 78 f.
27 *Reiners* ZD 2015, 51 (55).

ansätze sind in der Tat ein Mittel, den Umgang mit personenbezogenen Daten als Gegenleistung für eine Dienstleistung zu vereinbaren. Allerdings bestehen hierfür hohe Anforderungen aus datenschutzrechtlichem Blickwinkel. Gem. Art. 5 Abs. 1 lit. a DS-GVO müssen personenbezogene Daten auf rechtmäßige Weise, nach Treu und Glauben und in einer für die betroffene Person nachvollziehbaren Weise verarbeitet werden. Der Grundsatz der Transparenz setzt voraus, dass alle Informationen und Mitteilungen zur Verarbeitung der personenbezogenen Daten leicht zugänglich und verständlich und in klarer und einfacher Sprache abgefasst sind.[28] Häufig werden aber in der Praxis bereits die **Informationspflichten** nach Art. 13 DS-GVO nicht erfüllt, was an mancher „Datenschutzerklärung" in Webauftritten ablesbar ist: Vielfach nutzen Unternehmen in ihren entsprechenden Veröffentlichungen vorformulierte Erklärungen, welche auf die tatsächliche Datenverarbeitung keinen Bezug nehmen. Gesetzes- und Verordnungstexte werden schlicht wiederholt, ohne die Verarbeitung transparent, leicht lesbar und bündig zu beschreiben. Verarbeitungszwecke sind oft nicht klar und konkret erläutert. Der Nutzer sieht sich im Einzelfall mit endlosen Texten zu „**Datenschutzerklärungen**" konfrontiert, deren Sinn sich nicht erschließt. Transparenzanforderungen werden iRd Geltendmachung von Auskunftsansprüchen nach Art. 15 DS-GVO eingefordert, was jedoch häufig zu gerichtlichen Verfahren führt.[29] Die Umsetzung der datenschutzrechtlichen Transparenzvorgaben im Zusammenhang mit dem Abschluss von Datenverarbeitungsverträgen dürfte vor diesem Hintergrund kein kurzfristig erreichbares Ziel darstellen.

Hinzu kommen zahlreiche zivilrechtliche Anforderungen, wie etwa die Wirksamkeit von AGB-Klauseln.[30] Vertragsklauseln, auch in Kombination mit **Einwilligungserklärungen** hinsichtlich der Verwendung personenbezogener Daten, sind häufig Gegenstand gerichtlicher Überprüfungen.[31] Die rechtlichen Anforderungen werden dabei oft nicht erfüllt, was gegen eine schnelle Erreichung des gewünschten Regulierungsziels spricht. Zudem handelt es sich bei den **Transparenzvorgaben** der DS-GVO, vor allem in Bezug auf vertragliche Vereinbarungen, noch um eine recht junge Materie, für welche sich noch eine maßgebliche Rspr. entwickeln muss. Es bleibt auch fraglich, ob betroffene Personen bei einer Vielzahl von Datenverarbeitungsverträgen die Kontrolle der Einhaltung vertraglicher Vereinbarungen noch steuern können. Eine vertragswidrige Verarbeitung personenbezogener Daten müsste den betroffenen Personen offenkundig und beweisbar sein. Diese **Kontrollhoheit** dürfte aber beschränkt sein, soweit im Einzelfall entgegen vertraglicher Regelungen zweckfremde Verarbeitungen erfolgen, die für betroffene Personen nicht ohne Weiteres nachvollziehbar sind, wie etwa nicht autorisierte interne Weiterverarbeitungen oder vertragswidrige **Pseudonymisierungen** mit anschließender Übermittlung pseudonymer Daten an Dritte.

---

[28] ErwGr 39 DS-GVO.
[29] Vgl. etwa OLG Köln Urt. v. 23.10.2020 – 20 U 57/19, ZD 2021, 324; OLG Köln Urt. v. 26.7.2019 – 20 U 75/18, ZD 2019, 462.
[30] *Wendehorst/Graf v. Westphalen* NJW 2016, 3745 (3750).
[31] Vgl. etwa im Bereich der Werbung BGH Beschl. v. 5.10.2017 – I ZR 7/16, GRUR 2018, 96 – Cookie-Einwilligung; BGH Urt. v. 28.5.2020 – I ZR 7/16, NJW 2020, 2540 – Cookie Einwilligung II.

e) Ökonomische Betrachtung

16 Ein **wirtschaftlicher Wert** personenbezogener Daten ist kein junges Phänomen. So wird bereits in § 22 S. 2 KunstUrhG bestimmt, dass die Einwilligung im Zweifel als erteilt gilt, wenn der Abgebildete dafür, dass er sich abbilden ließ, eine Entlohnung erhielt. IRd **Anfertigung von Bildnissen** zeigte sich in der Rechtsprechung[32] deutlich eine Berücksichtigung der vermögensrechtlichen Komponente beim Schutz des allgemeinen Persönlichkeitsrechts.[33] Weiterhin erkannten die Gerichte auch für **Namensangaben**, die etwa mit bestimmten Produkten in einen Zusammenhang gebracht wurden, eine ökonomische Bedeutung.[34] Die Kommerzialisierung personenbezogener Daten erstreckt sich mittlerweile auf vielfältige Bereiche. Im Folgenden werden drei Anwendungsbeispiele aufgeführt.

aa) Direktmarketing

17 Bereits vor Geltung der Datenschutz-Grundverordnung existierten zum **Adresshandel** und der **Werbung** Sondervorschriften in den §§ 28, 29 BDSG aF. Mit deren Wegfall ist nun gem. Art. 6 Abs. 1 lit. f DS-GVO regelmäßig zu prüfen, ob der datenschutzrechtlich Verantwortliche ein berechtigtes Interesse an einer Verarbeitung der Daten zu Werbezwecken hat, die Daten zur Wahrnehmung dieses Interesses erforderlich sind und ob die Interessen oder Grundrechte und Grundfreiheiten der betroffenen Person eine Verarbeitung entgegenstehen. Nach ErwGr 47 DS-GVO kann im Einzelfall die Verarbeitung zum Zwecke der Direktwerbung ein berechtigtes Interesse darstellen. Der betroffenen Person kann gegen die Verarbeitung der Daten zu Werbezwecken ein **Widerspruchsrecht** nach Art. 21 Abs. 1 und 2 DS-GVO zustehen.

18 Die **Direktwerbung** erfolgt dabei nicht lediglich mittels privater Anschriften. Diese Anschriften sind zwecks einer **zielgruppengenauen Ansprache** von Werbegruppen mit zusätzlichen personenbezogenen Angaben verknüpft. Häufig dienen etwa Daten zum Konsumverhalten, soziodemografische Informationen, geografische Merkmale, Alter, Angaben zum Familienleben und Familienstand zur Auswahl von Werbeadressaten. Adresshandelsunternehmen bieten auf dieser Grundlage eine spezifische Selektion von Werbegruppen, die für ein bestimmtes Produkt angesprochen werden sollen. Die Verarbeitung der personenbezogenen Daten dient dabei insbesondere der Gewinnung von **Neukunden**. Eine zielgruppenspezifische Datenverknüpfung kommt allerdings auch für den Kontakt mit **Bestandskunden** in Betracht, um deren Konsuminteressen besser zu erfassen. Als Datenquellen dienen Adresshandelsunternehmen oft Veröffentlichungen in Internetauftritten, Adress- und Telefonverzeichnissen oder frei zugänglichen Registern. In allen Fällen muss die Datenerhebung zulässig sein und folglich auf einer Rechtsgrundlage beruhen. Die Verarbeitung besonderer Datenkategorien nach Art. 9 Abs. 1 DS-GVO für Werbezwecke bedarf in diesem Zusammenhang stets einer Einwilligung der betroffenen Personen nach Maßgabe von Art. 9 Abs. 2 lit. a DS-GVO.[35] Die Verarbeitung weiterer sensibler Informationen, wie etwa Konto-

---

32 BVerfG Beschl. v. 22.8.2006 – 1 BvR 1168/04, BVerfGK 9, 83 = NJW 2006, 3409.
33 *Wandtke* MMR 2017, 6 (9).
34 EGMR Urt. v. 19.2.2015 – 53649/09, NJW 2016, 781.
35 *Datenschutzkonferenz*, Orientierungshilfe der Aufsichtsbehörden zur Verarbeitung von personenbezogenen Daten für Zwecke der Direktwerbung unter Geltung der Datenschutz-Grundverordnung 2019, 10.

verbindungs- und Umsatzdaten zu Werbezwecken wird ebenfalls einer Einwilligung der betroffenen Person nach Art. 6 Abs. 1 lit. a DS-GVO bedürfen. Zusätzliche Beschränkungen einer Verarbeitung zu Werbezwecken bestehen auch durch das Wettbewerbsrecht, was nach § 7 Abs. 2 und 3 UWG vor allem für private Telefonnummern und E-Mail-Adressen gilt. Adresshandelsunternehmen, welche E-Mail-Adressen von betroffenen Personen kommerzialisieren, müssen ihren Vertragspartnern belegen können, dass die entsprechenden Daten zulässigerweise erhoben wurden.

Da hinsichtlich der Prüfung berechtigter Interessen der Unternehmen nach Art. 6 Abs. 1 lit. f., ErwGr 47 DS-GVO die **vernünftigen Erwartungen** der betroffenen Person zu analysieren sind, bleibt im Einzelfall oft die Frage, ob aus Sicht der betroffenen Personen mit der Vermarktung der eigenen privaten Adresse unter Anreicherung mit zielgruppenspezifischen Merkmalen für Werbezwecke durch fremde Unternehmen gerechnet werden musste. Eine solche Erwartung wird nicht pauschal für alle Bevölkerungskreise anzunehmen sein. Ein entsprechendes Direktmarketing wird vielen betroffenen Personen sogar höchst unwillkommen sein. Die Privatwirtschaft möchte zur Lösung des Konflikts auf frühzeitige Informationen setzen, die sie den betroffenen Personen erteilt. So soll etwa im Rahmen vertraglicher Vereinbarungen auf die Möglichkeit hingewiesen werden, die Adressangaben zu Werbezwecken an andere Unternehmen weiterzugeben. Diese Unterrichtung wird als ausreichend betrachtet, die Interessenabwägung iRv Art. 6 Abs. 1 lit. f DS-GVO zugunsten des Werbeunternehmens vorzunehmen. Genau genommen erfolgt diese Unterrichtung allerdings häufig in Erfüllung der **Informationspflichten** nach Art. 13 und 14 DS-GVO, welche zusätzliche Verpflichtungen betreffen, die neben der Rechtmäßigkeit der Verarbeitung nach Art. 6 Abs. 1 DS-GVO gegeben sein müssen. 19

Der „Handel" der Adressdaten bezieht sich auf verschiedene Geschäftskonzepte. Praktiziert wird neben dem klassischen **Verkauf von Daten** zum Zweck der Werbeansprache auch die **Vermietung von Datenbeständen**. Für die Berechnung des wirtschaftlichen Wertes von Datensätzen, die etwa aus einer Post- oder E-Mail-Adresse bestehen und mit weiteren Daten verknüpft werden, wird nach Untersuchungen auf Bezüge zwischen dem Umfang der bei dem Adresshandelsunternehmen vorhandenen Datensätze und wirtschaftlichen Kennziffern, wie Umsatz, Gewinn und Wertschöpfungsanteil, abgestellt.[36] Auch die **Datenqualität** hat für die Wertbildung Einfluss, wobei die Aktualität der Daten, die Verwendbarkeit, die Granularität und die Transparenz hinsichtlich der Herkunft der Daten entscheidend ist.[37] 20

bb) Tätigkeit von Auskunfteien

Auskunfteien sind als überwachungsbedürftige Gewerbe in § 38 Abs. 1 S. 1 Nr. 2 GewO aufgeführt, wobei deren Gewerbezweig mit der „Auskunftserteilung über Vermögensverhältnisse und persönliche Angelegenheiten" beschrieben wird. Der Gesetzgeber hat bereits zu § 28a BDSG aF ausgeführt, dass unter einer Auskunftei ein Unternehmen zu verstehen ist, welches unabhängig vom Vorliegen einer konkreten Anfrage geschäftsmäßig bonitätsrelevante Daten über Unternehmen oder Privatpersonen 21

---

[36] *Goldhammer/Wiegand*, Ökonomischer Wert von Verbraucherdaten für Adress- und Datenhändler, 69.
[37] *Palmetshofer/Semsrott/Alberts*, Der Wert persönlicher Daten, 16.

sammelt, um sie bei Bedarf seinen Geschäftspartnern für die Beurteilung der Kreditwürdigkeit der Betroffenen gegen Entgelt zugänglich zu machen.[38] Die Zulässigkeit der Datenverarbeitung wird überwiegend auf Art. 6 Abs. 1 lit. f DS-GVO gestützt. Das daraus resultierende Erfordernis, wonach die Verarbeitung der personenbezogenen Bonitätsdaten zur Wahrung berechtigter Interessen erforderlich sein muss, steht auch mit der Datenqualität im Zusammenhang, indem die Anerkennung entsprechender wirtschaftlicher Zielsetzungen sich nur auf korrekte Daten beziehen kann.[39] Bonitätsinformationen werden gegen Entgelt in verschiedenen Branchen abgefragt. Dies betrifft etwa Kreditinstitute, den Versandhandel, die Telekommunikationsbranche und die Versicherungswirtschaft. Dabei bieten die Auskunfteien auch weitere Dienstleistungen an, wie zB Risikomanagement-Tools zur Betrugsprävention in Form von Geräte-, Identitäts- und Kontonummern-Prüfungen.[40]

cc) **Tarife in der Versicherungswirtschaft**

22 Kfz-Versicherungsunternehmen bieten zunehmend Tarife an, mit denen sie umsichtige Fahrerinnen und Fahrer finanziell belohnen. Das Fahrverhalten wird aufgezeichnet und bei risikoarmer und angemessener Fahrweise profitiert die versicherte Person von einem günstigeren Tarif. Das Fahrzeug wird regelmäßig per GPS geortet und über Sensortechnik erfolgt die Erhebung fahrdynamischer Zustände und Sicherheitseinrichtungen.[41] Nach Erhebung der Daten in einer **Telematik-Box** erfolgt deren Übersendung über das Mobilfunknetz an die jeweilige Kfz-Versicherung. Auf Grundlage einer Vereinbarung erhalten Versicherungsnehmerinnen und Versicherungsnehmer einen Nachlass auf die Versicherungsprämie, verpflichten sich aber im Gegenzug etwa zur autorisierten Übermittlung von Angaben zur Einhaltung von Geschwindigkeitsbegrenzungen, zum Bremsverhalten, zum Fahrverhalten in Kurven, zum Beschleunigungsverhalten sowie zu den Fahrzeiten und -orten. Von hoher Bedeutung ist auch hierbei die vereinbarte zweckgebundene Datenverarbeitung, da die erstellten **Fahrprofile** vor allem eine detaillierte Aufschlüsselung von Standorten und zurückgelegten Strecken ermöglichen. Ferner könnten die erhobenen Daten auch zur Aufklärung von Unfällen dienen. Bedenken an einer Verwendung von Telematik-Tarifen können aus datenschutzrechtlicher Sicht dann entstehen, wenn die Versicherungsunternehmen keine Alternativen einräumen und ausschließlich vertragliche Vereinbarungen anbieten, welche eine entsprechend umfassende Verarbeitung des Fahrverhaltens vorsehen.

23 Geprüft werden auch Versicherungstarife im Bereich der Krankenversicherungen, bei welchen die versicherten Personen Ersparnisse für die Versicherungsprämie erhalten sollen, wenn diese **Gesundheitsdaten** übermitteln. Da es sich hierbei um besondere Datenkategorien nach Art. 9 Abs. 1 DS-GVO handelt, kommt hierfür in erster Linie nur eine Einwilligung der betroffenen Person nach Art. 9 Abs. 2 lit. a DS-GVO in Betracht. Die Datenerhebung erfolgt mittels am Körper getragener Datenspeicher (**Wearables**) und durch Nutzung von **Fitness-Apps**. Über eine GPS-Anbindung ist es

---

38 BT-Drs. 16/10529, 9.
39 Kühling/Buchner/*Buchner/Petri* DS-GVO Art. 6 Rn. 165.
40 Goldhammer/Wiegand, Ökonomischer Wert von Verbraucherdaten für Adress- und Datenhändler, 63.
41 *Kinast/Kühn* NJW 2014, 3057 (3057).

auch möglich, Daten zu Standort und Zeit zu erfassen. Weiterhin erhebt das jeweilige System Angaben zum gemessenen Puls, zur Herzfrequenz, zum Blutdruck, zum Schlafverhalten und zu den verbrauchten Kalorien. Besondere Sorgfalt wird man auf die Freiwilligkeit einer Einwilligungserklärung legen müssen und auf die Frage, ob die versicherte Person eine echte Wahl hatte, einen Tarif ohne Bereitstellung von Gesundheitsdaten zu nutzen. Ferner müssen die Datenverarbeitungsprozesse transparent gestaltet sein und der Vernetzungsstatus muss für die versicherte Person steuerbar sein.[42] Für die Telematik-Tarife der Kfz-Versicherungen und die diskutierten Tarife für Krankenversicherungen gilt gleichermaßen, dass auch die Gewährleistung der Anforderungen an die Datensicherheit einer vertieften Untersuchung bedürfen. Schließlich ist auch die Einhaltung der Zweckbindung näher zu analysieren, da sich aus den erhobenen Daten auch Rückschlüsse auf das Privatleben und Krankheitsbilder ergeben können.

f) Steuerrechtliche Überlegungen

Erörtert wird auch, inwieweit die Bereitstellung digitaler Dienste gegen Nutzung personenbezogener Daten einer **Umsatzbesteuerung** unterliegt.[43] Fraglich ist zunächst, ob es sich bei solchen Geschäften um einen tauschähnlichen Umsatz handelt, § 3 Abs. 12 UStG, bei welchem die Bereitstellung der personenbezogenen Daten als sonstige Leistung, § 3 Abs. 9 UStG, angesehen werden kann.[44] Als Leistungsgegenstand wird teilweise nicht das personenbezogene Datum betrachtet, sondern vielmehr die **Einräumung von Datenverwertungsrechten**.[45] Ferner müssten die Leistungserbringer gem. § 2 Abs. 1 S. 1 UStG als Unternehmer qualifiziert werden können. Eine besondere Herausforderung ist die Prüfung, nach welcher Methodik der Wert des Umsatzes bemessen werden soll. Es müsste sich um einen Gegenwert handeln, welcher in einem Geldbetrag darstellbar ist. Hierdurch kommt es entscheidend auf den Wert der personenbezogenen Daten an, soweit diese als Gegenleistung für den Empfang einer digitalen Dienstleistung vereinbart wurden. Die Rspr. beurteilt den Wert bei Leistungen, die nicht in der Zahlung eines Entgelts bestehen, aus Sicht des Leistungsempfängers. Die Gegenleistung, welche als **Steuerbemessungsgrundlage** eines Umsatzes dient, wird als ein **subjektiver Wert** betrachtet. Dieser subjektive Wert müsse derjenige Wert sein, den der Empfänger einer Dienstleistung, die die Gegenleistung für die Lieferung von Gegenständen darstellt, den Dienstleistungen beimisst, die er sich verschaffen will, und dem Betrag entsprechen, den er zu diesem Zweck aufzuwenden bereit ist.[46] Bietet ein Unternehmer digitale Dienste an und erhält er im Gegenzug hierfür personenbezogene Daten eines Nutzers, so wäre zu prüfen, ob der Unternehmer diesen Daten einen Wert beimisst, den er bei interner Kalkulation eines Preises, zu welchem er die digitalen Dienste anbietet, berücksichtigt. Maßgeblich könnte dabei sein, welchen monetären Wert der erhaltene Datensatz nach dem betriebenen Geschäftsmodell auf-

---

42 *Datenschutzkonferenz*, Entschließung der 91. Konferenz der unabhängigen Datenschutzbehörden des Bundes und der Länder – Wearables und Gesundheits-Apps – Sensible Gesundheitsdaten effektiv schützen!, 04/2016.
43 *Melan/Pfeiffer* DStR 2017, 1072 (1072).
44 Verneinend *Grambeck* DStR 2016, 2026 (2032).
45 *Melan/Pfeiffer* DStR 2017, 1072 (1073).
46 EuGH Urt. v. 10.1.2019 – C-410/17, ECLI:EU:C:2019:12, Rn. 38.

§ 6 Digitale Produkte und Datenschutz

weist, wobei eine beabsichtigte Datennutzung für Werbe- oder Marketingzwecke Ansatzpunkte für eine Wertberechnung liefern könnte.

III. Spannungsverhältnis: Vertrag und Einwilligung

1. Erforderlichkeit der Datenverarbeitung

a) Vertragsfreiheit und Persönlichkeitsschutz

25   Die Verarbeitung personenbezogener Daten ist nach Art. 6 Abs. 1 lit. b DS-GVO rechtmäßig, wenn diese insbesondere zur Erfüllung eines Vertrags mit der betroffenen Person erforderlich ist. Das Tatbestandsmerkmal der Erforderlichkeit wird restriktiv verstanden, indem nur die absolut notwendigen Daten für die Vertragserfüllung erfasst sein dürfen.[47] In diesem Zusammenhang ist zunächst zu bemerken, dass der Unionsgesetzgeber mit Art. 16 GRCh die unternehmerische Freiheit schützt und dieses Schutzgut die Freiheit der Ausübung einer Wirtschafts- und Geschäftstätigkeit, die **Vertragsfreiheit** und den freien Wettbewerb umfasst.[48] Die Vertragsparteien können daher frei vereinbaren, was Gegenstand eines Vertrags sein soll. Grenzen der Vertragsfreiheit sind etwa zivilrechtlichen Regelungen zu entnehmen. Hierzu zählen vor allem die Sittenwidrigkeit nach § 138 BGB, entgegenstehende Verbotsgesetze nach § 134 BGB und die Vorschriften zur Gestaltung rechtsgeschäftlicher Schuldverhältnisse durch AGB nach den §§ 305 ff. BGB. Anderseits billigt Art. 8 Abs. 1 GRCh den natürlichen Personen ein Recht auf Schutz der sie betreffenden personenbezogenen Daten zu. Diese Maßgabe wird ferner in Art. 1 Abs. 2 DS-GVO erwähnt. Für die unternehmerische Freiheit und den Schutz personenbezogener Daten muss ein angemessener Interessenausgleich erzielt werden. Als unzulässig wird es angesehen, wenn eine Vertragspartei für sich selbst ein bestimmtes **Geschäftsmodell** definiert, um dann sämtliche Datenverarbeitungsprozesse als erforderlich einzuordnen.[49] Ist eine Verarbeitung lediglich nützlich, aber für die Erbringung der vertraglichen Dienstleistung oder für die Einleitung entsprechender vorvertraglicher Schritte auf Anfrage der betroffenen Person objektiv nicht erforderlich, so scheidet Art. 6 Abs. 1 lit. b DS-GVO als Rechtsgrundlage aus, selbst wenn sie für andere Geschäftszwecke des Verantwortlichen erforderlich wäre.[50] Maßgeblich dürfte auch sein, inwieweit **legitime Verarbeitungszwecke** verfolgt werden, Art. 5 Abs. 1 lit. b DS-GVO. Zusätzlich kann die **Kumulation von Zwecksetzungen** Anhaltspunkte für eine fehlende Erforderlichkeit liefern, indem neben dem eigentlichen Vertragszweck weitere **vertragsfremde Zwecksetzungen** zur Realisierung eines Geschäftsmodells formuliert werden. Das European Data Protection Board hat als Prüfungsmaßstab zudem eine Beurteilung gefordert, was für die Erfüllung des Vertrags **objektiv**[51] erforderlich ist. Formulierungen in Ver-

---

[47] Simitis/Hornung/Spiecker/*Schantz* DS-GVO Art. 6 Rn. 32.
[48] EuGH Urt. v. 30.6.2016 – C-134/15, ECLI:EU:C:2016:498, Rn. 28; Meyer/Hölscheidt/*Bernsdorff* GRCh Art. 16 Rn. 8.
[49] Kühling/Buchner/*Buchner/Petri* DS-GVO Art. 6 Rn. 40a; Simitis/Hornung/Spiecker/*Schantz* DS-GVO Art. 6 Rn. 32.
[50] *Heinzke/Engel* ZD 2020, 189 (192); *EDPB*, Leitlinien 2/2019 für die Verarbeitung personenbezogener Daten gemäß Art. 6 Absatz 1 Buchstabe b DS-GVO im Zusammenhang mit der Erbringung von Online-Diensten für betroffene Personen, 9.
[51] *Mackenrodt/Wiedemann* ZUM 2021, 89 (98).

tragsklauseln allein werden hierfür als nicht ausreichend betrachtet, eine Erforderlichkeit anzunehmen.[52]

b) Leitlinien in der Rechtsprechung

Eine Erforderlichkeit hat das KG Berlin für Verarbeitungen verneint, die in verschiedenen Klauseln eines Vertrags zum Bezug von Leistungen im Bereich des Onlinehandels enthalten waren.[53] Demnach sahen diese Klauseln zB vor, dass personenbezogene Daten für neue Produktankündigungen, Softwareupdates und anstehende Veranstaltungen und zur Verbesserung von Diensten, Inhalten und Werbung, zur Weitergabe an Marketingpartner genutzt werden sollten. Weiterhin war etwa die Erhebung von Standortdaten vorgesehen, um standortbezogene Dienste anzubieten. Die Verarbeitung für die genannten **Werbe- und Marketingzwecke** sah das KG Berlin als **interne Zwecke** des Unternehmens an, die mit der eigentlichen Bestellung der Online-Ware nicht im Zusammenhang standen und somit eine Erforderlichkeit nach Art. 6 Abs. 1 lit. b DS-GVO ausschied. Das BKartA[54] hat für ein **marktbeherrschendes Unternehmen** die Erforderlichkeit von Datenverarbeitungen zur Erfüllung eines Vertrags verneint, die aus konzerneigenen Diensten und Business-Tools ein **Profiling** ermöglichen sollten. Es könnten demnach nicht alle denkbaren, mit dem Dienst zusammenhängenden Datenverarbeitungsprozesse im wirtschaftlichen Interesse eines selbstdefinierten datengetriebenen Geschäftsmodells mit personalisierten Diensten und **personalisierter Werbung** umfasst sein. Eine Datenverarbeitung sei nur dann für die Vertragserfüllung erforderlich, wenn bei vernünftiger Betrachtung das Angewiesensein des Unternehmens auf das konkret in Frage stehende Mittel zu bejahen und ein Verzicht auf die Daten nicht sinnvoll oder unzumutbar ist.[55] Der BGH[56] hat die Entscheidung des BKartA bestätigt: Das Interesse eines **Online-Dienstanbieters** zur Gestaltung seines Leistungsangebots beurteilte das Gericht im konkreten Fall angesichts der hohen Bedeutung der Rechtsgüter betroffener Personen, des Grades der Marktbeherrschung und der Marktstrukturen und hinsichtlich der Behinderungswirkung gegenüber den Interessen der betroffenen Personen an der Beschränkung der Verarbeitung ihrer personenbezogenen Daten auf das erforderliche Maß als nachrangig.

Die Auswertung der Internetnutzung betroffener Personen auf Webseiten anderer Dienstanbieter ist für die Erfüllung des vertraglichen Leistungsangebots des Online-Dienstanbieters nicht erforderlich. Bzgl. der Übermittlung der Daten zu den Internetaktivitäten auf Webseiten anderer Dienstanbieter benötigt der Online-Dienstanbieter eine Einwilligung der betroffenen Personen.

---

52 EDPB, Leitlinien 2/2019 für die Verarbeitung personenbezogener Daten gemäß Art. 6 Absatz 1 Buchstabe b DS-GVO im Zusammenhang mit der Erbringung von Online-Diensten für betroffene Personen, 10.
53 KG Berlin Urt. v. 27.12.2018 – 23 U 196/13, CR 2019, 308.
54 BKartA Beschl. v. 6.2.2019 – B6-22/16, WuW 2019, 277.
55 BKartA Beschl. v. 6.2.2019 – B6-22/16, WuW 2019, 277.
56 BGH Beschl. v. 23.6.2020 – KVR 69/19, BGHZ 226, 67 = GRUR 2020, 1318.

c) Fallbeispiele des European Data Protection Board

28 Die Leitlinien des European Data Protection Board enthalten eine Analyse zu Zwecksetzungen,[57] für die im Ergebnis eine Anwendung von Art. 6 Abs. 1 lit. b DS-GVO ausscheidet. Eine **Verbesserung des Dienstes** als Zweck neben der Erbringung der eigentlichen Online-Dienstleistung wird demnach nicht als zur Vertragserfüllung erforderlich betrachtet. Es mag sein, dass hier ein besonderer Servicegedanke des Verantwortlichen im Vordergrund steht oder Online-Inhalte auf Webseiten für die Zukunft bedarfsgerechter gestaltet und für Nutzer zielgruppengenauer angeboten werden sollen. Für diese Zwecksetzung kommen allerdings andere Rechtsgrundlagen in Betracht, die sich ggf. aus Art. 6 Abs. 1 lit. a oder f. DS-GVO ergeben können. Auch die Zwecksetzung der **Betrugsprävention**, wonach personenbezogene Kundenprofile zur Überwachung des Online-Verkehrs dienen sollen, was etwa der Kontrolle dienen kann, Identitätsmissbrauch oder kriminelles Verhalten aufzudecken, zählt nicht zur Erforderlichkeit der Vertragserfüllung. Hierfür kann der Anbieter der Online-Leistung aber möglicherweise auf Art. 6 Abs. 1 lit. c oder f. DS-GVO zurückgreifen. Ferner wird für **verhaltensbasierte Online-Werbung** keine entsprechende Erforderlichkeit angenommen, mag die damit verbundene Verfolgung und Profilerstellung betroffener Personen auch zur Finanzierung des Online-Dienstes dienen. Für Werbung kann im Einzelfall als Rechtsgrundlage Art. 6 Abs. 1 lit. f DS-GVO anwendbar sein, was die Möglichkeit einschließt, nach Maßgabe von Art. 21 DS-GVO einen Widerspruch gegen diese Verarbeitung einzulegen. Erfolgt im Zusammenhang mit der verhaltensbasierten Werbung die Setzung von Cookies, so wird hierfür eine separate Einwilligung notwendig sein. Besonderheiten erläutert das European Data Protection Board für die Verarbeitung zur **Personalisierung von Inhalten**. Ist diese nicht **integraler Bestandteil** der Dienstleistung, erfolgt diese etwa zur Bindung des Kunden an einen Dienst im Rahmen des Geschäftsmodells, so ist die Erforderlichkeit zur Vertragserfüllung nicht gegeben. Es wäre eine separate Rechtsgrundlage hierfür zu prüfen.

2. Freiwilligkeit der Einwilligungserklärung

a) Abweichung in den Erwägungsgründen zur Datenschutz-Grundverordnung

29 Das Spannungsverhältnis zwischen Vertrag und Einwilligung verdeutlicht der EU-Verordnungsgeber mit Art. 7 Abs. 4 DS-GVO. Gemäß dieser Vorschrift muss bei der Beurteilung, ob die Einwilligung freiwillig erteilt wurde, „dem Umstand in größtmöglichen Umfang Rechnung getragen" werden, ob ua die Erfüllung eines Vertrags, einschließlich der Erbringung einer Dienstleistung, von der Einwilligung zu einer Verarbeitung von personenbezogenen Daten abhängig ist, die für die Erfüllung des Vertrags nicht erforderlich sind. Gem. ErwGr 43 S. 2 DS-GVO „gilt" die Einwilligung hingegen auch dann als nicht freiwillig erteilt, wenn die Erfüllung eines Vertrags, einschließlich der Erbringung einer Dienstleistung, von der Einwilligung abhängig ist, obwohl diese Einwilligung für die Erfüllung nicht erforderlich ist. Aus dieser Abweichung im Wortlaut wird teilweise die Schlussfolgerung gezogen, Kopplungen zwischen Vertrag und Einwilligung sind durch die Formulierung „in größtmöglichen

---

[57] EDPB, Leitlinien 2/2019 für die Verarbeitung personenbezogener Daten gemäß Art. 6 Absatz 1 Buchstabe b DS-GVO im Zusammenhang mit der Erbringung von Online-Diensten für betroffene Personen, 15 ff.

Umfang" weiterhin zulässig.[58] In der Rspr. wird dieser Umstand aufgelöst, indem an die Beurteilung der Freiwilligkeit „strenge Anforderungen" zu stellen sind:[59] Sehen die AGB in einem Vertrag bzgl. des Empfangs von Fernsehprogrammen vor, dass die von den betroffenen Personen angegebenen Daten wie Name, Geburtsdaten, Adresse, Telefonnummer, E-Mail-Adresse, Client ID, Internet ID mit deren Zustimmung für **Werbezwecke** an das Vertragsunternehmen und an verbundene Unternehmen übermittelt werden dürfen, so wird darin keine freiwillige Einwilligung erblickt. Dies gilt auch für den Fall, dass in der Vertragsklausel auf die Widerruflichkeit der Erklärung hingewiesen wird.

b) Kopplung zwischen Vertrag und Einwilligung

Der Begriff „Kopplung" ergibt sich nicht aus dem Wortlaut des Art. 7 Abs. 4 DS-GVO. Und gleichwohl weist der Regelungsgehalt der Vorschrift auf das Verbot einer **spezifischen Kombination** zwischen Vertrag und Einwilligung und damit auf ein **Spannungsverhältnis** in Bezug auf Art. 6 Abs. 1 lit. a und b DS-GVO hin. Teilweise wird der Anwendungsbereich der Norm auf Fälle beschränkt, in welchen das verantwortliche Unternehmen eine **Monopolstellung** besitzt.[60] Eine **unzulässige Kopplung** scheide auch dann aus, wenn den betroffenen Personen anstelle der Preisgabe ihrer Daten als Gegenleistung für eine Leistung eine alternative Möglichkeit angeboten wird, insbesondere die **Zahlung eines Entgelts**.[61]

30

Die Konstellation einer Kopplung in diesem Sinne ist zunächst von Fällen abzugrenzen, die ausschließlich eine vertragliche Konstruktion zum Gegenstand haben und Einwilligungsklauseln auch nicht in **Vertragsklauseln oder AGB** integriert sind. In diesem Kontext ist bedeutsam, dass die Rspr. die Abgabe von Einwilligungserklärungen im Wege einer vorformulierten Erklärung für zulässig erachtet und der Kontrolle nach den §§ 305 ff. BGB unterwirft.[62] Art. 7 Abs. 4 DS-GVO ist nur dann maßgeblich, wenn die geforderten Daten nicht für die Erfüllung eines Vertrags, einschließlich der Erbringung der Dienstleistung, erforderlich sind und die Erfüllung dieses Vertrags vom Erhalt dieser Daten auf der Grundlage der Einwilligung abhängig gemacht wird.[63] Gemeint sind also **Geschäftsmodelle**, bei welchen die Verarbeitung personenbezogener Daten nicht zur Vertragserfüllung erforderlich wäre, die Vertragserfüllung aber weiterhin **von der Datenerhebung abhängt** und alternativ die Daten durch eine im Vertrag integrierte (AGB) oder separate Einwilligung erlangt werden sollen. Die hierdurch bewirkte Umgehung des mit Art. 6 Abs. 1 lit. b DS-GVO gewährleisteten Schutzumfangs wird durch das in Art. 7 Abs. 4 DS-GVO geregelte **Umgehungs- und Kopplungsverbot** verhindert. Bei genauer Lektüre ergibt sich zwischen den beiden Vorschriften somit eine sinnvolle wechselseitige Schutzwirkung.

31

---

58 Gola/*Schulz* DS-GVO Art. 7 Rn. 26; aA *Dammann* ZD 2016, 307 (311).
59 OGH Wien Urt. v. 31.8.2018 – 6 Ob 140/18h, ZD 2019, 72.
60 Gola/*Schulz* DS-GVO Art. 7 Rn. 27.
61 *Krohm/Müller-Peltzer* ZD 2017, 551 (555); Sydow/*Ingold* DS-GVO Art. 7 Rn. 33.
62 BGH Urt. v. 25.10.2012 – I ZR 169/10, MDR 2013, 992.
63 *EDPB*, Leitlinien 05/2020 zur Einwilligung gemäß Verordnung 2016/679, 12 Rn. 32.

3. Prüfungsreihenfolge und Fallbeispiele

32 Bei **ausschließlich vertraglichen Konstruktionen** wird die Verarbeitung der personenbezogenen Datenverarbeitung anhand von Art. 6 Abs. 1 lit. b DS-GVO geprüft. Ist die Verarbeitung zur Erfüllung des Vertrags erforderlich, scheidet schon deshalb eine Anwendung von Art. 7 Abs. 4 DS-GVO aus. Die Erhebung der Lieferadresse zur Übersendung einer Ware im Online-Handel wäre etwa erforderlich, wenn keine Abholung vereinbart ist. Ausschließlich vertragliche Konstruktionen sind ggf. nicht tragfähig, wenn eine Datenverarbeitung **nur einwilligungsbasiert** zulässig ist, wie etwa im Anwendungsbereich von § 7 Abs. 2 Nr. 2 und 3 UWG, Art. 9 Abs. 1 lit. a DS-GVO oder § 98 TKG/künftig § 13 Abs. 1 TTDSG.

33 2. Ist die Datenverarbeitung zur Vertragserfüllung **nicht erforderlich**, weil verfolgte Verarbeitungszwecke nicht integraler Bestandteil des Vertrags sind, so fehlt eine Legitimation über Art. 6 Abs. 1 lit. b DS-GVO. Dies gilt etwa, wenn die Erbringung der Online-Dienstleistung von Datenverarbeitungen zu weiteren Zwecksetzungen, wie der Verbesserung von Diensten, der verhaltensbasierten Online-Werbung oder der Betrugsprävention **abhängig** gemacht wird.[64] Wird dieses **Abhängigkeitsverhältnis** gelöst, kann die kosten- oder nicht kostenpflichtige Dienstleistung also künftig abweichend von der ursprünglichen Konstruktion ohne eine solche Datenverarbeitung mit weiteren Zwecksetzungen erlangt werden, so kommen für diese weiteren Zwecksetzungen separate Rechtsgrundlagen in Betracht und in diesem Kontext ggf. **separate Einwilligungen**. Ein Fall des Art. 7 Abs. 4 DS-GVO scheidet dann mangels Verzahnung der gegenseitigen Leistungen in einer vertraglichen Beziehung aus.

34 Besteht ein **Abhängigkeitsverhältnis** im Rahmen einer nicht zur Vertragserfüllung erforderlichen Datenverarbeitung, scheidet Art. 6 Abs. 1 lit. b DS-GVO als Rechtsgrundlage also aus, und wird hierbei der Vertrag mit einer Einwilligung kombiniert, so ist Art. 7 Abs. 4 DS-GVO zu prüfen. Der dort normierte strenge Prüfmaßstab[65] schließt die **Freiwilligkeit der Einwilligung** zwar nicht vollständig aus, führt aber dazu, dass entsprechend **kombinierte Einwilligungen** im Regelfall unzulässig sind.[66] Wird die Teilnahme an einem Gewinnspiel von der Einwilligung in den Erhalt von E-Mail-Werbung abhängig gemacht, so ist diese Erklärung nach Maßgabe von Art. 7 Abs. 4 DS-GVO unfreiwillig. Das OLG Frankfurt hat dabei die Freiwilligkeit der Erklärung bzgl. der Begrenzung der Werbung auf acht konkret bezeichnete Werbeunternehmen bejaht, die Vorgaben zum **Kopplungsverbot** aber fälschlich nicht geprüft. Vor diesem Hintergrund überzeugt die Entscheidung des Gerichts nicht.[67] Wird der Erhalt einer bestimmten Online-Dienstleistung von der Verarbeitung bestimmter soziodemografischer Daten wie etwa Alter, Geschlecht, Bildung, Familienstand, Beschäftigung und Einkommen zum Zweck der Marktanalyse abhängig gemacht, so ist diese Verarbeitung nicht nach Art. 6 Abs. 1 lit. b DS-GVO zulässig. Verwendet das verantwortliche Unternehmen neben der vertraglichen Vereinbarung zur Bereitstellung der

---

[64] EDPB, Leitlinien 2/2019 für die Verarbeitung personenbezogener Daten gemäß Art. 6 Absatz 1 Buchstabe b DS-GVO im Zusammenhang mit der Erbringung von Online-Diensten für betroffene Personen, 15 ff.
[65] OGH Wien Urt. v. 31.8.2018 – 6 Ob 140/18h, ZD 2019, 72.
[66] EDPB, Leitlinien 05/2020 zur Einwilligung gemäß Verordnung 2016/679, 12 Rn. 35.
[67] OLG Frankfurt Urt. v. 27.6.2019 – 6 U 6/19, WRP 2019, 1489.

Online-Dienstleistung zur Legitimation der Verarbeitung zu Zwecken der Marktanalyse stattdessen eine **Einwilligungsklausel**, so ist keine Freiwilligkeit gegeben. Es ist nicht von Bedeutung, inwieweit die Online-Dienstleistung dabei kostenpflichtig oder nicht kostenpflichtig angeboten wird.

C. Neue schuldrechtliche Vorgaben zur Bereitstellung personenbezogener Daten

Mit **Richtlinien-Umsetzung** der DIRL und flankiert durch die WKRL und die ModernisierungsRL finden Regelungen zur Bereitstellung personenbezogener Daten an Stelle einer Preiszahlung in das BGB Einzug. Geregelt werden auch Folgen, die die Geltendmachung datenschutzrechtlicher Betroffenenrechte und die Abgabe von Erklärungen durch den Verbraucher auf den Verbrauchervertrag haben. Dies ist vor dem Hintergrund des vorangehend dargestellten Spannungsverhältnisses zwischen Datenschutz und Datenökonomie näher zu untersuchen. 35

I. Bereitstellung personenbezogener Daten als Gegenleistung

Mit dem Gesetz zur Umsetzung der Richtlinie über bestimmte vertragsrechtliche Aspekte der Bereitstellung digitaler Inhalte und digitaler Dienstleistungen vom 25.6.2021[68] adressiert der Gesetzgeber gleich an zwei Stellen die Möglichkeit des Verbrauchers, iRv Verbraucherverträgen personenbezogene Daten bereitzustellen. Sowohl § 312 Abs. 1a BGB nF als auch § 327 Abs. 3 BGB nF bringen die jeweils nachfolgenden Vorschriften für **Verbraucherverträge** zur Anwendung „bei denen der Verbraucher dem Unternehmer personenbezogene Daten bereitstellt oder sich hierzu verpflichtet".[69] Beide Regelungen setzen jedoch jeweils unterschiedliche (europäische) Vorgaben um. 36

1. Anwendungsbereiche

a) Bei Verbraucherverträgen

Mit der Neueinführung des Abs. 1a in § 312 BGB nF stellt der Gesetzgeber klar, dass die Vorschriften über den Anwendungsbereich und die Grundsätze bei Verbraucherverträgen sowie zu außerhalb von Geschäftsräumen geschlossenen Verträgen und Fernabsatzverträgen auch auf solche Verbraucherverträge anzuwenden sind, bei denen sich der Verbraucher in Abweichung zum neu gefassten Abs. 1 nicht „zu der **Zahlung eines Preises**" verpflichtet, sondern personenbezogene Daten bereitstellt oder sich hierzu verpflichtet. 37

Die Möglichkeit der Bereitstellung von Daten als **Gegenleistung** iRv Verbraucherverträgen im Sinne eines „Bezahlens mit Daten" ist nicht gänzlich neu.[70] In der alten Fassung des § 312 Abs. 1 BGB bezog sich der Anwendungsbereich noch auf Verbraucherverträge „die eine entgeltliche Leistung des Unternehmers zum Gegenstand haben". Dass „**entgeltlich**" iSd § 312 BGB aF auch solche Fälle erfasst, die als Entgelt 38

---

[68] BGBl. 2021 I 2123.
[69] BT-Drs. 19/27653, 34.
[70] BT-Drs. 19/27653, 34; *Lejeune* ITRB 2021, 87 (87), demzufolge die Regelung insofern nur klarstellend sei.

die Bereitstellung personenbezogener Daten vorsehen, ist – mit einigen Ausnahmen – bereits in der Lit. zur Altfassung dieser Regelung eine weit verbreitete Ansicht.[71]

39 Die dem § 312 BGB zugrundeliegende **Verbraucherrechterichtlinie 2011/83/EU** (im Folgenden: VRRL)[72] enthält den Begriff der Entgeltlichkeit als Anwendungsbeschränkung demgegenüber erst gar nicht. Sie begrenzt ihre Anwendung allerdings bei Kauf- und Dienstleistungsverträgen nach ihrem Art. 2 Nr. 5 bzw. 6 auf Verträge, bei denen „der Verbraucher [hierfür] den Preis zahlt oder dessen Zahlung zusagt". Zwar wurde selbst für diese Fälle vertreten, dass der „zu zahlende Preis" auch in der Bereitstellung von Daten gesehen werden kann.[73] ErwGr 31 der ModernisierungsRL stellt aber klar, dass die bisherige VRRL 2011 zwar für solche „Verträge über die Bereitstellung digitaler Inhalte" gelte, „die nicht auf einem körperlichen Datenträger bereitgestellt werden [...], unabhängig davon, ob der Verbraucher eine Geldzahlung leistet oder personenbezogene Daten zur Verfügung stellt". Jedoch gelte sie „nicht für Verträge über digitale Dienstleistungen, nach denen der Verbraucher dem Unternehmer personenbezogene Daten ohne Zahlung eines Preises zur Verfügung stellt". Diese Bewertung mag dann aufgrund des selben Wortlauts auch für Kaufverträge nach Art. 2 Nr. 5 VRRL zu übertragen sein. Mit Art. 4 Nr. 1 lit. c ModernisierungsRL wird in Art. 2 VRRL in die beiden Nummern 4 und 5 das Tatbestandsmerkmal der Preiszahlung entfernt, so dass diese Begrenzung nun entfällt.

40 Anders als § 327ff. BGB nF ist die Anpassung des § 312 BGB nF eigentlich nicht genuines Umsetzungsprogramm zur DIRL. Da § 312 BGB die VRRL 2011 umsetzt, wäre diese Regelung eigentlich in Umsetzung der ModernisierungsRL zu ändern. Die Gesetzesbegründung zu § 312 BGB nF bemerkt hierzu gleichwohl, dass § 312 Abs. 1 BGB aF mit dem der VRRL unbekannten Tatbestandsmerkmal der **Entgeltlichkeit** einen weiter gefassten Anwendungsbereich aufweise als von der VRRL 2011 überhaupt vorgegeben. Die Regelungen des § 312 BGB würden damit auch heute schon unabhängig von der Frage, ob ein „Preis gezahlt wird" zur Anwendung kommen, wenn die Entgeltlichkeit durch Bereitstellung von Daten erfolge. Die Neuregelung durch § 312 BGB nF erweitere deshalb den Anwendungsbereich des bestehenden § 312 BGB aF nicht und setze insofern auch die ModernisierungsRL nicht vorzeitig um.[74]

41 Die Diskussion, ob dem so ist oder nicht, kann hier dahinstehen. Es ist im Ergebnis offensichtlich, dass der BGB-Gesetzgeber mit § 312 BGB nF, in Ansehung der Vorgaben der neuen Richtlinien in ihrer Gesamtheit und auch übereinstimmend zu digitalen Produkten nach § 327 BGB nF, zumindest eindeutig **klarstellen** wollte, dass die Anwendung der im Gesetz nachfolgenden Regelungen zu Verbraucherverträgen auch gegeben sein soll, wenn an Stelle eines Preises oder neben diesem personenbezogene

---

[71] Brönneke/Schmidt VuR 2014, 3 (3); BeckOK BGB/Martens § 312 Rn. 10; Jauernig/Stadler BGB § 312 Rn. 5; Schulze/Schulte-Nölke BGB § 312 Rn. 5; aA: Spindler/Schuster/Schirmbacher BGB § 312 Rn. 32; im Hinblick auf die Bewertung von Daten als Entgelt kritisch zumindest MüKo BGB/Wendehorst § 312 Rn. 38.
[72] Richtlinie 2011/83/EU des Europäischen Parlaments und des Rates vom 25.10.2011 über die Rechte der Verbraucher, zur Abänderung der Richtlinie 93/13/EWG des Rates und 1999/44/EG des Europäischen Parlaments und des Rates sowie zur Aufhebung der Richtlinie 85/577/EWG des Rates und der Richtlinie 97/7/EG des Europäischen Parlaments und des Rates, ABl. L 304, 64.
[73] Brönneke/Schmidt VuR 2014, 3 (3); Jauernig/Stadler BGB § 312 Rn. 5.
[74] BT-Drs. 19/27653, 34.

Daten bereitgestellt werden.[75] Bereits im Einklang mit der ModernisierungsRL[76] wird auf das Merkmal der „entgeltlichen Leistung" verzichtet und stattdessen die „Zahlung eines Preises" in § 312 Abs. 1 BGB nF übernommen sowie ferner die Erweiterung für die Bereitstellung von personenbezogenen Daten oder eine Verpflichtung hierzu mit Abs. 1a eingefügt.

Der Begriff **personenbezogener Daten als Gegenleistung** wird demgegenüber aus Sicht des grundrechtlichen Datenschutzes abgelehnt und in den Gesetzestexten vermieden. Stellvertretend für die kritischen Stimmen in Bezug auf die Verwendung von Waren als Zahlungsmittel im Sinne einer Gegenleistung für eine Leistung des Unternehmers sei die Stellungnahme des Europäischen Datenschutzbeauftragten (EDPS) zur DIRL genannt.[77] Der BGB-Gesetzesentwurf geht hierauf in der Begründung ein; die Einordnung als Gegenleistung wird dort auch abgelehnt.[78] Sowohl die DIRL als auch das Umsetzungsgesetz verzichten insofern auf den Begriff der Gegenleistung.[79] In der Praxis der Rechtsanwender wird die Neuregelung gleichwohl genau als eine solche Gegenleistung zu verstehen sein: Indem § 312 Abs. 1 BGB nF den Anwendungsbereich für Verbraucherverträge, „bei denen sich der Verbraucher zu einer Zahlung verpflichtet", eröffnet und Abs. 1a sodann den Anwendungsbereich so erweitert, dass er sich „auch auf Verbraucherverträge" erstreckt, „bei denen der Verbraucher dem Unternehmer personenbezogene Daten bereitstellt", wird ein klarer Zusammenhang zwischen dem Preis und den Daten als ein Surrogat einer Gegenleistung an Stelle des Preises hergestellt. Dies wird in vielen Fällen auch faktisch als **„Bezahlen mit personenbezogenen Daten"** zu verstehen sein.[80]

42

b) Bei Verbraucherverträgen über digitale Produkte

Kern des Gesetzes zur Umsetzung der DIRL sind die umfassenden Regelungen zu **Verträgen über digitale Produkte**, die als § 327–§ 327u BGB in das BGB integriert werden. Gleich wie in § 312 Abs. 1 BGB nF sind diese Vorschriften nach § 327 Abs. 1 BGB nF zunächst auf Verbraucherverträge (die sich hier auf die Bereitstellung digitaler Inhalte oder digitaler Dienstleistungen durch den Unternehmer beschränken) anzuwenden, welche die Leistung gegen Zahlung eines Preises zum Gegenstand haben. Die Anwendung wird in § 327 Abs. 3 BGB nF auf solche Verträge erweitert, bei denen der Verbraucher dem Unternehmer personenbezogene Daten bereitstellt oder sich zu deren Bereitstellung verpflichtet. Insofern ist die Regelung wortgleich zu § 312 Abs. 1a BGB nF.

43

Insoweit § 327 Abs. 1 BGB nF die Anwendung der §§ 327ff. BGB nF davon abhängig macht, dass digitale Inhalte oder Dienstleistung gegen Zahlung eines Preises erfolgen, setzt dies auch hier ein **Austauschverhältnis** voraus.[81] Da Abs. 3 den Anwendungsbe-

44

---

75 BT-Drs. 19/27653, 35.
76 BT-Drs. 19/27653, 35.
77 *EDPS*, Stellungnahme 04/2017, 9 f. sowie 11 ff., insbesondere Rn. 15–18 und Rn. 28.
78 BT-Drs. 19/27653, 35.
79 Hierzu *Mischau* ZEuP 2020, 335 (340).
80 Vgl. zur DIRL *Bach* NJW 2019, 1705 (1706), der die Leistung des Unternehmers sowie die Datenbereitstellung des Verbrauchers ausdrücklich als synallagmatische Leistungen verstanden wissen will; demgegenüber *Rosenkranz* ZUM 2021, 195 (201).
81 BT-Drs. 19/27653, 38.

reich „auch auf Verbraucherverträge" erweitert, bei denen personenbezogene Daten bereitgestellt werden, stehen wie bereits im Falle des § 312 Abs. 1a BGB nF auch Leistung und Bereitstellung personenbezogener Daten in einem gewissen Verhältnis. Die Bereitstellung personenbezogener Daten erfolgt wie im Falle des § 312 Abs. 1a BGB nF anstelle der Zahlung eines Preises oder neben dieser.[82] Wenngleich der Begriff der Gegenleistung, wie bereits zu § 312 Abs. 1a BGB nF dargelegt, etwa vom EDPS zu Recht abgelehnt und im Gesetz vermieden wird, wird es regelmäßig auf ein solches Austauschverhältnis faktisch hinauslaufen.

45 Folgerichtig passt der Gesetzgeber in diesem Zuge auch das **Recht der Schenkung** mit der Einfügung des § 516a BGB nF an. Digitale Produkte, die der Unternehmer dem Verbraucher schenkt, genießen demnach dann nicht die Erleichterungen des Schenkungsrechts zu Sach- und Rechtsmängeln zugunsten des Schenkers, wenn der Verbraucher dem Unternehmer personenbezogene Daten nach Maßgabe des § 327 Abs. 3 BGB nF bereitstellt. An ihre Stelle tritt das Gewährleistungsrecht des § 327d ff. BGB nF.

46 Verbraucherverträge über die Bereitstellung digitaler Produkte unter Bereitstellung personenbezogener Daten sind gleichwohl von besonderer Eigenart. Anders als bei Verbraucherverträgen über den Kauf von Sachen, ist der **Leistungsgegenstand** des Unternehmers in der Praxis nicht immer leicht zu greifen. Er kann im eindeutigeren Fall darin bestehen, eine App anzubieten, die Verbraucher in einem „App-Store" gleich einem Online-Shop für physische Waren beziehen und sich als Software auf ihre Endgeräte laden können. Leistungsgegenstand kann aber auch das Betreiben und Bereitstellen einer Webseite sein, die die Verbraucher besuchen können.

47 Anders als bei Verbraucherverträgen, die als Gegenleistung die Zahlung eines Preises vorsehen, sind ferner auch das „Ob" und der mögliche Charakter einer Gegenleistung nicht immer trennscharf. Auch über datenschutzrechtliche Erwägungen hinaus ist der Verzicht auf die Gegenleistung als zwingendes Tatbestandsmerkmal insofern nachvollziehbar.[83] So wird sich bspw. bei digitalen Angeboten auf Webseiten, für die kein Preis verlangt wird, die Frage stellen, ob es sich hierbei um Angebote zum Abschluss von Verbraucherverträgen iSd § 327ff. BGB nF handelt, in Bezug auf die sich **der Unternehmer für den objektiven Empfänger erkennbar rechtlich binden will** oder **um eine bloße Gefälligkeit**. Denn nicht immer ist für den Verbraucher damit eine Verpflichtung zur Bereitstellung von Daten und damit ein Gegenseitigkeitsverhältnis erkennbar. Für die Frage, ob für den objektiven Beobachter das Handeln des Leistenden auf einen **Rechtsbindungswillen** schließen lässt, ist nach der Rspr. des BGH die Art der Gefälligkeit, ihr Grund und Zweck, ihre wirtschaftliche und rechtliche Bedeutung, insbesondere für den Empfänger, die Umstände, unter denen sie erwiesen wird, und die dabei bestehende Interessenlage der Parteien zu betrachten.[84] In seiner Begründung nennt der Gesetzesentwurf beispielhaft den Fall, bei dem ein Unternehmer mit seiner Webseite den Verbraucher dazu motivieren will, auf seiner Seite weitere Webseitenaufrufe zu tätigen, weil er Einnahmen aus darauf dargestellter Werbung

---

82 BT-Drs. 19/27653, 39.
83 *EDPS*, Stellungnahme 04/2017, 9.
84 BGH Urt. v. 22.6.1956 – I ZR 198/54, BGHZ 21, 102 = NJW 1956, 1313.

erzielen oder durch Tracking-Technologien personalisierte Werbung anzeigen will und damit wirtschaftliche Vorteile anstrebt.[85] Für den Empfänger von rechtlicher Bedeutung wird bei solchen Austauschverhältnissen insbesondere sein, dass die Verarbeitung seiner personenbezogener Daten den Schutzbereich des Rechts auf informationelle Selbstbestimmung betrifft.[86]

Folglich wird jedenfalls in jenen Fällen der Anwendungsbereich der §§ 327 BGB nF eröffnet sein, in denen der Verbraucher (bspw. auf Basis einer datenschutzrechtlichen Einwilligung) sich verpflichtet, Daten bereitzustellen oder eine Bereitstellung (auf Basis anderer Rechtsgrundlagen) erfolgt und in der Gesamtbetrachtung insbesondere die wirtschaftliche Bedeutung und Interessenlage keinen Anhaltspunkt ergibt, dass es sich bei der Leistung des Unternehmers um eine Gefälligkeit handelt und auch die nachfolgend noch zu beleuchtenden Anwendungsausnahmen nicht gegeben sind.[87] 48

2. Bereitstellung personenbezogener Daten

Was das BGB unter „Bereitstellung personenbezogener Daten" versteht, wird nicht näher definiert. Die Gesetzesbegründung verweist sowohl in Bezug auf § 312 Abs. 1a BGB nF als auch § 327 Abs. 3 BGB nF darauf, dass auf eine **rechtsdogmatische Einordnung** bewusst verzichtet werde.[88] Eine Definition „personenbezogener" Daten erfolgt deshalb ebenso wenig wie eine Definition der „Bereitstellung". Die Gesetzesbegründung verweist insofern auf die entsprechenden Begriffsbestimmungen der DS-GVO und die Übertragbarkeit unter dem Aspekt der Einheit der Rechtsordnung.[89] Insofern sind personenbezogene Daten iSd Art. 4 Nr. 1 DS-GVO zu verstehen, wobei wohl alle vom Verbraucher bereitgestellten personenbezogenen Daten sich zumindest auch auf ihn beziehen.[90] 49

Das Bereitstellen ist iSd Art. 4 Nr. 2 DS-GVO so zu verstehen, dass es Formen der **Verarbeitung** umfasst, unter die auch das Erheben, das Erfassen, die Organisation, das Ordnen, die Speicherung, die Anpassung oder Veränderung, das Auslesen, das Abfragen, die Verwendung, die Offenlegung durch Übermittlung, Verbreitung oder eben eine „andere **Form der Bereitstellung**" fallen. Damit beschrieben ist jede Art der Bereitstellung durch beliebige Verarbeitende. Fraglich ist jedoch, inwieweit ein Bereitstellen iSd BGB nF die aktive Mitwirkung durch den Verbraucher erfordert, wenn die weitere Verarbeitung durch den Unternehmer erfolgt. „Von der betroffenen Person bereitgestellte Daten" finden sich in der DS-GVO in Art. 20 Abs. 1 DS-GVO im Zusammenhang mit dem Recht auf Datenübertragbarkeit. Die Weite des Bereitstellens ist auch hier nicht unumstritten. Unstrittig bereitgestellt sind personenbezogene Daten, die die betroffene Person aktiv und willentlich an den Verantwortlichen übermittelt oder in ein Online-Formular eingegeben hat.[91] Darüber hinaus weit gehen die 50

---

[85] BT-Drs. 19/27653, 40.
[86] BT-Drs. 19/27653, 40.
[87] *Spindler* MMR 2021, 451 (453) merkt dazu kritisch an, dass es damit in der Praxis fast aller Internetanbieter durch Einsatz von Cookies zu entsprechenden Vertragsschlüssen komme, was Zweifel hinsichtlich des Rechtsbindungswillens aufwerfe.
[88] BT-Drs. 19/27653, 40.
[89] BT-Drs. 19/27653, 36.
[90] *EDPS*, Stellungnahme 04/2017, 15.
[91] Paal/Pauly/*Paal* DS-GVO Art. 20 Rn. 17; BeckOK DatenschutzR/*von Lewinski* DS-GVO Art. 20 Rn. 41.

Leitlinien der Artikel 29-Datenschutzgruppe. Diesen zufolge seien personenbezogene Daten auch bereitgestellt, wenn sie das Ergebnis der Beobachtung der Tätigkeiten eines Nutzers bei der Nutzung eines Dienstes oder Geräts, also beobachtete Daten seien.[92] Beispielhaft nennt die Artikel 29-Datenschutzgruppe „Suchverläufe, Verkehrs- und Standortdaten sowie andere Rohdaten wie die von einem Trackinggerät aufgezeichnete Herzfrequenz".[93] Keine bereitgestellten personenbezogenen Daten sind solche, die sich aus der Ableitung oder aus Rückschlüssen erzeugen ließen.[94] Die weite Auslegung des Art. 20 Abs. 1 DS-GVO durch die Artikel 29-Datenschutzgruppe wird jedoch in der Literatur eingeschränkt: Für eine Bereitstellung müsse es zwar keine aktive Übermittlung durch den Betroffenen geben, wohl aber die aktive Verschaffung des Zugangs;[95] eine **Mitwirkung der betroffenen Person** wird insofern vorausgesetzt.

51 Auch der Europäische Datenschutzbeauftragte bezieht sich in seiner Stellungnahme zur DIRL auf die Leitlinien der Artikel 29 Datenschutzgruppe und weist darauf hin, dass unter „Bereitstellung" nicht nur die aktive Übermittlung personenbezogener Daten durch den Verbraucher zu verstehen sei.[96] Nach ErwGr 24 der DIRL genügt es, dass der Verbraucher diese Daten „erzeugt" – die Formulierung der „aktiven Bereitstellung" wurde im Laufe des Richtlinienentstehungsprozesses wohl auf aufgrund der Stellungnahme des EDPS wieder gestrichen.[97] Entsprechend will auch die Gesetzesbegründung zu § 312 Abs. 1a BGB nF und § 327 Abs. 3 BGB nF das Bereitstellen personenbezogener Daten „im weitest möglichen Sinne" verstehen und „alle Verarbeitungen von personenbezogenen Daten des Verbrauchers durch den Unternehmer, unabhängig von der **Art und Weise der Verarbeitung**" mit einbeziehen.[98] Die Gesetzesbegründung nennt beispielhaft auch die Erhebung von Daten über den Browserverlauf durch vom Unternehmer gesetzte **Cookies** als Bereitstellung durch den Verbraucher.[99]

52 Anders als bei Art. 20 Abs. 1 DS-GVO[100] ist die Bereitstellung ausweislich des Wortlauts in den § 312 Abs. 1a BGB nF und § 327 Abs. 3 BGB nF nicht auf personenbezogene Daten begrenzt, die sich auf den Verbraucher beziehen. Wird das Recht auf Datenübertragbarkeit der betroffenen Person nur in Bezug auf „die sie betreffenden personenbezogenen Daten" gewährt, die sie einem Verantwortlichen bereitgestellt hat, sehen § 312 Abs. 1a BGB nF und § 327 Abs. 3 BGB nF lediglich vor, dass der Verbraucher „personenbezogene Daten bereitstellt oder sich zu deren Bereitstellung verpflichtet". Möglich wäre also auch, dass die Gegenleistung des Verbrauchers darin liegt, Zugriff auf personenbezogene **Daten Dritter** zu gewähren. Dies ist insbesondere dort vorstellbar, wo der Verbraucher Dienste in Anspruch nimmt, die Daten im Umfeld des Verbrauchers erheben; bspw. in räumlicher Hinsicht bei Sprachbediensdiensten. Eine Bereitstellung von Daten Dritter ist bspw. aber auch vorstellbar, wenn

---

92 Art. 29 DSG, WP 242, 9; noch weiter: *Jülicher/Röttgen/v. Schönfeld* ZD 2016, 358 (359).
93 Art. 29 DSG, WP 242, 9.
94 Art. 29 DSG, WP 242, 9.
95 *Strubel* ZD 2017, 355 (360).
96 *EDPS*, Stellungnahme 04/2017, 16.
97 *Mischau* ZEuP 2020, 335 (346); kritisch hierzu *Sattler* CR 2020, 145 (152).
98 BT-Drs. 19/27653, 36, 41.
99 BT-Drs. 19/27653, 36, 41.
100 BeckOK DatenschutzR/*von Lewinski* DS-GVO Art. 20 Rn. 48; *Jülicher/Röttgen/v. Schönfeld* ZD 2016, 358 (359).

ein Verbraucher für sein vernetztes Fahrzeug eine App verwendet, mit deren Hilfe der Verbraucher einem Anbieter Zugriff auf Daten in seinem Fahrzeug gewährt, das allerdings nicht vom Verbraucher selbst, sondern von Familienangehörigen oder Dritten gefahren wird oder solche Mitinsassen im Fahrzeug sind.

3. Anwendungsausnahmen

Von der Anwendung ausgenommen („dies gilt nicht...") sind nach § 312 Abs. 1a S. 2 BGB nF Fälle, in denen die vom Verbraucher bereitgestellten personenbezogenen Daten vom Unternehmer ausschließlich verarbeitet werden, um seine **Leistungspflicht** oder an ihn gestellte rechtliche Anforderungen zu erfüllen und er sie **zu keinem anderen Zweck** verarbeitet. § 327 Abs. 3 Hs. 2 BGB nF, der insoweit Art. 3 Abs. 1 S. 2 Hs. 2 DIRL umsetzt, verweist auf die Voraussetzungen des § 312 Abs. 1a S. 2 BGB nF, so dass die Ausnahmen gleichermaßen gelten.

a) Verarbeitung zur Erfüllung einer Leistungspflicht oder rechtlicher Anforderungen

Verarbeitet der Unternehmer die Daten ausschließlich, um seine Leistungspflicht erfüllen zu können, zieht er aus den Daten selbst keinen wirtschaftlichen Vorteil. Die Bereitstellung der Daten durch den Verbraucher, zumindest deren Verarbeitung, ist in diesem Fall regelmäßig erforderlich, um den **Verbrauchervertrag erfüllen** zu können. Es ist offensichtlich, dass hiermit die Verarbeitung personenbezogener Daten auf Basis des Art. 6 Abs. 1 lit. b DS-GVO gemeint ist, wenngleich dieser Bezug weder in der Richtlinie noch im Gesetzestext des Umsetzungsgesetzes so ausdrücklich hergestellt wird; wohl aber in der Gesetzesbegründung.[101] Werden für die Registrierung bei einem Online-Dienst ausgewählte personenbezogene Daten benötigt und ist die Verarbeitung auch erforderlich, begründet deren Verarbeitung folglich noch nicht die Anwendung der §§ 327ff. BGB nF.

Die ausdrückliche Verankerung dieser Ausnahme im Gesetz ist wohl als Klarstellung zu verstehen: Unter der Prämisse, dass die Bereitstellung den Charakter einer Gegenleistung hat, läge es ohnehin auf der Hand, dass die ausschließlich für die **Vertragserfüllung** oder Erfüllung der Leistungspflicht erforderliche Verarbeitungen, aus denen der Unternehmer im Ergebnis keinen weiteren Nutzen zieht,[102] keine Gegenleistung darstellen können. Die Bereitstellung personenbezogener Daten ist eher als erforderliche Mitwirkung des Verbrauchers für die Durchführung des Vertrags – zumindest jedenfalls eine Duldung zu diesem Zweck – zu verstehen. Da die Bezugnahme auf den Charakter der Gegenleistung aber vor dem Hintergrund der Kritik des EDPS unterblieben ist, werden aus der Gesamtheit möglicher Verarbeitungen bereitgestellter Daten diejenigen nun auch ausdrücklich vom Anwendungsbereich ausgenommen, die ohne gesonderten wirtschaftlichen Nutzen für den Unternehmer sind.[103]

Dementsprechend nimmt Art. 312 Abs. 1a S. 2 BGB nF ferner auch die Verarbeitungen von der Anwendung aus, die ausschließlich erfolgen, um **rechtliche Anforderun-**

---

101 BT-Drs. 19/27653, 36.
102 So auch *Mischau* EuZP 2020, 335 (342).
103 BT-Drs. 19/27653, 36.

gen zu erfüllen. Dies korrespondiert mit der Verarbeitung auf Basis der datenschutzrechtlichen Rechtsgrundlage des Art. 6 Abs. 1 lit. c DS-GVO.

b) Keine Zweckänderung

57 Werden personenbezogene Daten zum Zweck der Erfüllung der Leistungspflicht oder aufgrund einer rechtlichen Anforderung verarbeitet, gilt insoweit zunächst der Zweckbindungsgrundsatz aus Art. 5 Abs. 1 lit. b DS-GVO. Verarbeitet der Unternehmer personenbezogene Daten **zu weiteren Zwecken**, ist die Verarbeitung nicht mehr nur auf die Erfüllung vertraglicher oder gesetzlicher Pflichten beschränkt. Werden die iRd Registrierung zu einem Online-Dienst erforderlichen Daten von einem Unternehmer nicht nur verarbeitet, um die Registrierung und Mitgliederverwaltung durchzuführen, sondern erstellt der Unternehmer bspw. auch Nutzerprofile, um mithilfe der personenbezogenen Daten den Kunden passgenau zu bewerben und die Daten insofern wirtschaftlich zu verwerten, lebt der Gegenleistungscharakter auf.[104] Voraussetzung für den Anwendungsausschluss ist insofern, dass die Daten zu keinem anderen Zweck für als die Erfüllung der Leistungspflicht oder gesetzlicher Anforderungen verarbeitet werden.[105]

c) Spezifische Anwendungsausschlüsse: Beispiel Open Source

58 Das Prinzip der Zweckbindung aus § 312 Abs. 1a S. 2 BGB nF und § 327 Abs. 3 Hs. 2 BGB nF wird durch weitere Anwendungsausnahmen in § 327 Abs. 6 BGB nF durchbrochen. In Umsetzung des Art. 3 Abs. 5 lit. f DIRL ordnet § 327 Abs. 6 Nr. 6 BGB nF an, dass die verbraucherschützenden Vorschriften des § 327 ff. BGB nF nicht anzuwenden sind auf Verträge über die Bereitstellung von Software, für die der Verbraucher keinen Preis zahlt und die der Unternehmer im Rahmen einer **freien und quelloffenen Lizenz** anbietet, sofern die vom Verbraucher bereitgestellten personenbezogenen Daten durch den Unternehmer ausschließlich zur Verbesserung der Sicherheit, der Kompatibilität oder der Interoperabilität der vom Unternehmer angebotenen Software verarbeitet werden. Die Ausnahme bezieht sich auf Fälle, in denen Unternehmer Open Source Software an Verbraucher bereitstellen, ohne einen Preis zu verlangen. Sie können personenbezogene Daten – sofern datenschutzrechtlich zulässig – **zum Zwecke der Produktverbesserung** in den Bereichen Sicherheit, Kompatibilität und Interoperabilität verarbeiten, ohne dass hierauf die Vorschriften über Verbraucherverträge über die Bereitstellung digitaler Inhalte und Dienstleistungen Anwendung finden. Bereits der Richtlinien- und folglich auch der BGB-Gesetzgeber schränken dabei den verbraucherrechtlichen Schutz gezielt ein, um die Verbreitung von quelloffener Software (Open Source) und damit Forschung und Innovation zu fördern.[106]

59 Dass der Gesetzgeber die Verwender quelloffener Software „belohnt" ist grundsätzlich nachvollziehbar. Da er damit dem Verbraucher die Anwendung ihn schützender Normen entzieht, ist allerdings fraglich, ob die Belohnung nicht asymmetrisch zulasten von Verbrauchern erfolgt. **Von der Bereitstellung quelloffener Software profitie-**

---

104 Vgl. ErwGr 24 DIRL.
105 BT-Drs. 19/27653, 37.
106 BT-Drs. 19/27653, 44; ausführlicher begründet in ErwGr 32 DIRL.

ren in erster Linie Entwickler von Anwendungen auf der nachfolgenden Ebene, die diese quelloffene Software in ihren eigenen Produkten integrieren oder ihren Entwicklungen zugrunde legen. Dies mag insgesamt zu einem besseren und breiteren Angebot innovativer Produkte führen. Für den einzelnen Verbraucher in Beziehung zum Unternehmer ist aber regelmäßig nicht von Bedeutung, ob der Unternehmer quelloffene Software einsetzt oder nicht – solange für beide Arten kein Preis verlangt wird. Dies gilt zumindest in den Fällen, in denen der Verbraucher die vom Unternehmer bereitgestellte Leistung nur konsumiert. Der Nutzer einer App wird in solchen Fällen vielfach nicht nur keine Kenntnis darüber haben, dass der Anbieter der App quelloffene Software verwendet. Er profitiert hiervon auch nicht zwingend und allenfalls mittelbar. Es mag zwar häufig auch den Interessen der Nutzer digitaler Produkte entsprechen, wenn bspw. unter Einsatz einer Entwicklercommunity aufgrund der Quelloffenheit Sicherheitslücken leichter entdeckt und geschlossen werden können. Auf das individuelle Verhältnis zwischen Verbraucher und Unternehmer bezogen lässt sich ein solcher Vorteil aber nicht pauschal annehmen. Wird der Verbraucher aufgrund der Nutzung eines quelloffenen digitalen Produktes als Datenquelle verwendet, gibt es deshalb keinen ersichtlichen Grund, ihm den Schutz der § 327ff. BGB nF pauschal zu versagen.

4. Datenschutzrechtliche Zulässigkeitsfragen

Die schuldrechtlichen Regelungen lassen datenschutzrechtliche Vorschriften unberührt und enthalten oder schaffen keine **datenschutzrechtlichen Rechtsgrundlagen.** 60

Nach Art. 3 Abs. 8 S. 1 DIRL gilt das Unionsrecht betreffend den Schutz personenbezogener Daten für alle personenbezogene Daten, die im Zusammenhang mit Verträgen gemäß der Richtlinie verarbeitet werden. Sie lässt nach Art. 3 Abs. 8 S. 2 DIRL insbesondere die **DS-GVO sowie die e-Commerce-Richtlinie** unberührt und tritt bei Widersprüchen mit Bestimmungen zum Schutz personenbezogener Daten zurück. 61

Die Erwägungsgründe der DIRL stellen überdies klar, dass personenbezogene Daten nur im Einklang mit der DS-GVO und der e-Commerce-Richtlinie erhoben oder auf andere Weise verarbeitet werden:[107] die DIRL regelt mithin nicht die Voraussetzungen für die Rechtmäßigkeit der Verarbeitung.[108] Ob die Verarbeitung iRd Bereitstellung personenbezogener Daten zulässig ist, bestimmen insofern **ausschließlich die Regelungen des (harmonisierten) Datenschutzrechts.**[109] Die datenschutzrechtliche Zulässigkeit der Verarbeitung hat dabei derjenige sicherzustellen, der als Verantwortlicher Zwecke und Mittel der Verarbeitung bestimmt. Das wird regelmäßig der Unternehmer sein. Möglich ist aber auch eine eigene oder gemeinsame Verantwortung des Verbrauchers: Verspricht der Verbraucher die Bereitstellung personenbezogener Daten und wird dem Unternehmer dadurch Zugriff auf personenbezogene Daten Dritter gewährt, obliegt es dem Verbraucher in der Bereitstellungsphase, dem Unternehmer sodann in anschließenden Verarbeitungsphasen, die Zulässigkeit der Verarbeitung 62

---

107 ErwGr 37 DIRL.
108 Hierzu auch *EDPS*, Stellungnahme 04/2017, Rn. 48–66.
109 ErwGr 38 DIRL.

nach dem geltenden Datenschutzrecht sicherzustellen. Erfordert diese Verarbeitung durch den oder die Verantwortlichen die **Einwilligung der betroffenen Person,** ist die Zulässigkeit und die Einhaltung formaler Anforderungen – etwa die Frage, ob die Einwilligung freiwillig erfolgt ist – ausschließlich nach den Vorschriften der DS-GVO, namentlich insbesondere Art. 4 Nr. 11, Art. 6 Abs. 1 lit. a und Art. 7 DS-GVO und für besondere Arten personenbezogener Daten nach Art. 9 Abs. 2 lit. b DS-GVO zu beurteilen.[110]

63 Da die Bereitstellung nicht zwingend die aktive Übermittlung personenbezogener Daten durch den Verbraucher erfordert, sondern wie festgestellt auch eine unter Mitwirkung des Verbrauchers ermöglichte Erhebung personenbezogener Daten genügt, wird der Unternehmer eine von ihm verantwortete Verarbeitung in vielen Fällen – etwa bei Verarbeitung der Daten zum Zwecke der Direktwerbung – auch auf die **Interessenabwägung** nach Art. 6 Abs. 1 lit. f DS-GVO stützen wollen.[111] Auch diesbzgl. obliegt es dem Verantwortlichen (hier dem Unternehmer), sicherzustellen, dass die Verarbeitung zulässig ist; die hierfür erforderliche Interessenabwägung bspw. zu seinen Gunsten ausfällt.

64 Demgegenüber kommt es für die **Anwendung der verbraucherschützenden Vorschriften** des § 327ff. BGB nicht darauf an, ob die betreffende Verarbeitung personenbezogener Daten zulässig ist. Darüber hinaus stellt die Gesetzesbegründung zu § 312 Abs. 1a BGB nF und 327 Abs. 3 BGB nF auch klar, dass ein Vertrag auch nach § 134 BGB nicht deshalb nichtig ist, weil die betreffende Verarbeitung unter **Verstoß gegen das Datenschutzrecht** erfolgt.[112] Das ist zu befürworten: Es wäre dem Verbraucher weder zuzumuten zu prüfen, ob sich der Unternehmer rechtmäßig verhält, noch wäre es angemessen, dem Verbraucher im Falle einer unrechtmäßigen Verarbeitung durch den Unternehmer den Schutz des Verbraucherschutzrechts aus § 327ff. BGB nF zu verwehren.[113] Auch würde dem Unternehmer ein völlig falscher Anreiz gesetzt und der Unternehmer für Verstöße gegen das Datenschutzrecht mit der Befreiung von den verbraucherrechtlichen Vorgaben belohnt werden.[114] Der Abschluss und die Wirksamkeit des Verbrauchervertrags und die datenschutzrechtliche Bewertung der Verarbeitung in diesem Zusammenhang bereitgestellter personenbezogener Daten werden insoweit **entkoppelt**.[115] Diese Trennung wird allerdings, wie in Bezug auf die vertragsrechtlichen Folgen bei der Ausübung von Datenschutzrechten – insbesondere dem Sonderkündigungsrecht – zu zeigen ist (→ Rn. 67 ff.), nicht ganz konsequent durchgehalten.

---

110 *EDPS*, Stellungnahme 04/2017, 19 f. Rn. 54–56.
111 Zur Interessenabwägung als mögliche Rechtsgrundlage für die Bereitstellung *Mischau*, EuZP 2020, 335 (343 f.); s. auch ErwGr 39 DIRL; insofern wohl zu eng auf die Einwilligung abstellend *Rosenkranz* ZUM 2021, 195 (201); *Kumkar* ZfPW 2020, 306 (326).
112 BT-Drs. 19/27653, 36.
113 *Kumkar* ZfPW 2020, 306 (331); *Staudenmayer* ZEuP 2019, 663 (677); s. hierzu auch BT-Drs. 19/27653, 40.
114 *Mischau* EuZP 2020, 335 (341).
115 *Spindler* MMR 2021, 451 (452); *Kumkar* ZfPW 2020, 306 (331 f.) spricht hier von einem Abstraktionsprinzip und trennt zwischen dem schuldrechtlichen Versprechen zur Bereitstellung personenbezogener Daten und ggf. zur Abgabe einer Einwilligung und der verfügungsähnlichen tatsächlichen Abgabe der Einwilligungserklärung und Datenbereitstellung; vgl. hierzu auch *Specht* in: Briner/Funk 2017, Rn. 5 ff.

Auffällig ist ferner, dass sowohl das Richtlinien als auch das Gesetzesmaterial jene 65
Fälle außer Betracht lässt, in denen der Verbraucher selbst nicht oder nicht alleinig
betroffene Person einer Verarbeitung ist. Weder die DIRL noch die §§ 312 Abs. 1a
oder 327 Abs. 3 BGB nF grenzen die bereitzustellenden personenbezogenen Daten
auf Daten ein, die sich ausschließlich oder zumindest auch auf den Verbraucher beziehen. Geht der Verbraucher, basierend auf den neuen Regelungen, eine Verpflichtung ein, die die Bereitstellung personenbezogener Daten anderer betroffener Personen – etwa von Fahrzeuginsassen im Falle vernetzter Fahrzeuge, in denen digitale
Dienste betrieben werden – zur Folge hat oder stellt er solche personenbezogene Daten bereit, obliegt es ihm als Verantwortlichen, die Zulässigkeit einer damit möglicherweise verbundenen Verarbeitung personenbezogener Daten zu gewährleisten. Es
ist nicht ausgeschlossen, dass der Verbraucher in solchen „Drittnutzerfällen" sogar
mit dem Unternehmer datenschutzrechtlich gemeinsam Verantwortlicher ist.[116] In
derartigen Fällen kann es häufig vorkommen, dass sich der Verbraucher zur Bereitstellung personenbezogener Daten verpflichtet, für deren Verarbeitung er in Bezug
auf seine eigene Person bspw. auch (im Sinne eines datenschutzrelevanten „Verfügungsgeschäfts") einwilligen könnte, nicht jedoch in Bezug auf dritte Betroffene und
die Bereitstellung solcher personenbezogener Daten sodann datenschutzrechtlich
nicht legitimieren kann.[117]

II. Vertragsrechtliche Folgen bei der Ausübung von Datenschutzrechten

1. Grundsatz der Folgenfreiheit der Ausübung von Datenschutzrechten

Erwartet der Unternehmer die Bereitstellung personenbezogener Daten anstelle eines 66
vom Verbraucher zu zahlenden Preises und stellt dies – wenn auch in den Richtlinien- und Gesetzesmaterialien begrifflich gemieden – eine Gegenleistung für eine Leistung
des Unternehmers dar, wird sich der Unternehmer mit den personenbezogenen Daten
einen meist auch längerfristigen Nutzen erhoffen. Anders als bei der Zahlung eines
Preises kann der Verbraucher im Falle der Bereitstellung personenbezogener Daten
allerdings auf seine Leistung durch datenschutzrechtliche Betroffenenrechte und datenschutzrechtliche Erklärungen einwirken. Er kann Auskunft über die über ihn verarbeiteten Daten verlangen (Art. 13–15 DS-GVO), ggf. die Herausgabe von Kopien
(Art. 15 Abs. 3 DS-GVO) oder den Transfer (Art. 20 DS-GVO), die Berichtigung
(Art. 16 DS-GVO), Löschung (Art. 17 DS-GVO) von Daten oder Einschränkung der
Verarbeitung (Art. 18 DS-GVO). Ebenso kann er durch Erklärung die Verarbeitung
gestalten. Bspw. durch Widerruf einer gegebenen Einwilligung oder Widerspruch gegen die Verarbeitung. Der nachhaltige Nutzen und damit die Werthaltigkeit der als
Leistung des Verbrauchers bereitgestellten Daten für den Unternehmer hängt insofern
möglicherweise mit am Verbraucher, seiner Geltendmachung von **Betroffenenrechten**
oder möglicher **datenschutzrechtlicher Erklärungen**. So könnte ein Verbraucher, dessen personenbezogene Daten im Rahmen eines Verbrauchervertrags über die Bereit-

---

[116] Zur Herausforderung bei der Bestimmung der Verantwortlichkeit in komplexen Bereitstellungsketten *Kroschwald* DuD 2021, 522 (528); *Vásquez/Kroschwald* MMR 2020, 217 (217 f.).
[117] Zum Dilemma zw. vertraglicher „Verpflichtung" und datenschutzrelevanter „Verfügung" *Kumkar* ZfPW 2020, 306 (331).

stellung digitaler Dienste auf Grundlage des Art. 6 Abs. 1 lit. f DS-GVO zum Zwecke der Direktwerbung verarbeitet werden, dieser Verarbeitung nach Art. 21 Abs. 2 DS-GVO widersprechen, mit der Folge, dass die betreffenden Daten für den Unternehmer für diesen Zweck schlagartig wertlos werden.[118]

67 Die DIRL regelt diesen Fall im Richtlinientext selbst nicht spezifisch, sondern beschreibt ihn in ErwGr 38–40 lediglich als Erwägung zu Art. 3 Abs. 8 DIRL. Es ergibt sich aus dem dort geregelten Vorrang datenschutzrechtlicher Bestimmungen in Bezug auf die Zulässigkeit der Verarbeitung bereitgestellter personenbezogener Daten, dass die Ausübung vorrangig geschützter datenschutzrechtlicher Betroffenenrechte sich nicht zulasten des Verbrauchers auf das Vertragsverhältnis auswirken dürfen. § 327q BGB nF stellt demgegenüber ausdrücklich klar, dass die Ausübung von datenschutzrechtlichen Betroffenenrechten und die Abgabe datenschutzrechtlicher Erklärungen des Verbrauchers nach Vertragsschluss die Wirksamkeit des Vertrags unberührt lassen.[119] Geschützt wird der Verbraucher dabei sowohl aus schuldrechtlicher Sicht als auch in datenschutzrechtlicher Hinsicht: Durch Ausübung seiner Datenschutzrechte soll der Verbraucher nicht die **verbraucherschutzrechtlichen Gewährleistungen** der §§ 327ff. BGB nF verlieren, etwa, indem er „über das Schicksal des Vertrags in Unsicherheit gelassen wird".[120] Ebenso wenig soll er aus Datenschutzsicht in Ansehung möglicher Nachteile („vertraglichen Sanktionen")[121] **in der Ausübung seiner Rechte gehemmt** werden.[122]

2. Sonderkündigungsrecht des Unternehmers bei Widerruf und Widerspruch

68 Wenngleich die DIRL iSd ErwGr 38–40 DIRL und so auch § 327q Abs. 1 BGB nF die Abgabe datenschutzrechtlicher Erklärungen des Verbrauchers wie dargelegt von einer Wirkung auf die **Vertragswirksamkeit** grundsätzlich freihalten, überlässt es die DIRL dem nationalen Recht, die Folgen für die Verbraucherverträge zu regeln, wenn der Verbraucher seine Einwilligung widerruft.[123] Art. 3 Abs. 10 DIRL lässt die Freiheit der Mitgliedsstaaten zur Regelung des allgemeinen Vertragsrechts, darunter auch Bestimmungen über die Wirksamkeit und Folgen der Vertragsbeendigung, unberührt, soweit in der Richtlinie im Einzelnen nichts Näheres geregelt wird.

69 § 327q Abs. 2 BGB nF schränkt entsprechend den in Abs. 1 aufgestellten Grundsatz der Folgenfreiheit datenschutzrechtlicher Erklärungen ein. Zwar bleibt die Wirksamkeit des Vertrages unangetastet. Es wird aber ein **besonderes Kündigungsrecht** des Unternehmers geschaffen, wenn der Verbraucher eine von ihm erteilte datenschutzrechtliche Einwilligung widerruft oder der weiteren Verarbeitung seiner personenbe-

---

118 Auf daraus entstehende Dilemmata in der Wirtschaftspraxis verweist *Sattler* CR 2020, 145 (151 f.) mit entsprechender Forderung, die freie Widerrufbarkeit von datenschutzrechtlichen Einwilligungen dispositiv sein müsse; hierzu auch *Sattler* NJW 2020, 3623 (3628).
119 Dass der Abs. lediglich klarstellender Natur ist, räumt auch die Gesetzesbegründung ein, BT-Drs. 19/27653, 75.
120 BT-Drs. 19/27653, 76.
121 *Datenethikkommission*, Gutachten 2019, Kap. 3.3.3, 105.
122 Der EDPS hat als Klarstellung in seiner Stellungnahme zur DIRL empfohlen, „jede weitere Bestimmung über die vertragsrechtlichen Konsequenzen des Widerrufs der Einwilligung zu vermeiden, denn sie würde die freie Wahl der betroffenen Person und ihr Recht auf Widerruf ihrer Einwilligung einschränken", *EDPS*, Stellungnahme 04/2017, 23 Rn. 70.
123 ErwGr 40 DIRL.

zogenen Daten widerspricht. Die Regelung geht damit über die Formulierung in ErwGr 40 DIRL hinaus, die nur die Folgen eines Widerrufs und eines Widerspruchs den Mitgliedsstaaten überlassen will, ist aber von Art. 3 Abs. 10 DIRL gedeckt.

Das Recht zur besonderen Kündigung wird aber nur begrenzt gewährt. Es ist zunächst an den **Widerruf** einer Einwilligung oder den **Widerspruch** einer „weiteren" und damit zweckändernden Verarbeitung geknüpft. Die Ausübung von Betroffenenrechten berechtigt den Unternehmer nicht, sich von einem für ihn beispielsweise aufgrund eines Rechts zur Löschung personenbezogener Daten oder der Einschränkung der Verarbeitung „nutzlos" gewordenen Vertrags zu lösen. Dem Unternehmer steht dieses Kündigungsrecht ferner nur bei einem Vertrag, der ihn zu einer Reihe einzelner Bereitstellungen digitaler Produkte (§ 327b Abs. 5 BGB nF) oder zur dauerhaften Bereitstellung eines digitalen Produkts, also einer **fortlaufenden Bereitstellung** über einen Zeitraum (§ 327e Abs. 1 BGB nF) verpflichtet, zu. Nicht zur Kündigung berechtigt ist der Unternehmer, wenn er das digitale Produkt nur einmalig bereitstellt. Zwar rechnet der Unternehmer auch hier mit einer Verwendbarkeit der Daten über eine gewisse Dauer. Das Risiko eines Ausfalls dieser Verwendbarkeit durch Geltendmachung von datenschutzrechtlichen Befugnissen durch die betroffene Person ist für den Unternehmer, jedenfalls nach Darstellung in der Gesetzesbegründung, wohl überschaubar und regelmäßig absehbar und einkalkuliert. Anders hingegen liege es, wenn der Unternehmer aufgrund seiner Bereitstellungspflicht fortlaufend Aufwendungen für die Aufrechterhaltung des Angebots habe.[124] 70

Ein Sonderkündigungsrecht nach § 327q Abs. 2 BGB nF hat der Unternehmer schließlich nur, „wenn ihm unter Berücksichtigung des weiterhin zulässigen Umfangs der Datenverarbeitung und unter Abwägung der beiderseitigen Interessen die **Fortsetzung des Vertragsverhältnisses** bis zum vereinbarten Vertragsende oder bis zum Ablauf einer gesetzlichen oder vertraglichen Kündigungsfrist nicht zugemutet werden kann." Erforderlich ist insofern eine Prüfung, ob die Fortsetzung des Vertragsverhältnisses und damit die Aufrechterhaltung der fortlaufenden oder Reihe von Bereitstellungen bis zu einem regelmäßigen Beendigungszeitpunkt für den Unternehmer zumutbar ist. Die Frage der **Zumutbarkeit** ist zum einen unter Berücksichtigung des weiterhin zulässigen Umfangs der Datenverarbeitung und zum anderen durch Interessenabwägung zu beantworten. Der Umfang der weiterhin zulässigen Datenverarbeitung ist dabei nicht unabhängig, sondern regelmäßig selbst zumindest Vorkriterium der **Interessenabwägung**. Für die Prüfung muss deshalb zunächst der nach Widerruf oder Widerspruch noch verbleibende Umfang der zulässigen Verarbeitung ermittelt werden.[125] Dies kann im Falle eines Widerrufs einer für die Verarbeitung für einen bestimmten Zweck gegebenen Einwilligung ggf. noch die Verarbeitung zu anderen Zwecken auf Grundlage einer Interessenabwägung nach Art. 6 Abs. 1 lit. f DS-GVO sein. Widerspricht der Verbraucher als betroffene Person derartigen Verarbeitungen erfolgreich, bleibt für die zulässige Verarbeitung personenbezogener Daten abseits der Zwecke der Vertragserfüllung und Erfüllung rechtlicher Anforderungen dagegen 71

---

124 BT-Drs. 19/27653, 76.
125 Vgl. BT-Drs. 19/27653, 76.

häufig nur noch wenig Raum. Der zulässige Umfang der Datenverarbeitung ist stark eingeschränkt. Infrage kommt in manchen Fällen die Weiterverarbeitung anonymer Daten.

72 Werden bspw. aus digitalen Produkten im Zusammenhang mit vernetzten Fahrzeugen (etwa einer App zur Verfolgung des Standorts und technischer Fahrzeugzustände) zu **Produktverbesserungs- oder Trainingszwecken** personenbezogene Daten erhoben und weiterverarbeitet, mag eine Zuordnung zu Fahrzeugidentifikationsnummern oder konkreten Standorten und damit der Personenbezug zur betroffenen Person für den Unternehmer vorteilhaft sein. Der Datensatz verliert für die genannten Zwecke aber nicht zwingend gänzlich an Wert, wenn die Daten nach einem entsprechenden Widerruf oder Widerspruch der betroffenen Person anonymisiert weiterverarbeitet werden.[126]

73 Stellen vorgenannte Apps bspw. Zusatzanwendungen zu solchen Systemen wie **vernetzten Fahrzeugen oder Smart-Home-Steuerungen** dar, wird es – auch, ohne dass diese für die Funktion des Systems erforderlich sind und es sich dabei um Sachen mit digitalen Elementen handelt – regelmäßig im Interesse des Verbrauchers liegen, diese Apps möglichst lange in Verbindung mit ihrem System, zumindest über den Zeitraum der Vertragslaufzeit, nutzen zu können. In manchen Fällen mag die Verwendbarkeit des digitalen Produkts für den Nutzen des betreffenden Systems aus subjektiver Sicht des Verbrauchers sogar maßgeblich sein. Es wird dann im Interesse des Verbrauchers liegen, nicht befürchten zu müssen, die App aufgrund einer Sonderkündigung plötzlich nicht mehr weiternutzen zu können, wenn er bspw. eine erteilte Einwilligung zur Verarbeitung seiner App-Daten zu Produktverbesserungszwecken widerruft.

74 In die **Abwägung** wird auf der anderen Seite aber auch einfließen, welche Aufwendungen für den Unternehmer erforderlich sind, das Angebot aufrecht zu erhalten.[127] Fälle, in denen Verbraucher Einwilligungen unmittelbar widerrufen und Verarbeitungen widersprechen, nachdem der Verbrauchervertrag abgeschlossen wurde und bei denen der Unternehmer sich seinerseits auf eine langfristige fortdauernde Bereitstellung verpflichtet hat, die mit aufwändigen Diensten und Aktualisierungen verbunden sind und es ferner für beide Parteien offensichtlich war, dass die Bereitstellung personenbezogener Daten und deren Nutzung durch den Unternehmer in einem synallagmatischen Verhältnis zur Bereitstellung des Dienstes steht, können im Rahmen einer Interessenabwägung im Einzelfall ein Kündigungsrecht nach § 327q Abs. 2 BGB nF begründen.[128]

75 Ein Sonderkündigungsrecht besteht demgegenüber freilich nicht, wenn sich der Verbraucher unter Verwendung eines Widerspruchs oder Widerrufs gegen eine ohnehin unzulässige Verarbeitung zur Wehr setzen möchte. Damit verbunden geltend gemachte Rechte auf Datenlöschung oder Einschränkung der Verarbeitung sind iSd Abs. 1 zu behandeln und lassen die Wirksamkeit des Vertrags unberührt.

---

126 *Kroschwald* DuD 2021, 522 (525 f.).
127 BT-Drs. 19/27653, 76.
128 Bei der Bewertung der Zumutbarkeit kann auch einfließen, wie umfangreich eine möglicherweise erbrachte Vorleistung des Unternehmers war, s. bspw. *Sattler* NJW 2020, 3623 (3627) zu vergleichbaren Dilemmata bei Werbeverträgen mit Prominenten.

3. Ausschluss von beiderseitigen Ersatzansprüchen bei Vertragsbeendigung

Ganz unabhängig, ob dem Unternehmer ein Kündigungsrecht nach § 327q Abs. 2 BGB nF zusteht oder nicht, **stehen dem Unternehmer keine Ersatzansprüche gegen den Verbraucher zu**, wenn durch dessen Ausübung von Datenschutzrechten oder entsprechenden datenschutzrechtlichen Erklärungen die zulässige Datenverarbeitung eingeschränkt wird. Dies ergibt sich bereits aus vorgenannten Grundsätzen und wird in § 327q Abs. 3 BGB nF klarstellend geregelt.[129] Der Begriff der Ersatzansprüche ist dabei weit zu verstehen. Neben gesetzlichen **Nutzungs- und Schadensersatzansprüchen** sind auch **Ansprüche aus ungerechtfertigter Bereicherung** und **Geschäftsführung ohne Auftrag** ausgeschlossen. Auch kann dieser Ausschluss aufgrund § 327s BGB nF nicht durch die vertragliche Vereinbarung von Vergütungen im Falle der Ausübung von entsprechenden Rechten umgangen werden.

76

Fraglich ist, welche Konsequenz eine Vertragsbeendigung demgegenüber auf die erbrachte Leistung des Verbrauchers, also seine bereitgestellten personenbezogenen Daten hat. **Pflichten des Unternehmers bei Vertragsbeendigung** finden sich in § 327p Abs. 2 BGB nF; allerdings lediglich für nicht personenbezogene Daten. Das „Schicksal" der bereitgestellten personenbezogenen Daten soll insofern ausschließlich datenschutzrechtlich geklärt werden – etwa durch Löschung der Daten, da deren Verarbeitungszweck mit Vertragsbeendigung entfällt.[130] Steht bei Vertragsbeendigung dem Verbraucher nach § 327o BGB nF ein partieller **Rückzahlungsanspruch** seiner Geldleistung zu, sieht § 327p BGB nF dergleichen im Falle des „Bezahlens mit Daten" nicht vor. Der Verbraucher, der mit personenbezogenen Daten „zahlt", ist diesbzgl. – wie im Übrigen **auch im Falle der Geltendmachung von Ansprüchen auf Minderung**[131] nach § 327n BGB nF – im Vergleich zu demjenigen, der in Geld bezahlt, schlechtergestellt.[132]

77

D. Vertragsmäßigkeit digitaler Produkte und der Bezug zum Datenschutzrecht

Die in Art. 7–9 DIRL enthaltenen Anforderungen zur Vertragsmäßigkeit digitaler Produkte werden in § 327e und f BGB nF umgesetzt. In § 327f BGB nF werden neuartige **Updatepflichten** verankert. Für digitale Produkte ist die Verarbeitung von Daten wesensbildend. **Produktmängel** oder eine nachträglich entfallende Vertragsmäßigkeit können datenschutzrechtliche Implikationen haben.

78

I. Datenschutzverstöße als Produktmängel

Basierend auf dem Ansatz der Richtlinie werden Produktmängel in § 327e BGB nF neuartig bestimmt. Im Gleichlauf mit der WKRL und der betreffenden Umsetzung in §§ 434 und 475b BGB nF werden zukünftig **subjektive und objektive Konformitätskriterien** gleichrangig behandelt.[133]

79

---

129 BT-Drs. 19/27653, 76.
130 *Mischau* ZEuP 2020, 335 (359 f.).
131 Hierzu *Sattler* CR 2020, 145 (152) Rn. 57.
132 Vgl. *Mischau* ZEuP 2020, 335 (360).
133 BT-Drs. 19/27653, 53.

80 Die Frage, ob das digitale Produkt vertragsgemäß ist oder **Produktmängel** aufweist, ist losgelöst von Fragen der Bereitstellung personenbezogener Daten durch den Verbraucher – die Leistung des Unternehmers und nicht die Gegenleistung des Verbrauchers sind hier von Bedeutung. Fraglich ist, inwieweit das Produkt selbst Datenschutzanforderungen entsprechen muss, um vertragsmäßig zu sein.[134] Die Problemstellung tritt mit dem § 327e BGB nF nicht erstmalig auf.[135] Ebenso können schon bislang Leistungen des Schuldners mangelhaft und damit nicht vertragsmäßig sein, wenn sie datenschutzrechtlichen Anforderungen nicht entsprechen, die als Beschaffenheit vereinbart wurden, die zur vertraglich vorausgesetzten Verwendung gehören oder deren Einhaltung bei Leistungen gleicher Art üblich sind und die Gläubiger nach der Art der Leistung erwarten können.[136]

81 In Bezug auf digitale Produkte, denen selbst die Verarbeitung personenbezogener Daten inhärent ist, ergibt sich gleichwohl eine besondere Datenschutzrelevanz.[137] Entsprechend weisen auch die Richtlinien- und Gesetzesmaterialien ausdrücklich auf diesen Umstand hin. So könnten „Sachverhalte, die dazu führen, dass die Anforderungen der Verordnung (EU) 2016/679, einschließlich wesentlicher Grundsätze wie Datenminimierung, Datenschutz durch Technik und datenschutzfreundliche Voreinstellungen, nicht eingehalten werden, [...] je nach den Umständen des Falls auch als fehlende Übereinstimmung der digitalen Inhalte oder digitalen Dienstleistungen mit den subjektiven oder objektiven Anforderungen an die Vertragsmäßigkeit gemäß dieser Richtlinie betrachtet werden".[138]

82 Das digitale Produkt genügt nach § 327e BGB nF den subjektiven Anforderungen, wenn es ua die **vereinbarte Beschaffenheit** hat, einschließlich der Anforderungen an seine Menge, seine Funktionalität, seine Kompatibilität und seine Interoperabilität. Ein im Datenschutz begründeter Produktmangel aufgrund einer Abweichung von **subjektiven Anforderungen** könnte bspw. bestehen, wenn der Unternehmer vertraglich verspricht, datenschutzrelevante Steuerungsfunktionen in einem „Privacy Dashboard" zu bündeln, um dem Verbraucher die Vornahme von Einstellungen (etwa die Aktivierung oder Deaktivierung bestimmter Zugriffe auf sein Endgerät) im datenschutzfreundlichen Sinne zu erleichtern und diese Funktion nicht vorhanden oder nur für ausgewählte Einstellungsmöglichkeiten zentriert ist, während andere intransparent verteilt oder in den Einstellungsmenüs „versteckt" sind.[139]

83 Eine **objektive Anforderung** ist überdies verletzt, wenn sich das digitale Produkt nicht für die gewöhnliche Verwendung eignet oder es eine Beschaffenheit aufweist, die bei digitalen Produkten derselben Art nicht üblich ist und die der Verbraucher unter Berücksichtigung der Art des digitalen Produkts nicht erwarten muss. Mangelhaft kann ein digitales Produkt sein, wenn es Verpflichtungen der DS-GVO in Bezug auf

---

134 BT-Drs. 19/27653, 53.
135 S. bspw. für die Sicherstellung von Privacy by Design-Anforderungen in vernetzten Fahrzeugen *Vásquez/Kroschwald* MMR 2020, 217 (220).
136 Jauering/*Berger* BGB § 434 Rn. 14; *Klingbeil/Kohm* MMR 2021, 3 (5); im speziellen Fall und noch zum alten Datenschutzrecht einen Sachmangel ablehnend OLG Hamm Beschl. v. 2.7.2015 – 28 U 24/15, ZD 2016, 231.
137 Hierzu auch *Spindler/Sein* MMR 2019, 488 (489).
138 ErwGr 48 DIRL; vgl. auch BT-Drs. 19/27653, 53.
139 Vgl. *Kroschwald* DuD 2021, 522 (527).

die Verarbeitung sowie das Produkt nicht einhält. Die Gesetzesbegründung nennt beispielhaft eine **Verschlüsselungssoftware**, die nicht den Verschlüsselungsanforderungen nach dem Stand der Technik entspricht und deshalb nicht für die sichere Übermittlung geeignet ist. Auch wenn im – im Übrigen einwandfrei funktionierenden – digitalen Produkt Datenschutzrisiken geschaffen werden, Systeme etwa **Sicherheitslücken** aufweisen, kann ein solcher Mangel bestehen.[140]

Konkrete Anhaltspunkte für die Sicherheit der mit der DIRL verbundenen Verarbeitungen und damit auch für die Gestaltung von Systemen und digitalen Produkten gibt ErwGr 50 DIRL. Demnach sollten Unternehmer in Bezug auf die Sicherheit von Informationssystemen und digitalen Umgebungen auf **Standards**, offene technische Spezifikationen, bewährte Verfahren und Verhaltenskodizes zurückgreifen, die auf internationaler Ebene, Unionsebene oder auf Ebene eines Industriezweigs festgelegt wurden.[141] Ausdrücklich weist der ErwGr darauf hin, dass die Kommission die Entwicklung von (**Unions-**)**normen** verlangen könnte. Entsprechendes ließe sich wohl auch abseits reiner Datensicherheit für Standardisierungen und Normungen zugunsten datenschutzrechtlicher Gewährleistungen fordern.

84

II. Privacy by Design und Default-Mängel bei Dritt- und Mehrnutzerkonstellationen

Eine besondere Bedeutung können datenschutzrechtlich begründete Mängel dort haben, wo der Verbraucher selbst die Verarbeitung im Zusammenhang mit dem digitalen Produkt verantwortet. So kann der Einsatz digitaler Produkte im Zusammenhang mit der Verarbeitung personenbezogener Daten in **Mehrnutzerverhältnissen** eine **datenschutzrechtliche Verantwortung des Verbrauchers** auslösen. Setzt dieser bspw. in seinem Smart Home eine Stand-Alone-App (in diesem Beispiel nicht als digitales Element einer Sache, sondern ein eigenständiges digitales Produkt) zur Bedienung von Überwachungskameras ein und ist er – unter Ausschluss des Art. 2 Abs. 2 lit. c DS-GVO – für diese Verarbeitung allein oder gemeinsam mit dem Hersteller verantwortlich, obliegt es dem Verbraucher, allein bzw. gemeinsam mit dem Hersteller, bspw. nach Art. 25 DS-GVO Maßnahmen iSd Privacy by Design zu treffen sowie datenschutzfreundliche Voreinstellungen vorzunehmen.[142]

85

Um diese Anforderungen der DS-GVO erfüllen zu können, ist er auf entsprechende Vorbedingungen angewiesen, die häufig nur der Hersteller technisch und organisatorisch sicherstellen kann.[143] Hierzu können Informationen über die technische Verarbeitung von Daten gehören, derer sich der das Produkt einsetzende Verbraucher sonst nicht bewusst wäre und die er im Rahmen seiner Informationspflichten sonst auch nicht weitergeben kann. Ebenso Konfigurationsmöglichkeiten des Produkts, um bestimmte Verarbeitungen ggf. zu deaktivieren oder einschränken zu können.

86

---

140 ErwGr 48 DIRL.
141 Beispielhaft zu nennen sind IT-Sicherheitsnormungen wie ISO 27001; hierzu vertiefend *Schulze* ZEuP 2020, 695 (712 f.).
142 Am Bsp. der Datensammlung durch und für künstlich-intelligente autonome Kfz *Kroschwald* DuD 2021, 522 (526 ff.).
143 Zur Informationsasymmetrie zwischen Hersteller und Verantwortlichen *Vásquez/Kroschwald* MMR 2020, 217 (218).

87 Fehlen entsprechende Informationen und Konfigurationsmöglichkeiten, könnten derartige digitale Produkte in subjektiver Hinsicht bspw. mangelhaft sein, wenn sie sich ohne diese Gewährleistungen in einer ggf. vertraglich vorausgesetzten, mehrere Nutzer umfassende Verwendungsumgebung wie Smart Homes oder Cars nicht einsetzen lassen (§ 327e Abs. 2 lit. b BGB nF). Derartige digitale Produkte könnten aber auch aus objektiver Sicht mangelhaft sein, wenn sie sich für eine **gewöhnliche Verwendung in einem Multi-User-Kontext** nicht eignen oder das Vorhandensein derartiger Gewährleistungen bei digitalen Produkten dieser Art erwartet werden kann.[144] Dies ist insbesondere dann der Fall, wenn der Verbraucher wie dargestellt ohne vorgenannte Gewährleistungen seinen eigenen datenschutzrechtlichen Pflichten als Verantwortlicher nicht nachkommen kann, ein solcher Einsatz (im Mehrnutzerkontext und daraus entstehender Verantwortlichkeit) bei digitalen Produkten dieser Art üblich ist und die Umsetzung der Anforderungen durch den Hersteller für das betreffende Produkt entsprechend erwartet werden kann.[145]

III. Beweislastumkehr und datenschutzrelevante Mitwirkung bei Mängeln

88 In Bezug auf die Mängelhaftung datenschutzrechtlich von Interesse könnten auch Mitwirkungsobliegenheiten des Verbrauchers im Zusammenhang mit der Beweislastumkehr nach § 327k BGB nF sein. Die **Vermutungswirkung** des § 327k BGB nF zugunsten des Verbrauchers tritt nach § 327k Abs. 3 BGB nF nicht ein, wenn die digitale Umgebung des Verbrauchers mit den technischen Anforderungen des digitalen Produkts zur maßgeblichen Zeit nicht kompatibel war. Damit der Unternehmer dies feststellen kann, hat der Verbraucher nach § 327k Abs. 3 Nr. 2 BGB nF die Obliegenheit, notwendigenfalls mitzuwirken. ErwGr 60 der DIRL nennt beispielhaft die Übermittlung automatisch erzeugter Berichte über Zwischenfälle oder Details über die Internetverbindung als **Mitwirkungshandlung** von Verbrauchern; in Ausnahmefällen sogar die Gewährung eines virtuellen Zugangs zu ihrer digitalen Umgebung. Es ist insofern nicht auszuschließen, dass iRd Mitwirkungsobliegenheit auch personenbezogene Daten verarbeitet werden oder aber Eingriffe in Schutzbereiche des Fernmeldeheimnisses sowie der Integrität und Vertraulichkeit informationstechnischer Systeme erfolgen.

89 Nach § 327k Abs. 3 Nr. 2 Hs. 2 BGB nF verletzt der Verbraucher seine Obliegenheit allerdings nur, wenn der Unternehmer zur Feststellung ein **technisches Mittel einsetzen wollte, das für den Verbraucher den geringsten Eingriff darstellt**. Dies zwingt den Unternehmer zur Prüfung, ob er nur diejenigen zur Verfügung stehenden technischen Mittel einsetzt, die bspw. die Privatsphäre des Verbrauchers am wenigsten beeinträchtigen.[146] Die Gesetzesbegründung nennt Beispiele für Fälle, in denen die gewählten Mittel nicht den „Standards oder bewährten Verfahren [die] die höchsten Anforderungen an den Schutz der Privatsphäre erfüllen" – etwa, wenn in Bezug auf eine für einen vorgenannten Fernzugriff zu verwendende Software Sicherheitsbedenken bestünden. In diesem Fall sei der Einsatz im konkreten Fall für den Verbraucher un-

---

144 Vgl. bereits im bestehenden Sachmangelrecht Jauering/*Berger* BGB § 434 Rn. 14.
145 *Klingbeil/Kohm* MMR 2021, 3 (5).
146 ErwGr 60 DIRL; BT-Drs. 19/27653, 65.

zumutbar und würde nicht den geringsten Eingriff darstellen, so dass sich der Verbraucher des Zugriffs unter Einsatz dieses Mittels verweigern könnte ohne seine Mitwirkungsobliegenheit zu verletzen und die Beweislastumkehr zu verlieren.[147]

Für den Verbraucher zu beachten wäre indes, dass im Rahmen seiner Mitwirkungshandlung auch **Rechte Dritter** betroffen sein können. Gibt er bspw. automatisch erzeugte Berichte, Protokolle und Log-Dateien oder Details zur Internetnutzung weiter oder gewährt er dem Unternehmer Fernzugriff iSd § 327k Abs. 3 BGB nF, können personenbezogene Daten weiterer Nutzer im Zusammenhang mit dem digitalen Produkt oder der von § 327k Abs. 3 Nr. 1 BGB nF bezeichneten Umgebung verarbeitet oder Inhalt und Umstände von ihnen getätigter Kommunikation ebenso zur Kenntnis gelangen wie die möglicher Kommunikationspartner. Wenngleich all dies in die Abwägung des geringsten Eingriffs einfließen dürfte, obliegt es letztlich dem Verbraucher ggf. sicherzustellen, dass weitere betroffene Personen informiert und ihre Rechte nicht verletzt werden. 90

IV. Folgen datenschutzrechtlicher Anforderungen für die Updateverpflichtung

Eine besondere Form der Anforderungen an die Vertragsmäßigkeit wird für digitale Produkte mit den **Aktualisierungspflichten** nach Art. 8 Abs. 2 DIRL sowie für Produkte mit digitalen Elementen in Art. 7 Abs. 3 WKRL eingeführt und in § 327f BGB nF sowie § 475b Abs. 3 und 4 BGB nF umgesetzt. Der Unternehmer hat für digitale Produkte nach § 327f BGB nF sicherzustellen, dass dem Verbraucher während des maßgeblichen Zeitraums Aktualisierungen, die für den Erhalt der Vertragsmäßigkeit des digitalen Produkts erforderlich sind, bereitgestellt werden und der Verbraucher über diese Aktualisierungen informiert wird. Die Pflicht zur Aktualisierung („**Update**") zur Aufrechterhaltung der Vertragsmäßigkeit besteht damit über den Zeitpunkt des Gefahrübergangs hinaus fort, besteht auch bei einmaligem Leistungsaustausch[148] und kann sogar über den Gewährleistungszeitraum hinausgehen.[149] Zu den erforderlichen Aktualisierungen gehören nach § 327f Abs. 1 S. 2 BGB nF auch **Sicherheitsaktualisierungen**, selbst wenn auftretende Sicherheitsmängel oder sicherheitsrelevante Softwarefehler keine Auswirkungen auf die Funktionsfähigkeit der Sache haben.[150] 91

Die Anforderungen an die Aktualisierung lassen sich mit Blick auf die vorangehenden Ausführungen zu **Privacy by Design und Default** als Gegenstand der Vertragsmäßigkeit problemlos entsprechend auch für datenschutzrechtlich erforderliche Aktualisierungen übernehmen.[151] Im Hinblick auf mögliche Verbrauchererwartungen ist ua das ohne Aktualisierung drohende Risiko in Betracht zu ziehen. Mit der **Fortentwicklung des Stands der Technik** entwickeln sich über die Sicherheitsanforderungen hinaus auch weitere Anforderungen an technische und organisatorische Maßnahmen iSd Art. 25 DS-GVO. Über neue technische Verfahren der Datenerfassung, neue Arten 92

---

147 BT-Drs. 19/27653, 65.
148 Hierzu *Bach* NJW 2019, 1705 (1707).
149 BT-Drs. 19/27653, 58.
150 BT-Drs. 19/27653, 59.
151 BT-Drs. 19/27653, 59.

der Verarbeitung und weitere Kategorien verarbeiteter personenbezogener Daten ist die betroffene Person iRd datenschutzrechtlichen Transparenzpflichten ohnehin zu informieren. Mit zunehmender Komplexität der Verarbeitung sowie im Laufe der Zeit müssen möglicherweise Konfigurationsmöglichkeiten für den Verbraucher erweitert, Darstellungs- und Steuerungsmöglichkeiten dem Stand der Technik angepasst und auf Hinweise von Verbrauchern und der Öffentlichkeit reagiert werden, um den subjektiven und objektiven Anforderungen an die Vertragsmäßigkeit weiter zu entsprechen.[152] Digitale Produkte sowie Produkte mit digitalen Elementen sind vor diesem Hintergrund nach Maßgabe des § 327f BGB nF bzw. § 475 Abs. 3 und 4 BGB nF auch in datenschutzrechtlicher Hinsicht im maßgeblichen Zeitraum bei Bedarf zu aktualisieren, also einem Datenschutz-Update zu unterziehen. In der betrieblichen Praxis von Herstellern digitaler Produkte führt dies zum Erfordernis eines speziell auch auf den Datenschutz bezogenen „Product-Lifecycle-Managements".

---

152 Eine Pflicht zur Verbesserung von Sachen mit digitalen Elemente sieht die Warenkaufrichtlinie jedoch nicht vor; vgl. dazu ErwGr 30 WKRL.

§ 7 Neue Klauselverbote in § 309 BGB und „Kündigungsbutton" in § 312k BGB – Abtretungsansprüche, Vertragslaufzeit, Kündigung von Dauerschuldverhältnissen

Literaturverzeichnis: *Brönneke*, Stellungnahme zum Entwurf eines Gesetzes zur Stärkung des Verbraucherschutzes im Wettbewerbs- und Gewerberecht (BT-Drucksache 19/27873), https://www.bundestag.de/resource/blob/843916/f8fe55b27bd6755469d9649cf0bd4a9d/stellungnahme-broenneke-data.pdf; *Brönneke/Schmidt*, Der Anwendungsbereich der Vorschriften über die besonderen Vertriebsformen nach Umsetzung der Verbraucherrechterichtlinie, VuR 2014, 3; *dies.*, Kündigungen von Verträgen im Internet – Feldstudie und rechtspolitische Konsequenzen, https://www.gruene-bundestag.de/fileadmin/media/gruenebundestag_de/themen_az/verbraucherschutz/PDF/200310-Gutachten-Kuendigung.pdf; *Brudermüller/Ellenberger/Götz/Grüneberg/Herrler/Sprau/Thorn/Weidlich/Wicke* (Hrsg.), Palandt Bürgerliches Gesetzbuch, 80. Aufl., 2021 (zit.: Palandt/*Bearbeiter*); *Buchmann*, Das neue Fernabsatzrecht 2014 (Teil 3), K&R 2014, 369; *ders.*, Das neue fernabsatzrecht 2014 (Teil 4), K&R 2014, 453; *ders.*, Anm. zu AG Köln Urt. v. 28.4.2014 – 142 C 354, K&R 2014, 754; *Buchmann/Majer*, Eine „Button-Lösung" für den elektronischen Geschäftsverkehr?, K&R 2010, 635; *Hau/Poseck* (Hrsg.), Beck'scher Online-Kommentar BGB, 59. Edition 2021 (zit. BeckOK BGB/*Bearbeiter*); *Säcker/Rixecker/Oetker/Limperg* (Hrsg.), Münchener Kommentar zum Bürgerlichen Gesetzbuch, 8. Aufl. 2019 (zit. MüKoBGB/*Bearbeiter*); *Spindler/Schuster* (Hrsg.), Recht der elektronischen Medien, 4. Aufl. 2019 (zit. Spindler/Schuster/*Bearbeiter*).

A. Klauselverbote	1
I. Europarechtliche Vorgaben	4
II. Abtretung von Ansprüchen (§ 308 Nr. 9 BGB nF)	5
III. Vertragslaufzeit (§ 309 Nr. 9 BGB nF)	11
1. Anwendungsbereich	16
2. Vertragslaufzeit	18
3. Verlängerung	19
4. Kündigungsfrist	23
B. Kündigungsbutton	26
I. Europarechtliche Vorgaben	29
II. Anwendungsbereich des § 312k BGB nF	30
1. Tatbestandliche Voraussetzungen	31
2. Ausnahmen	34
III. Gestaltung des Kündigungsprozesses	37
1. Kündigungsschaltfläche	43
2. Bestätigungsseite	46
3. Bestätigungsschaltfläche	50
IV. Speicherbarkeit und Kündigungsbestätigung	51
V. Vermutungen; Sanktion bei Verstößen	54
1. Vermutungen	55
2. Sanktion bei Verstößen	57

A. Klauselverbote

Mit dem Gesetz für faire Verbraucherverträge[1] hat der Gesetzgeber in § 308 Nr. 9 BGB nF eine neue Klausel in das Bürgerliche Gesetzbuch integriert und § 309 Nr. 9 BGB nF geändert. Das Gesetz beruht nicht auf einer europarechtlichen Vorgabe und soll bestehende Defizite beim Schutz von Verbrauchern reduzieren.[2]

Beide im Regierungsentwurf[3] vorgeschlagenen Klauseln wurden iRd Gesetzgebungsverfahrens erheblich kritisiert.[4] Sie sind – zT mit erheblichen – Änderungen in das

---

[1] Gesetz für faire Verbraucherverträge BGBl. 2021 I 3433.
[2] BT-Drs. 19/26915.
[3] BT-Drs. 19/26915.
[4] Vgl. die Stellungnahmen zum Referentenentwurf, abrufbar unter https://www.bmjv.de/SharedDocs/Gesetzgebungsverfahren/DE/Faire_Verbraucherverträge.html; sowie zum Regierungsentwurf, abrufbar unter https://www.bundestag.de/dokumente/textarchiv/2021/kw08-de-verbraucherverträge-821794.

BGB aufgenommen worden.[5] § 308 Nr. 9 BGB nF führt ein neues Klauselverbot mit Wertungsmöglichkeit ein, wonach eine Bestimmung unwirksam ist, durch die die **Abtretbarkeit** für einen auf Geld gerichteten Anspruch des Vertragspartners gegen den Verwender ausgeschlossen wird. § 309 Nr. 9 BGB nF ändert das bestehende System für die stillschweigende Verlängerung von Dauerschuldverhältnissen erheblich; nach einer **höchstens zweijährigen Vertragslaufzeit** kann sich künftig ein zunächst befristeter Vertrag automatisch nur auf **unbestimmte Zeit** verlängern, wobei der Vertragspartner jederzeit das Recht hat, den Vertrag mit einer Frist von höchstens **einem Monat** zu kündigen. Gleichzeitig wird die Kündigungsfrist zum Ende der vereinbarten Vertragslaufzeit auf einen Monat beschränkt.

3 Während der neue § 308 Nr. 9 BGB nF in der Praxis nicht unproblematisch werden wird, bringt der neue § 309 Nr. 9 BGB nF für einen Verbraucher erhebliche Verbesserungen.

I. Europarechtliche Vorgaben

4 Obgleich das Gesetz für faire Verbraucherverträge keine europäische Richtlinie umsetzt, sind europarechtliche Vorgaben zu beachten. Art. 8 RL 93/13/EWG über missbräuchliche Klauseln in Verbraucherverträgen (im Folgenden: KlauselRL) erlaubt es Mitgliedstaaten, auf dem durch die Richtlinie geregelten Gebiet strengere Regelungen zu erlassen, um ein höheres Schutzniveau für die Verbraucher zu gewährleisten. Art. 3 Abs. 3 KlauselRL verweist auf den Anhang der Richtlinie, der eine als Hinweis dienende und nicht erschöpfende Liste der Klauseln enthält, die für missbräuchlich erklärt werden können. Anh. Nr. 1 lit. h KlauselRL erklärt vorformulierte Vertragsklauseln für unwirksam, die darauf abzielen oder zur Folge haben, dass ein befristeter Vertrag **automatisch verlängert** wird, wenn der Verbraucher sich nicht gegenteilig geäußert hat und als Termin für diese Äußerung des Willens des Verbrauchers, den Vertrag nicht zu verlängern, ein vom Ablaufzeitpunkt des Vertrags ungebührlich weit entferntes Datum festgelegt wurde. Anh. Nr. 1 lit. h KlauselRL stellt damit für die Unwirksamkeit der Klausel auf die durch den deutschen Gesetzgeber in § 309 Nr. 9 lit. c BGB näher konkretisierte überlange Kündigungsfrist ab.

II. Abtretung von Ansprüchen (§ 308 Nr. 9 BGB nF)

5 Gem. § 308 Nr. 9 lit. a BGB nF ist eine Bestimmung unwirksam, durch die die Abtretbarkeit für einen **auf Geld gerichteten Anspruch** des Vertragspartners gegen den Verwender ausgeschlossen wird. Ferner sind nach § 308 Nr. 9 lit. b BGB nF solche Klauseln unwirksam, durch die die Abtretbarkeit für ein **anderes Recht**, das der Vertragspartner gegen den Verwender hat, ausgeschlossen wird, sofern beim Verwender ein **schützenswertes Interesse** an dem Abtretungsausschluss nicht besteht oder aber **berechtigte Belange** des Vertragspartners an der Abtretbarkeit des Rechts das schützenswerte Interesse des Verwenders an dem Abtretungsausschluss überwiegen.

---

5 BGBl. 2021 I 3433.

A. Klauselverbote

Die Regelung stimmt insoweit mit der ursprünglichen Formulierung im Regierungsentwurf überein. § 308 Nr. 9 BGB nF hat dabei im Laufe des Gesetzgebungsverfahrens eine wesentliche Ergänzung erhalten, die der Regierungsentwurf noch nicht vorsah: Sein Buchstabe a) gilt nunmehr nicht für Ansprüche aus **Zahlungsdiensterahmenverträgen** (diese sind in § 675f Abs. 2 BGB geregelt und haben die Ausführung von Zahlungsvorgängen zum Gegenstand) und die Buchstaben a) und b) gelten nicht für Ansprüche auf **Versorgungsleistungen** iSd Betriebsrentengesetzes. Mit dem Ausschluss von Ansprüchen aus Zahlungsdiensterahmenverträgen wollte der Gesetzgeber sicherstellen, dass die bestehenden Abtretungsausschlüsse von Banken und Sparkassen für girovertragliche Ansprüche des Kontoinhabers auf das sogenannte „Tagesguthaben" oder den nach Rechnungsabschluss folgenden Anspruch auf den anerkannten Saldo von Girokonten beibehalten werden können.[6] Dies dient dem Verbraucherschutz, weil damit künftige Ansprüche, die zur Bestreitung des Lebensunterhalts eines Verbrauchers notwendig sind, nicht mehr unbedacht abgetreten werden können.[7]

Der der Regelung zugrundeliegende Gedanke, dass in Allgemeinen Geschäftsbedingungen enthaltene Abtretungsausschlüsse unter Umständen die Abtretung von Ansprüchen des Verbrauchers zwecks Geltendmachung durch Dritte (zB durch Inkassounternehmen) unverhältnismäßig erschweren können, ist gerechtfertigt und zu befürworten. Der uneingeschränkte Wortlaut des § 308 Nr. 9 lit. a BGB nF im Regierungsentwurf hätte aber insbesondere im Falle von Allgemeinen Geschäftsbedingungen von Kreditinstituten zur unbeabsichtigten Folge haben können, dass der durch die Allgemeinen Geschäftsbedingungen des Kreditinstituts praktisch als „Nebenwirkung" gewährte **Verbraucherschutz** ausgehebelt worden wäre. Die meisten Allgemeinen Geschäftsbedingungen der Kreditinstitute verbieten bzw. beschränken die Abtretung von Auszahlungsansprüchen des Kunden gegen das Kreditinstitut (zB aus dem Girovertrag).[8] Lässt sich ein Gläubiger des Kunden Forderungen des Kunden gegen seine Bank als Drittschuldnerin, bspw. sein Guthaben auf einem Girokonto der Bank, zur Sicherung eines Anspruchs gegen den Kunden abtreten, hat dies regelmäßig aufgrund der Allgemeinen Geschäftsbedingungen des Kreditinstituts wegen § 399 BGB zur Folge, dass die Sicherungsabtretung an den Gläubiger wirkungslos ist. Mittelbare Folge des mit dem Kreditinstitut formularmäßig vereinbarten Abtretungsverbots ist, dass dem Gläubiger ein Zugriff auf Gelder des Kunden, die dieser uU zur **Sicherung seines Existenzminimums** benötigt, verwehrt wird, und zwar ungeachtet der Frage, ob es sich bei dem Konto um ein sog. Pfändungsschutzkonto iSd § 850k ZPO handelt.

Die ergänzte Fassung von § 308 Nr. 9 BGB nF sichert das Guthaben des Kunden damit in voller Höhe. Ansonsten hätte auch § 400 BGB keinen ausreichenden Schutz geboten. Gem. § 400 BGB kann eine Forderung nicht abgetreten werden, soweit sie der Pfändung nicht unterworfen ist. § 400 BGB soll einen Gleichlauf zwischen Un-

---

[6] BT-Drs. 19/30840, 14.
[7] BT-Drs. 19/30840, 14.
[8] Umkehrschluss aus MüKoBGB/*Roth/Kieninger* § 399 Rn. 37; BGH Urt. v. 13.7.2006 – VII ZR 51/05, NJW 2006, 3486 Rn. 12.

pfändbarkeit und Unabtretbarkeit von Forderungen garantieren und der sozialpolitischen Schutzbedürftigkeit des Gläubigers auch außerhalb des Zwangsvollstreckungsverfahrens Rechnung tragen.[9] In Betracht käme hier die Unpfändbarkeitsregelung des § 850k ZPO, wonach von der Pfändung des auf einem Pfändungsschutzkonto befindlichen Guthabens ein sog. **Sockelfreibetrag** nicht umfasst sein soll. Dies setzt jedoch das Vorliegen eines Pfändungsschutzkontos und somit eine entsprechende bankvertragliche Regelung zwischen dem Verbraucher und dem Kreditinstitut voraus. Handelt es sich bei dem Konto um ein einfaches Girokonto, hätte der Schutz des § 400 BGB nicht gegriffen.

9   Eine weitere Einschränkung erfuhr der Gesetzesentwurf für Ansprüche auf Versorgungsleistungen iSd Betriebsrentengesetzes. Sie können statt auf Geld auch auf andere Leistungen gerichtet sein. Künftig sind sie insgesamt vom Anwendungsbereich des § 308 Nr. 9 BGB ausgenommen. Folge ist, dass in **arbeitsrechtlichen Vereinbarungen** über die betriebliche Altersversorgung auch künftig Abtretungsausschlüsse formularmäßig vereinbart werden können.[10] Arbeitnehmer können diese Ansprüche mithin nicht an Dritte abtreten und so ihre Altersversorgung bspw. zum Gegenstand einer Kreditsicherheit machen. Auch dies dient dem Schutz der Verbraucher. Ihnen wird die freie Verfügbarkeit über Ansprüche entzogen, die erst in der Zukunft Auswirkungen entfalten, so dass für einen Verbraucher im Zeitpunkt der Verfügung die Konsequenzen aus einer Abtretung noch nicht abschätzbar sind.

10 Zu berücksichtigen ist, dass Abtretungsverbote nicht nur iVm dem Pfändungsschutz bzw. mit Versorgungsleistungen und somit aufseiten des Verbrauchers eine entscheidende Rolle spielen, sondern auch in anderen Bereichen typischerweise zum Tragen kommen. So kann bspw. im Falle von zweckgebundenen Förderdarlehen iSd § 491 Abs. 2 S. 2 Nr. 5 BGB die Förderbank als AGB-Verwenderin durchaus ein berechtigtes Interesse an der Vereinbarung eines Abtretungsverbots haben, um zu verhindern, dass der dem Darlehen zugrundeliegende Förderzweck durch Abtretung des Auszahlungsanspruchs gegen die Förderbank vereitelt wird. Einem solchen Abtretungsverbot stünde allerdings § 308 Nr. 9 lit. a BGB nF entgegen. In diesem Zusammenhang ist aber zu beachten, dass formularmäßige vertragliche Abtretungsausschlüsse in der Vergangenheit bereits mehrmals Gegenstand einer richterlichen Inhaltskontrolle, gemessen an den Maßstäben des § 307 BGB, gewesen sind. Nach bisheriger Rechtslage waren formularmäßig vereinbarte Abtretungsverbote grundsätzlich zulässig, konnten jedoch nach ständiger Rspr.[11] gleichwohl unwirksam sein, wenn ein schützenswertes Interesse des Verwenders an einem Abtretungsausschluss nicht bestand, oder die berechtigten Belange des Gläubigers an der Abtretbarkeit vertraglicher Forderungen das entgegenstehende Interesse des Verwenders überwogen.[12] Diese Rspr. wurde nun durch § 308 Nr. 9 BGB nF kodifiziert, allerdings mit der Besonderheit, dass dessen

---

9   MüKoBGB/*Roth/Kieninger* § 400 Rn. 2.
10 BT-Drs. 19/30840, 14.
11 Vgl. BGH Urt. v. 13.7.2006 – VII ZR 51/05, NJW 2006, 3486 Rn. 14; Urt. v. 15.6.1989 – VII ZR 205/88, BGHZ 108, 52 (54 f.) = NJW 1989, 2750; Urt. v. 29.6.1989 – VII ZR 211/88, BGHZ 108, 172 (174 f.) = NJW 1990, 109; Urt. v. 30.10.1990 – IX ZR 239/89, NJW-RR 1991, 763; Urt. v. 25.11.1999 – VII ZR 22/99, NJW-RR 2000, 1220 = BauR 2000, 569 (570) = ZfBR 2000, 175 = NZBau 2000, 245.
12 BGH Urt. v. 17.4.2012 – X ZR 76/11, NJW 2012, 2107.

lit. a eine derartige **Interessenabwägung** bei auf Geld gerichteten Ansprüchen gerade nicht vorsieht. Festzuhalten bleibt aber, dass es sich bei § 308 Nr. 9 BGB nF trotz der Differenzierung in lit. a und lit. b um ein **Klauselverbot mit Wertungsmöglichkeit** handelt, weshalb abzuwarten bleibt, ob die Gerichte im og Beispiel eines zweckgebundenen Förderdarlehens oder in ähnlich gelagerten Fällen von dieser Wertungsmöglichkeit Gebrauch machen und in Ausnahmefällen eine Interessenabwägung auch iRd § 308 Nr. 9 lit. a BGB nF vornehmen werden.

III. Vertragslaufzeit (§ 309 Nr. 9 BGB nF)

Die Vertragslaufzeiten waren Gegenstand kontroverser Diskussionen und zahlreicher Vorschläge. Der Referentenentwurf[13] sah eine Höchstlaufzeit für Dauerschuldverhältnisse von einem Jahr, eine stillschweigende Verlängerung von höchstens drei Monaten und eine Kündigungsfrist vor Ablauf der vereinbarten Laufzeit von höchstens einem Monat vor.

Der Regierungsentwurf nahm diesen Vorschlag nicht auf und hatte stattdessen eine recht komplexe Neuregelung für die Vertragslaufzeiten vorgesehen. So sollte eine Laufzeit von mehr als einem Jahr nur möglich sein, wenn der Verwender gleichzeitig einen Vertrag mit einer Laufzeit von nur einem Jahr angeboten hätte, der allerdings im Monatsdurchschnitt höchstens 25 % teurer hätte sein dürfen als der bis zu zwei Jahre laufende Vertrag. Eine automatische Verlängerung von mehr als drei Monaten sollte nur möglich sein, wenn der Verwender spätestens zwei Monate, jedoch frühestens vier Monate vor Ablauf der zunächst vorgesehenen oder stillschweigend verlängerten Vertragsdauer in Textform den Verbraucher auf das Ende der vereinbarten Vertragslaufzeit, die Folgen der Nicht-Kündigung und den Zeitpunkt des spätesten Eingangs einer Kündigungserklärung hingewiesen hätte.

Die Regelung ist im Gesetzgebungsverfahren als viel zu kompliziert kritisiert worden; sie hätte eine Fülle von weiteren Problemen mit sich gebracht, die allenfalls zu mehr Verwirrung, nicht jedoch zu mehr Verbraucherschutz geführt hätten. Insbesondere wäre zu besorgen gewesen, dass erneut das Lauterkeitsrecht für die Durchsetzung des Verbraucherschutzrechts hätte herhalten müssen und es zu zahlreichen Abmahnungen gekommen wäre.

Der Gesetzgeber hat schließlich eine neue Fassung verabschiedet, die sehr einfach ist und die Belange der Verbraucher in einem angemessenen Umfang berücksichtigt. Auch künftig dürfen Verträge mit einer **Höchstlaufzeit von zwei Jahren** geschlossen werden.

Eine **stillschweigende Verlängerung** erfolgt künftig nur auf **unbestimmte Zeit** und kann jederzeit mit einer Frist von höchstens **einem Monat** gekündigt werden. Insgesamt wurde das Recht zur Kündigung auf höchstens einen Monat vor Ablauf der zunächst vorgesehenen Vertragsdauer beschränkt.

---

13 RefE BMJV v. 24.1.2020, 3, abrufbar unter https://www.bmjv.de/SharedDocs/Gesetzgebungsverfahren/Dokumente/RefE_Faire_Verbrauchervertraege.pdf?__blob=publicationFile&v.=2.

1. Anwendungsbereich

16   Der Anwendungsbereich wurde in seinem Wortlaut nicht verändert und umfasst wie bislang „die regelmäßige Lieferung von Waren oder die regelmäßige Erbringung von Dienst- oder Werkleistungen". Im Sinne einer Vereinfachung wäre es zwar auf den ersten Blick wünschenswert gewesen, diese Einschränkung ersatzlos zu streichen, so dass künftig alle Dauerschuldverhältnisse erfasst worden wären. Damit würden aber auch Wohnraummietverträge, Arbeitsverträge, Versicherungsverträge, Gebrauchsüberlassungsverträge etc erfasst, denn sie stellen alle Dauerschuldverhältnisse dar. Damit wäre dem Verbraucherschutz nicht gedient. Alternativ hätten hier bestimmte Vertragstypen genannt werden können, die in der Diskussion über den Schutz von Verbrauchern vor langen Vertragslaufzeiten immer wieder auftauchen (zB Energielieferverträge, Telefonverträge, Fitnessstudioverträge). Sie können im Einzelfall aber zu Ungerechtigkeiten und Abgrenzungsschwierigkeiten führen (sind etwa ein Vertrag in einem Tanzstudio oder über Yogastunden mit einem Fitnessstudiovertrag vergleichbar?). Die vorhandene Formulierung lässt der Rspr. genügend Raum zur Auslegung; sie ist zu Recht erhalten geblieben.

17   Unverändert geblieben ist die Ausnahmeregelung in § 309 Nr. 9 Hs. 2 BGB, so dass das Verbot des § 309 Nr. 9 BGB nF weiterhin nicht für Verträge über die Lieferung **zusammengehörig verkaufter Sachen** sowie für **Versicherungsverträge** gilt. Hintergrund ist, dass es sich bei Ersteren um keine Dauerschuldverhältnisse handelt,[14] sondern um Leistungen, die zwar ggf. über einen längeren Zeitraum in Teillieferungen, jedoch in ihrer Gesamtheit als Ganzes[15] erbracht werden. Versicherungsverträge sind hingegen naturgemäß auf eine langjährige Vertragslaufzeit ausgerichtet, weshalb es dem Interesse beider Vertragsparteien entspricht, diese nicht den Einschränkungen der § 309 Nr. 9 BGB nF zu unterziehen.[16]

2. Vertragslaufzeit

18   Abweichend vom Vorschlag im Referentenentwurf bleibt es künftig dabei, dass die Vertragslaufzeit **zwei Jahre** betragen darf. § 309 Nr. 9 lit. a BGB nF verbietet nach wie vor Vertragslaufzeiten, die einen Verbraucher länger als zwei Jahre binden. Die bestehende Rechtslage wird insoweit nicht geändert. Auch wenn dies zunächst im Vergleich zum Referentenentwurf für den Verbraucher nachteilig zu sein scheint, muss berücksichtigt werden, dass gerade bei Mobilfunkverträgen der Verbraucher sein Endgerät über die Vertragslaufzeit mitfinanziert. Kurze Vertragslaufzeiten hätten zwingend zur Folge, dass ein Verbraucher entweder mit Vertragsschluss eine hohe Einmal-Zahlung oder alternativ vergleichsweise deutlich höhere monatliche Raten bezahlen müsste. Dies könnte dazu führen, dass ganze Verbrauchergruppen vom Erwerb bestimmter Endgeräte ausgeschlossen würden, weil dieses Endgerät für sie schlicht nicht finanzierbar ist. Andererseits werden dadurch auch die Interessen der Unternehmen gewahrt. Über die Vertragslaufzeit amortisieren sich die Kosten für die

---

14 BeckOK BGB/*Becker* § 309 Nr. 9 Rn. 27.
15 BeckOK BGB/*Becker* § 309 Nr. 9 Rn. 13; MüKoBGB/*Wurmnest* § 309 Nr. 9 Rn. 10.
16 BeckOK BGB/*Becker* § 309 Nr. 9 Rn. 27.

Kundenakquise. Kürzere Vertragslaufzeiten hätten möglicherweise zu einem deutlich höheren Preisniveau geführt.

3. Verlängerung

Während bislang die formularmäßige Vereinbarung einer stillschweigenden Verlängerung des Vertragsverhältnisses um höchstens ein Jahr zulässig war, sind nunmehr gem. § 309 Nr. 9 lit. b BGB nF Verlängerungsklauseln grundsätzlich untersagt, es sei denn, das Vertragsverhältnis wird auf **unbestimmte Zeit** verlängert und dem anderen Vertragsteil dabei das Recht eingeräumt, das verlängerte Vertragsverhältnis jederzeit mit einer Frist von höchstens einem Monat zu kündigen. 19

Der Gesetzgeber hat damit weder den Vorschlag im Referentenentwurf aufgenommen, wonach eine Höchstfrist von (nur noch) drei Monaten zulässig sein sollte, noch die im Regierungsentwurf vorgesehene und äußerst unüberschaubare Regelung, wonach nicht nur eine automatische Vertragsverlängerung um mehr als ein Jahr stets unzulässig sein sollte, sondern auch eine automatische Verlängerung um mehr als drei Monate bis zu einem Jahr, sofern der Unternehmer es vor Eintritt der automatischen Verlängerung versäumt hatte, verschiedene kumulativ zu erfüllende Informationspflichten gegenüber dem anderen Vertragsteil zu erfüllen. 20

Der Gesetzgeber hat im Interesse einer einfachen Regelung auf Ausnahmen und Alternativen verzichtet. Dies ist zu begrüßen. Die nunmehr für eine unbefristete Vertragsverlängerung zwingend vorgeschriebene **einmonatige Kündigungsfrist** schützt Verbraucher vor ungewünschten, langläufigen vertraglichen Bindungen und den damit einhergehenden finanziellen Belastungen und ermöglicht diesen mehr Flexibilität bei der Auswahl der Vertragspartner nach Ablauf der Erstlaufzeit des Vertrages. Unzufriedene Kunden werden nach Ablauf der Mindestvertragslaufzeit leichter zu neuen Anbietern oder Vertragsmodellen wechseln können, zufriedene Kunden können hingegen weiterhin am Vertrag festhalten, wenn dieser für sie vorteilhaft ist, und dies in dem sicheren Wissen, dass der Vertrag auch nach seiner Verlängerung weiterhin einfach (zum Kündigungsbutton → Rn. 26 ff.) kurzfristig gekündigt werden kann.[17] 21

Daneben bestehende gesetzliche Kündigungsmöglichkeiten, insbesondere das Recht zur außerordentlichen Kündigung nach § 314 BGB, bleiben von der Regelung in § 309 Nr. 9 lit. b BGB nF weiterhin unberührt.[18] 22

4. Kündigungsfrist

Gem. § 309 Nr. 9 lit. c BGB nF ist nunmehr eine zulasten des anderen Vertragsteils längere Kündigungsfrist als ein Monat vor Ablauf der zunächst vorgesehenen Vertragsdauer unwirksam. Damit wurde die noch in § 309 Nr. 9 lit. c BGB aF enthaltene dreimonatige Kündigungsfrist im Einklang mit § 309 Nr. 9 lit. b BGB nF durch eine **einmonatige Kündigungsfrist** ersetzt, die es dem anderen Vertragsteil ermöglicht, im Falle eines befristeten Vertrags von seinem Kündigungsrecht länger Gebrauch zu machen.[19] 23

---

17 BT-Drs. 19/30840, 14.
18 BT-Drs. 19/30840, 14.
19 BT-Drs. 19/30840, 14.

24 Ersatzlos gestrichen wurde der in der bisherigen Fassung noch enthaltene Hinweis auf den Ablauf der stillschweigend verlängerten Vertragsdauer, da die im Falle einer automatischen Vertragsverlängerung geltende (und ebenfalls einmonatige) Kündigungsfrist nunmehr in § 309 Nr. 9 lit. b BGB nF eigens geregelt ist.

25 Weiterhin unanwendbar bleibt § 309 Nr. 9 lit. c BGB nF – wie auch seine bisherige Fassung[20] – aufgrund seines Wortlauts auf unbefristete Verträge.

B. Kündigungsbutton

26 Mit dem Gesetz für faire Verbraucherverträge[21] wird ein neuer § 312k BGB nF in das Bürgerliche Gesetzbuch eingeführt und mit ihm die Verpflichtung zur Vorhaltung eines Kündigungsbuttons für Dauerschuldverhältnisse, deren Vertragsschluss auch im elektronischen Geschäftsverkehr ermöglicht wird. Das Gesetz beruhte nicht auf einer europarechtlichen Vorgabe und soll bestehende Defizite beim Schutz von Verbrauchern reduzieren.[22] Die Begründung zum Gesetzesentwurf verweist darauf, dass die Kündigung von im elektronischen Geschäftsverkehr geschlossenen Verträgen Verbraucher oft vor besondere Herausforderungen stelle und oft durch die Webseitengestaltung erschwert werde.[23]

27 Die historische Entwicklung der Einführung des neuen Kündigungsbuttons ist denkbar kurz. Weder der Referentenentwurf[24] noch der Regierungsentwurf[25] enthielten einen solchen Vorschlag. § 312k BGB nF wurde erst durch die Beschlussempfehlung des Ausschusses für Recht und Verbraucherschutz[26] in das Gesetzgebungsverfahren eingebracht[27] und buchstäblich in letzter Sekunde am 25.6.2021 nach nur einer kurzen zweiten und dritten Lesung vom Bundestag verabschiedet. Für eine Vorschrift mit dieser Reichweite ist der kurze Prozess durchaus beachtlich.

28 Die neue Vorschrift wird für Verbraucher erhebliche Vereinfachungen bei der Kündigung von Verträgen mit sich bringen, stellt Unternehmer hingegen – insbesondere auf Plattformen – vor nicht unerhebliche Herausforderungen.

I. Europarechtliche Vorgaben

29 Europarechtliche Vorgaben bestehen nicht. Insbesondere die Verbraucherrechterichtlinie (RL 2011/83/EU, im Folgenden: VRRL) sieht in Art. 8 Abs. 2 lediglich die sogenannte „Button"-Lösung für den Vertragsschluss vor, die der deutsche Gesetzgeber in § 312j Abs. 3 BGB umgesetzt hat. Zu Dauerschuldverhältnissen verlangt die

---

20 MüKoBGB/*Wurmnest* § 309 Nr. 9 Rn. 19.
21 Gesetz für faire Verbraucherverträge BGBl. 2021 I 3433.
22 BT-Drs. 19/26915.
23 BT-Drs. 19/30840, 15.
24 Abrufbar unter https://www.bmjv.de/SharedDocs/Gesetzgebungsverfahren/Dokumente/RefE_Faire_Verbrauchervertraege.pdf;jsessionid=F6895784E9FE140BCA8FEEEF840BA090.2_cid289?__blob=publicationFile&v.=2.
25 BT-Drs. 19/26915.
26 BT-Drs. 19/30840 v. 18.6.2021.
27 Insbesondere der Sachverständige im Rechtsausschuss *Brönneke* hatte in seiner Stellungnahme einen Kündigungsbutton gefordert; sie beruht auf einer gutachterlichen Untersuchung zur Kündigung von Verträgen im Internet: *Brönneke/Schmidt*, Kündigungen von Verträgen im Internet – Feldstudie und rechtspolitische Konsequenzen.

VRRL lediglich besondere Pflichtinformationen zur Laufzeit und zu den Bedingungen der Kündigung unbefristeter oder sich automatisch verlängernder Verträge. Art. 4 VRRL normiert zwar den Gedanken der Vollharmonisierung, dies gilt aber nur soweit der Regelungsbereich der VRRL reicht. Die Kündigung von Dauerschuldverhältnissen ist nicht deren Gegenstand. Dies gilt auch für deren Anpassung durch die **Modernisierungsrichtlinie**[28] (im Folgenden: ModernisierungsRL), die zwar erhebliche Änderungen für das BGB mit sich bringen wird, aber keine Regelung zur Kündigung von Dauerschuldverhältnissen. Der nationale Gesetzgeber war in der Gestaltung der neuen Vorgaben zur Kündigung folglich frei.

II. Anwendungsbereich des § 312k BGB nF

§ 312k Abs. 1 BGB nF regelt den Anwendungsbereich für den neuen Kündigungsbutton. Obgleich das BGB zeitgleich durch das Gesetz zur Umsetzung der Modernisierungsrichtlinie geändert wurde, hat dieses (bis auf die Nummerierung) keinen Einfluss auf den neuen Kündigungsbutton. Die Verpflichtung zur Verfügungstellung des Kündigungsbuttons beschränkt sich nicht nur auf die **eigene Website**, sondern auch auf **fremde Plattformen**, auf denen die Möglichkeit eines Vertragsschlusses angeboten wird. Die Gesetzesbegründung geht explizit davon aus, dass ein Anbieter einen Dritten als Betreiber einer fremden Webseite vertraglich verpflichten muss, einen Kündigungsbutton vorzuhalten.[29] Da die Eingabe individueller Daten für die wirksame Ausübung der Kündigung erforderlich ist, dürfte dies für die Plattformen – wenn auch mit nicht unerheblichem Aufwand – technisch darstellbar sein. Websites des Anbieters, auf denen keine Möglichkeit eines Vertragsschlusses angeboten wird, müssen nach Sinn und Zweck der Regelung auch keinen Kündigungsbutton vorhalten (etwa Domains, auf denen nur Informationen zur Verfügung gestellt werden, Social Media Plattformen etc.).

1. Tatbestandliche Voraussetzungen

Voraussetzung ist zunächst ein **Verbrauchervertrag** iSd § 310 Abs. 3 BGB, folglich ein Vertrag zwischen einem Unternehmer (§ 14 BGB) als Anbieter und einem Verbraucher (§ 13 BGB) als Empfänger der Leistung. Die zu erbringende Leistung kann eine Lieferung von Waren oder die Erbringung von Dienstleistungen zum Gegenstand haben. Entscheidend ist lediglich, dass es sich um ein **Dauerschuldverhältnis** handelt, so dass bspw. Werkverträge, die wegen § 648 BGB ebenfalls jederzeit gekündigt werden können, nicht von der neuen Vorschrift umfasst werden.[30]

Die Leistung muss gegen ein **Entgelt** gewährt werden. § 312k BGB nF beruht dabei nicht auf einer europäischen Vorgabe, so dass eine richtlinienkonforme Auslegung des Begriffs der Entgeltlichkeit nicht angezeigt ist. Würde man den Begriff an die Auslegung des § 312 Abs. 1 BGB anlehnen und weit auslegen, so würde jegliche Ge-

---

28 Richtlinie (EU) 2019/2161 des Europäischen Parlaments und des Rates vom 27.11.2019 zur Änderung der Richtlinie 93/13/EWG des Rates und der Richtlinie 98/6/EG, 2005/29/EG und 2011/83/EU des Europäischen Parlaments und des Rates zur besseren Durchsetzung und Modernisierung der Verbraucherschutzvorschriften der Union, ABl. 2019 L 328, 7.
29 BT-Drs. 19/30840, 15 f.
30 BT-Drs. 19/30840, 16.

genleistung des Verbrauchers als Entgelt gewertet werden müssen, so zB auch die Hingabe von Daten.[31] Dies war aber nicht das Ziel des Gesetzgebers, der ausweislich der Gesetzesbegründung Verbraucher explizit vor finanziellen Schäden schützen wollte, die ihn wegen der nicht rechtzeitigen Kündigung eines Dauerschuldverhältnisses ereilen können.[32] Entgelt iSd Vorschrift ist folglich wörtlich als **„Gegenleistung in Geld"** zu verstehen. Kostenlose Probe-Abonnements und kostenlose Mitgliedschaften werden vor der neuen Vorschrift folglich nicht umfasst; etwas anderes muss nach Sinn und Zweck der Vorschrift gelten, wenn sie sich nach Ablauf einer kostenlosen Testphase in ein entgeltliches Abonnement bzw. eine Mitgliedschaft wandeln.

33 Der Vertrag muss über eine Webseite im elektronischen Geschäftsverkehr geschlossen werden können. Der Gesetzgeber verwendet dabei in § 312k Abs. 1 S. 1 BGB nF ausdrücklich die Formulierung „ermöglicht" und nicht „geschlossen wurde", während in § 312k Abs. 2 BGB nF von einem auf der Webseite „abschließbaren" Vertrag die Rede ist. Ob ein Vertrag folglich tatsächlich im elektronischen Geschäftsverkehr geschlossen wurde oder nicht, ist für die Frage der Verpflichtung der Zurverfügungstellung des Kündigungsbuttons ohne Relevanz.[33] Schließt ein Verbraucher bspw. einen Mobilfunkvertrag in einem Ladengeschäft eines Anbieters ab, muss er die Möglichkeit haben, den Vertrag über den Kündigungsbutton auf einer Webseite dieses Anbieters wieder zu kündigen, wenn dieser Anbieter den Vertragsschluss grundsätzlich auch im elektronischen Geschäftsverkehr ermöglicht. Den Begriff **„Webseite"** verwendet das geltende Recht bereits in § 312j Abs. 1 BGB; nach dem Willen des Gesetzgebers soll bei der Auslegung dieses Begriffs auf die dazu ergangene Rspr. zurückgegriffen werden.[34] Der Begriff des **„elektronischen Geschäftsverkehrs"** ist in § 312i Abs. 1 BGB legaldefiniert, der Unternehmer muss sich zum Zwecke des Abschlusses eines Vertrags über die Lieferung von Waren oder über die Erbringung von Dienstleistungen der Telemedien bedienen.[35] Der Begriff der **Telemedien** wiederum ist in § 1 Abs. 1 TMG legaldefiniert, neben dem Internet fällt zB auch Teleshopping darunter.[36]

2. Ausnahmen

34 § 312k Abs. 1 BGB nF folgt einem Regel-Ausnahme-Aufbau. Selbst wenn die Tatbestandsvoraussetzungen von § 312k Abs. 1 S. 1 BGB nF erfüllt sind, muss ein Unternehmer keinen Kündigungsbutton vorhalten, wenn eine der beiden Voraussetzungen des § 312k Abs. 1 S. 2 BGB nF vorliegt. Die beiden Ziffern sind zwar mit dem Wort „und" verbunden, was zunächst darauf schließen lassen könnte, dass diese beiden Voraussetzungen kumulativ vorliegen müssen. Sinn und Zweck der Norm zeigt aber, dass es sich um zwei unterschiedliche Sachverhalte handelt, die nicht miteinander in Verbindung stehen.

35 Gem. § 312k Abs. 1 S. 2 Nr. 1 BGB nF muss ein Unternehmer einen Kündigungsbutton dann nicht vorhalten, wenn gesetzlich eine **strengere Form als die Textform** vor-

---

31 Brönneke VuR 2014, 3; Buchmann K&R 2014, 369.
32 BT-Drs. 19/30840, 16: „Kostenfallen".
33 BT-Drs. 19/30840, 16 f.
34 BT-Drs. 19/30840, 15.
35 Vgl. dazu Spindler/Schuster/*Schirmbacher* BGB § 312i Rn. 5.
36 Vgl. dazu Spindler/Schuster/*Ricke* TMG § 1 Rn. 2; 12 f.

geschrieben ist. Die Regelung ist iSd Verbraucherschutzes zwingend notwendig, weil ein Verbraucher über eine solche Schaltfläche den Vertrag wirksam nicht kündigen könnte und somit einer Fehlvorstellung über die Wirksamkeit seiner Kündigung erliegen würde. Richtigerweise hätte der Gesetzgeber hier nicht von einer Ausnahme zur Verpflichtung der Bereitstellung des Kündigungsbuttons sprechen müssen, sondern von einem Verbot. Soweit folglich eine Kündigung in elektronischer Form (§ 126a BGB), Schriftform (§ 126 BGB) oder in notariell beurkundeter Form (§ 128 BGB) abzugeben ist, darf dafür ein Kündigungsbutton vom Unternehmer nicht vorgehalten werden.

Eine Ausnahme sieht § 312k Abs. 1 S. 2 Nr. 2 BGB nF für Webseiten, die **Finanzdienstleistungen** betreffen, oder für Verträge über Finanzdienstleistungen allgemein vor. Diese Ausnahmeregelung ist an § 312j Abs. 5 S. 2 BGB angelehnt,[37] so dass insoweit auf die dazu bereits vorhandene Lit.[38] und Rspr.[39] zurückgegriffen werden kann. 36

III. Gestaltung des Kündigungsprozesses

Die Vorgaben der Gestaltung des Kündigungsbuttons lehnen sich inhaltlich an den Bestellbutton und die Regelungen in § 312j Abs. 3 BGB an, sind aber – systembedingt – umfangreicher. Bei der Verpflichtung handelt es sich um eine Ergänzung zu den weiteren Wegen, eine Kündigung auszusprechen (zB E-Mail, Post, Fax). Sie darf daher nicht als einzige Option angeboten werden, und auch eine entsprechende vertragliche Vereinbarung in Allgemeinen Geschäftsbedingungen wäre unwirksam (§ 309 Nr. 13 lit. c BGB).[40] 37

Der Aufbau der Kündigungsoption ist zweistufig gewählt worden. Zunächst muss ein Verbraucher über eine Schaltfläche (vom Gesetzgeber etwas zweideutig als „Kündigungsschaltfläche" bezeichnet) zur Eingabe seiner Daten geleitet werden, nach deren Eingabe muss die Kündigung über eine weitere Schaltfläche (der sog. „Bestätigungsschaltfläche") bestätigt werden. Beide Schaltflächen unterliegen besonderen Bedingungen. 38

Damit einem Verbraucher ermöglicht wird, seinen Kündigungswunsch zu äußern, muss er zunächst in die Lage versetzt werden, seine kündigungsrelevanten Daten einzugeben; nur so lässt sich für den Unternehmer der Vertragspartner und der zu kündigende Vertrag identifizieren. Dazu müssen nach § 312k Abs. 2 S. 4 BGB nF „die Schaltflächen und die Bestätigungsseite […] ständig verfügbar sowie unmittelbar und leicht zugänglich sein". Diese Anforderungen an die Transparenz lassen hinreichend Spielraum für Auslegung und Streit. Der Gesetzgeber unterscheidet leider nicht zwischen der Kündigungsschaltfläche und der Bestätigungsschaltfläche, wobei diese Unterscheidung aufgrund der gewählten Struktur notwendig gewesen wäre. Auch die Verknüpfung der Schaltflächen mit der Bestätigungsseite macht inhaltlich wenig Sinn, weil der Verbraucher durch Anklicken der Kündigungsschaltfläche unmittelbar auf 39

---

[37] BT-Drs. 19/30840, 16.
[38] Vgl. dazu MüKoBGB/*Wendehorst* § 312 Rn. 96 f.; *Buchmann/Majer* K&R 2010, 635 ff.
[39] ZB OLG Köln Urt. v. 7.10.2016 – 6 U 48/16, MMR 2017, 552; OLG München Urt. v. 10.1.2019 – 29 U 1091/18, MMR 2019, 532; OLG Nürnberg Urt. v. 29.5.2020 – 3 U 3878/19, MMR 2021, 348.
[40] BT-Drs. 19/30840, 16.

die Bestätigungsseite geführt werden muss. Kündigungsschaltfläche und Bestätigungsseite sind folglich unmittelbar miteinander verknüpft.

40 Die Verpflichtung zur **ständigen Verfügbarkeit** klingt zunächst selbstverständlich, wirft aber durchaus Fragen auf. Keine Webseite ist ständig verfügbar, Downtimes (wenn auch im geringen Umfang) sind üblich. Die Verpflichtung muss folglich dahin gehend interpretiert werden, dass während der Verfügbarkeit der Website auch die Kündigungsmöglichkeit und die Verfügbarkeit der Website grundsätzlich bestehen muss.[41] Die Kündigungsschaltfläche muss **unmittelbar und leicht zugänglich** sein. Unmittelbar bedeutet, dass die Kündigungsschaltfläche von jeder Unterseite einer Website aus erreichbar sein muss (zB im Footer einer Website, hier können Parallelen zum Impressum gezogen werden). Welche zusätzliche Anforderung hier das Tatbestandsmerkmal „leicht" mit sich bringt, bedarf der Auslegung.[42] Gemeint sein könnte die Gestaltung der Schaltfläche, die nämlich auch einfach als sprechender Link ausgestaltet sein könnte. Dagegen spricht allerdings, dass die Gestaltung der Schaltflächen selbst bereits Gegenstand von § 312k Abs. 2 S. 2 und S. 3 Nr. 2 BGB nF ist. „Leicht" hat daher nur räumlichen und keinen inhaltlichen Charakter. Ein sprechender Link genügt daher den Transparenzanforderungen von § 312 Abs. 2 BGB nF.

41 Die Kündigungsschaltfläche muss den Verbraucher „unmittelbar" zur Bestätigungsseite führen, wo er seine Daten eingeben kann. Unmittelbar bedeutet, dass der Verbraucher **keine weiteren Handlungen** vornehmen muss, um zu seiner Dateneingabe zu gelangen. Der Unternehmer darf folglich weder weitere Unterseiten zwischenschalten noch Popups oder sonstige Einblendungen (zB mit der Frage, ob der Verbraucher wirklich kündigen oder nicht doch von einem besonderen Angebot profitieren möchte), die der Verbraucher zunächst wegklicken oder weiterklicken muss, um sodann seine Daten eingeben zu können.

42 Die **Bestätigungsseite** ihrerseits muss die Bestätigungsschaltfläche enthalten, wobei hier über deren Anordnung oder Erreichbarkeit nichts geregelt ist. Da es sich um einen abschließenden Button handelt, wird man ihn räumlich unterhalb nach Eingabe der Daten erwarten. Ein Unmittelbarkeitserfordernis, wie dies für einige Pflichtinformationen etwa in § 312j Abs. 2 BGB geregelt ist, gibt es jedoch nicht. Jedenfalls der Wortlaut der Norm lässt es daher zu, dass der Unternehmer zwischen der Eingabe der Daten und der Bestätigungsschaltfläche weitere Informationen platziert, so zB ein besonderes Angebot, mit dem versucht werden soll, den Verbraucher von der Kündigung abzuhalten oder zB von Nachfragen, ob der Vertrag wirklich gekündigt werden soll. Auch ein extensives Scrollen, bis man den Button erreicht, ist nicht untersagt. Dies ist aus Sicht des Verbraucherschutzes ein erhebliches Defizit.

---

[41] OLG Düsseldorf Urt. v. 4.11.2008 – I-20 U 125/08, MMR 2009, 266; BT-Drs. 19/30840, 17 f. mit Verweis auf § 5 Abs. 1 TMG.
[42] Die Gesetzesbegründung verweist auf die BR-Drs. 61/21, die allerdings außer dem Hinweis, es solle einem Verbraucher „auf möglichst einfache Weise" ermöglicht werden, von den Informationen Kenntnis zu erlangen, keine nähere Klarheit verschafft.

1. Kündigungsschaltfläche

Die Kündigungsschaltfläche soll ausweislich des Wortlauts der Norm „gut lesbar" sein und mit nichts anderem als den Wörtern „**Verträge hier kündigen**" oder einer entsprechend eindeutigen Formulierung beschriftet sein. Der Wortlaut lehnt sich damit weitestgehend an § 312j Abs. 3 BGB (Bestellbutton) an, so dass auf die dazu vorhandene Lit. und Rspr. verwiesen werden kann. 43

Gut lesbar ist die Kündigungsschaltfläche dann, wenn auf einem Button keine weiteren grafischen Elemente verwendet werden und sich die Schrift hinreichend (zB durch farbliche Hervorhebung) von der Farbe des Buttons abhebt.[43] Auch ein **sprechender Link** wird – sofern farblich deutlich vom Hintergrund abgesetzt – diesen Voraussetzungen gerecht. 44

Anders als der Bestellbutton ist der Bereich der möglichen Gestaltung der Beschriftung allerdings deutlich eingeschränkt. Während der Bestellbutton für alle Formen von Verträgen vorgesehen ist, so dass auch andere Worte als „bestellen" dem üblichen Sprachgebrauch entsprechen (etwa „kaufen",[44] „buchen", „mieten", „beauftragen"), dient der Kündigungsbutton stets nur einem Zweck, nämlich der Beendigung eines Dauerschuldverhältnisses, für das es abhängig vom Vertragstyp keine Besonderheiten gibt. Formulierungen, die von dem gesetzlichen Beispiel abweichen, sind daher nur sehr beschränkt denkbar. Schon der Hinweis „Vertrag beenden" weckt Bedenken, weil das Wort „kündigen" – gerade auch aus der Verbrauchern bekannten Arbeitswelt – klarer ist. 45

2. Bestätigungsseite

Den Inhalt der Bestätigungsseite gibt der Gesetzgeber dem Grunde nach vor. Einem kündigungswilligen Verbraucher muss zunächst die Möglichkeit gegeben werden, hinsichtlich der **Art der Kündigung** – also zwischen ordentlicher und außerordentlicher Kündigung – zu unterscheiden, wobei er bei einer außerordentlichen Kündigung den **Grund** angeben können muss. Letzteres Erfordernis geht über die Anforderungen an eine wirksame außerordentliche Kündigung hinaus (vgl. § 314 BGB).[45] Es ist zu besorgen, dass ein Verbraucher durch die Verpflichtung zur Angabe eines Grundes schon im ersten Schritt von der Ausübung des Kündigungsrechts abgehalten wird. Genau aus diesem Grund bedarf es für die Ausübung des Widerrufsrechts bei Fernabsatzverträgen keiner Angabe eines Grundes (§ 355 Abs. 1 S. 4 BGB).[46] Zwar muss für eine wirksame außerordentliche Kündigung ein außerordentlicher Kündigungsgrund vorliegen; der außerordentlich Kündigende muss diesen allerdings erst auf Nachfrage dartun.[47] Dann ist die Kündigungserklärung aber schon ausgesprochen und es geht im zweiten Schritt nur noch um die Frage von deren Wirksamkeit. 46

---

43 Palandt/*Grüneberg* BGB § 312j Rn. 9.
44 Vgl. dazu AG Köln Urt. v. 28.4.2014 – 142 C 354/13, K&R 2014, 754 mAnm *Buchmann*.
45 MüKoBGB/*Gaier* § 314 Rn. 29.
46 MüKoBGB/*Fritsche* § 355 Rn. 47; BGH Urt. v. 12.7.2016 – XI ZR 564/15, NJW 2016, 3512.
47 Vgl. zu § 626 Abs. 2 S. 3 BGB BeckOK BGB/*Plum* § 626 Rn. 52 und MüKoBGB/*Henssler* § 626 Rn. 69.

47 Zur **eindeutigen Identifizierbarkeit** des kündigungswilligen Verbrauchers dürften die Angaben Vorname, Nachname und Adresse genügen.[48] In Betracht kommen könnte auch noch die zusätzliche Angabe des Geburtsdatums, dies würde aber voraussetzen, dass der Unternehmer über dieses personenbezogene Datum auch verfügt, insbesondere vor dem Hintergrund der möglichst sparsamen Erhebung von Daten (Art. 5 Abs. 1 lit. c DS-GVO). Für die **eindeutige Bezeichnung des Vertrags** dürfte eine Bestell- oder Vertragsnummer ausreichend sein. Eine Kundennummer hingegen genügt den Anforderungen nur, wenn der Kunde nur einen einzigen Vertrag beim jeweiligen Anbieter besitzt. In beiden Fällen muss verhindert werden, dass der Verbraucher durch zu viele Identifizierungsmerkmale faktisch von der Kündigung abgehalten wird, weil ihm der Aufwand des Zusammensuchens der angeforderten Daten zu groß wird.

48 Der Verbraucher soll auch den **Zeitpunkt** angeben, zu dem die Kündigung das Vertragsverhältnis beenden soll. Üblicherweise wird dies der nächstmögliche Zeitpunkt sein. Um zu verhindern, dass ein Verbraucher an der Berechnung der richtigen Kündigungsfrist scheitert, stellt § 312k Abs. 5 BGB nF klar, dass die Kündigung im Zweifel zum frühestmöglichen Zeitpunkt erfolgt, falls der Verbraucher bei seiner Kündigung keinen Zeitpunkt angibt, zu dem das Vertragsverhältnis enden soll. Daraus wird deutlich, dass es sich bei Art. 312k Abs. 2 S. 3 Nr. 1 lit. d BGB nF nicht um ein Pflichtfeld handeln kann.[49] Der Gesetzgeber schlägt daher vor, dass die Option „**schnellstmöglich**" oder ähnlich vorgehalten werden soll.[50] Verpflichtend ist dies aber nicht. Gleichzeitig verlangt das Gesetz keinen Hinweis darauf, dass das Nichtausfüllen des Feldes für den Verbraucher keine Konsequenzen hat. Dies verlangt auch die Zweifels-Regelung in § 312k Abs. 5 BGB nF nicht. Auch hier besteht daher iSd Verbraucherschutzes Korrekturbedarf.

49 Schließlich muss der Verbraucher eine Möglichkeit zur schnellen elektronischen Übermittlung der **Kündigungsbestätigung** angeben; dies wird idR eine E-Mail-Adresse sein.[51] Auch hier stellt sich die Frage, welche Konsequenz die Nichteingabe haben soll. Dem Kündigungswilligen kann ohne Angabe einer E-Mail-Adresse das Absenden seiner Kündigung nicht verwehrt werden, da er dadurch keinen Nachteil erleidet. § 312k Abs. 4 S. 1 BGB nF verlangt vom Unternehmer lediglich, den Zugang unverzüglich auf elektronischem Weg in Textform zu bestätigen, dies kann also auch auf dem Postweg geschehen. Gleichzeitig schafft die Vermutung in § 312k Abs. 4 S. 2 BGB nF kein Bedürfnis für die Angabe einer E-Mail-Adresse. Schließlich hat der Unternehmer ohnehin keine Möglichkeit zu prüfen, ob die eingetragene E-Mail-Adresse richtig ist oder nicht. Von der Eingabe einer E-Mail-Adresse darf die Möglichkeit des Absendens der Kündigungserklärung daher nicht abhängig gemacht werden.

---

48 BT-Drs. 19/30840, 17.
49 So die Gesetzesbegründung, BT-Drs. 19/30840, 17.
50 BT-Drs. 19/30840, 17.
51 BT-Drs. 19/30840, 17.

3. Bestätigungsschaltfläche

Das Anklicken der Bestätigungsschaltfläche auf der Bestätigungsseite schließt den Kündigungsvorgang des Verbrauchers ab. Auch hier kann auf die Rspr. und Lit. zum Bestellbutton und § 312j Abs. 3 BGB verwiesen werden (→ Rn. 36).

50

IV. Speicherbarkeit und Kündigungsbestätigung

Der Gesetzgeber hat erkannt, dass eine über ein Online-Formular ausgesprochene Kündigung Risiken hinsichtlich der Beweisbarkeit des Absendens und des Zugangs birgt. Dem begegnen § 312k Abs. 3 und 4 BGB nF.

51

§ 312 Abs. 3 BGB nF sieht vor, dass dem Verbraucher ermöglicht werden muss, die abgegebene Kündigungserklärung mit **Datum und Uhrzeit** der Abgabe auf einem **dauerhaften Datenträger** zu speichern. Aus diesem gespeicherten Dokument muss zudem erkennbar sein, dass die Kündigungserklärung abgegeben wurde. Dies verlangt zwingend, dass sich nach Anklicken des Kündigungsbuttons eine weitere Seite öffnet, die die Kündigungserklärung (dies beinhaltet alle Angaben nach § 312k Abs. 2 S. 4 Nr. 1 BGB nF) und die weiteren verlangten Informationen (Sie haben Ihre Kündigungserklärung zum oben genannten Vertragsverhältnis am [Datum] um [Uhrzeit] an uns abgeschickt) beinhaltet. Diese Seite muss der Verbraucher **abspeichern** können, wobei es der Gesetzgeber hier unterlassen hat, Anforderungen an diesen Vorgang zu formulieren; die Gesetzesbegründung verweist nur auf § 126b S. 2 Nr. 1 BGB und die dort normierte Möglichkeit der Speicherung auf einem dauerhaften Datenträger. Auch ein (für einen Laien nicht so einfach zu erstellender) Screenshot ist eine Möglichkeit einer Speicherung. Im wohlverstandenen Interesse des Verbraucherschutzes darf dies nicht genügen. Vielmehr muss ein Button oder sprechender Link vorgehalten werden, mit dessen Anklicken der Verbraucher ein dadurch erstelltes Dokument in einem gängigen und unveränderbaren Format (zB als PDF, jpg oder tiff-Datei) auf seinem Computer abspeichern kann oder ihm durch ein entsprechendes Symbol der Ausdruck ermöglicht wird.

52

Eine doppelte Absicherung enthält § 312k Abs. 4 BGB nF, wonach der Unternehmer dem Verbraucher sofort nach Anklicken des Kündigungsbuttons eine **Bestätigung in Textform** zusenden muss, die die gleichen Informationen enthält wie die nach Abs. 3 speicherbare Kündigungsbestätigung. Hat der Verbraucher entgegen § 312k Abs. 2 S. 4 Nr. 1 lit. e BGB nF keine E-Mail-Adresse oder eine andere Möglichkeit zur schnellen elektronischen Übermittlung angegeben, muss die Bestätigung auf dem Postweg an die nach § 312k Abs. 2 S. 4 Nr. 1 lit. b BGB nF angegebene Adresse erfolgen.

53

V. Vermutungen; Sanktion bei Verstößen

§ 312k BGB nF enthält Vermutungen zulasten des Unternehmers und Sanktionieren ihn bei Nichteinhaltung der gesetzlichen Verpflichtungen.

54

1. Vermutungen

55 Gem. § 312k Abs. 4 S. 2 BGB nF wird zunächst vermutet, dass eine Kündigungserklärung nach Anklicken der Bestätigungsschaltfläche dem Unternehmer unmittelbar **zugeht**. Die Beweislast, dass der Verbraucher den Kündigungsbutton angeklickt hat, verbleibt dabei nach den allgemeinen Beweisregeln beim Verbraucher. In Betracht kommt hierbei insbesondere der Zeugenbeweis, aber auch eine Videoaufnahme, die das Anklicken des Buttons beweist. Relevant werden kann dies in Fällen, in denen es entweder zu technischen Schwierigkeiten beim Unternehmer kommt und daher die Seite, auf der der Verbraucher seine Kündigungserklärung nach § 312k Abs. 3 BGB nF nicht speichern kann, nicht erscheint oder aber in Fällen, in denen der Unternehmer gezielt verhindert, dass eine Kündigungsbestätigung verfügbar ist.

56 Weiter wird nach § 312k Abs. 5 BGB nF im Zweifel vermutet, dass die Kündigung zum **frühestmöglichen Zeitpunkt** erfolgen soll. Dies gilt insbesondere für Fälle, in denen der Verbraucher keinen Zeitpunkt angibt, nach Sinn und Zweck aber auch für Fälle, in denen der Verbraucher einen zu frühen Zeitpunkt nennt, zu dem der Vertrag enden soll.

2. Sanktion bei Verstößen

57 Unternehmer, die die Kündigungsschaltfläche, die Bestätigungsseite und die Bestätigungsschaltfläche nicht vorhalten, werden vom Gesetzgeber bestraft. Auch dies entspricht dem Mechanismus von § 312j Abs. 4 BGB; dort kommt der Vertrag nicht zustande, wenn der Unternehmer die gesetzlichen Vorgaben zur Gestaltung des Bestellbuttons nicht einhält. Damit möchte der Gesetzgeber (außerhalb des Risikos der Abmahnbarkeit wegen eines Verstoßes gegen §§ 3, 3a UWG) einen Anreiz schaffen, dass Unternehmer die Kündigungsmöglichkeit nach den gesetzlichen Vorgaben umsetzen.[52] Hält sich der Unternehmer nicht kumulativ an alle Vorgaben in § 312 Abs. 1 und Abs. 2 BGB nF, kann ein Verbraucher einen Vertrag **jederzeit ohne Einhaltung einer Kündigungsfrist** kündigen. Wann die noch vertretbare Zeit endet, in der eine Website nicht erreichbar ist, und ab wann das gezielte Vorenthalten der Kündigungsmöglichkeit nach § 312k BGB nF beginnt, bleibt eine Auslegungsfrage im Einzelfall. Ist die Website des Unternehmers erreichbar, funktioniert allerdings der Kündigungsprozess nicht fehlerfrei und/oder entspricht nicht den gesetzgeberischen Vorgaben, so muss dies das fristlose Kündigungsrecht des Verbrauchers zur Folge haben, weil ansonsten in der Praxis nicht mehr handhabbare Abgrenzungsschwierigkeiten entstehen würden.

58 Für das Vorliegen der Voraussetzungen soll laut Gesetzesbegründung der Verbraucher beweispflichtig sein. Dies entspricht den allgemeinen Beweisregeln, weil dies für ihn vorteilhaft ist, widerspricht aber § 312k Abs. 2 BGB aF (= künftiger § 312l BGB nF), der dem Unternehmer die Beweislast für das Einhalten der in diesem Untertitel (folglich auch für § 312k BGB nF) geregelten Informationspflichten auferlegt. Dazu gehört aber auch die Gestaltung einer Webseite nach den Vorgaben von § 312k

---

52 BT-Drs. 19/30840, 18.

Abs. 1 und Abs. 2 BGB nF, da es sich **faktisch um eine Informationspflicht** handelt.[53] ISd Verbraucherschutzes wäre es zu befürworten, dass auch hier dem Unternehmer die Beweislast auferlegt wird. Allerdings bringt diese Beweislastverteilung schon beim Bestellbutton in § 312j Abs. 4 BGB erhebliche Beweisprobleme mit sich.[54] Wünschenswert wäre jedenfalls eine einheitliche Handhabung bei den verschiedenen Buttons.

---

53 MüKoBGB/*Wendehorst* § 312j Rn. 39; *Buchmann* K&R 2014, 453 (457).
54 *Buchmann* K&R 2014, 453, 457.

§ 8 Digitale Produkte im Schenkungs-, Miet- und Werkvertragsrecht

Literaturverzeichnis: *Heckmann,* Smart life – smart privacy management, K&R 2011, 1; *Heydn,* Software as a Service (SaaS): Probleme und Vertragsgestaltung, MMR 2020, 435; *Säcker/Rixecker/Oetker/Limperg* (Hrsg.), Münchener Kommentar zum Bürgerlichen Gesetzbuch (zit.: MüKoBGB/*Bearbeiter*), 8. Aufl. 2019; *Sedlmeier/Kolk,* ASP – eine vertragstypologische Einordnung, MMR 2002, 75; *Wicker,* Cloud Computing und staatlicher Strafanspruch, strafrechtliche Risiken und strafprozessuale Ermittlungsmöglichkeiten in der Cloud, 2016.

A. Einleitung 1	E. Verbraucherverträge über die Herstellung digitaler Produkte 21
B. Vorrang der Vorschriften über Verbraucherverträge über digitale Produkte 3	F. Beendigung von Verträgen über digitale Produkte 24
C. Verbraucherverträge über die Schenkung digitaler Produkte 9	
D. Miete digitaler Produkte 13	
I. Anwendung der Vorschriften über die Miete 13	
II. Verträge über die Miete digitaler Produkte 16	

A. Einleitung

Mit dem Gesetz zur Umsetzung der Richtlinie über bestimmte vertragsrechtliche Aspekte der Bereitstellung digitaler Inhalte und digitaler Dienstleistungen vom 25.6.2021[1] nimmt der Gesetzgeber – neben den wesentlichen Änderungen in Abschnitt 3 Titel 2a des BGB – auch **Korrekturen im Bereich des Besonderen Teils des Schuldrechts** vor. Mit Ziffer 8–14 des Änderungsgesetzes werden die §§ 516a, 548a, 578b, 580a, 620 und 650 BGB nF eingeführt. Sie beziehen sich auf das Gewährleistungsrecht der Regelungen zur **Schenkung, Miete und Werkherstellung bzw. -lieferung** im Zusammenhang mit digitalen Produkten. Ferner enthalten sie klarstellende Regelungen zur Vertragsbeendigung bei Miet- und Dienstverträgen. 1

Die dem Änderungsgesetz zugrunde liegende Richtlinie über bestimmte vertragsrechtliche Aspekte der Bereitstellung digitaler Inhalte und Dienstleistungen (im Folgenden: DIRL)[2] differenziert ursprünglich nicht nach Vertragsarten. Anwendbar ist die RL ausweislich der Gesetzesbegründung unabhängig davon, „ob die vereinbarte Leistung einmalig zu erbringen ist (wie etwa bei der Übergabe einer gekauften CD) oder über einen Zeitraum (wie die Bereitstellung einer gemieteten DVD)".[3] Der Gesetzgeber musste deshalb entscheiden, ob er das von der RL vorgegebene Gewährleistungsrecht für digitale Produkte bei den betreffenden Vertragsarten, ggf. wiederholend, regelt, oder auf die zentralen Regelungen in Abschnitt 3 Titel 2a verweist. Er hat sich für eine **Zentralisierung** entschieden.[4] Hiermit wird die Zersplitterung des Gewährleistungsrechts im Zusammenhang mit digitalen Produkten verhindert. Ver- 2

---
[1] BGBl. 2021 I 2123.
[2] Richtlinie (EU) 2019/770 des Europäischen Parlaments und des Rates vom 20.5.2019 über bestimmte vertragsrechtliche Aspekte der Bereitstellung digitaler Inhalte und digitaler Dienstleistungen, ABl. 2019 L 136, 1, ber. ABl. L 305, 62.
[3] BT-Drs. 19/27653, 26.
[4] BT-Drs. 19/27653, 25.

brauchern wird außerdem damit ein zentrales, einheitliches Gewährleistungsregime bereitgestellt.

B. Vorrang der Vorschriften über Verbraucherverträge über digitale Produkte

3 Infolge dieser Zentralisierungsentscheidung wurde es aber entsprechend notwendig, ggf. den Vorrang der gewährleistungsrechtlichen Bestimmungen des neuen Abschnitts 3 Titel 2a für die genannten Vertragsarten sicherzustellen – zumindest insoweit diese im Zusammenhang mit digitalen Produkten stehen.[5] Entstanden sind **komplexe Konkurrenz- und Vorrangregelungen**, die in die Regelungen zur Schenkung, zur Miete, zum Werk- sowie Dienstleistungsvertrag einzufügen waren. Dieser Beitrag befasst sich mit den maßgeblichen Neuregelungen und versucht eine Einordnung.

4 Die Vorschriften der §§ 516a, 548a, 578b, 580a, 620 und 650 BGB nF dürfen die §§ 327 ff. BGB nF nicht einschränken, auch wenn der zugrunde liegende Vertrag ein Schenkungs-, Miet- oder Werklieferungsvertrag ist. Dies wäre mit dem **von Vertragstypen unabhängigen Geltungsanspruch** der umzusetzenden DIRL nicht vereinbar. Die Vorschriften beschränken sich daher darauf, klarzustellen, welche Vorschriften aus den genannten Vertragstypen wegen des Vorrangs der §§ 327 ff. BGB nF nicht anzuwenden sind. Die Richtlinie verlangt derartige Regelungen nicht. Auch ohne diese Vorschriften wäre bei der Rechtsanwendung jeweils zu prüfen, **welche Vorschriften** aus den drei Rechtsgebieten **durch die §§ 327 ff. BGB nF verdrängt** werden, falls sich ein Vertrag über digitale Produkte als Schenkungs-, Miet- oder Werklieferungsvertrag erweist. Es ist daher grundsätzlich zu begrüßen, dass der Gesetzgeber den Vorrang genauer nachzeichnet und diese Aufgabe nicht der Rspr. überlässt. Wie die §§ 327 ff. BGB nF selbst gelten auch die neuen Vorschriften im Schenkungs-, Miet- und Werkvertragsrecht nur für Verbraucherverträge.

5 Die Notwendigkeit, angesichts der Umsetzung der DIRL Regelungen ins Schenkungs-, Miet- und Werkvertragsrecht einzufügen, zeigt, dass der Gesetzgeber trotz der betonten vertragstypologischen Offenheit der §§ 327 ff. BGB nF mehr oder weniger versteckt andeutet, welchem Vertragstyp ein Vertrag über digitale Produkte zuzuordnen sein könnte. Bisher galt die Faustregel, dass ein Software-Vertrag bei **standardisierter Software** ein **Kaufvertrag** und bei **aufgrund von Kundenspezifikation** entwickelter Software ein **Werkvertrag** ist.[6] Diese Unterscheidung wird nicht bedeutungslos. Jedoch gerät das **Mietrecht** zunehmend in den Fokus, und zwar nicht nur deshalb, weil es bislang wegen der Beschränkung von Mietrecht auf Sachen nicht zweifelsfrei in Betracht kam (trotz Ausnahmen, → Rn. 12). Vielmehr gewinnt auch die dauerhafte Bereitstellung digitaler Produkte, genauer, **die unbefristete Bereitstellung mit Kündigungsmöglichkeit**, immer stärker an praktischer Relevanz. Der Verbraucher lädt sich nicht mehr seine Anwendungs-Software in einem einmaligen Akt herunter, sondern er nutzt die Cloud. Es ist von kaum zu unterschätzender Bedeutung, dass der Gesetzgeber durch die eindeutige Erweiterung des Anwendungsbereichs von

---

5 BT-Drs. 19/27653, 25.
6 BGH Urt. v. 4.11.1987 – VIII ZR 314/86, BGHZ 102, 135 (144) = NJW 1988, 406; BGH Urt. v. 18.10.1989 – VIII ZR 325/88, BGHZ 109, 97 (100) = NJW 1990, 320; BGH Urt. v. 24.1.1990. – VIII 22/89, BGHZ 110, 130 (137) = NJW 1990, 1290.

B. Vorrang der Vorschriften über Verbraucherverträge über digitale Produkte

Mietrecht auf digitale Produkte sozusagen offiziell die Tür für eine mietrechtliche Qualifikation von Verträgen über digitale Produkte geöffnet hat, dies allerdings für den Preis einer komplexen **Vermengung** von **Mietrecht** und den neuen **Vorschriften über digitale Produkte**. Freilich kommt Mietrecht nicht nur bei einer dauerhaften Bereitstellung in Betracht.

Die bisherige verbreitete Qualifikation als Rechtskauf oder Werkvertrag[7] ist vor allem, aber wiederum nicht ausschließlich für eine einmalige Bereitstellung oder eine Reihe von Bereitstellungen weiterhin relevant. Der Gesetzgeber hat jedoch eine den schenkungs-, miet- und werkvertraglichen Regelungen entsprechende Vorschrift jedenfalls für die alleinige Bereitstellung eines digitalen Produkts nicht in das **Kaufrecht** eingefügt. § 475a BGB nF erfasst diesen Fall nicht, weil er nur körperliche Datenträger und Sachen, die mit digitalen Produkten verbunden sind, ohne dass die digitalen Produkte für die Funktionsfähigkeit der Sachen erforderlich sind, zum Gegenstand hat. Die Vorschrift ordnet insoweit die Anwendung der §§ 327 ff. BGB nF an. Die vertragstypologische Qualifikation eines einzelnen Downloads bleibt aber offen. Nimmt man weiterhin einen Rechtskauf iSd § 453 BGB an, muss wegen des Geltungsanspruchs der DIRL der Vorrang der §§ 327 ff. BGB nF respektiert werden. Dies ordnet das Gesetz aber nicht ausdrücklich an. Insoweit besteht eine Regelungslücke, die auf die vertragstypologische Offenheit der §§ 327 ff. BGB zurückzuführen ist.

6

Verträge über digitale Produkte zur einmaligen Bereitstellung oder zu einer Reihe von Bereitstellungen haben jedoch nicht zwangsläufig einen reinen Rechtskauf zum Gegenstand, weil die Rechte vielfach **gewerbliche Schutzrechte** und insbesondere Urheberrechte beinhalten. An Urheberrechten kann aber lediglich ein Nutzungsrecht übertragen werden (§ 34 UrhG). Die Formulierung „übertragen" lässt offen, ob es sich dann noch um einen Rechtskauf handelt. In der Praxis spricht man von einem **Lizenzvertrag**, der aber kein Vertragstyp des BGB ist. Er wird – wenig eindeutig – als **gemischter Vertrag** angesehen.[8]

7

Sind die digitalen Produkte jedoch **mit einer Sache verbunden**, kommt § 327a Abs. 2 BGB nF zur Anwendung, wonach die §§ 327 ff. BGB nF nur für das digitale Produkt selbst gelten (→ § 2 Rn. 62 ff.). Die kaufrechtliche Parallelvorschrift in § 465a Abs. 2 BGB nF ordnet dasselbe an. Für die Sache selbst ist zu prüfen, ob sie dem Kauf- oder Mietrecht unterfällt. Es kommt also zu einer gespaltenen Rechtsanwendung. Noch weiter geht § 327a Abs. 3 BGB nF, wonach auf eine **Ware mit digitalen Elementen** ausschließlich Kaufrecht anzuwenden ist (→ § 2 Rn. 63 ff.). Dies ist unionsrechtlich nur zulässig, weil die zugrunde liegenden Richtlinien, neben der DIRL die WKRL, dies ausdrücklich so vorsehen. Nur im Anwendungsbereich der WKRL kommt der Vorrang der §§ 327 ff. BGB nF nicht zum Zuge. Dafür sind wesentliche Regelungen in den beiden Richtlinien harmonisiert.

8

---

7 MüKoBGB/*Busche* § 631 Rn. 142 mwN.
8 MüKoBGB/*Westermann* vor § 433 Rn. 24.

C. Verbraucherverträge über die Schenkung digitaler Produkte

9 § 516a BGB nF regelt die auf zu schenkende digitale Produkte anzuwendenden Vorschriften des Schenkungsrechts. Digitale Produkte, die der Unternehmer dem Verbraucher schenkt, genießen demnach dann nicht die **Erleichterungen des Schenkungsrechts** zu Sach- und Rechtsmängeln zugunsten des Schenkers, wenn der Verbraucher dem Unternehmer personenbezogene Daten nach Maßgabe des § 327 Abs. 3 BGB nF bereitstellt (§ 516a Abs. 1 Alt. 1 BGB nF). An ihre Stelle tritt das Gewährleistungsrecht der § 327d ff. BGB nF.

10 Nur der Vollständigkeit halber weist die Gesetzesbegründung darauf hin, dass eine Schenkung grds. auch bei Dienstleistungen wie der Bereitstellung digitaler Dienste vorliegen kann.[9] Der Gegenstand der Schenkung liegt nach Feststellung des BGH bei der Erbringung von Dienstleistungen sodann in der ersparten Vergütung bzw. in dem Ertrag, gegen den der Zuwendende seine Arbeitskraft anderweitig hätte einbringen können.[10] Indem nach § 516a Abs. 1 Alt. 1 BGB nF auch die schenkungsweise Bereitstellung digitaler Produkte unter das Gewährleistungsregime der § 327ff. BGB nF fällt, sofern personenbezogene Daten bereitgestellt werden, schafft der Gesetzgeber **Anwendungskonsistenz**. Es wird verhindert, dass Unternehmer sich den strengeren Regelungen des Mängelrechts bei Verträgen über digitale Produkte entziehen, indem sie die Bereitstellung ihres digitalen Produkts als „Schenkung" deklarieren, gleichwohl aber – entgeltgleich – von personenbezogenen Daten der Verbraucher profitieren (hierzu und zu datenschutzrechtlichen Folgen → § 6 Rn. 45.).

11 Dasselbe gilt, wenn kein digitales Produkt, sondern ein **körperlicher Datenträger**, der ausschließlich als Träger digitaler Inhalte dient, verschenkt wird (§ 516a Abs. 1 Alt. 2 BGB nF). Körperliche Datenträger sind weder im BGB nF noch in der zugrunde liegenden DIRL definiert. Die DIRL nennt in ihrem ErwGr 20 als Beispiele DVDs, CDs, USB-Sticks und Speicherkarten. Dabei müssen die körperlichen Datenträger ausschließlich als Träger der digitalen Inhalte dienen.[11] **Leerträger ohne Inhalte** sind hiervon nicht erfasst.[12] Die DIRL bringt gemäß ihrem Art. 3 Nr. 3 die verbraucherschutzrechtlichen Vorschriften zu Verträgen über digitale Produkte – mit Ausnahme der Pflichten zur Bereitstellung digitaler Inhalte oder Dienstleistungen (Art. 5 DIRL) sowie der Abhilfe bei nicht erfolgter Bereitstellung (Art. 13 DIRL) zur Anwendung. Entsprechend bestimmt auch § 327 Abs. 5 BGB nF, dass die Vorschriften der §§ 327a ff. BGB nF, mit Ausnahme der §§ 327b und 327c BGB nF, auch auf Verbraucherverträge, welche die Bereitstellung von körperlichen Datenträgern, die ausschließlich als Träger digitaler Inhalte dienen, zum Gegenstand haben, anzuwenden sind. Dass folglich auch die Gewährleistung für geschenkte Datenträger, die ausschließlich digitale Inhalte tragen, nach den neuen Regeln zu beurteilen ist, ist nur konsequent.

12 Hiervon abzugrenzen sind Sachen, die digitale Produkte enthalten oder mit ihnen verbunden sind. Es kann sich dabei bspw. um **Endgeräte** (**Hardware**) handeln, die mit

---

9 BT-Drs. 19/27653, 94.
10 Hierzu BGH Urt. v. 1.7.1987 – IVb ZR 70/86, NJW 1987, 2816 (2817).
11 ErwGr 20 DIRL.
12 So zB CD-Rohlinge, BT-Drs. 19/27653, 42, oder auch USB-Sticks.

digitalen Produkten wie zB einer App verbunden sind. Nach § 327a Abs. 2 S. 2 BGB nF sind die betreffenden Vorschriften der §§ 327 ff. BGB nF nur auf diejenigen Bestandteile des Vertrags anzuwenden, welche die digitalen Produkte betreffen. Entsprechend begrenzt § 516a Abs. 2 BGB nF den Anwendungsvorrang des Abschnitts 3 Titel 2a in diesem Fall auf die enthaltenen digitalen Produkte. Anders als im vorangehenden Fall bleibt es im Übrigen bei der Anwendung des Gewährleistungsrechts der Schenkungsverträge. Anwendungsfälle sind bei „**Lockangeboten**" denkbar, bei denen ein Unternehmer Kunden bspw. ein Hardwaregerät schenkt, mit dem Ziel, dass Kunden hierauf – gegen Zahlung eines Preises oder Bereitstellung personenbezogener Daten – digitale Produkte nutzen.[13] In diesem Fall greifen zwei Gewährleistungsregime: für Mängel an der Hardware die Regeln der §§ 523 f. BGB, für Mängel an der Software als digitaler Dienst nach § 516a Abs. 2 BGB nF die strengeren Regeln des § 327d BGB nF.[14]

D. Miete digitaler Produkte

I. Anwendung der Vorschriften über die Miete

Die Anwendung des **Mietvertragsrechts** setzt bislang die Überlassung des „Gebrauchs an der Mietsache" voraus. Digitale Produkte erfüllen diese Voraussetzung – mangels **Sacheigenschaft** iSd § 90 BGB – dem Wortlaut nach regelmäßig nicht. Die Rspr. hat für bestimmte Softwarebereitstellungsformen, konkret für das **Application Service Providing**, die Anwendung des Mietrechts zugelassen.[15] Hierzu müsse es sich um eine „auf einem Datenträger verkörperte Standardsoftware" handeln, die zum Gebrauch, nicht aber zwingend zum Besitz überlassen wird.[16] Typische **Cloud-Services**, bei denen die Nutzung von Software über entsprechende Infrastrukturkapazität des Anbieters als Hauptpflicht im Vordergrund steht, lassen sich damit mietvertraglich behandeln.[17] Wegen der zunehmenden Relevanz derartiger Services wird das Miteinander von Mietrecht und den §§ 327 ff. BGB nF erheblich an Bedeutung gewinnen. 13

Bei der definitorischen Breite digitaler Produkte und ihrer potenziellen Ausprägungen bleiben jedoch **Unschärfen**, insbesondere hinsichtlich solcher digitaler Produkte, die keiner Verkörperung auf einem Datenträger bedürfen,[18] einem solchen Datenträger nicht zuzuordnen sind oder aber deren Leistungsumfang die Überlassung von Software übersteigt.[19] 14

Nach § 548a BGB nF sind die Vorschriften über die Miete von Sachen auf die Miete digitaler Produkte entsprechend anzuwenden. Der Gesetzgeber **erweitert damit den Anwendungsbereich des Mietvertragsrechts nunmehr ausdrücklich auf digitale Pro-** 15

---

13 Exemplarisch hierfür könnte ein Netz- oder Streaminganbieter genannt werden, der seinen Kunden in Verbindung mit Netz- und Streaming-Services W-LAN- oder andere Zugangshardware schenkt.
14 BT-Drs. 19/27653, 94.
15 BGH Urt. v. 15.11.2006 – XII ZR 120/04, MMR 2007, 243 f. Aus der Lit. bereits *Sedlmeier/Kolk* MMR 2002, 75; aus der späteren Judikatur etwa OLG Hamburg Urt. v. 15.12.2011 – 4 U 85/11, MMR 2012, 740.
16 BGH Urt. v. 15.11.2006 – XII ZR 120/04 – MMR 2007, 243 f.; hierzu auch *Wicker*, Cloud Computing und staatlicher Strafanspruch, 2016, S. 71.
17 Hierfür spricht sich *Wicker*, Cloud Computing und staatlicher Strafanspruch, 2016, S. 71–73 zu Recht aus.
18 BT-Drs. 19/27653, 94.
19 *Heydn* MMR 2020, 435 (439).

dukte und schafft in der grundsätzlichen Anwendungsdiskussion Klarheit.[20] Offen und – ausweislich der Gesetzesbegründung „der Klärung der Wissenschaft und Rechtsprechung" vorbehalten – bleibt die Frage, in welchen Fällen Mietverträge über eine Sache und wann sie neuerdings über ein digitales Produkt geschlossen werden.[21]

II. Verträge über die Miete digitaler Produkte

16 Wenngleich mit § 548a BGB nF der **Anwendungsschirm des Mietvertragsrechts** auch über digitale Produkte gespannt wird, beschränkt § 578b BGB nF die Anwendung der §§ 535 ff. BGB sogleich wieder. Ebenso wie § 478a BGB nF zu den Schenkungsvorschriften, ordnet § 578b BGB nF für Verbraucherverträge, im Rahmen derer sich ein Unternehmer verpflichtet, digitale Produkte zu vermieten, die vorrangige Anwendung des neuen Vertragsrechts zu digitalen Produkten auf Rechte bei Mängeln und Rechte bei unterbliebener Bereitstellung an. Zugunsten der Vorschriften des Abschnitts 3 Titel 2a nicht anzuwenden sind die §§ 535 Abs. 1 S. 2 und 536–536d sowie § 543 Abs. 2 S. 1 Nr. 1 und Abs. 4 BGB. Im Falle eines Mangels an ihrem gemieteten digitalen Produkt stehen den Verbrauchern somit die umfassenden Gewährleistungsrechte der §§ 327d ff. BGB nF zur Verfügung. Unterbleibt die versprochene Bereitstellung eines **vermieteten digitalen Produkts**, stehen dem Verbraucher die neuen Rechte des § 327c BGB nF zu. Ebenso wie aus dem damit unanwendbaren § 543 Abs. 2 Nr. 1 BGB hat der Verbraucher nach § 327c Abs. 1 BGB nF das Recht, sich bei unterbliebener Bereitstellung des gemieteten digitalen Produkts vom Vertrag zu lösen. Ihm stehen damit nach § 327c Abs. 2 BGB nF ferner – unter den Voraussetzungen der §§ 280, 281 und 284 BGB – Ansprüche auf Schadens- bzw. Aufwendungsersatz zu.

17 Von diesem Verweis auf die Vorschriften bei Nichtbereitstellung digitaler Produkte ausgenommen sind nach § 578b Abs. 1 S. 3 BGB nF Verträge, die die Bereitstellung eines körperlichen Datenträgers zum Gegenstand haben, der ausschließlich als Träger digitaler Inhalte dient. Werden **gemietete Datenträger** wie USB-Sticks oder CDs/DVDs nicht bereitgestellt, bleibt dem Verbraucher insofern nur das Recht zur **fristlosen Kündigung** nach § 543 Abs. 2 Nr. 1 BGB unter den weiteren Voraussetzungen der §§ 536b und 536d BGB, auf die der sodann ebenfalls anwendbare § 543 Abs. 4 BGB verweist.

18 § 578b Abs. 2 BGB nF **modifiziert überdies die Rechtsfolgen einer Beendigung des Mietvertrags.** Wird der Mietvertrag über digitale Produkte wegen unterbliebener Bereitstellung (§ 327c BGB nF, → § 2 Rn. 82 ff.), Mangelhaftigkeit (§ 327m BGB nF, → § 2 Rn. 175 ff.) oder Änderung (§ 327r Abs. 3 und 4 BGB nF, → § 2 Rn. 226 ff.) beendet, sind die §§ 546–548 BGB nicht anzuwenden. Der Verbraucher ist in diesen Fällen bspw. von der Rückgabe der Mietsache befreit. Stattdessen sind für die Verbraucherverträge über digitale Produkte spezifische Rechtsfolgen der Beendigung nach § 327o und § 327p BGB nF (→ § 2 Rn. 197 ff.) einschlägig. Hierzu gehört zB das Verbot der Weiternutzung digitaler Inhalte durch den Verbraucher (§ 327p Abs. 1 BGB nF) und, spiegelbildlich, das Verbot zur Weiternutzung bereitgestellter nicht-per-

---

20 BT-Drs. 19/27653, 94.
21 BT-Drs. 19/27653, 94.

sonenbezogener Daten durch den Unternehmer (§ 327p Abs. 2 BGB nF). Die Gesetzesbegründung weist allerdings darauf hin, dass diese Verlagerung von Rechten bei Beendigung aus dem Mietrecht heraus in die Vorschriften der §§ 327 ff. BGB nF hinein nur im Falle des § 578b Abs. 1 BGB nF gilt. Im Übrigen – bspw. im Falle einer **ordentlichen Kündigung** – seien insofern die Regelungen des Mietrechts weiter anwendbar. Für den Rechtsanwender ist diese Verweislogik mindestens herausfordernd; er muss den richtigen Weg des Miteinanders von Mietrecht und des Rechts über digitale Produkte finden, der gewiss nicht ohne Stolpersteine sein wird.

Eine besondere Rolle nehmen im Mietrecht Sachen ein, die digitale Produkte enthalten oder mit ihnen verbunden sind. Nach § 578b Abs. 3 BGB nF sind die Anwendungsverweise des Abs. 1 und 2 im Fall von Sachen, die digitale Produkte enthalten oder mit ihnen verbunden sind, nur für diejenigen Bestandteile des Vertrages, die das digitale Produkt betreffen, anwendbar. Insoweit deckt sich die Verweislogik mit dem vorangehend betrachteten Schenkungsrecht. Anders als bei der Schenkung sind in Bezug auf die Miete von Sachen mit digitalen Produkten aber zahlreiche Anwendungsbeispiele vorstellbar. „Hardware" wie **Mietfahrzeuge,**[22] **Mietroller** oder -fahrräder und viele weitere Mietgegenstände der „**Shared Economy**", die mit digitalen Anwendungen wie etwa zugehörigen Apps verbunden sind, sind hiervon umfasst.[23] Insoweit § 578b Abs. 3 BGB nF den Anwendungsverweis auf die das digitale Produkt betreffenden Vertragsbestandteile beschränkt, können sich ungewollte Friktionen für den Verbraucher ergeben. Die vorangehend beispielhaft genannten Mietfahrzeuge wären, im Falle eines Mangels oder unterbliebener Bereitstellung, nach Mietrecht zu behandeln. Ist demgegenüber die zugehörige **App** mangelhaft oder wird sie nicht bereitgestellt, stehen dem Verbraucher insofern die Rechte des § 327b, c und d ff. BGB nF zu. 19

§ 578b Abs. 4 BGB ergänzt die Verweisklausel noch um eine entsprechende **Modifikation des Rückgriffanspruchs** zwischen Unternehmern in der Vertriebskette. 20

E. Verbraucherverträge über die Herstellung digitaler Produkte

Nach § 327 Abs. 4 BGB nF sind die Vorschriften der §§ 327 ff. BGB nF auch auf Verbraucherverträge anzuwenden, die digitale Produkte zum Gegenstand haben, welche nach den Spezifikationen des Verbrauchers entwickelt werden. Umfasst sind insofern auch **werkvertragstypische Leistungen** im Zusammenhang mit dem digitalen Produkt. Die Gesetzesbegründung nennt als mögliche werkvertragliche Leistungen des Unternehmers gegenüber dem Verbraucher die Herstellung digitaler Inhalte nach § 327 Abs. 1 S. 1 Alt. 1 BGB nF, die Herbeiführung eines Erfolgs durch eine digitale Dienstleistung nach § 327 Abs. 1 S. 1 Alt. 2 BGB nF sowie die Herstellung oder Werklieferung entweder eines körperlichen Datenträgers, der ausschließlich als Träger digitaler Inhalte dient (§ 327 Abs. 5 BGB nF) oder einer Sache, die ein digitales Produkt enthält oder mit ihr verbunden ist (§ 327a Abs. 2 BGB nF).[24] Für digital hergestellte Inhalte und für einen durch digitale Dienstleistungen herbeigeführten Erfolg sowie für 21

---

22 So BT-Drs. 19/27653, 96.
23 Zu „smart life" bereits *Heckmann* K&R 2011, 1.
24 BT-Drs. 19/27653, 97.

die Herstellung eines körperlichen Datenträgers, der ausschließlich digitale Inhalte trägt, sieht § 650 Abs. 2 BGB nF wiederum einen Verweis auf die Mängelrechte der §§ 327 ff. BGB nF vor. Auch werden die Vorschriften zur Abnahme des Werks nach § 640 BGB durch die zur Bereitstellung des digitalen Produkts nach § 327b Abs. 3 BGB nF ersetzt.

22   In Bezug auf die Werklieferung eines körperlichen Datenträgers, der ausschließlich als Träger digitaler Inhalte dient, führt § 650 Abs. 3 BGB nF ebenso zu einem Verweis auf die vorgenannten Mängelgewährleistungs- und Bereitstellungsregeln der §§ 327 ff. BGB nF. Da das **Werklieferungsrecht** selbst auf die Regeln des Kaufrechts verweist, waren durch die vorliegende Regelung zunächst diese kaufrechtlichen Regelungen (§ 433 Abs. 1 S. 2, §§ 343–442, § 475 Abs. 3 S. 1, Abs. 5–6 und die §§ 476 und 477 BGB) für unanwendbar zu erklären.

23   Schließlich war noch die Anwendung der werkvertraglichen Vorschriften für die Fälle der **Herstellung oder Lieferung von Sachen**, die digitale Produkte enthalten oder mit ihnen verbunden sind, zu regeln. Nach § 650 Abs. 4 BGB nF sind in derartigen Verträgen enthaltene Bestandteile, die digitale Produkte betreffen, entsprechend § 650 Abs. 2 BGB nF zu behandeln, wenn eine solche Sache hergestellt wird. Im Falle einer Werklieferung gilt Abs. 3 entsprechend. In der Folge finden in beiden Fällen – der Herstellung und der Werklieferung – auch auf die das digitale Produkt betreffenden Bestandteile die Mangel- und Abnahmevorschriften der §§ 327 ff. BGB Anwendung.

F. Beendigung von Verträgen über digitale Produkte

24   Die §§ 327 ff. BGB nF sehen bspw. in §§ 327c, 327m, 327p oder 327r BGB nF Rechte des Verbrauchers und bspw. in § 327p BGB nF Rechtsfolgen der Beendigung vor. **Vertragsbeendigungsregelungen** im Besonderen Schuldrecht, konkret dem Kündigungsrecht im Miet- und Dienstvertrag, waren entsprechend anzupassen. Der Verweis auf die Beendigungsregeln des § 327c und d BGB nF statt der fristlosen Kündigung nach § 543 Abs. 2 S. 1 Nr. 1 und Abs. 4 BGB wurde vorangehend bereits behandelt (→ Rn. 17). Mit § 580a Abs. 3 BGB nF werden Regelungen zur ordentlichen Kündigung von Mietverträgen auf Mietverträge über digitale Produkte erstreckt. Gleichzeitig stellt § 580a Abs. 3 S. 2 BGB nF klar, dass die Vorschriften über die Beendigung von Verbraucherverträgen hiervon unberührt bleiben. § 620 Abs. 4 BGB nF stellt dies ferner auch für digitale Dienstleistungen entsprechend klar.[25]

---

25   Hierzu BT-Drs. 19/27653, 96 f.

§ 9 Durchsetzung von Verbraucherschutzvorschriften

Literaturverzeichnis: *Alexander*, Überblick und Anmerkungen zum Referentenentwurf eines Gesetzes zur Stärkung des Verbraucherschutzes im Wettbewerbs- und Gewerberecht, WRP 2021, 136; *Augenhofer*, Die neue Verbandsklagen-Richtlinie – effektiver Verbraucherschutz durch Zivilprozessrecht?, NJW 2021, 113; *Basedow*, Zum Vorschlag für einen Digital Markets Act, ZEuP 2021, 217; *Becker*, Bundeskartellamt und Verbraucherschutz, ZWeR 2018, 229; *Gsell/Meller-Hannich*, Die Umsetzung der neuen EU-Verbandsklagenrichtlinie – Gutachten über die Umsetzung der europäischen Richtlinie über Verbandsklagen zum Schutz der Kollektivinteressen der Verbraucher (RL 2020/1828) ins deutsche Recht, 2021, https://www.vzbv.de/sites/default/files/downloads/2021/02/03/21-02-04_vzbv_verbandsklagen_rl_gutachten_gsell_meller-hannich.pdf; *Helberger/Lynskey/Micklitz/Rott/Sax/Strycharz*, EU Consumer Protection 2.0 – structural asymmetries in consumer markets, 2021, https://www.beuc.eu/publications/beuc-x-2021-018_eu_consumer_protection.0.0.pdf; *Janal*, Haftung und Verantwortung im Entwurf des Digital Services Acts, ZEuP 2021, 227; *Köhler*, Der Schadensersatzanspruch der Verbraucher im künftigen UWG – Möglichkeiten seiner Ausgestaltung, WRP 2021, 129; *Köhler/Bornkamm/Feddersen*, Gesetz gegen den unlauteren Wettbewerb, 39. Aufl. 2021 (zit.: Köhler/Bornkamm/Feddersen/Bearbeiter); *Locher*, Verschiedene Preise für gleiche Produkte? – Personalisierte Preise und Scoring aus ökonomischer Sicht, ZWeR 2018, 292; *L. Lorenz*, „Smarte" Preise – Zur datenschutzrechtlichen Beurteilung dynamischer und personalisierter Preissetzungsstrategien, AnwZert ITR 8/2021, Anm. 3; *Mundt*, Verbraucherschutz im Bundeskartellamt – Neue Befugnisse, Praxis und Agenda, WuW 2019, 181; *Ost*, Kartellrecht, Verbraucherrechtvollzug mit kartellrechtlichen Mitteln, in Brönneke/Willburger/Bietz (Hrsg.), Verbraucherrechtsvollzug – Zugang der Verbraucher zum Recht 2020, 249; *Podszun/Busch/Henning-Bodewig*, Behördliche Durchsetzung des Verbraucherrechts? – Darstellung und Systematisierung von Möglichkeiten und Defiziten der privaten Durchsetzung des Verbraucherschutzes sowie Einbeziehung der Kartellbehörden zu dessen Durchsetzung, Studie im Auftrag des Bundesministeriums für Wirtschaft und Energie, 2018, https://www.bmwi.de/Redaktion/DE/Publikationen/Studien/behoerdliche-durchsetzung-des-verbraucherrechts.pdf?_blob.publicationFile&v.=10; *Rademacher*, Unerlaubte Telefonwerbung – Rechtsschutz zugunsten älterer Verbraucher, VuR 2020, 371; *Reich*, Die wettbewerbsrechtliche Beurteilung der Haustürwerbung, GRUR 2011, 589; *Rott*, A proper EU collective redress mechanism, finally!, EuCML 2020, 223; *Säcker/Rixecker/Oetker/Limperg* (Hrsg.), Münchener Kommentar zum Bürgerlichen Gesetzbuch, 8. Aufl. 2019 (zit.: MüKoBGB/Bearbeiter); *Scherer*, Verbraucherschadensersatzanspruch durch § 9 Abs. 2 UWG-RegE als Umsetzung von Art. 3 Nr. 5 Omnibus-RL – eine Revolution im Lauterkeitsrecht, WRP 2021, 561; *Schleusener/Hosell*, Personalisierte Preisdifferenzierung im Online-Handel, 2016, https://www.svr-verbraucherfragen.de/wp-content/uploads/eWeb-Research-Center_Preisdifferenzierung-im-Onlinehandel.pdf; *Schmidt-Kessel*, Paradigmen-Wechsel im UWG – Individualschutz für Verbraucher, VuR 2021, 121; *Tamm*, Informationspflichten nach dem Umsetzungsgesetz zur Verbraucherrechterichtlinie, VuR 2014, 9; *Tamm/Tonner/Brönneke* (Hrsg.), Verbraucherrecht – Beratungshandbuch, 3. Aufl. 2020; *Tillmann/Vogt*, Personalisierte Preise im Big-Data-Zeitalter, VuR 2018, 447; *Tonner*, Vollzugsdefizite im Verbraucherrecht – Der Befund, in Brönneke/Willburger/Bietz (Hrsg.), Verbraucherrechtsvollzug – Zugang der Verbraucher zum Recht 2020, 17; *Tonner*, Das Bundeskartellamt auf dem Wege zur Verbraucherschutzbehörde? – Ansätze zu mehr behördlicher Verbraucherrechtsdurchsetzung, in Klose/Klusmann/Thomas (Hrsg.), Das Unternehmen in der Wettbewerbsordnung – Festschrift für Gerhard Wiedemann zum 70. Geburtstag, 2020, S. 993; *Weiden*, Neue Informationspflichten im Namen des Verbraucherschutzes, NJW 2021, 2233; *Zander-Hayat/Reisch/Steffen*, Personalisierte Preise – Eine verbraucherpolitische Einordnung, VuR 2016, 403.

A. Einleitung 1	I. Die Struktur der Informationspflichten 16
B. Behördlicher Verbraucherschutz 7	II. Informationspflichten bei personalisierten Preisen 18
C. Das Gesetz zur Umsetzung der ModernisierungsRL im Einzelnen 16	

III. Bezahlung mit personenbezogenen Daten	29	2. Bußgeld im Rahmen der CPC-VO: § 5c UWG nF	50
IV. Sanktionen	31	III. Telefonwerbung	53
D. Das Gesetz zur Stärkung des Verbraucherschutzes im Wettbewerbs- und Gewerberecht: Paradigmenwechsel im UWG	36	IV. Kaffeefahrten, § 56a GewO nF, und unerbetene Haustürbesuche, Anhang Nr. 32 nF zu § 3 Abs. 3 UWG	57
I. Änderungen im materiellen Lauterkeitsrecht	37	E. Ausblick	65
II. Sanktionen	44		
1. Schadensersatz nach § 9 UWG nF	44		

A. Einleitung

1 Gegenstand dieses Beitrags ist das Gesetz zur Änderung des Bürgerlichen Gesetzbuchs und des Einführungsgesetzes zum Bürgerlichen Gesetzbuche in Umsetzung der EU-Richtlinie zur besseren Durchsetzung und Modernisierung der Verbraucherschutzvorschriften der Union, das einen wesentlichen Teil der in seinem Titel genannten EU-Richtlinie[1] (RL (EU) 2019/2161, im Folgenden auch: ModernisierungsRL) umsetzt. Es soll nach seinem Art. 6 am 22.5.2022 in Kraft treten.[2]

2 Die ModernisierungsRL ist ein Ergebnis eines von der EU-Kommission durchgeführten sog. REFIT-Programms,[3] mit dem zentrale verbraucherrechtliche Richtlinien, namentlich die Richtlinie über unlautere Geschäftspraktiken (RL 2005/29/EG, im Folgenden auch: UGP-RL), die Richtlinie über missbräuchliche Vertragsklauseln (RL 93/13/EWG, im Folgenden: KlauselRL), die Verbrauchsgüterkaufrichtlinie (RL 1999/44/EG) und die Preisangabenrichtlinie (RL 98/6/EG, im Folgenden: PreisangabenRL) auf den Prüfstand gestellt wurden. Hinzu kam die Verbraucherrechterichtlinie (RL 2011/83/EU, im Folgenden: VRRL). Der REFIT führte zu einem sog. New Deal.[4] Die Abarbeitung des REFIT-Programms wurde durch die die „Digitale Binnenmarktstrategie" von 2015[5] ergänzt, auf die nicht nur die neue Richtlinie über digitale Inhalte und digitale Leistungen (RL (EU) 2019/770, im Folgenden: DIRL) zurückzuführen ist, sondern auch Ergänzungen der Richtlinien, die bereits im Rahmen des New Deal überarbeitet wurden. So sind die RL (EU) 2019/771 (im Folgenden: WKRL) und die ModernisierungsRL gleichermaßen Ausdruck des New Deal wie der Digitalen Binnenmarktstrategie. Mit diesen drei Richtlinien hatte sich

---

[1] Richtlinie (EU) 2019/2161 des Europäischen Parlaments und des Rates vom 27.11.2019 zur Änderung der Richtlinie 93/13/EWG des Rates und der Richtlinien 98/6/EG, 2005/29/EG und 2011/83/EU des Europäischen Parlaments und des Rates zur besseren Durchsetzung und Modernisierung der Verbraucherschutzvorschriften der Union, ABl. 2019 L 328, 7.
[2] Gesetz zur Änderung des Bürgerlichen Gesetzbuchs und des Einführungsgesetzes zum Bürgerlichen Gesetzbuche in Umsetzung der EU-Richtlinie zur besseren Durchsetzung und Modernisierung der Verbraucherschutzvorschriften der Union und zur Aufhebung der Verordnung zur Übertragung der Zuständigkeit für die Durchführung der Verordnung (EG) Nr. 2006/2004 auf das Bundesministerium der Justiz und für Verbraucherschutz v. 10. August 2021, BGBl. 2021 I 3483 v. 17.8.2021. Der RegE ist als BT-Drs. 19/27655, die Beschlussempfehlung und der Bericht des Rechtsausschusses des Bundestags als BT-Drs. 19/30527 veröffentlicht.
[3] Programm zur Gewährleistung der Effizienz und Leistungsfähigkeit der Rechtsetzung (regulatory fitness and performance programme).
[4] Zum New Deal Mitteilung der Kommission, Neugestaltung der Rahmenbedingungen für die Verbraucher, COM(2018) 183; zusammenfassend Tamm/Tonner/Brönneke/*Tonner*, Verbraucherrecht, § 3 Rn. 54 ff.
[5] Mitteilung der Kommission vom 6.5.2015 über eine Strategie für einen digitalen Binnenmarkt in Europa, COM(2015) 192 final.

A. Einleitung

der Umsetzungsgesetzgeber zu befassen. Die Umsetzung der ModernisierungsRL hat nach den Vorgaben der Richtlinie bis zum 28.11.2021 zu erfolgen. Sie musste daher vor den Bundestagswahlen im September 2021 abgeschlossen sein.

Wie ihr Titel schon sagt, enthält die ModernisierungsRL Teile, die sich mit der besseren **Durchsetzung** des Verbraucherrechts befassen, und Teile, die der Entwicklung der **Digitalisierung** („Modernisierung") geschuldet sind. Zu diesem Zweck werden die bestehenden Richtlinien ergänzt. Die ModernisierungsRL besteht also aus Änderungen bereits existierender Richtlinien und wird deshalb auch **„Omnibus-Richtlinie"** genannt. Zur besseren Durchsetzung werden Bußgeldvorschriften in die einzelnen Richtlinien eingeführt, die allerdings nur einen sehr beschränkten Anwendungsbereich haben. Besonders bedeutsam sind fundamentale Änderungen in der UGP-RL, die nunmehr Individualansprüche für Verbraucher vorsieht. Zur Modernisierung gehören auch Änderungen der VRRL. Sie wird um eine Vorschrift für Online-Marktplätze ergänzt und enthält Änderungen des Rechts des Außergeschäftsraumgeschäfts, des Widerrufsrechts sowie eine Regelung über personalisierte Preise.

3

Der Umsetzungsgesetzgeber verteilte die Umsetzung auf **zwei Rechtsakte**, nämlich das bereits genannte Gesetz zur Änderung des Bürgerlichen Gesetzbuches und des Einführungsgesetzes zum Bürgerlichen Gesetzbuche im Umsetzung der EU-Richtlinie zur besseren Durchsetzung und Modernisierung der Verbraucherschutzvorschriften der Union und das **Gesetz zur Stärkung des Verbraucherschutzes im Wettbewerbs- und Gewerberecht**.[6] Ersteres konzentriert sich auf die Umsetzung der durch die ModernisierungsRL vorgenommenen Änderungen der VRRL, letzteres enthält die von der ModernisierungsRL verlangten erheblichen **Änderungen im UWG**.[7] Das Umsetzungsprogramm wurde ergänzt durch das **Gesetz für faire Verbraucherverträge** als einer vom Unionsrecht unabhängigen nationalen Initiative.[8] Dieses Gesetz enthält Ergänzungen des Klauselverbotskatalogs des § 309 BGB (→ § 7 Rn. 1 ff.) sowie zur Telefonwerbung (→ Rn. 53–56).

4

Dieser Beitrag beschäftigt sich mit den neuen Informationspflichten, vor allem über personalisierte Preise, und Bußgeldvorschriften (dazu auch ausführlich → Rn. 16 ff.). Die Regelungen über Online-Marktplätze (§ 312k BGB[9] iVm Art. 246d EGBGB sowie Änderungen im UWG und die Änderungen im Widerrufsrecht (§§ 356–357a BGB) werden in selbstständigen Beiträgen in diesem Band behandelt (→ § 1 zu den Online-Marktplätzen und → § 3 zum Widerrufsrecht). Auf die Neuerungen im UWG durch das Gesetz zur Stärkung des Verbraucherschutzes im Wettbewerbs- und Gewerberecht wird in diesem Beitrag ebenfalls eingegangen (→ Rn. 36 ff.).

5

Die ModernisierungsRL bewegt sich im Kontext der Bemühungen der EU, stärker auf **öffentlich-rechtliche Instrumente bei der Durchsetzung von Verbraucherschutzrecht** zu setzen. Dazu zählt insbesondere die neue Verordnung über die Zusammen-

6

---

6 Gesetz vom 10. August 2021, BGBl. 2021 I 3504 v. 17.8.2021. Der RegE ist als BT-Drs. 19/27873 veröffentlicht, die Beschlussempfehlung und der Bericht des Rechtsausschusses als BT-Drs. 19/30527.
7 Kurzer Überblick über die verabschiedeten Änderungen im UWG bei *Weiden* NJW 2021, 2233.
8 Gesetz vom 10. August 2021, BGBl. 2021 I 3433 v. 17.8.2021. Der RegE ist als BT-Drs. 19/26915 veröffentlicht, die Beschlussempfehlung und der Bericht des Rechtsausschusses als BT-Drs. 19/30840.
9 Ab Inkrafttreten des Gesetzes für faire Verbraucherverträge § 312l BGB nF.

arbeit zwischen den für die Durchsetzung der Verbraucherschutzgesetze zuständigen nationalen Behörden (VO (EU) 2017/2394, im Folgenden: **CPC-VO**). Deren Bußgeldregelungen überträgt der Unionsgesetzgeber auf die KlauselRL, die VRRL und die UGP-RL. Der deutsche Gesetzgeber steht derartigen Ansätzen eher skeptisch gegenüber und versucht bei der Umsetzung, sie auf das unvermeidbare Minimum zu beschränken. Er setzt eher auf die zivilrechtliche Rechtsdurchsetzung einschließlich kollektiver Rechtsinstrumente.[10] Die **kollektive Rechtsdurchsetzung** hat in Deutschland seit der Einführung der Verbandsklagen im UWG (1965) und im AGB-Recht (1976) schon immer eine erhebliche Rolle gespielt. Zuletzt ist die Musterfeststellungsklage hinzugekommen. Doch auch hier sind Änderungen durch die gerade verabschiedete **Verbandsklagen-Richtlinie** (RL (EU) 2020/1828) zu erwarten, die bis zum 25.12.2022 umgesetzt und ab dem 25.6.2023 angewendet werden muss. Die Umsetzung steht also auf der Tagesordnung des Gesetzgebers, der aus der Bundestagswahl vom September 2021 hervorgeht. Der Beitrag schließt mit einer Betrachtung über das künftige Verhältnis von behördlicher und kollektivrechtlicher Rechtsdurchsetzung im Zeichen unionsrechtlicher Vorgaben.

B. Behördlicher Verbraucherschutz

7 In Deutschland ist man gegenüber behördlichem Verbraucherschutz immer **skeptisch** gewesen. Vor allem der **Gewerbeaufsicht** wurde nicht zugetraut, effektiv Verstöße gegen verbraucherrechtliche Vorschriften zu sanktionieren. Von der Errichtung einer Behörde, die allgemein für Verbraucherschutz zuständig ist, wurde anders als in vielen anderen EU-Mitgliedstaaten stets abgesehen. Insbesondere wurden Anläufe, das Bundeskartellamt zu einer derartigen Behörde auszubauen, abgeblockt.

8 Dies bedeutet aber nicht, dass es überhaupt keine **Behörden** gibt, die sich mit Verbraucherschutz befassen. Sie sind im Bereich von **Gesundheit und Sicherheit** tätig, namentlich im Lebensmittelrecht, Arzneimittelrecht und Produktsicherheitsrecht. Auch im Bereich des wirtschaftlichen Verbraucherschutzes gibt es für den Verbraucherschutz wichtige Behörden, nämlich die Bundesanstalt für Finanzdienstleistungen (**BaFin**) und die **Bundesnetzagentur**.[11]

9 Auf der europäischen Ebene ist die Vorstellung, dass Verbraucherschutz auch mit öffentlich-rechtlichen Mitteln durchgesetzt werden sollte, viel stärker ("**public enforcement**"). Mit entsprechenden Rechtsakten muss sich auch der nationale Gesetzgeber auseinandersetzen. Hier ist die im Jahre 2017 neu gefasste CPC-VO zu nennen. Sie entwickelte Bußgeldvorschriften, die iRd der Zusammenarbeit der Verbraucherschutzbehörden der Mitgliedstaaten gelten und die die ModernisierungsRL auf die KlauselRL, die VRRL und die UGP-RL überträgt. Aus diesem Grund ist etwas genauer auf die CPC-VO einzugehen, weil sie trotz ihres begrenzten Anwendungsbereichs die Überzeugung des Unionsgesetzgebers zum Ausdruck bringt, dass public enforcement ein wirksames Mittel zur Durchsetzung von Verbraucherrecht ist.

---

10 *Tonner* in Brönneke/Willburger/Bietz, Verbraucherrechtsvollzug, S. 17 (27 ff.).
11 Vgl. den Überblick bei *Tonner* in FS Wiedemann 2020, S. 993 (996).

Die jetzige **CPC-VO** ersetzt eine bereits aus dem Jahre 2004 stammende Verordnung.[12] Sie geht davon aus, dass es auf mitgliedstaatlicher Ebene Verbraucherschutzbehörden gibt und verleiht diesen Behörden nicht unerhebliche Befugnisse. Die Verordnung gilt für Verstöße innerhalb der Union, weitverbreitete Verstöße und Verstöße mit Unions-Dimension, aber **nicht für rein inländische Sachverhalte.** Die Behörde kann die Abschaltung von Webseiten mit rechtswidrigem Inhalt veranlassen, wenn mildere Mittel nicht zum Ziel führen und eine schwerwiegende Schädigung der Kollektivinteressen der Verbraucher droht. Außerdem kann die Behörde Geldbußen als Sanktion verhängen.

10

Die CPC-VO enthält in Art. 15 ff. einen umfassenden Abschnitt über einen **koordinierten Entwicklungs- und Durchsetzungsmechanismus.** Haben die zuständigen Behörden den Verdacht auf einen weit verbreiteten Verstoß iSd CPC-VO, leiten sie eine koordinierte Aktion ein. Dies kann auch durch die Kommission geschehen. Die Ermittlungen der beteiligten Behörden führen zu einem gemeinsamen Standpunkt, auf dessen Basis der betroffene Unternehmer gehört wird. Dieser hat zunächst das Recht, durch Zusagen den Beanstandungen abzuhelfen. Gibt er keine Zusagen, ergreifen die zuständigen Behörden Durchsetzungsmaßnahmen. Dazu heißt es in Art. 21 Abs. 1: „Gegebenenfalls verhängen sie Sanktionen, wie bspw. Geldbußen oder Zwangsgelder gegen den [...] Unternehmer." Neben den koordinierten Aktionen gibt es noch die sog. **Sweeps** (Art. 29), mit denen die Kommission in Zusammenarbeit mit den zuständigen Behörden Untersuchungen durchführen kann, um die Einhaltung des Unionsrechts zum Schutz der Verbraucherinteressen zu überprüfen und Verstöße aufzudecken. Diese Vorschriften zeigen, dass die EU der behördlichen Rechtsdurchsetzung eine große Bedeutung beimisst und sich keineswegs allein auf kollektive Rechtsbehelfe verlässt, obwohl sie auch auf diesem Feld aktiv ist (zur Verbandsklagen-Richtlinie → Rn. 66).

11

Zur Durchführung der CPC-VO erließ der deutsche Gesetzgeber das **EU-Verbraucherschutzdurchführungsgesetz (VSchDG)**, das im Jahre 2020 an die neue CPC-VO angepasst wurde.[13] Zuständige Behörde ist das Bundesamt für Justiz. Von Bedeutung ist vor allem die Benennung weiterer Stellen, der sog. **benannten Stellen.** § 7 VSchDG konkretisiert, dass Dritte beauftragt werden sollen, denen die Verbandsklagebefugnis nach dem UKlaG bzw. § 8 UWG zusteht. Mit diesen Verbänden können Rahmenbedingungen abgeschlossen werden, was auch geschieht. Damit halten sich staatliche Stellen weitgehend aus der grenzüberschreitenden Durchsetzung von Verbraucherrecht heraus und überlassen dies den Einrichtungen, die bereits den kollektiven Rechtsschutz tragen. Die von der CPC-VO eingeräumten Befugnisse werden im novellierten VSchDG auf die im Verwaltungsrecht und dem Zivil- und Strafprozessrecht bereits bestehenden Befugnisse beschränkt. Dies bedeutet etwa, dass die Befugnisse zu Durchsuchungen und Beschlagnahmen unter Richtervorbehalt stehen. Bußgelder können nur verhängt werden, wenn die einzelnen Verbraucherschutzgesetze Verstöße als Ordnungswidrigkeit definieren. Das ist im deutschen Verbraucherschutzrecht bis-

12

---

12 VO (EU) Nr. 2006/2004.
13 Ausführlicher *Tonner* in FS Wiedemann, S. 993 (999).

lang höchst selten der Fall, hat sich jetzt aber durch die Umsetzung der ModernisierungsRL geändert (Art. 246e EGBGB → Rn. 34–35; § 5c UWG → Rn. 50).

13 Die CPC-VO ist widersprüchlich: Einerseits räumt sie weitgehende Befugnisse ein, was nur Sinn macht, wenn diese auch ausgeübt werden, andererseits erlaubt sie mitgliedstaatliche Beschränkungen dieser Befugnisse, ohne Grenzen der Beschränkbarkeit aufzuzeigen. Dies dürfte auf die Beratungen im Gesetzgebungsverfahren zurückzuführen sein, vor allem im Rat. Der deutsche Gesetzgeber hat mit dem geänderten VSchDG die Erweiterungen behördlicher Eingriffsbefugnisse auf das unionsrechtlich gerade noch zulässige Mindestmaß beschränkt. Die **Bedeutung der CPC-VO** dürfte daher **eher gering** sein, jedenfalls für Deutschland. Sie ist aber ein deutliches Signal, dass behördlicher Verbraucherschutz auf der Tagesordnung steht. Konsequenterweise verlangte der Bundesrat im Gesetzgebungsverfahren des VSchDG, die Bußgeldvorschrift auch auf Inlandssachverhalte anzuwenden.[14] Im Gesetzgebungsverfahren zur Umsetzung der ModernisierungsRL machte er geltend, dass ein weitergehendes Bußgeldsanktionierungskonzept für das UWG hätte entwickelt werden sollen. Außerdem wird die Zuständigkeit einer unabhängigen, nicht an Weisungen gebundenen Behörde in den Raum gestellt.[15]

14 Ein anderes Beispiel für die Abneigung des deutschen Gesetzgebers, die Durchsetzung von Verbraucherrecht mit öffentlich-rechtlichen Mitteln zu betreiben, ist das GWB. Mit der 9. GWB-Novelle wurde eine Befugnis des **Bundeskartellamts** eingeführt, sog. **Sektoruntersuchungen** durchzuführen, wenn ein Verdacht auf erhebliche, dauerhafte oder wiederholte Verstöße gegen verbraucherrechtliche Vorschriften besteht (§ 32e Abs. 5 GWB). Das Bundeskartellamt führte seit Inkrafttreten der Vorschrift eine Reihe umfassender Sektoruntersuchungen durch, die erhebliche Rechtsverstöße zutage förderten.[16] Da dafür eine eigene Beschlussabteilung eingerichtet wurde, kann es auf personelle Ressourcen und außerdem auf Ermittlungsbefugnisse zurückgreifen, die einer nach UKlaG und UWG klagebefugten Einrichtung nicht zur Verfügung stehen, so dass komplexe Sachverhalte sehr viel besser durchleuchtet werden können. Dem Amt stehen aber **keine Befugnisse** zu, die von ihm festgestellten **Rechtsverletzungen abzustellen**. Es ist vielmehr darauf angewiesen, dass ein klagebefugter Verband die festgestellten Sachverhalte aufgreift und von seiner kollektiven Klagebefugnis Gebrauch macht.

15 Schon im Zuge der Beratungen der 9. GWB-Novelle wurde daher erwogen, dem Amt die Befugnis zu verleihen, die festgestellten Rechtsverstöße abstellen zu können. Der Gesetzgeber konnte sich dazu aber nicht durchringen. IRd 10. GWB-Novelle kam der Gedanke zu den erweiterten Befugnissen abermals auf, was Beifall nicht nur bei

---

14 Stellungnahme des Bundesrats zum Gesetzentwurf der Bundesregierung, BR-Drs. 9/20 = BT-Drs. 19/17295, 2 mit abl. Gegenäußerung der Bundesregierung, 4.
15 Stellungnahme des Bundesrats, BR-Drs. 61/21, 13 = Anlage zum RegE, BT-Drs. 19/27873, 61.
16 Das Bundeskartellamt veröffentlichte Zusammenfassungen seiner bisherigen Sektoruntersuchungen in einer eigenen Schriftenreihe: Verbraucherrechtlicher Handlungsbedarf bei Vergleichsportalen, 2019; Sektoruntersuchung Smart TVs zeigt Verbraucherschutz-Defizite auf, 2020; Verbraucherrechtlicher Handlungsbedarf bei Nutzerbewertungen, 2020; abrufbar unter https://www.bundeskartellamt.de/UeberUns/Publikationen/Schriftenreihe_Digitales/Schriftenreihe_node.html.

führenden Beamten des Bundeskartellamts,[17] sondern auch in der Rechtswissenschaft fand.[18] Doch erneut wurden **keine über die Sektoruntersuchungen hinausgehenden Befugnisse** des Bundeskartellamts eingeführt. Mit einer anderen Lösung hätte sich der deutsche Gesetzgeber einer in vielen EU-Mitgliedstaaten zu beobachtenden Tendenz angeschlossen, behördlichen Verbraucherschutz bei einer für Wettbewerb und Verbraucherschutz zuständigen Behörde zu konzentrieren. Der deutsche Weg, darauf zu verzichten, ist eher ein Sonderweg. Ob er nachhaltig ist, muss bezweifelt werden.

C. Das Gesetz zur Umsetzung der ModernisierungsRL im Einzelnen

I. Die Struktur der Informationspflichten

Die Struktur der Informationspflichten wurde nicht verändert. Es bleibt bei den für jeden Verbrauchervertrag geltenden Informationspflichten nach § 312a Abs. 2 BGB iVm Art. 246 EGBGB und den wesentlich umfassenderen Informationspflichten für **Außergeschäftsraum- und Fernabsatzverträge** nach § 312d Abs. 1 BGB iVm Art. 246a EGBGB. Diese Struktur wurde anlässlich der Umsetzung der ursprünglichen VRRL eingeführt.[19] Darüber hinaus ist zu beachten, dass einige dieser Informationen bei **Verträgen mit Verbrauchern im elektronischen Geschäftsverkehr** gem. § 312j Abs. 2 BGB unmittelbar vor Abgabe der Bestellung durch den Verbraucher wiederholt werden müssen, sog. Kerninformationen. 16

Das Gesetz zur Umsetzung der ModernisierungsRL ergänzt den Katalog des Art. 246a § 1 EGBGB erheblich. Es ist nunmehr ein Hinweis erforderlich, falls **personalisierte Preise** verwendet werden (Art. 246a § 1 Abs. 1 S. 1 Nr. 6 EGBGB nF, dazu → Rn. 18–24), und es gibt Informationspflichten über **Waren mit digitalen Elementen oder digitale Produkte** (Art. 246a § 1 Abs. 1 S. 1 Nr. 17 und 18, dazu im Zusammenhang mit der Umsetzung der WKRL → § 1 Rn. 39 ff. und der DIRL → § 2 Rn. 20 ff.). Außerdem werden einige Nummern ohne inhaltliche Änderungen auf mehrere Nummern verteilt. Im Ergebnis wurden die Informationspflichten neu durchnummeriert. Für **Online-Marktplätze** enthält der neu eingeführte Art. 246d EGBGB spezielle Informationspflichten (dazu → § 1 Rn. 14 ff.). 17

II. Informationspflichten bei personalisierten Preisen

Erstmals sieht ein Gesetz spezifische Regelungen über personalisierte Preise vor. Es handelt sich nach Art. 246 § 1 Abs. 1 S. 1 Nr. 6 EGBGB nF um einen Preis, der auf der Grundlage einer automatisierten Entscheidungsfindung personalisiert wurde. Die Vorschrift setzt den durch die ModernisierungsRL in die VRRL neu eingefügten Art. 6 Abs. 1 lit. ea um. 18

---

17 *Mundt* WuW 2019, 181; *Ost* in Brönneke/Willburger/Wietz, Verbraucherrechtsvollzug, S. 245 ff.; *Becker* ZWeR 2018, 229.
18 Vgl. vor allem das sog. Professorengutachten, *Podszun/Busch/Henning-Bodewig*, Behördliche Durchsetzung des Verbraucherrechts?
19 Vgl. dazu *Tamm* VuR 2014, 9.

19 Große Unternehmen sammeln zahlreiche Daten über ihre Kunden.[20] Dies ermöglicht es ihnen, die **Zahlungsbereitschaft ihrer Kunden** zu prognostizieren und ihnen Angebote zu unterbreiten, die die Zahlungsbereitschaft ausschöpfen. Diese Möglichkeit besteht nicht nur im Online-Handel, sondern auch im stationären Einzelhandel, wenn die durch Kundenkarten oder Bezahlsysteme anfallenden Daten ausgewertet werden. Die technischen Möglichkeiten für personalisierte Preise sind vorhanden, doch werden sie bislang nur in sehr **geringfügigem Maße** eingesetzt. Der RegE etwa geht von 0,1 % aus.[21] Dies liegt nicht nur daran, dass die technischen Voraussetzungen recht komplex sind, sondern auch daran, dass umstritten ist, ob personalisierte Preise dem Unternehmern letztlich einen Vorteil bieten. So wird etwa argumentiert, dass ein Kunde regelmäßig verärgert ist, wenn er bemerkt, dass ihm Waren oder Dienstleistungen zu personalisierten Preisen angeboten werden, und der Abbruch der Geschäftsbeziehung droht.[22] Erfolgreich personalisierte Preise durchzusetzen, bedeutet daher, dass der Kunde die Personalisierung des Preises nicht bemerkt.

20 Personalisierte Preise sind von weit verbreiteten **dynamischen Preisen** abzugrenzen. Darunter sind Preise zu verstehen, die sehr kurzfristig auf Nachfrageschwankungen reagieren. So kann sich ein Preis, den ein Kunde im Rahmen eines Preisvergleichs ermittelt hat, bereits wieder geändert haben, wenn er unmittelbar nach der Konsultation eines Vergleichsportals einen konkreten Bestellvorgang beginnt. Die ModernisierungsRL und folglich auch das Umsetzungsgesetz schließen dynamische Preise ausdrücklich von der Anwendung der Regeln über personalisierte Preise aus.[23]

21 Schon nach bisherigem Recht bestanden erhebliche Zweifel, ob personalisierte Preise verwendet werden dürfen, ohne dies gegenüber dem Kunden offenzulegen. Dies wird vor allem datenschutzrechtlich begründet.[24] Darüber hinaus wird auch argumentiert, dass ein personalisierter Preis eine wesentliche Eigenschaft gem. § 5a UWG ist und sein Verschweigen daher irreführend iSd Lauterkeitsrechts ist.[25] Die ModernisierungsRL hebt ausdrücklich hervor, dass die **datenschutzrechtliche Beurteilung** personalisierter Preise von den neuen Regelungen unberührt bleibt.[26] Die grundsätzliche Zulässigkeit personalisierter Preise bestreitet niemand. Es geht stets nur darum, ob die Personalisierung gegenüber dem Kunden offenbart werden muss.

22 Dies ist auch der Ansatz der ModernisierungsRL. Zwar haben auch die bisherigen Regelungen, aus denen eine Offenbarung der Verwendung personalisierter Preise abgeleitet wird, einen unionsrechtlichen Hintergrund (DS-GVO,[27] UGP-RL), doch gibt sich der Unionsgesetzgeber damit nicht zufrieden, sondern führt eine spezifische **vorvertraglich eingreifende Informationspflicht** ein. Nach ErwGr 45 sollen die Ver-

---

20 Zum Folgenden *Zander-Hayat/Reisch/Steffen* VuR 2016, 403; *Schleusener/Hosell*, Personalisierte Preisdifferenzierung im Onlinehandel, 2016; *Tillmann/Vogt* VuR 2018, 447; *Locher* ZWeR 2018, 292; zuletzt *Linskey/Micklitz/Rott*, in Helberger et al, EU consumer protection 2.0, 92 ff.
21 RegE, BT-Drs. 19/27655, 24.
22 *Tillmann/Vogt* VuR 2018, 447 (448) mwN aus der betriebswirtschaftlichen Lit.
23 ErwGr 45, übernommen in RegE, BT-Drs. 19/27655, 35.
24 Zuletzt *Linskey/Micklitz/Rott*, in Helberger et al, EU consumer protection 2.0., S. 127 ff.; *Lorenz* AnwZert ITR 8/2021 Anm. 3; vgl. auch *Tillmann/Vogt* VuR 2018, 447 (449 f.).
25 *Tillmann/Vogt* VuR 2018, 447 (451 ff.).
26 ErwGr 45, übernommen vom RegE, BT-Drs. 19/27655, 33.
27 VO (EU) 2016/679.

braucher auf personalisierte Preise hingewiesen werden, „damit sie die möglichen Risiken bei ihrer Kaufentscheidung berücksichtigen können."

Die Neuregelung gilt für den **elektronischen Geschäftsverkehr mit Verbrauchern** iSd § 312j BGB, dh – in Übereinstimmung mit der Richtlinie – nicht für den stationären Geschäftsverkehr, obwohl auch hier personalisierte Preise denkbar sind, und im elektronischen Geschäftsverkehr zwischen Unternehmen. Aus § 312j Abs. 2 BGB nF geht hervor, dass die Regelung nur auf Verbraucherverträge anzuwenden ist, die den Verbraucher **zur Zahlung verpflichten.** Damit wird die bisherige Formulierung ersetzt, wonach die Vorschrift nur bei einer entgeltlichen Leistung des Unternehmers gilt. Dadurch soll die Vorschrift an den Wortlaut des Art. 8 Abs. 2 VRRL nF angepasst werden.[28] Eine inhaltliche Änderung ist damit nicht beabsichtigt.

§ 312j Abs. 2 BGB nF verweist auf die anzuwendenden Informationspflichten des Art. 246a EGBGB nF. Es handelt sich dabei nicht um alle, sondern nur um einige Informationspflichten, die allgemein als **Kerninformationen** bezeichnet werden. Diese müssen klar und verständlich und in hervorgehobener Weise zur Verfügung gestellt werden. Daraus folgt, dass die Absicht, personalisierte Preise zu verwenden, **nicht in den AGB** „versteckt" werden darf. Vielmehr muss die Informationspflicht spezifisch vor Abschluss des konkreten Vertrags erfüllt werden.[29]

Der Umsetzungsgesetzgeber erweiterte die Informationspflicht über Preise in Art. 246a § 1 Abs. 1 S. 1 Nr. 4 EGBGB aF auf drei Ziffern und passte die Nummerierung der übrigen Informationspflichten an. Art. 246a § 1 Abs. 1 S. 1 Nr. 2 EGBGB aF wurde dabei auf zwei Ziffern erweitert. Die neue Nr. 3 enthält Pflichten über die Angabe elektronischer Kommunikationsdaten. Die Pflicht zur Angabe einer Telefax-Nummer wurde als veraltet gestrichen. Stattdessen wurde neben der Pflicht zur Angabe der E-Mail-Adresse eine Pflicht zur Angabe ggf. weiterer zur Verfügung gestellter Online-Kommunikationsmittel eingeführt. Darunter sind bspw. **Messengerdienste** zu verstehen.[30]

Pflichtangaben über die **Preise** befinden sich jetzt in Art. 246a § 1 Abs. 1 S. 1 Nr. 5–7 EGBGB. Die bisherige Nr. 4 ist auf die Nr. 5 und 7 verteilt, während Nr. 6 den Hinweis auf die Verwendung personalisierter Preise verlangt. Eine über die Vorgaben der Richtlinie hinausgehende Konkretisierung dieser Pflicht erfolgt im Gesetzestext allerdings nicht. Dagegen fügte der Umsetzungsgesetzgeber der in ErwGr 45 enthaltenen Begründung des Unionsgesetzgebers hinzu, dass unter den dort erwähnten Risiken des Verbrauchers die erhebliche **Informationsasymmetrie** und das Ausnutzen des präzisen Wissens des Unternehmers über den Verbraucher zu verstehen sei.[31]

Wie bisher werden die vorvertraglichen Informationen zum **Vertragsbestandteil,** wenn die Parteien nicht ausdrücklich etwas anderes vereinbaren (§ 312d Abs. 1 S. 2 BGB). Die Pflichtangaben nach Art. 246a § 1 Abs. 1 S. 1 Nr. 1, 5–7, 8, 14 und 15 müssen darüber hinaus im elektronischen Geschäftsverkehr mit Verbrauchern klar

---

28 RegE, BT-Drs. 19/27655, 28.
29 RegE, BT-Drs. 19/27655, 33.
30 RegE, BT-Drs. 19/27655, 33.
31 RegE, BT-Drs. 19/27655, 33.

und verständlich und in hervorgehobener Weise erfolgen, vor allem aber „unmittelbar, bevor der Verbraucher seine Bestellung abgibt". Diese „**Kerninformationen**"[32] müssen sich in unmittelbarer Nähe zum Bestell-Button befinden. Eine Zurverfügungstellung über Link oder Download ist nicht ausreichend.[33] Ebenso wenig ist ausreichend, dass die Informationen bereits an anderer Stelle, etwa in den AGB, enthalten sind. Sie müssen ggf. wiederholt werden.[34]

28 **Informationspflichten** werden aus verbraucherschützender Sicht **nicht durchweg positiv** gesehen, weil Vieles in der Flut der vom Unionsgesetzgeber vorgegebenen Informationen untergeht und vom Verbraucher nicht wahrgenommen wird.[35] Für die Information über personalisierte Preise gilt dies aber nicht, denn die personalisierten Preise sind aus Unternehmersicht wie dargelegt nur sinnvoll, wenn die Personalisierung dem Verbraucher nicht offengelegt werden muss. Dies ist aber durch die Informationspflicht der Fall, zumal es sich nicht nur um eine einfache Informationspflicht nach Fernabsatzrecht handelt, sondern um eine solche des elektronischen Geschäftsverkehrs mit Verbrauchern, die unmittelbar vor der Bestellung des Verbrauchers erfüllt werden muss. Damit sinkt die Wahrscheinlichkeit, dass Unternehmer auf dieses Instrument setzen, jedenfalls in näherer Zukunft erheblich.

III. Bezahlung mit personenbezogenen Daten

29 Die ModernisierungsRL fügte in die VRRL einen Art. 3 Abs. 1a ein, wonach die Richtlinie auch gilt, wenn der Verbraucher dem Unternehmer personenbezogene Daten bereitstellt oder deren Bereitstellung zusagt. Zur Definition personenbezogener Daten wird auf die DS-GVO Bezug genommen (Art. 2 Abs. 1 Nr. 4a VRRL nF).

30 Der Umsetzungsgesetzgeber meint, auf eine **spezielle Umsetzung** dieser Erweiterung des Anwendungsbereichs der VRRL **verzichten** zu können, weil die §§ 312 ff. BGB schon bislang für alle Verträge gelten, die eine entgeltliche Leistung zum Gegenstand haben. Dies schließe die Bezahlung mit personenbezogenen Daten ein.[36] Die in der VRRL vorgesehene Ausnahme für die Zurverfügungstellung von Daten, die zur Durchführung des Vertrags erforderlich sind, berücksichtigte der Gesetzgeber im Umsetzungsgesetz zur DIRL als § 312 Abs. 1a BGB nF (→ § 2 Rn. 35 f.).

IV. Sanktionen

31 Die ModernisierungsRL verpflichtet die Mitgliedstaaten, Sanktionen bei Verstößen vorzusehen. Dazu ändert sie die in der VRRL und in der UGP-RL bereits enthaltenen Vorschriften und fügt in die KlauselRL erstmals eine Sanktionsvorschrift ein. Die drei Vorschriften haben dieselbe Struktur: Sie sehen zunächst ganz allgemein Sanktionen bei Verstößen gegen die jeweilige Richtlinie vor, die wirksam, verhältnismäßig und

---

32 MüKoBGB/*Wendehorst* § 312j Rn. 13.
33 RegE zum Gesetzentwurf zum Schutz vor Kostenfallen, BT-Drs. 17/7745, 11; vgl. dazu auch *Brönneke* in Tamm/Tonner/Brönneke, Verbraucherrecht, § 10 Rn. 35n; *Tamm* VuR 2012, 217 (222).
34 MüKoBGB/*Wendehorst* § 312j Rn. 15.
35 Aktuell zum Informationsparadigma *Helberger/Micklitz/Sax/Strycharz* in Helberger et al, EU consumer protection 2.0., 2021, S. 27 ff.
36 RegE, BT-Drs. 19/27655, 19; zum Diskussionsstand MüKoBGB/*Wendehorst* § 312 Rn. 38 f.

abschreckend sein müssen. Diese Formel geht auf die Rspr. des EuGH zurück[37] und ist bereits in vielen Richtlinien enthalten, darunter auch in der VRRL und der UGP-RL. Die Richtlinien schreiben **keine bestimmten Sanktionen** vor. Vielmehr soll es nach ErwGr 6 der ModernisierungsRL Sache der Mitgliedstaaten bleiben, über die Arten der zu verhängenden Sanktionen zu entscheiden.

Sodann zählen die drei Vorschriften die Kriterien auf, die bei der Verhängung der Sanktionen berücksichtigt werden sollen. Art. 8b KlauselRL nF erlaubt darüber hinaus, dass Sanktionen auf Fälle beschränkt werden können, in denen die Vertragsklauseln in jedem Fall ausdrücklich als missbräuchlich anzusehen sind oder ein Gewerbetreibender eine Klausel weiterverwendet, obwohl sie in einer rechtskräftigen Entscheidung für missbräuchlich befunden wurde. Lediglich bei der Verhängung von Sanktionen **iRd CPC-VO müssen Geldbußen verhängt** werden können. Die Einzelheiten der drei Vorschriften sind auf den entsprechenden Art. 21 CPC-VO (→ Rn. 9–11) abgestimmt. 32

Der Beitrag der geänderten Sanktionsvorschriften zur besseren Durchsetzung des EU-Verbraucherrechts bleibt bescheiden. Es bleibt bei dem seit längerer Zeit verwendeten und nicht weiter konkretisierten Allgemeinplatz, dass Sanktionen wirksam, verhältnismäßig und abschreckend sein müssen. Lediglich für die CPC-VO wird eine materielle Bußgeldvorschrift nachgereicht. 33

Entsprechend wenig tiefgreifend sind die Umsetzungsvorschriften. Der Umsetzungsgesetzgeber fasste die neu eingefügten bzw. geänderten Vorschriften der **KlauselRL und der VRRL** zu einem **Art. 246e EGBGB nF** zusammen, während die geänderte Sanktionsvorschrift der **UGP-RL** durch das Gesetz zur Stärkung des Verbraucherschutzes im Wettbewerbs- und Gewerberecht ins **UWG** übernommen wurde. Er verzichtete aber auf eine Umsetzung von Art. 8b Abs. 1 KlauselRL nF und Art. 24 Abs. 1 VRRL nF, in denen die allgemeine Sanktionspflicht enthalten ist. Zur Begründung führt er an, dass das deutsche Recht bereits bislang geeignete Instrumente zur Sanktionierung von Verstößen gegen die VRRL vorsieht.[38] Dabei handele es sich in erster Linie um zivilrechtliche Sanktionen wie die Gewährung von Schadenersatzansprüchen, Rechte zur Beendigung von Verträgen oder Rückabwicklungsansprüche. Auch die Abmahn- und Klagemöglichkeiten von Verbraucherverbänden werden genannt. 34

Art. 246e EGBGB nF ist von vornherein **beschränkt auf** Rechtsverstöße, die der **CPC-VO** unterliegen. Sein § 1 enthält die für ein Bußgeld erforderliche Verbotsnorm. § 1 Abs. 1 regelt die Grenzen des Anwendungsbereichs gem. dem Anwendungsbereich der CPC-VO. § 1 Abs. 2 zählt die in Betracht kommenden Rechtsverstöße in 15 Nummern auf. Die Aufzählung basiert auf Art. 3 Nr. 3 und 4 CPC-VO und führt die deutschen Umsetzungen der dort genannten Vorschriften auf. Dabei wird von der Möglichkeit der beschränkten Heranziehung der KlauselRL Gebrauch gemacht. Nur nach § 309 BGB missbräuchliche Vertragsklauseln und Klauseln, die nach einer Untersagungsentscheidung weiterverwendet werden, unterfallen der Vorschrift. Art. 246e § 2 EGBGB nF enthält die eigentliche Bußgeldvorschrift. Sie setzt die durch 35

---

37 Seit EuGH Urt. v. 10.4.1984 – C 14/83, ECLI:EU:C:1984:153 – von Colson und Kamann.
38 RegE, BT-Drs. 19/27655, 20.

die ModernisierungsRL in die VRRL bzw. die KlauselRL eingefügten Art. 24 bzw. 8b um.

D. Das Gesetz zur Stärkung des Verbraucherschutzes im Wettbewerbs- und Gewerberecht: Paradigmenwechsel im UWG

36 Die ModernisierungsRL enthält bedeutende Änderungen der UGP-RL, die der deutsche Gesetzgeber in einem eigenen Gesetz umsetzte, dem Gesetz zur Stärkung des Verbraucherschutzes im Wettbewerbs- und Gewerberecht.[39] Dieses Gesetz enthält Änderungen des materiellen Lauterkeitsrechts, vor allem aber führt es einen individuellen Schadensersatzanspruch des Verbrauchers ein, der Anlass gibt, von einem „Paradigmenwechsel im UWG"[40] oder einer „Revolution"[41] zu sprechen.

I. Änderungen im materiellen Lauterkeitsrecht

37 Der **Anwendungsbereich** des UWG wird ausdrücklich auf digitale Inhalte und Dienstleistungen erstreckt, indem die Definition der „geschäftlichen Handlung" in § 2 Abs. 2 Nr. 1 UWG entsprechend erweitert wird. Der präziseren Fassung des Anwendungsbereich dient auch § 1 Abs. 2 UWG, wonach Regelungen besonderer Aspekte geschäftlicher Handlungen dem UWG vorgehen. Der Gesetzgeber meint, dass beide Vorschriften nur der Klarstellung dienen.[42] Dies dürfte aber mehr als eine Klarstellung sein, denn der Sinn einer **Subsidiarität** wird durchaus bezweifelt.[43] Auch der **Verbraucherbegriff** wird erweitert. § 13 BGB ist jetzt gem. § 2 Abs. 2 Nr. 1 UWG nF „entsprechend" anzuwenden. Damit ist gemeint, dass der Verbraucherbegriff nicht nur an den Abschluss von Rechtsgeschäften, sondern an jedes Handeln im Geschäftsverkehr anknüpft.[44]

38 Der wichtigste Teil der materiellen Änderungen im UWG bezieht sich auf **Online-Marktplätze**. Die neuen Vorschriften sind gleichsam die lauterkeitsrechtliche Ergänzung des neuen § 312l BGB und der mit dieser Vorschrift verbundenen vorvertraglichen Informationspflichten nach Art. 246d EGBGB nF (dazu im Einzelnen → § 1 Rn. 14 ff.). § 2 Nr. 6 und 7 UWG nF enthalten Begriffsbestimmungen über Online-Marktplätze und das Ranking. § 5b Abs. 1 Nr. 6 UWG nF erklärt die Angabe, ob ein Anbieter von Waren oder Dienstleistungen, die er über einen Online-Marktplatz anbietet, ein Unternehmer ist, zu einer wesentlichen Information, so dass deren Unterlassen eine unlautere geschäftliche Handlung ist.

39 § 5b Abs. 2 UWG nF befasst sich mit dem **Ranking** von Vergleichsportalen. Wesentliche Informationen sind danach die Hauptparameter zur Festlegung des Ranking sowie deren Gewichtung im Vergleich zu anderen Parametern. Diese Definition gilt auch für die vorvertragliche Informationspflicht nach Art. 246d § 1 Nr. 1 EGBGB nF,

---

39 Vgl. Fn. 6;. krit. Überblick zum RefE bei *Alexander* WRP 2021, 136; zum verabschiedeten Gesetz *Weiden* NJW 2021, 2233.
40 *Schmidt-Kessel* VuR 2021, 121.
41 *Scherer* WRP 2021, 561.
42 BT-Drs. 19/27873, S. 31.
43 *Alexander* WRP 2021, 136 zum RefE.
44 Beschlussempfehlung des Rechtsausschusses, BT-Drs. 19/30527, 11.

geht aber darüber hinaus, weil sie nicht nur in einer Vertragsanbahnungsphase gilt.[45] Die lauterkeitsrechtlichen Vorschriften zu den Online-Marktplätzen und zum Ranking werden im Einzelnen im Beitrag Online-Marktplätze (→ § 1) behandelt.

§ 5 Abs. 3 Nr. 2 UWG nF führt einen neuen Irreführungstatbestand ein, wonach es irreführend ist, wenn eine Ware in einem EU-Mitgliedstaat als identisch mit einer in einem anderen Mitgliedstaat vermarkteten Ware bezeichnet wird, obwohl sie sich in ihrer Zusammensetzung oder ihren Merkmalen wesentlich unterscheiden. Die Verwendung derselben Marke für sich unterscheidende Waren, auch als **dual use** bezeichnet, wird also nicht verboten. Jedoch muss auf die Unterschiede hingewiesen werden, um eine Irreführung zu vermeiden.

Nach § 5a Abs. 4 UWG nF handelt unlauter, wer den kommerziellen Zweck einer geschäftlichen Handlung nicht kenntlich macht und das Nichtkenntlichmachen geeignet ist, den Verbraucher zu einer geschäftlichen Entscheidung zu veranlassen, die er andernfalls nicht getroffen hätte. Die Vorschrift richtet sich vor allem gegen kommerziell tätige **Influencer** und ist konsequenterweise nicht anzuwenden, wenn der Influencer kein Entgelt oder eine ähnliche Gegenleistung erhält. Der Influencer muss beweisen, dass er nicht kommerziell gehandelt hat.[46]

Häufig wird mit **Kundenbewertungen** geworben. Dabei besteht das Problem, dass derartige Bewertungen von anderen Verbrauchern als den tatsächlichen Nutzern der beworbenen Waren oder Dienstleistungen stammen können. Mit derartigen Bewertungen zu werben, ist schon nach bisherigem Recht irreführend, wenn der unzutreffende Eindruck erweckt wird, eingehende Kundenbewertungen würden ungefiltert auf der Webseite des Werbenden eingegeben.[47] Jedoch ist der Nachweis schwierig, dass die Bewertung nicht auf einer tatsächlichen Nutzung der Ware oder Dienstleistung beruht. Dem will § 5b Abs. 3 UWG nF jetzt abhelfen. Der Unternehmer muss darüber informieren, ob und wie er sicherstellt, dass die Bewertungen von Verbrauchern stammen, die die Waren oder Dienstleistungen tatsächlich genutzt oder erworben haben. Es handelt sich dabei um eine **wesentliche Information**, so dass das Unterlassen der Information unlauter ist.

Der Gesetzgeber hat zahlreiche Absätze im UWG umgestellt, ohne dass damit substantielle Änderungen verbunden sind. Dabei wurde auch der Anhang zu § 3 Abs. 3 UWG (**per se-Verbote**) neu durchnummeriert, um die Nummerierung an die Nummerierung der UGP-RL anzupassen. Der Anhang erfuhr eine Reihe von Ergänzungen, nämlich das Verbot verdeckter Werbung in Suchergebnissen (Nr. 11a nF). Der Unternehmer muss offenlegen, wenn ein höheres **Ranking** durch bezahlte Werbung oder spezielle Zahlungen erreicht wurde. Ferner ist der **Wiederverkauf von Eintrittskarten** unlauter, wenn damit Beschränkungen in Bezug auf die von einer Person zu erwerbenden Eintrittskarten umgangen werden sollen (Nr. 23a nF). Die Regelung des § 5b Abs. 3 UWG nF wird durch ein per se-Verbot in Nr. 23b nF abgesichert, wonach mit **Kundenbewertungen** nicht geworben werden darf, wenn nicht angemessene und ver-

---

45 BT-Drs. 19/27873, 36.
46 Zur Beweislast im Einzelnen BT-Drs. 19/27873, 35.
47 BGH Urt. v. 21.1.2016 – I ZR 252/14, NJW-RR 2016, 1010 – Kundenbewertung im Internet.

hältnismäßige Maßnahmen ergriffen werden, ob die Bewertungen tatsächlich von Verbrauchern stammen, die die Ware oder Dienstleistung tatsächlich erworben oder genutzt haben. Nr. 23c nF erklärt die Verwendung **gefälschter Verbraucherbewertungen** per se für unlauter. Aufgrund der Beschlussempfehlung des Rechtsausschusses wurde schließlich noch die Nr. 32 nF hinzugefügt, wonach die **Aufforderung zur Zahlung bei unerbetenen Haustürbesuchen** vor Ablauf des Tages des Vertragsschlusses unlauter ist.[48]

II. Sanktionen

1. Schadensersatz nach § 9 UWG nF

44 Das Sanktionssystem des UWG basiert bislang auf **Unterlassungsansprüchen** der Mitbewerber und klagebefugter Verbände. Verbraucherinteressen werden im Gegensatz zu den Interessen individueller Mitbewerber nur über die **Verbandsklagebefugnis** nach § 8 UWG geschützt. Andere Ansprüche als der Unterlassungsanspruch, etwa der Schadensersatzanspruch nach § 9 UWG, stehen in ihrer Bedeutung hinter dem Unterlassungsanspruch weit zurück. Individualansprüche für Verbraucher einzuführen, wurde bislang als Systembruch angesehen. Entsprechend heftig sind die Reaktionen auf die Notwendigkeit, wegen der Vorgaben in der ModernisierungsRL nunmehr einen Schadensersatzanspruch für Verbraucher ins UWG aufnehmen zu müssen.[49]

45 Die ModernisierungsRL fügt in die UGP-RL einen Art. 11a ein, wonach Verbraucher Zugang zu angemessenen und wirksamen Rechtsbehelfen haben müssen, „einschließlich **Ersatz des dem Verbraucher entstandenen Schadens** sowie gegebenenfalls **Preisminderung** oder **Beendigung des Vertrags**." Die Mitgliedstaaten dürfen darüber hinaus weitere Rechte wie etwa ein Recht auf Reparatur oder Nachlieferung als Sanktion unlauterer Geschäftspraktiken einführen (ErwGr 16).

46 Der RefE des Umsetzungsgesetzes folgte dem Wortlaut des in die UGP-RL eingefügten Art. 11a und knüpfte den Schadensersatzanspruch in § 9 UWG lediglich an Vorsatz oder Fahrlässigkeit an. Der RegE beschränkte den Schadensersatzanspruch dagegen auf **unzulässige geschäftliche Handlungen, die den Verbraucher zu einer geschäftlichen Entscheidung veranlassen, die er andernfalls nicht getroffen hätte** (§ 9 Abs. 2 UWG nF). Ein ausdrückliches Recht auf Preisminderung oder Beendigung des Vertrags wird nicht gewährt. Der Schadensersatzanspruch **verjährt nach Ablauf eines Jahres**, nachdem der RegE zunächst in Anpassung an die Verjährungsvorschrift des § 11 UWG lediglich sechs Monate vorgesehen hatte.[50] Der RefE wollte noch die regelmäßige Verjährung, also drei Jahre ab Kenntnis, einführen.

47 Die Beschränkung des Schadensersatzanspruchs auf unzulässige geschäftliche Handlungen, die den Verbraucher zu einer geschäftlichen Handlung veranlassen, die er an-

---

48 Zur Begründung BT-Drs. 19/30527, 12 f.
49 *Schmidt-Kessel* VuR 2021, 121 (122) kommentiert den „Paradigmenwechsel" mit „leider"; *Scherer* WRP 2021, 561 spricht von „Revolution"; *Köhler* WRP 2021, 129 (130) bewertet den Schadensersatzanspruch des Verbrauchers dagegen grds. positiv.
50 Zum RegE BT-Drs. 19/27873, 40; zur Gesetz gewordenen Regelung Beschlussempfehlung des Rechtsausschusses, BT-Drs. 19/30527, 12. Der Bundestag bleibt damit immer noch hinter dem RefE zurück. Für dessen Fassung hatten sich auch der Bundesrat (Stellungnahme des Bundesrats, Anlage zum RegE, BT-Drs. 19/27873, 60) und die Fraktion BÜNDNIS 90/DIE GRÜNEN (BT-Drs. 19/29767, 3) ausgesprochen.

dernfalls nicht getroffen hätte, geht auf einen Vorschlag von *Köhler* zurück, den der RegE wörtlich übernommen hat. *Köhler* führt zur Begründung an, als Schaden des Verbrauchers komme nur ein Schaden in Betracht, der die Folge seiner geschäftlichen Handlung sei. Dagegen wehrten sich führende UWG-Vertreter, dass der Schadensersatzanspruch nach dem RegE **subsidiär** gegenüber spezialgesetzlichen wettbewerbsrechtlichen Schadensersatzansprüchen sein soll.[51] Das verabschiedete Gesetz blieb aber bei der in § 1 Abs. 2 UWG nF vorgesehenen Einschränkung.

Ob sich alle diese Einschränkungen iRv Art. 11a Abs. 1 S. 2 UPG-RL nF halten, wonach die Mitgliedstaaten „die Voraussetzungen für die Anwendung und die Folgen der Rechtsbehelfe festlegen" können, wird mit großer Wahrscheinlichkeit noch zu Debatten führen.[52] Jedenfalls kann die Nichterwähnung von **Preisminderung** und **Vertragsbeendigung** nicht auf das Wort „gegebenenfalls" in der Richtlinie gestützt werden, denn dies räumt im Gegensatz zur Annahme des RegE[53] dem Umsetzgesetzgeber **keine Option** ein, sondern bedeutet lediglich, dass diese beiden Rechte nur dann ausgeübt werden können, wenn es infolge der unlauteren geschäftlichen Handlung zu einem Vertragsschluss gekommen ist.[54]

§ 9 Abs. 2 UWG nF muss daher **richtlinienkonform** ausgelegt werden. Dies bedeutet, dass der Schadensersatzanspruch auch die Beendigung eines Vertrags erlauben muss, den der Verbraucher infolge einer unzulässigen geschäftlichen Handlung abgeschlossen hat. Eine **Vertragsbeendigung** als Naturalrestitution ist im deutschen Schadensersatzrecht nicht unbekannt,[55] so dass der gebotenen richtlinienkonformen Auslegung nichts im Wege steht. Allerdings wird dies zT für die neue Vorschrift anders gesehen,[56] so dass im Zweifel die Gerichte eine Vorabentscheidung des EuGH herbeiführen müssen. Zur richtlinienkonformen Auslegung gehört auch, dass der lauterkeitsrechtliche Schadensersatzanspruch das kaufrechtliche **Minderungsrecht** nicht ausschließt. Da ein Minderungsrecht nur auf der Grundlage eines wirksamen Vertrags denkbar ist, werden dem Verbraucher keine ihm lauterkeitsrechtlich zustehenden Ansprüche genommen, wenn die Rechtsfolge dem Kaufrecht entnommen wird – allerdings nur bei identischen Verjährungsfristen, was nach dem Gesetz zur Umsetzung der WKRL gerade nicht der Fall ist. Jedenfalls wäre es besser gewesen, wenn der Gesetzgeber zur Klarstellung auch dem weiteren Vorschlag von *Köhler* gefolgt wäre, in § 9 Abs. 2 UWG einen S. 2 aufzunehmen, wonach daneben bestehende Rechte und Ansprüche nach den Vorschriften des Unionsrechts und des Bürgerlichen Rechts unberührt bleiben.[57]

---

51 *Alexander* WRP 2021, 136; *Köhler* WRP 2021, 129.
52 *Köhler* WRP 2021, 129 (131) spricht nicht von einer Einschränkung, sondern von einer Präzisierung. Ob dem zu folgen ist, muss hier dahingestellt bleiben.
53 BT-Drs. 19/27873, 39.
54 So auch *Schmidt-Kessel* VuR 2021, 121 (122). Die Einführung von Preisminderung und Vertragsbeendigung verlangte auch die Fraktion BÜNDNIS 90/DIE GRÜNEN, BT-Drs. 19/29767, 3.
55 BGH Urt. v. 26.9.1997 – V ZR 29/96, NJW 1998, 302 (303); BGH Urt. v. 22.12.1999 – VIII ZR 111/99, NJW 2000, 1254 (1256); BGH Urt. v. 16.11.2006 – I ZR 257/03, NJW 2007, 1809 (1811 f.).
56 *Alexander* WRP 2021, 136 (141).
57 *Köhler* WRP 2021, 129 (130).

2. Bußgeld im Rahmen der CPC-VO: § 5c UWG nF

50 Die ModernisierungsRL sieht nicht nur für die KlauselRL und die VRRL eine Bußgeldsanktion mit sehr begrenztem Anwendungsbereich vor, was der Gesetzgeber in Art. 246e EGBGB nF umsetzte (→ Rn. 34–35), sondern ebenso für die UGP-RL in deren Art. 13 nF. Diese Vorschrift setzte der Gesetzgeber in §§ 5c und 19 UWG nF um. § 5c UWG nF begrenzt den Anwendungsbereich in Übereinstimmung mit dem Anwendungsbereich der CPC-VO auf einen weitverbreiteten Verstoß oder einen weitverbreiteten Verstoß mit Unions-Dimension. Auch weitverbreitete Verstöße ohne Unions-Dimension sind nur grenzüberschreitende Verstöße, wie sich aus dem Bezug der Vorschrift auf den Anwendungsbereich der CPC-VO ergibt.[58] § 19 Abs. 1 UWG nF enthält den eigentlichen Bußgeldtatbestand, § 19 Abs. 2 UWG nF in Übereinstimmung mit Art. 246e EGBGB nF Regelungen über die Höhe des Bußgeldes. § 19 Abs. 3 UWG nF klärt, ebenso wie Art. 246e EGBGB nF, dass die Ordnungswidrigkeit **nur im Rahmen einer koordinierten Durchsetzungsmaßnahme nach der CPC-VO** geahndet werden kann. Schon aus diesem Grund wird ihr eine äußerst geringe praktische Bedeutung zukommen.

51 Anders als das Umsetzungsrecht der KlauselRL und der VRRL enthielt das **UWG** bereits traditionell einen wenn auch **bescheidenen Bestand an Straf- und Ordnungswidrigkeiten**. Er war zuletzt auf die §§ 16 und 20 UWG zusammengeschrumpft, nachdem der Gesetzgeber die Vorschriften über den Schutz von Geschäftsgeheimnissen (§§ 17–19 UWG aF) infolge der Umsetzung einer EU-Richtlinie in ein eigenes Gesetz ausgegliedert hatte.[59] Nach § 16 Abs. 1 UWG ist **irreführende Werbung durch unwahre Angaben** strafbar, nach § 16 Abs. 2 UWG sog. **progressive Kundenwerbung**. Darunter versteht das Gesetz, dass ein Werbetreibender Abnehmer seiner Waren durch besondere Vorteile veranlasst, andere Verbraucher zu werben, die ihrerseits durch die Werbung weiterer Verbraucher derartige Vorteile erlangen sollen. Erscheinungsformen sind das Schneeballsystem und das Pyramidensystem.[60] Die Vorschrift hat äußerst geringe praktische Bedeutung, weil bei § 16 Abs. 1 UWG der erforderliche Nachweis der Unwahrheit eine sehr hohe Hürde ist. Dagegen haben unlautere Geschäftspraktiken in Form von Schneeball- und Pyramidensystem zwar durchaus eine gewisse Bedeutung, jedoch ist eine besondere Verfolgungsintensität der zuständigen Behörden nicht erkennbar.

52 Dagegen hat die Ordnungswidrigkeitsvorschrift des **§ 20 UWG** eine größere Bedeutung. Sie enthält drei Tatbestände, von denen der einer **unerbetenen Telefonwerbung** der Wichtigste ist. Der Bußgeldrahmen wurde bereits durch das Gesetz gegen unseriöse Geschäftspraktiken im Jahre 2013 deutlich erhöht (→ Rn. 55).[61] Von Bedeutung ist hier, dass mit der **Bundesnetzagentur** eine geeignete Verfolgungsbehörde eingesetzt wurde.[62]

---

58 Vgl. RegE, BT-Drs. 19/27873, 37.
59 Gesetz zum Schutz von Geschäftsgeheimnissen (GeschGehG), BGBl. 2019 I 466, das die RL (EU) 2016/943 umsetzt.
60 Zu diesen Köhler/Bornkamm/Feddersen/*Bornkamm* UWG § 16 Rn. 35.
61 BGBl. 2013 I 3714.
62 Positiv zur Rolle der Bundesnetzagentur bei der Verfolgung unlauterer Telefonwerbung auch *Rademacher* VuR 2020, 371 (373).

III. Telefonwerbung

Die ModernisierungsRL wirkt sich auch auf die Regelungen zur Telefonwerbung aus. Die einschlägigen Vorschriften wurden bereits durch das **Gesetz für faire Verbraucherverträge** geändert, das keinen unionsrechtlichen Hintergrund hat.[63] Nach bisheriger Rechtslage ist telefonische Werbung gegenüber einem Verbraucher nur mit dessen ausdrücklicher vorheriger Zustimmung zulässig (§ 7 Abs. 2 Nr. 2 UWG).[64] Diese Regelung wurde in der rechtspolitischen Diskussion als unzureichend angesehen. Ergänzend wurde gefordert, dass anlässlich einer telefonischen Werbung geschlossene Verträge erst nach einer nachträglichen Bestätigung in Textform wirksam werden. Der Bundesrat brachte im Jahre 2017 den Entwurf eines Gesetzes zur Stärkung des Verbraucherschutzes bei Telefonwerbung ein und schlug vor, die **Bestätigungslösung** im BGB unterzubringen.[65] Er bezog sich dabei auf eine Öffnungsklausel in Art. 8 Abs. 6 VRRL, die den Mitgliedstaaten die Bestätigungslösung erlaubt. Im Gesetzgebungsverfahren zur Umsetzung der ModernisierungsRL wiederholte er in seiner Stellungnahme seinen Vorschlag von 2017.[66]

53

Im nunmehr verabschiedeten Gesetz für faire Verbraucherverträge führt der Gesetzgeber jetzt eine allerdings sehr beschränkte Lösung ein. Nach dem neuen § 7a UWG muss der Unternehmer lediglich den **Zeitpunkt der Einwilligung dokumentieren** und den Nachweis fünf Jahre lang aufbewahren. Lediglich für **Energielieferungsverträge** soll ein **Textformerfordernis** eingeführt werden, so dass sie nicht mehr telefonisch abgeschlossen werden können (§ 41 Abs. 1 EnWG). Der Rechtsausschuss des Bundestags nahm davon Abstand, eine allgemeine Bestätigungslösung ins Gesetz aufzunehmen, so dass die restriktive Fassung des RegE nunmehr Gesetz wurde.[67]

54

§ 7a UWG ist für das Verhältnis zwischen Verbraucher und Unternehmer weitgehend bedeutungslos, da auch bisher schon der Unternehmer aufgrund der DS-GVO die Einwilligung nachweisen musste.[68] Die Verbesserung des Verbraucherschutzes durch die Vorschrift beschränkt sich darauf, dass sein Tatbestand durch die Bußgeldvorschrift des § 20 UWG sanktioniert wird. Dessen **Bußgeldrahmen** beträgt wie erwähnt bis zu 300.000 EUR bei Telefonwerbung ohne vorherige Einwilligung. Für die nicht ordnungsgemäße Dokumentation der Einwilligung gilt nunmehr ein Bußgeldrahmen von bis zu 50.000 EUR. In diesen beiden Fällen ist die Bundesnetzagentur zuständig (§ 20 Abs. 4 UWG).

55

Das Umsetzungsgesetz zur ModernisierungsRL verschiebt den Tatbestand des bisherigen § 7 Abs. 2 Nr. 2 UWG in den Anhang zu § 3 Abs. 3 UWG als Nr. 26 und passt ihn an den Wortlaut der UGP-RL an. Eine sachliche Änderung ist damit nicht beabsichtigt. Eine telefonische Werbung ohne vorherige ausdrückliche Zustimmung des Verbrauchers verstößt damit gegen ein **per se-Verbot**.

56

---

[63] BGBl. 2021 I 3433.
[64] Überblick bei *Tonner/Reich* in Tamm/Tonner/Brönneke, Verbraucherrecht, § 5 Rn. 180 ff.
[65] BR-Drs. 181/17 (Beschl.). Abl. zur Bestätigungslösung *Rademacher* VuR 2020, 371 (376 f.). Sie plädiert stattdessen für in der telefonischen Vertragsanbahnungsphase zu übermittelnde Kerninformationen, zu denen das Widerrufsrecht gehören sollte.
[66] Stellungnahme des Bundesrats, BR-Drs. 18/21 (Beschl.) = Anhang zum RegE, BT-Drs. 19/26915, 43.
[67] BT-Drs. 19/30527.
[68] Dies stellt der RegE selbst dar, BT-Drs. 19/26915, 14.

IV. Kaffeefahrten, § 56a GewO nF, und unerbetene Haustürbesuche, Anhang Nr. 32 nF zu § 3 Abs. 3 UWG

57 Die ModernisierungsRL fügte in die UGP-RL eine Vorschrift ein, die den Mitgliedstaaten eine **Option** einräumt, eine Regelung über Kaffeefahrten in das nationale Recht aufzunehmen. Nach Art. 3 Abs. 5 UGP-RL nF können Regelungen in Zusammenhang mit unerbetenen Besuchen eines Gewerbetreibenden in der Wohnung des Verbrauchers oder Ausflügen, die von einem Gewerbetreibenden zum Zwecke des Verkaufs von Produkten organisiert werden, erlassen werden.

58 Der Umsetzungsgesetzgeber machte von dieser Option Gebrauch und fügte eine entsprechende Regelung über **Kaffeefahrten** allerdings nicht in das UWG, sondern in die **GewO** ein, indem er die Vorschrift des § 56a GewO über **Wanderlager** änderte. § 56a Abs. 2 und 3 GewO nF statuieren **Anzeigepflichten** des Veranstalters gegenüber der Behörde. Dies gilt aber nur für Wanderlager, bei denen die An- und Abreise der Teilnehmer zum Wanderlager vom Veranstalter organisiert wird (§ 56a Abs. 2 GewO nF), also klassische Kaffeefahrten. Dagegen gelten die **Informationspflichten** in der öffentlichen Ankündigung eines Wanderlagers für alle Arten eines Wanderlagers (§ 56a Abs. 4 GewO nF). Dazu gehört die Information darüber, unter welchen Bedingungen dem Verbraucher bei Verträgen, die im Rahmen des Wanderlagers abgeschlossen werden, ein **Widerrufsrecht** zusteht (§ 56a Abs. 4 Nr. 4 GewO nF). Damit wird die vorvertragliche Informationspflicht über ein Widerrufsrecht bei Außergeschäftsraumverträgen nach Art. 246a § 1 Abs. 2 EGBGB vorverlegt.[69]

59 Nach § 56a Abs. 6 GewO nF dürfen **Medizinprodukte, Nahrungsergänzungsmittel** sowie **Finanzdienstleistungen** auf Wanderlagern, die iRv Kaffeefahrten durchgeführt werden, **nicht angeboten** werden. Die Einbeziehung von Finanzdienstleistungen erfolgte erst durch den Rechtsausschuss des Bundestags.[70] Das damit verbundene Widerrufsformular wurde wegen einer EuGH-Entscheidung vor kurzem geändert (dazu → § 3 Rn. 99 ff.).[71] Der weitergehende Vorschlag des Bundesrats[72] und der Fraktion BÜNDNIS 90/DIE GRÜNEN,[73] dieses Verbot auch auf Pauschalreisen auszudehnen, wurde freilich nicht realisiert.

60 Zwecks Sanktionierung der Neuregelung wurde die **Ordnungswidrigkeitsvorschrift** des § 145 GewO geändert. Der Bußgeldrahmen wurde dabei von eintausend auf 10.000 EUR ausgeweitet. Die bisherigen Erfahrungen zeigen allerdings, dass nicht ein zu niedriger Bußgeldrahmen, sondern die mangelnde Verfolgung von Rechtsverstößen durch die nach der GewO zuständigen Behörden der Grund für den ineffektiven Verbraucherschutz mit Mitteln des Gewerberechts ist.

61 Die Verbotstatbestände des § 56a Abs. 4 GewO nF könnten allerdings mit **zivilrechtlichen Mitteln** effektiver sanktioniert werden. Allerdings wendet der BGH den § 134

---

[69] Dies ist die Intention des Gesetzgebers, BT-Drs. 19/27873, 47 f.
[70] Zur Begründung BT-Drs. 19/30527, 13.
[71] Gesetz zur Anpassung des Finanzdienstleistungsrechts an die Rechtsprechung des Gerichtshofs der Europäischen Union vom 11. 9. September 2019 in der Rechtssache C-383/18 und vom 26. 3. März 2020 in der Rechtssache C-66/19, BGBl. 2021 I S. 1666.
[72] Stellungnahme des Bundesrats, Anlage zum RegE, BT-Drs. 19/27873, 62 f.; Gegenäußerung der Bundesregierung, 66.
[73] BT-Drs. 19/29767, 3.

BGB auf § 56 GewO aF nicht an, weil der Verbraucher durch das Widerrufsrecht bei Außergeschäftsraumverträgen hinreichend geschützt sei.[74] Dagegen ist einzuwenden, dass die Widerrufsfrist nur 14 Tage ab Erhalt der Ware beträgt. § 134 BGB ist allerdings unter verbraucherschützenden Aspekten ein zweischneidiges Schwert, weil der Vertrag auch dann nichtig ist, wenn der Verbraucher an ihm festhalten möchte. Sinnvoller wäre deshalb eine Verlängerung der Widerrufsfrist,[75] die allerdings wegen der voll harmonisierenden 14-Tage-Frist der VRRL deren Änderung voraussetzt. Der Vorschlag, die Widerrufsfrist für Außergeschäftsraumverträge zu verlängern, kann nur an den Unionsgesetzgeber gerichtet werden.

Zu denken ist auch an eine **lauterkeitsrechtliche Sanktionierung**. § 56a GewO ist – zumindest in der Neufassung – eine **Marktverhaltensregel**, so dass § 3a UWG zum Zuge kommt und damit die Klagebefugnis nach § 8 UWG.[76] Bei Nichteinhaltung der Informationspflichten kommen zudem die Irreführungstatbestände des UWG in Betracht. 62

Die Option der geänderten UGP-RL, auch Regelungen über unerbetene Haustürbesuche von Gewerbetreibenden zu erlassen, kam erst durch die parlamentarische Beratung ins Gesetz,[77] nachdem die Bundesregierung eine entsprechende Forderung des Bundesrats nicht aufgegriffen hatte.[78] Der Gesetzgeber fügte in den Katalog der **per se-Verbote** im Anhang zu § 3 Abs. 3 UWG eine Nr. 32 nF hinzu, wonach eine **Aufforderung zur Zahlung bei unerbetenen Besuchen in der Wohnung eines Verbrauchers** am Tag des Vertragsschlusses unzulässig ist. Damit sind nun die beiden Optionen des Art. 3 Abs. 5 UGP-RL idF der ModernisierungsRL in unterschiedlichen Gesetzen umgesetzt. 63

Unerbetene Haustürbesuche und **unerbetene Telefonanrufe** haben den gleichen Unrechtsgehalt. Der Werbetreibende dringt in die grundrechtlich geschützte Privatsphäre des Verbrauchers ein und nutzt den beim Verbraucher erzeugten Überraschungsmoment aus, um zu einem Vertragsschluss zu gelangen. Für beide Werbemethoden sollten daher **kohärente rechtliche Regelungen gelten**.[79] Dies ist indes nicht der Fall. Überraschenderweise ist der mit einer telefonischen Werbung konfrontierte Verbraucher besser geschützt als der Verbraucher, der einem Werbetreibenden seine Wohnungstür öffnet, obwohl man meinen sollte, dass es einfacher ist, einen Telefonhörer aufzulegen als einem Menschen die Wohnungstür vor der Nase zuzuschlagen. Der an der Haustür Werbende braucht für seinen Besuch keine vorherige Einwilligung, die er auch noch dokumentieren muss. Zu Recht verlangte daher der Bundesrat, dass 64

---

74 BGH Urt. v. 16.1.1996 – XI ZR 116/95, BGHZ 131, 385.
75 So die Fraktion BÜNDNIS 90/DIE GRÜNEN, BT-Drs. 19/29767, 3.
76 Zu den Vorschriften der GewO als Marktverhaltensregel Köhler/Bornkamm/Feddersen/*Köhler* UWG § 3a Rn. 1.147. Speziell auf § 56a GewO geht er dabei allerdings nicht ein.
77 Beschlussempfehlung und Bericht des Ausschusses für Recht und Verbraucherschutz, BT-Drs. 19/30527, 12 f. Einen entsprechenden Antrag stellte auch die Fraktion BÜNDNIS 90/DIE GRÜNEN, BT-Drs. 19/29767, 2 f.
78 Stellungnahme des Bundesrats, BR- Drs. 18/21 (B) = Anhang zum RegE, BT-Drs. 19/27873, 58; abl. Gegenäußerung der Bundesregierung, BT-Drs. 19/27873, S. 64 f. ua wegen unionsrechtlicher Bedenken.
79 Die Überlegung, die vorherige Einwilligung auf Haustürgeschäfte zu übertragen, wurde schon vor zehn Jahren geäußert, *Reich* GRUR 2011, 589.

die vorherige Einwilligung und deren Dokumentation auf Haustürbesuche erstreckt wird.[80]

E. Ausblick

65 Die Geschwindigkeit der **Digitalisierung** führt dazu, dass die notwendigen Anpassungen im Recht in immer kürzeren Abständen erfolgen (müssen). Die Umsetzungsfristen der Richtlinien des New Deals sind noch nicht einmal abgelaufen, da wendet sich die Aufmerksamkeit bereits dem nächsten Vorhaben der Kommission zu, nämlich zwei Verordnungsvorschlägen, dem **Digital Markets Act**[81] und dem **Digital Services Act**.[82] Brachte der New Deal vor allem die DIRL und im Bereich der ModernisierungsRL die Regelungen über Online-Marktplätze mit sich, die die Mitgliedstaaten in ihr nationales Recht umsetzen mussten, greift die Kommission jetzt zum Mittel der unmittelbar anwendbaren Verordnung. Der Verordnungsvorschlag legt Großunternehmen, sog. **Gatekeeper**, bestimmte Verhaltenspflichten auf. Die Durchsetzung soll der Kommission obliegen. Der Vorschlag eines Digital Services Act integriert die E-Commerce-RL und fügt als zweite Säule zahlreiche Verhaltenspflichten für Diensteanbieter hinzu. Was auch immer das Gesetzgebungsverfahren an den Vorschlägen ändern wird: Die hier behandelten Richtlinien und ihre Umsetzungen sind nur ein erster Schritt, um den Anforderungen der Digitalisierung gerecht zu werden und müssen an die Verordnungen nach deren Verabschiedung angepasst werden.

66 Das bei weitem wichtigste Instrument zur Verbesserung der **Rechtsdurchsetzung**, das der New Deal einführt, ist der **Schadensersatzanspruch** des Verbrauchers nach Art. 11a der UGP-RL nF, umgesetzt in § 9 Abs. 2 UWG nF. Sonst sind die Fortschritte eher bescheiden; insbesondere Forderungen nach mehr Behördenlösungen sind eher zurückgedrängt und auf wenige grenzüberschreitende Fallgestaltungen beschränkt. Doch auch der lauterkeitsrechtliche Schadensersatzanspruch wird erst dann zu wirklichem Leben erwachen, wenn der nächste Schritt getan wird, nämlich die Umsetzung der **VerbandsklagenRL**.[83] Die im Dezember 2020 verabschiedete Richtlinie ergänzt die auf Unterlassungsansprüche gerichtete Verbandsklagebefugnis nach der bisherigen UnterlassungsklagenRL, umgesetzt im UKlaG, um ein **Recht auf Abhilfemaßnahmen**. Darunter versteht sie „Wiedergutmachung in Form von Entschädigung, Reparatur, Ersatz, Preisminderung, Vertragskündigung oder Erstattung des gezahlten Preises." Die Richtlinie überlässt viele Einzelheiten den Mitgliedstaaten, so dass mit einer sehr lebhaften Diskussion während der Umsetzungsphase zu rechnen ist und die Effektivität der Richtlinie wesentlich von der Ausgestaltung der Umsetzung abhängt.[84]

---

[80] Stellungnahme des Bundesrats, BR-Drs. 18/21 (B) = Anhang zum RegE, BT-Drs., 19/27873, 57.
[81] COM(2020) 825 final; dazu *Basedow* ZEuP 2021, 217.
[82] COM(2020) 842 final; dazu *Janal* ZEuP 2021, 227.
[83] RL (EU) 2020/1828; dazu *Augenhofer* NJW 2021, 113; *Rott* EuCML 2020, 223.
[84] Ein Konzept für die Umsetzung entwickeln *Gsell/Meller-Hannich*, Die Umsetzung der neuen EU-Verbandsklagenrichtlinie, Gutachten für den vzbv, 2021.

Stichwortverzeichnis

Fette Zahlen bezeichnen die Paragraphen, magere die Randnummern.

Abhängigkeitsverhältnis **6**, 34
Ablaufhemmung **4**, 85, 87
– Verjährung **2**, 154
Abtretung **7**, 5
Abtretungsausschluss **7**, 5 ff.
Abweichende Vereinbarungen über Produktmerkmale **2**, 144 ff.
Aktualisierung **4**, 53, 58, 70
Aktualisierungspflicht **2**, 122 ff., **4**, 53 ff., **5**, 23, 37, **6**, 91
– Adressat **2**, 130 f.
– als Gegenleistung **2**, 38
– Informationspflicht **2**, 136 ff.
– Installierung durch den Verbraucher **2**, 138 ff.
– Upgrades **2**, 127, 216, **4**, 59
– Verjährung **4**, 87
Algorithmus **1**, 17 f.
Aliud **4**, 11
Allgemeines Persönlichkeitsrecht **4**, 22
Altersversorgung
– betriebliche **7**, 9
Anbieter
– Information über **1**, 20 ff.
Änderung digitaler Produkte **2**, 216 ff.
– benachteiligende Änderung **2**, 224, 226 ff.
Änderungen nach Vertragsschluss **2**, 216 ff.
Anfertigung nach Spezifikation des Verbrauchers **2**, 45
Anforderung
– objektive **4**, 16, **5**, 38
– subjektive **5**, 25, 40
Anleitungen **2**, 32, 218, **4**, 32
Anonymisierung **6**, 71

Anwendungsbereich §§ 327 ff. BGB **2**, 19 ff.
– Anfertigung nach Spezifikation des Verbrauchers **2**, 45
– Bereichsausnahmen **2**, 49 ff.
– digitale Dienstleistungen **2**, 29 ff.
– digitale Inhalte **2**, 22 ff., **4**, 51, 55, **5**, 4 ff., **6**, 1, 44, **8**, 11, 21, **9**, 37
Anzeigepflicht **5**, 28
App **4**, 68, **6**, 46
Application Service Providing **8**, 13
Aufwendungen **4**, 73, 82, **5**, 11, 20
Ausbau
– mangelhafter Sachen, Kosten **4**, 73
Auslegung
– richtlinienkonforme **4**, 4, 20
Ausnahme **7**, 17
– Finanzdienstleistung **7**, 36
– Formerfordernis **7**, 35
Äußerungen
– öffentliche **4**, 17
Austauschverhältnis **6**, 44

B2B **4**, **6**, 33
B2C s. Verbraucherverträge
Bereitstellung
– Beweislast **2**, 81
– Beweislastumkehr **2**, 159 ff.
– digitale Dienstleistungen **4**, 44
– digitale Inhalte **4**, 44
– digitale Produkte **2**, 69 ff.
– Form der **6**, 50
– Information über **4**, 58
– personenbezogener Daten **2**, 33 ff., **6**, 49
Bereitstellung, dauerhafte **2**, 104, **4**, 65, 67
– Ablaufhemmung **4**, 87

269

Bereitstellung digitaler Dienstleistungen **2**, 79 ff., **4**, 44
Bereitstellung digitaler Inhalte **2**, 73 ff., **4**, 44
Bereitstellung digitaler Produkte
- Rechte bei fehlender Bereitstellung **2**, 82 ff.
- Reihe von Bereitstellungen **2**, 80
- Zeitpunkt **2**, 70 f.
Berichtigung **4**, 17
Beschaffenheitsvereinbarung **4**, 11, 33, 35, **6**, 82
- negative **4**, 61
Bestätigungsschaltfläche **7**, 42, 50 ff.
Bestätigungsseite **7**, 42
Betreiber
- Allgemeine Informationspflichten **1**, 7, 15 ff.
- Definition **1**, 3 f.
Betriebsanleitung **4**, 21, 25
Betroffene Person
- Mitwirkung **6**, 19, 50
Betroffenenrechte **6**, 66
Beweis
- Vorlage von Mustern, Proben **4**, 30
Beweislast **5**, 22, **7**, 58
- gesetzliche Vermutung **4**, 47
- Montagefehler **4**, 39
- unerheblicher Mangel **4**, 79
Beweislastumkehr **4**, 3, 41 ff., 70
- dauerhafte Bereitstellung **4**, 69
- Produktmängel **2**, 159 ff.
Bezahlung mit personenbezogenen Daten **3**, 12 f., 13, 20 ff., 62, **6**, 42, **9**, 29 f.
Bundeskartellamt **9**, 14 f.
Bundesnetzagentur **9**, 8, 52
Bußgeld **1**, 32 ff., 45 ff.
Button-Lösung **7**, 29
C2B **4**, 6, 33
C2C **4**, 6, 33

Cloud **4**, 52, 68
Computerspiel **4**, 55
Cookies **6**, 51
CPC-Verordnung **9**, 9 ff.
- Geldbußen **9**, 32
Data-Security **4**, 22
Datenausspähung **4**, 22
Datenblatt, technisches **4**, 21, 25
Datenmanipulation **4**, 22
Datenschutzerklärung **6**, 14
Datenschutzrecht
- Verstoß **6**, 64
Datenschutzrechtliche Verantwortung **6**, 85
Datenträger **2**, 46 ff., **4**, 45, **8**, 11
Datenträger, dauerhafter
- Garantie **4**, 95
Datenträger, gemieteter **8**, 17
Dauerschuldverhältnis **4**, 53
- partielles **4**, 53, 87
Digitale Binnenmarktstrategie **9**, 2
Digitale Dienstleistungen **2**, 29 ff.
Digitale Inhalte **2**, 22 ff., **5**, 8
Digitale-Inhalte-Richtlinie s. DIRL
Digitales Produkt **4**, 44, **5**, 8
- Verjährung **2**, 150 ff.
- Verjährung, Ablaufhemmung bei dauerhafter Bereitstellung **2**, 154 ff.
- Vertrag **6**, 43
- Vertragsmäßigkeit **2**, 98 f. s.a. Produktmangel
Direktwerbung **6**, 18, 66
DIRL **2**, 3 ff., **5**, 4
Download **4**, 47
Dritte **6**, 52
- Familienangehörige **6**, 52
- Nutzer **6**, 65
- Rechte von **6**, 90
Dynamische Preise **9**, 20
e-Commerce-Richtlinie **6**, 61

Stichwortverzeichnis

Einbau
- mangelhafte Sache 4, 73

Einwilligung 6, 62, 66
- kombinierte 6, 34

Einwilligungsklausel 6, 34
End User Licence Agreement 2, 9
Endgerät 8, 12
Energieverbrauchsangaben 4, 37
Entgelt 7, 32
Entgeltlichkeit 6, 38, 40
Erfüllungsgehilfe 4, 52
Erreichbarkeit 1, 40
Ersatzansprüche 6, 76
Europäischer Datenschutzbeauftragter (EDPS) 6, 42
Europarecht 7, 1, 4, 29
- konforme Interpretation 4, 19

Europarechtswidrigkeit 4, 20
Existenzminimum 7, 7

Fahrzeug
- Identifikationsnummer 6, 72
- vernetztes 6, 73

Faxgerät 1, 40
Fehler
- Rechtsfolgen 4, 71 ff.

Fehlerbegriff
- subjektiver 4, 5

Fernabsatzvertrag 1, 3, 4, 7, 33, 39, 42 ff.
Flachbildschirm 4, 49
Förderdarlehen 7, 10
Funktionalität 4, 20, 21
Garantie
- Funktionsfähigkeit 4, 101
- Kaufrecht 4, 89 ff.

Gebrauchtwaren 4, 6
Gefahrübergang 4, 49
Gefälligkeit 6, 48

Gegenleistung 6, 38
- personenbezogene Daten 6, 42

Geldbuße 9, 31 ff.
- im UWG 9, 50 ff.
- Kaffeefahrten 9, 60
- unerbetene Telefonwerbung 9, 52

Geschäftsführung ohne Auftrag 6, 76
Geschäftsverkehr
- elektronisch 7, 33

Gesetz für faire Verbraucherverträge 9, 4
Gesetz gegen den unlauteren Wettbewerb (UWG) 1, 8 f., 12 f., 19, 24
Gesetz zur Anpassung des Finanzdienstleistungsrechts 3, 3, 99 ff.
Gesetz zur Regelung des Verkaufs von Sachen mit digitalen Elementen und anderer Aspekte des Kaufvertrags 4, 1
Gesetz zur Stärkung des Verbraucherschutzes im Wettbewerbs- und Gewerberecht 9, 4, 36 ff.
Gesetz zur Umsetzung der EU-Richtlinie zur besseren Durchsetzung und Modernisierung der Verbraucherschutzvorschriften der Union 3, 4
Gesundheit 4, 22
Gewerbeaufsicht 9, 7
Glühbirne 4, 37
Haltbarkeit 4, 4, 20
- Garantie 4, 96 f.

Hardware 8, 12
Hauptleistungspflichten 4, 8
Haustürbesuche
- Aufforderung zur Zahlung 9, 43, 63

Hemmung
- bei Garantie 4, 100

Höchstlaufzeit 7, 11 ff.
Impressumspflicht 1, 31
Industrienormen 4, 19

271

Influencer 9, 41
Informationspflicht 1, 2 ff., 9, 16 ff.
– bei personalisierten Preisen 9, 18 f.
– Finanzdienstleistung 1, 6
– im elektronischen Geschäftsverkehr 9, 23 f.
– Kerninformationen 9, 27
– über Preise 9, 26
– Verstoß 1, 32
Inkasso 7, 7
Installation 4, 4, 39, 51
– Anforderungen 4, 65
– Anleitungen 4, 32
Integration 2, 122
Interessenabwägung 6, 63, 71
Interoperabilität 4, 20, 36
Intertemporales Recht 4, 2
Irreführung 4, 13

Kaffeefahrt 9, 57 ff.
Kaskadenverweis 3, 99 f., 105, 109
Kaufmängelgewährleistung
– Prüfungsschema 4, 10
Kausalität 5, 18
Kettenregress 5, 15
Kfz 4, 60
Kleinunternehmer 4, 48
Kollektiver Rechtsschutz 4, 26, 9, 6
Kommunikation, mediengerechte
– Gebot 1, 28
Kompatibilität 4, 20
Konformitätskriterien
– subjektiv oder objektiv 6, 79
Konkurrenzregeln 8, 3
Konsistenz
– Anwendungs- 8, 10
Kopplungsverbot 6, 30, 34
Kosten
– unverhältnismäßige 4, 74
Küchenmixer 4, 27
Kundenbewertungen 9, 42 f.

Kündigung
– außerordentliche 7, 22
– Begründung 7, 46
– fristlose 8, 17
– Identifizierbarkeit 7, 47
– Mietverträge 8, 24
– ordentliche 8, 18
– Zeitpunkt 7, 48
Kündigungsbestätigung 7, 49
Kündigungsbutton 7, 26 ff., 39 ff., 43 ff.
– Sanktion 7, 57
– Unmittelbarkeit 7, 41
– Verfügbarkeit 7, 40
Kündigungserklärung
– Bestätigung 7, 53
– Speicherung 7, 52
Kündigungsfrist 7, 21, 23
Kündigungsprozess 7, 37 ff.
Kündigungsrecht
– besonderes 6, 69

Lackfehler 4, 24
Lauterkeitsrecht 9, 36 ff.
– Influencer 9, 41
– Kundenbewertungen 9, 42
– Online-Marktplätze 9, 38
– Ranking 9, 39
– Schadensersatz 9, 44 ff.
– Subsidiarität 9, 37, 47
– Verjährung 9, 46
Lautsprecher 4, 49
Lebensdauer 4, 37, 60
Leerträger 8, 11
Leistungsgegenstand 6, 46
Leistungspflichten 4, 8
– primäre 4, 5
Leuchtkörper 4, 37
life-cycle 4, 60
Link
– sprechender 7, 44
Lizenzvereinbarung 4, 47, 8, 7

Lockangebote 8, 12
Löschung 6, 66
Mangel 5, 21
- Begriff, objektiver 4, 10
- Rechtsfolgen 4, 71 ff.
- unerheblicher 4, 79
Manipulation
- psychologische 4, 13
Marketingzwecke 6, 26
Marktaufsicht 4, 26
Messengerdienste 1, 40, 9, 25
Miete 6, 20
Mietfahrzeuge 8, 19
Mietrecht 8, 13 ff.
- Anwendung auf digitale Produkte 8, 13 ff.
- Beendigung des Mietvertrags 8, 18, 24
Mietroller 8, 19
Minderlieferung 4, 11 f.
Minderung 4, 80
- Produktmängel 2, 189 ff.
- Produktmängel, nach Offenbarwerden des Mangels 2, 157
Mindestlebensdauer 4, 26
Mitwirkung
- bei Produktmängeln 6, 88
- Handlung 5, 39
Modernisierungsrichtlinie 3, 1, 7, 29, 9, 1 ff.
- Sanktionen 9, 31
Modifikation 8, 20
Mogelpackungen 4, 13
Montage 4, 4, 39, 50
- Anforderungen 4, 65
- Anleitungen 4, 32
Montagemängel 4, 11
Muster 4, 30

Muster-Widerrufsinformation 3, 101 ff.
- Allgemein-Verbraucherdarlehensverträge 3, 100 ff.
- Eventualinformationen 3, 102, 106
- Pflichtangaben 3, 101 f.
- Subsumtionsrisiko 3, 102
- Übergangsregelung 3, 104
Nacherfüllung
- Wahlrecht 4, 72
Nacherfüllung bei Produktmängeln 2, 165 ff.
- Ausschluss des Anspruchs 2, 171 ff.
- Nacherfüllungsaufforderung 2, 93
Nacherfüllung, Fristsetzung
- Wegfall 4, 77
Nachfrist 4, 76
Navigationssystem 4, 60, 68
Netzteil 4, 31
New Deal 3, 1
- Ausnahme vom Widerrufsrecht 3, 58
- E-Mail-Adresse 3, 78
- Erlöschen des Widerrufsrechts 3, 16
- Telefonnummer 3, 78
- Verbraucherschutz 9, 2
- Zurückbehaltungsrecht 3, 46
Normen 6, 84
Normen, technische 4, 4, 22, 55
Nutzungsersatz 4, 75, 6, 76
Nutzungsrecht 6, 13
Nutzungsverbot digitaler Produkte nach Vertragsbeendigung 2, 205 ff.
- Nutzungsverbot für den Unternehmer 2, 208 ff.
- Nutzungsverbot für den Verbraucher 2, 206 f.
Obsoleszenz 4, 29, 49, 101
Öffnungsklausel 1, 16, 3, 17
Ökodesign 4, 18, 26, 32
- Regulierung 4, 101

Ökodesignrecht 4, 37
Online-Marktplatz 9, 38
- Definition 1, 3 f.
- Informationspflichten auf 1, 15 ff.
Open Source Software 2, 55, 5, 6, 6, 58
opt-in 4, 34, 88
Ordnungswidrigkeit 1, 47
Paketverträge 2, 58 f.
Parameter 1, 17 ff.
Persönlichkeitsrecht, gemeines 4, 22
Pfändungsschutzkonto 7, 8
Positivliste 1, 20
Preise, personalisierte 9, 18 f.
- Datenschutzrecht 9, 21
- Profiling 1, 41
Privacy by Design and Default 6, 81, 92
Probe 4, 30
Produkthaftungsrecht 4, 64
Produktkennzeichnung 4, 37
Produktmangel 2, 100 ff.
- Integration 2, 122
- objektiver Produktmangel 2, 111 ff.
- öffentliche Äußerungen 2, 121
- subjektiver Produktmangel 2, 105 ff.
Produktsicherheitsrecht 4, 18, 64
Produktverbesserung 6, 28, 58, 72
Prüfpflichten
- bei Verbraucherbewertungen 1, 9
- keine bei Informationspflichten 1, 23, 27
Ranking 1, 12, 15, 17 ff., 22, 9, 39, 43
Recht auf informationelle Selbstbestimmung 4, 22
Recht auf Updates 4, 53 s.a. Aktualisierungspflicht

Recht auf Vertraulichkeit und Integrität informationstechnischer Systeme 4, 22
Rechte bei fehlender Bereitstellung 2, 82 ff.
Rechtsbehelfe bei Produktmängeln 2, 148 ff.
- Minderung 2, 189 ff.
- Nacherfüllung 2, 165 ff.
- Schadensersatz 2, 183 ff.
- Vertragsbeendigung 2, 175 ff.
Rechtsbindungswille 6, 47
Rechtsdogmatik 6, 49
Rechtsgrundlage
- Datenverarbeitung 6, 60
Rechtskauf 8, 6 f.
Rechtsmangel 2, 141 ff.
Rechtssicherheit 4, 16
Recycling von Produkten 4, 32
Regressanspruch 5, 15
Reparatur 4, 72
Richtlinie über digitale Inhalte und digitale Leistungen 4, 3
Richtlinienkonforme Auslegung 4, 4, 20
Richtlinien-Umsetzung 6, 35
Rückabwicklung 5, 35
Rückgabe
- Kosten 4, 78
Rücktritt
- Kaufrecht 4, 77 ff.
Rückzahlungsanspruch 6, 77
Rügepflicht 5, 28, 44
Sachen mit digitalen Produkten 2, 61 ff., 4, 44 ff.
Schadensersatz 2, 91, 183 ff., 5, 20, 6, 76
- Kaufrecht 4, 81
- UWG 9, 44 ff.
Schenkung 6, 45, 8, 9 ff.

Stichwortverzeichnis

Schuldrecht Besonderer Teil 8, 1
Sektorspezifische Verhaltenskodizes 4, 4, 19, 58
Sektoruntersuchungen des Bundeskartellamts 9, 14 f.
Shared Economy 8, 19
Sicherheit 4, 22
– Aktualisierungen 6, 91
– der Verarbeitung 6, 83
– öffentliche 6, 10
– von Informationssystemen 6, 84
SIM-Karte 4, 50
Smartfernseher 4, 49
Smart-Home-Steuerungen 6, 73
Smartphone 4, 47, 50
– App 4, 68
Smartwatch 4, 47, 68
Sockelfreibetrag 7, 8
Softlaw 4, 28, 58
Soziale Medien 1, 11
Speicherkarte 4, 50
Spiele-Konsole 4, 55, 68
Sprachen
– bei Garantieerklärung 4, 99
Stand der Technik 4, 19, 59, 6, 92
Standardisierung und Normung 6, 84
Standardsoftware 4, 7, 8, 5
Staubsauger 4, 31
Steuer 6, 24
Suchanfrage 1, 17 ff.

Technologieoffenheit 2, 23
Teilleistungen 2, 182
Teilwiderruf 3, 27
Telefonwerbung 9, 53 ff.
Testversionen 2, 117
Textform 3, 9, 28, 4, 95, 7, 12, 35, 49, 53
Tiefenentladungsschutz 4, 27

Tiere
– Kauf 4, 40, 43
Transparenz 4, 6
– Garantieerklärung 4, 94
Transparenzgebot 1, 28
Übliche Beschaffenheit digitaler Produkte 2, 113
Umgehungsverbot 2, 235, 5, 29 f.
Ungerechtfertigte Bereicherung 6, 76
Unionsrecht 7, 1, 4, 29
– konforme Interpretation 4, 19
Unschärfen 8, 14
Unterhaltungselektronik 4, 60
Unternehmereigenschaft 1, 15, 23 f.
Unternehmerrückgriff 5, 1
Update s. Aktualisierungspflicht
Updates
– Recht auf 4, 53 s.a. Aktualisierungspflicht
Upgrade 2, 127, 216, 4, 59, 62
UWG
– Verjährung 9, 46
Veranstaltungstickets 1, 16, 27
Verantwortlicher 6, 85
Verantwortung, gemeinsame 6, 85
Verarbeitung 6, 50
– Art und Weise der 6, 51
– unzulässige 6, 75
Verbandsklagenrichtlinie 9, 6, 66
Verbraucherbewertung
– Darstellung 1, 9 ff.
– Gefälschte 1, 9, 11
– Soziale Medien 1, 9 ff.
– Vergleich 1, 21
Verbraucherrechterichtlinie 1, 6, 3, 1, 6, 39
Verbraucherschutzdurchführungsgesetz 9, 12 f.
Verbraucherverbände 4, 28

275

Verbrauchervertrag 4, 6, 6, 36, 54
- digitale Produkte 2, 19 ff.

Verbrauchervertrag über digitale Produkte
- Abgrenzung zu Waren mit digitalen Elementen 2, 61 ff.
- Verjährung 2, 150 ff.

Verbrauchsgüterkauf
- Garantien 4, 93 ff.

Verbrauchsgüterkaufrichtlinie 4, 3

Vergleichsgruppenbildung 4, 19, 29

Vergleichsportal 1, 4, 16, 20 f.

Verhaltenskodex 4, 22

Verjährung 5, 26, 41 ff.
- Ablaufhemmung 4, 85
- Kaufrecht 4, 84
- UWG 9, 46

Verjährung bei digitalen Produkten 2, 150 ff.
- Ablaufhemmung bei dauerhafter Bereitstellung 2, 154 ff.

Verjährungsfrist
- Verkürzung 4, 88

Verkäufer
- Haltbarkeitsgarantie 4, 97

Verkehrsdaten 4, 68

Verlängerung
- automatische 7, 20
- stillschweigende 7, 15

Vermutungswirkung 6, 88

Verpackung 4, 31

Verschlüsselung 6, 83

Versorgungsleistung 7, 6

Versteigerung 4, 6

Vertrag über digitale Produkte 6, 43

Vertragsbeendigung 2, 85 ff., 175 ff.
- Ausschlussgründe 2, 181 ff.
- bei Paketverträgen 2, 186
- bei Produktmängeln 2, 175 ff.
- Erklärung der Vertragsbeendigung 2, 198 f.

- Regelungen 8, 24
- Rückerstattung bei dauerhafter Bereitstellung 2, 202
- Rückerstattung der Leistungen seitens des Unternehmers 2, 200

Vertragserfüllung 6, 55

Vertragsfreiheit 6, 9, 25

Vertragslaufzeit
- Höchstdauer 7, 18
- Verlängerung 7, 19

Vertragslösungsrecht bei Paketverträgen 2, 96 f., 188 f.

Vertragsschluss 2, 32, 7, 33

Vertragstypologische Qualifizierung 2, 26 f.

Vertragsverhältnis
- Fortsetzung des 6, 71

Vertriebspartner 5, 14

Verwendung
- vorausgesetzte 4, 37

Verwendung, gewöhnliche 2, 112, 4, 15

Vollharmonisierung 4, 3

Vorrangregelungen 8, 3

Wahlrecht 4, 72

Waren
- Vertragsmäßigkeit 4, 8

Waren mit digitalen Elementen 5, 10, 38

Warenkaufrichtlinie 4, 1, 3, 5, 4

Weber/Putz-Entscheidung des EuGH 4, 74

Werbung
- Aussagen 4, 17, 25
- Kaufrecht 4, 92

Werklieferungsrecht 8, 21, 22

Werkvertragstypische Leistungen 8, 21

Wertersatz 3, 53 ff., 4, 75
- außerhalb von Geschäftsräumen geschlossene Verträge 3, 64
- Belehrung 3, 60

Stichwortverzeichnis

- Berechnung 3, 61, 63
- Dienstleistungen 3, 62 ff., 87
- Digitale Inhalte 3, 65
- Energielieferungen 3, 88
- Prüfung der Funktionsweise 3, 54 ff.
- Wertersatz für Verschlechterung 3, 54 ff.
- zeitanteilig 3, 63
- zufälliger Untergang 3, 59

Wertschöpfungskette 6, 9, 12

Wettbewerb 6, 9

Widerruf 6, 70

Widerrufsbelehrung 3, 66 ff., 73 ff.
- außerhalb von Geschäftsräumen geschlossene Verträge 3, 68
- Begrenzte Darstellungsmöglichkeit 3, 2, 89 f.
- E-Mail-Adresse 3, 75
- ESIS-Merkblatt 3, 107 f.
- Faxnummer 3, 2, 33, 75
- Fernabsatzverträge 3, 67
- Finanzierungshilfen 3, 105 f.
- Form 3, 10, 67 f.
- Formfreiheit 3, 75
- Fristbeginn 3, 9
- Fristbeginn bei mehreren Waren 3, 92 ff.
- Hinsendekosten 3, 86
- Immobiliarförderdarlehen 3, 107 f.
- Informationsobliegenheit 3, 83
- Informationspflichten 3, 66 ff.
- Mischbelehrung 3, 97
- Muster-Widerrufsbelehrung 3, 91 ff.
- Muster-Widerrufsformular 3, 74
- Nichtbestehen und Erlöschen 3, 69 ff.
- Online-Formular 3, 74
- Privilegierung 3, 98
- Rechtsfolgen 3, 81 ff.
- Rücksendekosten 3, 85
- Speditionsware 3, 96
- Telefonnummer 3, 75 ff., 89
- Verbraucherdarlehensverträge 3, 99 ff.
- Versicherungsverträge 3, 109 f.
- Wertersatzansprüche 3, 83

Widerrufserklärung
- Ausübung 3, 27 ff.
- Beweislast 3, 31, 38
- Eindeutigkeit 3, 28 ff.
- Formfreiheit 3, 28
- Muster-Widerrufsformular 3, 32 ff.
- Online-Widerruf 3, 31
- rechtzeitige Absendung 3, 26 f.
- Wirksamkeit 3, 26
- Zugang 3, 38

Widerrufsfolgen 3, 39 ff.
- Abholung der Ware 3, 43 f.
- Annahmeverweigerung 3, 49
- Belehrung 3, 81
- digitale Produkte 3, 51 f.
- Expresszuschläge 3, 48
- Gutschein 3, 42
- Hinsendekosten 3, 48
- Rückerstattungspflicht 3, 40 ff.
- Rücksendegefahr 3, 49, 82
- Rücksendekosten 3, 47, 85, 96
- Rücksendemodalitäten 3, 49 f.
- Rücksendepflicht 3, 40, 43 f.
- Zurückbehaltungsrecht 3, 45 f.

Widerrufsfrist 3, 4 ff., 80
- Belehrung 3, 9, 74, 79 ff.
- Fristbeginn 3, 4 ff.
- Liefersituationen 3, 6 ff.
- Nachbelehrung 3, 11
- regelmäßige 3, 4 ff.
- Verlängerung 3, 11, 79

Widerrufsrecht
- Ausnahmen 3, 25
- Ausübung 3, 26 ff.
- Begründungsfreiheit 3, 29, 36, 74
- Beweislast 3, 45 f.
- Finanzierungshilfen 3, 105 ff.
- Rechtsfolgen 3, 81
- Rechtsmissbrauch 3, 36 f.

277

- Verbraucherdarlehensverträge 3, 99 ff.
- Versicherungsverträge 3, 109 f.
- Verwirkung 3, 35

Widerrufsrecht, Erlöschen 3, 11 ff.
- Dienstleistungsverträge 3, 12 ff.
- digitale Inhalte 3, 20 ff.
- Finanzdienstleistungen 3, 19
- Reparaturarbeiten 3, 17 f.
- vorzeitiges 3, 12 ff., 20 ff.

Widerspruch 6, 17, 66, 70

Wirksamkeit 6, 68

Zahlung eines Preises 6, 37

Zahlungsdiensterahmenvertrag 7, 6

Zentralisierung 8, 2

Zubehör 4, 11, 31

Zubehör zu digitalen Produkten 2, 118

Zugang
- Vermutung 7, 55

Zumutbarkeit 6, 71

Zweck
- Änderung 6, 57
- Bindung 6, 58

Zwingendes Recht 2, 144 ff., 232 ff.